2025
소방승진
시험대비

소방승진 합격완성

행정법
최종 모의고사

저자 박이준

10회 분량의 실전 모의고사 수록
- 최신 개정사항 및 판례 반영
- 소방위 시험의 출제경향 분석
- 신유형 및 고난도 문제 대비

epasskorea

머리말

『2025 소방승진 행정법 최종모의고사』는 2025년도 소방위 승진시험 준비의 마무리 교재로서 최근의 출제경향에 맞추어 적중률 높은 10회분의 실전모의고사 문제를 수록하였습니다.

2022년 승진시험 문제가 공개된 이후 행정법은 다소 까다롭게 출제되고 있습니다. 다른 국가시험들의 행정법 과목과 마찬가지로 판례 비중이 여전히 크기는 하나, 2024년 소방위 승진시험에서는 행정기본법, 국가배상법, 정보공개법, 행정조사기본법, 행정대집행법, 질서위반행위규제법, 행정절차법, 정보공개법, 토지보상법, 행정심판법, 행정소송법 등 개별법률의 구체적 내용을 묻는 문항이 25개 중 10개(지문으로는 100개중 48개)에 달할 정도로 법조문의 비중이 다른 시험들에 비해 높은 경향을 보이고 있습니다. 법률 지문이 많이 등장하면 어려운 시험이라 할 수 있습니다.

여러분께서 그동안 기본이론서 학습과 객관식 문제풀이 연습으로 쌓아온 실력을 점검할 수 있는 계기라 여기고 실제 시험에 응한다는 마음가짐으로 이 책을 활용하시기 바랍니다. 정답을 맞힐 수 있는 문제와 그렇지 않은 문제가 구별될 것이고, 다행히 맞혔을지라도 불명확하게 이해하고 있는 부분을 알 수 있게 될 것입니다.

이 책의 주안점과 특징은 다음과 같습니다.

첫째, 어려운 문제들을 많이 포함하였습니다.
기본적인 문제는 물론 미출제된 영역의 문제, 신유형 및 고난도 문제에도 충분히 대비할 수 있도록 하였습니다. 득점의 차이는 그러한 문항에서 발생할 수 있으므로, 상당히 어려운 문제들을 포함시켜서 실전에서 당황하지 않고 문제를 해결할 수 있는 연습 기회가 될 수 있도록 하였습니다.

둘째, 소방위 승진시험의 출제경향에 맞추었습니다.
소방위 승진시험의 영역별 출제빈도 분석결과에 맞추어 적절하게 문제를 배치하였으며, 출제가 예상되는 중요 내용들이 누락되지 않도록 하여 최종적으로 전체를 정리할 수 있도록 하였습니다. 행정법 시험에서 자주 출제되는 소재들을 망라해서 문제를 꾸몄으므로 전범위에 걸쳐 효율적인 복습 과정이 될 수 있습니다.

셋째, 최근의 판례와 기출지문들을 반영하였습니다.

최근의 판례와 각종 시험의 기출지문들을 반영하였고, 독창적이고 품질 높은 문제가 될 수 있도록 구성하였습니다. 새로운 판례(예 개인정보취급자의 제3자 해당 여부, 국가에 대한 행정절차법 적용, 공법상 당사자소송에서 민사소송으로의 소 변경)들을 비롯하여 아직 시중의 수험서에 등장하지 않고 있는 새로운 지문들을 많이 포함하였습니다.

넷째, 충실하게 해설을 실었습니다.

해설 파트에서는 관련되는 법령과 판례의 원문을 상세히 수록하여 해당 문제를 완벽히 조망하고 이해할 수 있도록 하였습니다. 그리고 핵심적인 부분을 강조 표시하여 가독성 있게 하였으며, 중요 내용을 잘 파악할 수 있도록 하였습니다.

행정법을 비롯한 법률과목 공부의 왕도는 교재를 차근차근 정독하여 한 글자, 한 구절 그 법리를 이해하도록 노력하는 것입니다. 비록 이 교재가 '최종모의고사'이기는 하나, 이를 통하여 아직 잘 파악하고 있지 못한 부분을 알게 되었다면 기본교재의 해당 부분을 찾아서 다시 꼼꼼히 살펴보는 것이 좋습니다. 〈학습전략〉에서 후술하듯이 모의고사에서 틀린 지문이나 혼동되는 부분들을 나름대로 정리해 두었다가 시험 직전에 스크린하고 실전에 임하는 것이 긴요합니다. "내가 현재 모르는 부분이 중요한 부분이다."라는 말을 기억하면 좋겠습니다.

바쁜 직무수행 가운데 수험생활을 하시느라 어려움이 많겠으나, 아무쪼록 이 책이 여러분께서 시간을 능률적으로 사용하면서 행정법 과목에서의 고득점으로 합격하시는 데에 도움이 될 수 있기를 기대합니다. 감사합니다.

2025년 3월
편저자 박이준

출제경향분석

1. 영역별 출제빈도 (최근 5년간 소방위 승진시험)

대단원	소단원	2024	2023	2022	2021	2020	평균
행정법 일반론	행정기본법	1	2	1	1		1.0
	행정법의 기본원리					1	0.2
	행정법의 법원	1	2	1	1	2	1.4
	행정상 법률관계		2	2		1	1.0
행정의 행위형식	행정입법		1	2	1	1	1.0
	행정행위	6	5	4	4	4	4.6
	기타 행위			2	2	1	1.0
행정절차 행정정보	행정절차	2	1	1	2	1	1.4
	개인정보보호			1	1	1	0.6
	정보공개	1	1	1			0.6
실효성 확보수단	행정벌	1	1	1			0.6
	행정강제	4	2	2	3	3	2.8
	행정조사	1	1		1		0.6
	기타 수단						
손해전보	행정상 손해배상	1	1	2	1		1.0
	행정상 손실보상		1		1		0.4
행정쟁송	행정심판	2	1	1	1	1	1.2
	행정소송	4	2	4	5	4	3.8
행정조직	국가행정		1			1	0.4
	자치행정						
	공무원법		1			1	0.4
특별행정	경찰행정법						
	급부행정법					1	0.2
	공용부담, 토지	1			1	2	0.8
	재무, 환경						

〈특징〉
1. 다른 국가시험들과 마찬가지로 전 영역에서 골고루 출제된다. 이는 모든 시험에서의 출제원칙이기도 하다.
2. 그럼에도 불구하고 「행정행위」, 「행정쟁송」(행정심판과 연계), 「행정강제」 영역의 비중이 상대적으로 높다.
3. 각론 부문(행정조직, 특별행정)에서도 2~3문항 정도는 출제될 것으로 보고 준비함이 옳다.

2. 「조문, 판례, 이론」의 출제비율 (승진시험 문제 공개 이후)

	총 지문 수	조문(%)	판례(%)	이론(%)
2024 소방위	100개	48	42	10
2023 소방위	100개	40	51	9
2022 소방위	100개	19	72	9

〈특징〉
1. 다른 국가시험들의 행정법 과목과 마찬가지로 판례 공부를 소홀히 할 수 없다.
2. 2023년부터 조문이 지문으로 상당히 많이 등장하기 시작했다. 급기야 2024년에는 조문이 판례를 앞질렀다.
3. 따라서 필요최소요건은 판례 문제를 모두 맞히는 것이다. 그리고 나서 조문의 정확한 기억이 득점의 차이를 가져올 것으로 보인다. 조문은 "할 수 있다." 또는 "하여야 한다."의 구별, 그리고 주어에 특히 유의한다.

좀 더 자세한 내용 및 수험정보 등은 당사 홈페이지 (www.kfs119.co.kr) 참조

학습전략

1. 객관식 행정법 시험의 소개

(1) 시험 시간

소방위 승진시험은 시험시작 30분 전까지 입실완료하여 75분간 행정법(25문항), 소방법령Ⅳ(25문항), 소방전술(25문항) 과목을 선택형 필기시험 형식으로 치른다. 답안지 작성시간을 감안하면 <u>선택지당 10여초의 짧은 시간 내에 진위를 판별해야 하는 순발력</u>이 필요하다.

(2) 객관식(선택형) 문제의 특성

가. 행정법 시험의 출제 방식

본래 객관식 문제의 유형으로는 ① 문장들의 참·거짓을 판단하는 진위형, ② 알맞은 것을 고르는 단일정답형, ③ 틀린 것을 고르는 부정형, ④ 맞는 것을 모두 고르는 개수형, ⑤ 빈칸에 적절한 것을 찾는 불완전 문장형 등이 있다. 소방승진 행정법 문제는 다행히 출제 방식이 단순하여 거의 모든 문제가 <u>각 지문의 옳고 그름을 판단하는 O×형</u>이다.

나. 장점과 시사점

주관식 문제에 비하여 객관식 문제는 <u>채점의 용이성과 공정성</u> 때문에 응시자가 다수인 시험에서 흔하게 활용된다. 그리고 주관식은 문장과 단어 하나하나를 정확히 외워야 대비할 수 있으나, 객관식은 변별력을 위해 굳이 암기력을 테스트할 필요가 없으므로 <u>철저한 이해와 적용을 해야 풀 수 있는 문제</u>를 출제한다. 이러한 성격은 법학과목에서 더 두드러진다. 따라서 소방승진 행정법 과목은 암기과목이 아니라 <u>법리 이해의 정도를 측정하는 과목</u>임을 잊지 말자.

다. 단점과 시사점

주관식 문제가 '채점'하기 어렵다면 객관식 문제는 '출제'하기 어렵다. 출제자는 각 선지의 옳고 그름을 쉽게 판단할 수 없도록 하고, 공부가 안된 응시자를 헷갈리게 만들기 위해 그럴듯한 문장으로 구성하며, 특히 오답시비가 생기지 않도록 주의에 또 주의를 기울인다. 좋은 시험문제라면 이른바 '찍기'에 기대할 수 없도록 되어 있다. 바른 이해를 바탕으로 정확한 공부가 되어야 하겠다.

(3) 지문의 구성

행정법의 보편적인 지문 구성 방식은 ① 법령 1개, 판례 2개, 이론 1개 또는 ② 판례 3개에 법령이나 이론 1개씩이 배치되는 것이다. 그러나 소방승진 행정법 문제에는 <u>4개 지문 모두 판례로 구성되거나 모두 법령으로 구성되는 경우</u>가 상당히 많다.

2. 모의고사의 효율적인 활용법

(1) 이 책은 버리는 책이다.

모의고사는 현재 내가 잘 모르는 것이 무엇인지 확인하는 작업이다. 그리고 시험공부를 한다는 것은 '시험 당일 머릿속에 남아 있지 않을 가능성 있는 것들'을 선별해서 미리 정리해두는 일이라고 보면 된다. 모의고사 문제를 풀어보면 아예 모르거나 정답을 맞혔어도 불확실하게 알고 있는 것이 선별될 것이다. 그러한 점을 기록으로 남겨야 한다. 그 방법은 크게 아래의 두 가지가 있다.

(2) 기본교재에 표시하기

여러분께서 소지한 기본교재에는 중요하다고 여기는 것들을 이미 표시하여 두었을 것이다. 그것에 추가하여 이 책에서 보는 지문들의 내용도 기본교재에서 찾아 표시한다. 여러분이 직접 좋은 수험서를 만든다고 생각하면 된다. 당장 암기가 되지 않더라도 이러한 작업을 통해 책을 여러 번 읽는 효과를 얻게 된다.

(3) 핵심노트 만들기

모의고사에서 틀린 지문, 그리고 잘 모르는 것을 발견하면 핵심적인 내용을 노트해보는 것도 좋은 방법이다. 이러한 습관은 공부의 정확성을 높일 수 있고, 어쩌면 시험 직전에 그것을 보아서 합격하는 행운을 불러올 수도 있다. 다만 문제의 지문을 그대로 옮겨 적는 것은 의미가 없다. 아래의 예처럼 시험 직전에 보면 포인트가 생각날 수 있도록 최대한 압축하도록 한다.

> ■ 체납자 등에 대한 공매처분을 하면서 체납자 등에게 공매통지를 하지 않았거나 공매통지를 하였더라도 그것이 적법하지 않은 경우 절차상의 흠이 있어 그 공매처분이 위법하게 되는 것인바, 공매통지는 상대방인 체납자 등의 법적 지위나 권리·의무에 직접적인 영향을 주는 행정처분으로서 항고소송의 대상이 된다.(×)
>
> : 공매통지 절차 하자 → 공매처분 위법. But 공매통지는 처분 X
>
> ■ 지방자치단체의 장이 소속 공무원을 다른 지방자치단체로 전출하는 것은 임명권자를 달리하는 지방자치단체로의 이동인 점에 비추어 이 경우에는 반드시 당해 공무원의 동의를 전제로 하므로, 당해 공무원의 동의 없는 전출명령은 무효이다.(×)
>
> : 다른 지자체 전출에 동의 X → (취소) not 무효

차례

PART 01 소방승진 행정법 최종모의고사 문제편

제1회 소방승진 행정법 최종모의고사 ·············· 12

제2회 소방승진 행정법 최종모의고사 ·············· 24

제3회 소방승진 행정법 최종모의고사 ·············· 36

제4회 소방승진 행정법 최종모의고사 ·············· 49

제5회 소방승진 행정법 최종모의고사 ·············· 62

제6회 소방승진 행정법 최종모의고사 ·············· 74

제7회 소방승진 행정법 최종모의고사 ·············· 86

제8회 소방승진 행정법 최종모의고사 ·············· 98

제9회 소방승진 행정법 최종모의고사 ·············· 111

제10회 소방승진 행정법 최종모의고사 ·············· 122

PART 02 소방승진 행정법 최종모의고사 해설편

제1회 소방승진 행정법 최종모의고사 정답 및 해설 ·················· 134

제2회 소방승진 행정법 최종모의고사 정답 및 해설 ·················· 148

제3회 소방승진 행정법 최종모의고사 정답 및 해설 ·················· 161

제4회 소방승진 행정법 최종모의고사 정답 및 해설 ·················· 175

제5회 소방승진 행정법 최종모의고사 정답 및 해설 ·················· 189

제6회 소방승진 행정법 최종모의고사 정답 및 해설 ·················· 203

제7회 소방승진 행정법 최종모의고사 정답 및 해설 ·················· 217

제8회 소방승진 행정법 최종모의고사 정답 및 해설 ·················· 230

제9회 소방승진 행정법 최종모의고사 정답 및 해설 ·················· 244

제10회 소방승진 행정법 최종모의고사 정답 및 해설 ·················· 256

소방승진 시험은 이패스 소방사관
www.kfs119.co.kr

PART 1

소방승진 행정법 최종 모의고사 [문제편]

소방승진 행정법 최종모의고사

01 행정법의 법원(法源)에 관한 설명으로 옳지 않은 것은? (다툼이 있는 경우 판례에 의함)

① 조례안이 지방의회의 조사를 위하여 출석요구를 받은 증인이 5급 이상 공무원인지 여부, 기관(법인)의 대표나 임원인지 여부 등 증인의 사회적 신분에 따라 과태료의 액수에 차등을 두고 있는 것은 평등의 원칙에 위반된다.
② 대법원은 「남북 사이의 화해와 불가침 및 교류협력에 관한 합의서」를 조약이라고 판시하였다.
③ 헌법재판소에 의한 법률의 위헌결정은 국가기관과 지방자치단체를 기속 한다는 「헌법재판소법」 제47조에 의해 법원으로서의 성격을 가진다.
④ 헌법재판소는 「신행정수도의 건설을 위한 특별조치법」의 위헌확인사건에서 관습헌법은 성문헌법과 같은 헌법개정절차를 통해서 개정될 수 있다고 판시하였다.

02 행정법의 성립과 효력에 대한 설명으로 옳지 않은 것은? (다툼이 있는 경우 판례에 의함)

① 부진정소급입법은 원칙적으로 허용되지만 소급효를 요구하는 공익상의 사유와 신뢰보호의 요청 사이의 교량과정에서 신뢰보호의 관점이 입법자의 형성권에 제한을 가하게 된다.
② 상위 법령등의 단순한 집행을 위한 법령을 제정하려는 경우와 입법내용이 국민의 권리·의무 또는 일상생활과 관련이 없는 경우에는 입법예고를 하지 않을 수 있다.
③ 신뢰보호의 요청에 우선하는 심히 중대한 공익상의 사유가 소급입법을 정당화하는 경우 등에는 예외적으로 진정소급입법이 허용된다.
④ 경과규정 등의 특별규정 없이 법령이 변경된 경우, 그 변경 전에 발생한 사항에 대하여 적용할 법령은 개정 후의 신법령이다.

03 부당결부금지의 원칙에 관한 설명으로 옳지 않은 것은? (다툼이 있는 경우 판례에 의함)

① 부당결부금지의 원칙은 공법상 계약에 있어서도 그 적용이 있다.
② 도로의 개설을 위한 도시계획사업시행허가에 붙인 기부채납의무 조건의 불이행을 이유로 한 건축물 준공거부처분은 위법하다.
③ 행정규제기본법은 부당결부금지의 원칙에 관하여 명시적으로 규정하고 있다.
④ 지방자치단체의 장이 사업자에게 주택건설사업계획승인을 하면서 이와는 아무런 관련이 없는 토지를 기부채납하도록 부관을 붙였다면 그 부관은 부당결부금지의 원칙에 위반되어 위법하다는 것이 판례의 입장이다.

04 신뢰보호의 원칙에 대한 설명으로 옳지 않은 것은? (다툼이 있는 경우 판례에 의함)

① 행정청이 상대방에게 장차 어떤 처분을 하겠다고 공적인 의사표명을 하였다고 하더라도, 공적인 의사표명이 있은 후에 사실적·법률적 상태가 변경되었다면, 그와 같은 공적인 의사표명은 행정청의 별다른 의사표시를 기다리지 않고 실효된다.
② 법령의 개정에서 신뢰보호원칙의 위배 여부를 판단하기 위해서는 침해된 이익의 보호가치, 침해의 중한 정도, 신뢰가 손상된 정도, 신뢰침해의 방법 등과 새 법령을 통해 실현하고자 하는 공익적 목적을 종합적으로 비교·형량하여야 한다.
③ 건축주와 그로부터 건축설계를 위임받은 건축사가 관계 법령에서 정하고 있는 건축한계선의 제한이 있다는 사실을 간과한 채 건축설계를 하고 이를 토대로 건축물의 신축 및 증축허가를 받은 경우, 그 신축 및 증축허가가 정당하다고 신뢰한 데에는 귀책사유가 있다.
④ 과세관청이 납세의무자에게 부가가치세 면세사업자용 사업자등록증을 교부한 행위는 부가가치세를 과세하지 아니함을 시사하는 언동이나 공적인 견해를 표명한 것으로 볼 수 있다.

05 행정법상의 시효와 관련한 판례의 입장으로 옳지 않은 것은?

① 조세채권의 소멸시효기간이 완성된 후에 부과된 과세처분은 무효이다.
② 법령의 규정에 의한 납입고지에 의한 시효중단의 효력은 그 납입고지에 의한 부과처분이 취소되면 상실된다.
③ 사법(私法)상의 원인에 기한 국가채권의 경우에 납입고지에 있어 민법상 최고보다 더 강한 시효중단의 효력을 인정한 것은 평등권을 침해하지 않는다.
④ 「국유재산법」상 변상금부과처분에 대한 취소소송이 진행되는 동안에도 그 부과권의 소멸시효가 진행된다.

06 사인의 공법행위에 대한 기술로 옳은 것은? (다툼이 있는 경우 판례에 의함)

① 「식품위생법」에 의해 영업양도에 따른 지위승계신고를 수리하는 행정청의 행위는 단순히 양수인이 그 영업을 승계하였다는 사실의 신고를 접수한 행위에 그친다.
② '혼인 중 여자와 남편 아닌 남자 사이에서 출생한 자녀에 대한 생부의 출생신고'를 허용하도록 규정하지 아니한 가족관계등록법 조항은 혼인 외 출생자의 태어난 즉시 출생등록될 권리를 침해하지 아니한다.
③ 구「유통산업발전법」상 영업시간 제한 등 규제 대상이 되는 대형마트에 해당하는지는, 일단 대형마트로 개설 등록되었다면 특별한 사정이 없는 한, 개설 등록된 형식에 따라 대규모점포를 일체로서 판단하여야 하고, 대규모점포를 구성하는 개별 점포의 실질이 대형마트의 요건에 부합하는지를 다시 살필 것은 아니다.
④ 공무원의 사직의 의사표시는 상대방에게 도달한 후에는 철회할 수 없다.

07 행정입법에 대한 설명으로 옳지 않은 것은? (다툼이 있는 경우 판례에 의함)

① 추상적인 법령의 제정 여부는 그 자체로서 국민의 구체적인 권리의무에 직접적 변동을 초래하는 것이 아니어서 부작위위법확인소송의 대상이 될 수 없다.
② 행정처분이 법규성이 없는 내부지침 등의 규정에 위배된다고 한다면 그 이유만으로 처분은 위법하게 된다.
③ 법령의 위임이 없음에도 법령에 규정된 처분 요건에 해당하는 사항을 부령에서 변경하여 규정한 경우에는 그 부령의 규정은 국민에 대한 대외적 구속력은 없다고 보아야 한다.
④ 법규명령이 구법에 위임의 근거가 없어 무효였더라도 사후에 법개정으로 위임의 근거가 부여되면 그 때부터는 유효한 법규명령이 된다.

08 공권에 대한 설명으로 옳지 않은 것은? (다툼이 있는 경우 판례에 의함)

① 수익처분의 상대방은 그의 권리나 법률상 보호되는 이익이 침해되었다고 볼 수 없으므로 달리 특별한 사정이 없는 한 그 처분의 취소를 구할 이익이 없다.
② 환경영향평가 대상지역 밖에 거주하는 주민에게는 헌법상의 환경권 또는 「환경정책기본법」에 근거하여 공유수면매립면허처분과 농지개량사업 시행인가처분의 무효확인을 구할 원고적격이 없다.
③ 표준지공시지가결정이 위법한 경우에는 수용보상금의 증액을 구하는 소송에서도 선행처분으로서 그 수용대상 토지 가격 산정의 기초가 된 비교표준지공시지가결정의 위법을 독립한 사유로 주장할 수 있다.
④ 상수원에서 급수를 받고 있는 지역주민들이 가지는 상수원의 오염을 막아 양질의 급수를 받을 이익은 근거 법률에 의하여 직접적이고 구체적으로 보호되는 이익으로서, 해당 지역주민들에게는 상수원보호구역변경처분의 취소를 구할 법률상의 이익이 있다.

09 행정행위에 관한 설명으로 가장 옳지 않은 것은?

① 어떠한 공중위생영업에 대하여 그 영업을 정지할 위법사유가 있다면, 관할 행정청은 그 영업이 양도·양수되었다 하더라도 그 업소의 양수인에 대하여 영업정지처분을 할 수 있다.
② 재단법인의 임원 취임이 재단법인의 정관에 근거한다 할지라도 이에 대해 주무관청이 당연히 인가하여야 하는 것은 아니며 인가여부를 재량으로 결정할 수 있다.
③ 특허는 주로 특정인을 대상으로 행해지나 이에 한정되지 않으며 불특정다수인에게 행해지기도 한다.
④ 「자동차운수사업법」에 의한 개인택시운송사업 면허는 법령에 특별한 규정이 없는 한 재량행위이고, 그 면허를 위하여 필요한 기준을 정하는 것도 행정청의 재량에 속한다.

10 행정행위의 부관에 대한 설명으로 옳지 않은 것은? (다툼이 있는 경우 판례에 의함)

① 행정처분에 붙인 부담인 부관이 무효가 되면 그 부담의 이행으로 한 사법상 법률행위도 당연히 무효가 되는 것은 아니다.
② 행정청은 부관을 붙일 수 있는 처분이 당사자의 동의가 있는 경우에는 그 처분을 한 후에도 부관을 새로 붙이거나 종전의 부관을 변경할 수 있다.
③ 재량행위에는 법령상 근거가 없더라도 그 내용이 적법하고 이행가능하며 비례의 원칙 및 평등의 원칙에 적합하고 행정처분의 본질적 효력을 해하지 아니하는 한도 내에서 부관을 붙일 수 있다.
④ 행정처분에 붙인 부담인 부관이 제소기간 도과로 불가쟁력이 생긴 경우에는 그 부담의 이행으로 한 사법상 법률행위의 효력을 다툴 수 없다.

11 행정행위의 하자로서 무효사유가 아닌 것은? (다툼이 있는 경우 판례에 의함)

① 납세자가 아닌 제3자의 재산을 대상으로 압류처분을 한 경우
② 과세예고 통지 후 과세전적부심사 청구나 그에 대한 결정이 있기 전에 과세처분을 하는 경우
③ 학교환경위생정화위원회의 심의절차를 누락한 채 학교환경위생정화구역에서의 금지행위 및 시설해제 여부에 관한 행정처분을 한 경우
④ 국토계획법령이 정한 도시계획시설사업의 대상 토지의 소유와 동의요건을 갖추지 못하였음에도 도시계획시설사업의 사업시행자 지정처분을 한 경우

12 甲은 건물 신축을 위해 A시 시장 乙에게 「건축법」상 건축허가신청을 하였으나, 乙은 A시 소방서장 丙의 동의 거부를 이유로 건축불허가처분을 하였다. 이에 대한 설명으로 옳지 않은 것은? (다툼이 있는 경우 판례에 의함)

① 乙이 건축불허가처분을 하면서 丙의 건축부동의 의견을 들고 있으나 丙이 건축부동의로 삼은 사유가 보완이 가능한 것인 경우, 乙이 보완을 요구하지 아니한 채 곧바로 건축허가 신청을 거부한 것은 재량권의 범위를 벗어난 것이다.
② 乙이 건축불허가처분을 하면서 건축불허가 사유뿐만 아니라 丙의 건축부동의 사유를 들고 있는 경우, 甲은 건축불허가처분에 관한 쟁송에서 丙의 건축부동의 사유에 관하여는 다툴 수 없다.
③ 乙의 건축불허가처분에 불복하여 甲이 제기한 취소소송에서 법원은 丙을 소송에 참가시킬 필요가 있다고 인정하는 경우 丙을 당해 소송에 참가시키는 결정을 할 수 있다.
④ 乙의 건축불허가처분에 불복하여 甲이 제기한 취소소송에서 인용판결이 확정되면 丙에게도 판결의 기속력이 발생한다.

13 행정절차법에 대한 설명으로 옳은 것을 모두 고르면? (다툼이 있는 경우에는 판례에 의함)

> ㄱ. 행정청의 자의적 결정을 배제하고 당사자로 하여금 행정구제절차에서 적절히 대처할 수 있도록 하는 처분의 근거 및 이유제시 제도의 취지에 비추어, 처분을 하면서 당사자가 그 근거를 알 수 있을 정도로 이유를 제시한 경우에는 처분의 근거와 이유를 구체적으로 명시하지 않았더라도 그로 말미암아 그 처분이 위법하다고 볼 수는 없다.
> ㄴ. 당사자에게 의무를 부과하거나 당사자의 권익을 제한하는 처분을 함에 있어서, 행정청은 법령등에서 요구된 자격이 없어지게 되면 반드시 일정한 처분을 하여야 하는 경우에 그 자격이 없어지게 된 사실이 법원의 재판 등에 의하여 객관적으로 증명된 경우에도 「행정절차법」상의 사전통지를 하여야 한다.
> ㄷ. '공무원 인사관계 법령에 의한 처분에 관한 사항' 전부에 대하여 「행정절차법」의 적용이 배제된다.

① ㄱ
② ㄱ, ㄷ
③ ㄴ, ㄷ
④ ㄱ, ㄴ, ㄷ

14 개인정보 보호법령의 내용으로 옳지 않은 것은?

① 고정형 영상정보처리기기란 일정한 공간에 설치되어 지속적 또는 주기적으로 사람 또는 사물의 영상 등을 촬영하거나 이를 유·무선망을 통하여 전송하는 장치로서 폐쇄회로 텔레비전과 네트워크 카메라를 말한다.
② 이동형 영상정보처리기기는 착용형 장치, 휴대형 장치, 부착·거치형 장치로 구분된다.
③ 정보주체는 자신의 개인정보 처리와 관련하여 완전히 자동화된 개인정보 처리에 따른 결정을 거부하거나 그에 대한 설명 등을 요구할 권리를 가진다.
④ 개인정보에 관한 분쟁의 조정을 위하여 위원장 1명을 포함한 20명 이내의 위원으로 구성된 개인정보보호심의위원회를 두고 있다.

15 「질서위반행위규제법」 및 같은 법 시행령상 행정질서벌에 대한 설명으로 옳지 않은 것은?

① 「국민기초생활 보장법」 제2조에 따른 수급자 등 사회적 약자에 대한 과태료와 의견 제출 기한 내의 자진납부자에 대한 과태료는 100분의 20 범위 내에서 감경할 수 있다.
② 행정청이 질서위반행위에 대하여 과태료를 부과하고자 하는 때에는 미리 당사자에게 대통령령으로 정하는 사항을 통지하고, 10일 이상의 기간을 정하여 의견을 제출할 기회를 주어야 한다.
③ 행정청의 과태료 부과처분을 받은 자가 그 통지를 받은 날부터 60일 이내에 해당 행정청에 서면으로 이의를 제기하면 행정청의 과태료 부과처분은 그 효력을 상실한다.
④ 판례에 따르면, 질서위반행위를 한 자가 자신의 책임 없는 사유로 위반행위에 이르렀다고 주장하는 경우 법원은 그 내용을 살펴 행위자에게 고의나 과실이 있는지 여부를 따져보아야 한다.

16 행정대집행에 대한 설명으로 옳은 것은? (다툼이 있는 경우 판례에 의함)

① 행정청은 의무자가 동의한 경우에도 해가 뜨기 전이나 해가 진 후에는 대집행을 하여서는 아니 된다.
② 관계 법령을 위반하여 장례식장을 영업하고 있는 자의 장례식장 사용중지의무 위반에 대해서는 「행정대집행법」에 의한 대집행이 가능하다.
③ 부작위의무 위반행위에 대하여 법률에 부작위의무를 대체적 작위의무로 전환하는 규정이 있으면 부작위의무를 대체적 작위의무로 전환시켜 행정대집행할 수 있다.
④ 행정대집행이 행해지기 위해서는 대체적 작위의무의 불이행을 방치함이 심히 공익을 해할 것으로 인정될 때이어야 하나, 다른 수단으로써 그 이행을 확보하기 곤란할 필요까지는 요하지 않는다.

17 이행강제금에 대한 설명으로 옳지 않은 것은? (다툼이 있는 경우 판례에 의함)

① 이행강제금은 법령으로 정하는 바에 따라 계고나 시정명령 없이 부과할 수 있으며 법령으로 정하는 바에 따라 반복적으로 이행할 때까지 부과할 수 있다.
② 「건축법」상 시정명령 위반에 따른 이행강제금의 부과와 건축행위에 대한 형사처벌은 그 처벌 내지 제재대상이 되는 기본적 사실관계가 다르므로 이중처벌에 해당하지 않는다.
③ 이행강제금은 금전의 징수가 목적이 아니라 의무이행을 촉구하기 위한 것이므로 일단 의무이행이 있으면 비록 시정명령에서 정한 기간을 지나서 이행한 경우라도 이행강제금을 부과할 수 없다.
④ 이행강제금은 대체적 작위의무 위반에 대해서도 부과될 수 있고 대집행과 선택적으로 활용될 수 있다.

18. 행정조사에 관한 내용으로 옳지 않은 것은? (다툼이 있는 경우 판례에 의함)

① 형사소송법에 근거하여 특별사법경찰관리로 지정된 공무원이 범죄수사를 위하여 음식점 등 영업소에 출입하여 증거수집 등 수사를 하는 경우에도 식품위생법이 정한 절차에 따라 그 권한을 표시하는 증표 및 조사기간, 조사범위, 조사담당자, 관계 법령 등 대통령령으로 정하는 사항이 기재된 서류를 지니고 이를 관계인에게 내보여야 한다.
② 출석한 조사대상자가 출석요구서에 기재된 내용을 이행하지 아니하여 행정조사의 목적을 달성할 수 없는 경우를 제외하고는 조사원은 조사대상자의 1회 출석으로 당해 조사를 종결하여야 한다.
③ 조사대상자의 자발적인 협조를 얻어 실시하는 행정조사의 경우에는 법령 등의 근거 없이도 행할 수 있으며, 이러한 행정조사에 대하여 조사대상자가 조사에 응할 것인지에 대한 응답을 하지 아니하는 경우에는 법령 등에 특별한 규정이 없는 한 그 조사를 거부한 것으로 본다.
④ 행정기관은 행정조사를 통하여 알게 된 정보를 다른 법률에 따라 내부에서 이용하거나 다른 기관에 제공하는 경우를 제외하고는 원래의 조사목적 이외의 용도로 이용하거나 타인에게 제공하여서는 아니 된다.

19. 영조물의 설치 또는 관리상의 하자로 인한 손해배상책임에 관한 설명으로 옳지 않은 것은? (다툼이 있는 경우 판례에 의함)

① 다른 자연적 사실이나 제3자의 행위 또는 피해자의 행위와 경합하여 손해가 발생하였더라도 영조물의 설치·관리상의 하자에 의하여 발생한 것이라고 보아야 한다.
② 영조물의 설치·관리를 맡은 자와 영조물의 설치·관리의 비용을 부담하는 자가 다른 경우에는 피해자는 어느 쪽에 대하여도 선택적으로 손해배상을 청구할 수 있다.
③ 가변차로에 설치된 두 개의 신호등에서 서로 모순되는 신호가 들어오는 오작동이 발생하였고 그 고장이 현재의 기술수준상 부득이한 것이라면 영조물의 하자를 인정할 수 없다.
④ 영조물의 설치의 하자유무는 객관적 견지에서 본 안전성의 문제이므로 재정사정은 영조물의 안전성의 정도에 관하여 참작사유는 될 수 있을지언정 안전성을 결정지을 절대적 요건이 되지 못한다.

20 행정상 손실보상과 관련된 설명으로 옳지 않은 것은? (다툼이 있는 경우 판례에 의함)

① 영업을 폐지하거나 휴업함에 따라 휴직하거나 실직하는 근로자의 임금손실에 대하여는 「근로기준법」에 따른 평균임금 등을 고려하여 보상하여야 한다.
② 영업의 휴업과 폐지를 구별하는 기준은 당해 영업을 그 영업소 소재지나 인접지역의 다른 장소로 이전이 가능한지의 여부에 달려 있다.
③ 토지수용 보상액을 산정함에 있어 택지개발사업의 시행과 함께 그 용도지역이 주거지역으로 변경된 토지를 수용하는 경우에 용도지역의 변경을 고려하지 않아야 한다.
④ 토지수용으로 인한 손실보상액을 산정함에 있어 당해 공공사업의 시행과 관련이 없는 다른 사업으로 인한 개발이익도 배제한 가격으로 평가하여야 한다.

21 「행정심판법」에 관한 내용으로 옳지 않은 것은?

① 행정심판위원회는 심판청구서에 타인을 비방하거나 모욕하는 내용 등이 기재되어 청구 내용을 특정할 수 없고 그 흠을 보정할 수 없다고 인정되는 경우에는 보정요구 없이 그 심판청구를 각하할 수 있다.
② 위원회는 의무이행심판의 청구가 이유있다고 인정할 때에는 지체 없이 신청에 따른 처분을 하거나 이를 할 것을 명한다.
③ 위원회는 직권에 의하여 심판청구의 대상이 되는 처분 또는 부작위 외의 사항에 대하여도 재결할 수 있다.
④ 심판청구에 대한 재결이 있는 경우에는 당해 재결 및 동일한 처분 또는 부작위에 대하여 다시 심판청구를 제기할 수 없다.

22 다음 중 협의의 소의 이익이 인정되지 않는 것은? (다툼이 있는 경우 판례에 의함)

① 고등학교 학생이 코로나19 감염병과 관련하여 정학 2일의 징계를 당한 후 졸업하였다가 학교법인을 상대로 과거 법률관계인 징계에 대한 무효확인을 구하는 경우
② 행정청이 영업허가신청 반려처분의 취소를 구하는 소의 계속 중 사정변경을 이유로 위 반려처분을 직권취소함과 동시에 위 신청을 재반려하는 내용의 재처분을 한 경우 당초의 반려처분의 취소를 구하는 경우
③ 공무원이 파면처분을 받은 후 사면되었으나 파면처분의 위법을 주장하여 그 취소를 구하는 경우
④ 행정처분의 효력기간이 경과하였다고 하더라도 그 처분을 받은 전력이 장래에 불이익하게 취급되는 것으로 법정(법률)상의 가중요건으로 되어 있고, 이후 그 법정가중 요건에 따라 새로운 제재적인 행정처분이 가해지고 있는 경우

23 항고소송의 대상에 대한 설명으로 옳지 않은 것은? (다툼이 있는 경우 판례에 의함)

① 행정청이 건축물대장의 용도변경신청을 거부한 행위는 항고소송의 대상이 되는 행정처분에 해당한다.
② 병무청장이 「병역법」에 따라 병역의무 기피자의 인적사항 등을 인터넷 홈페이지에 게시하는 등의 방법으로 공개한 경우 병무청장의 공개결정을 항고소송의 대상이 되는 행정처분으로 보아야 한다.
③ 시장이 감사원으로부터 「감사원법」에 따라 징계의 종류를 정직으로 정한 징계 요구를 받게 되자 감사원에 징계 요구에 대한 재심의를 청구하였고, 감사원이 재심의청구를 기각한 경우, 감사원의 징계 요구와 재심의결정은 항고소송의 대상이 되는 행정처분이라고 할 수 없다.
④ 병무청장의 요청에 따른 법무부장관의 입국금지결정을 '출입국관리정보시스템'에 입력하였다면 법무부장관의 의사가 공식적인 방법으로 외부에 표시되어 입국 자체를 금지하는 것으로서 그 입국금지결정은 항고소송의 대상이 될 수 있는 처분에 해당한다.

24 다음 중 행정권한의 위임에 관한 설명으로 옳지 않은 것은? (다툼이 있는 경우 판례에 의함)

① 대외적으로 처분 권한이 있는 처분청이 상급행정기관의 지시를 위반하는 처분을 한 경우, 그러한 사정만으로 처분이 곧바로 위법하게 되는 것은 아니다.
② 「행정권한의 위임 및 위탁에 관한 규정」에 따르면, 위임기관은 수임기관의 수임사무처리에 대하여 지휘·감독하고, 그 처리가 위법 또는 부당하다고 인정되는 때에는 이를 취소하거나 정지시킬 수 있다.
③ 내부위임의 경우에는 수임자는 위임기관의 이름으로 권한을 행사한다.
④ 「정부조직법」 제6조 제1항은 권한위임 등에 관한 대강을 정한 것에 불과할 뿐 권한위임의 근거규정이 될 수 없으므로 권한의 위임을 위해서는 법률의 개별적 근거가 필요하다.

25 도로에 대한 설명으로 옳은 것은? (다툼이 있는 경우 판례에 의함)

① 토지의 지목이 도로이고 국유재산대장에 등재되어 있다면 그 토지는 도로로서 행정재산에 해당한다.
② 甲은 도로관리청 乙에게 도로점용허가를 신청하였으나, 상당한 기간이 지났음에도 아무런 응답이 없어 부작위위법확인소송을 제기하였다. 이 경우 법원은 乙이 도로점용허가를 발급해 주어야 하는지의 여부를 심리하여야 한다.
③ 도로의 구조를 보전하고 도로 운행의 위험을 방지하기 위하여 특히 차량의 도로 진입 또는 진행을 금지 또는 제한하는 '긴급 통행제한'은 도로법에서 규정하고 있다.
④ 일반적인 시민생활에 있어 도로를 이용만 하는 사람은 원칙적으로 도로의 용도폐지를 다툴 법률상의 이익이 있다.

# 소방승진 행정법 최종모의고사

01 행정법의 일반원칙에 대한 설명으로 옳은 것은? (다툼이 있는 경우 판례에 의함)
① 외국법인의 고등훈련기 양산참여권의 포기대가와 관련하여 국내에서 세금이 면제될 수 있도록 협조를 구하는 국방부장관의 질의에 대하여 답변한 재정경제부장관의 검토의견은, 외국법인의 국내원천소득에 대한 재정경제부장관의 공적인 견해표명으로 신의성실의 원칙이 적용된다고 할 수 없다.
② 조례안이 지방의회의 감사 또는 조사를 위하여 출석요구를 받은 증인이 5급 이상 공무원인지 여부, 기관(법인)의 대표나 임원인지 여부 등 증인의 사회적 신분에 따라 과태료의 액수에 차등을 두고 있는 경우 그 합리성을 인정할 수 있다.
③ 폐기물처리업에 대하여 사전에 관할 관청으로부터 적정통보를 받고 막대한 비용을 들여 허가요건을 갖춘 다음 허가신청을 하였음에도 다수 청소업자의 난립으로 안정적이고 효율적인 청소업무의 수행에 지장이 있다는 이유로 한 불허가처분은 신뢰보호의 원칙 및 비례의 원칙에 반하는 위법한 처분이라고 할 수 없다.
④ 행정처분이 수차례에 걸쳐 반복적으로 행하여졌다면, 설령 그러한 처분이 위법한 것인 때에도 행정청에 대하여 자기구속력을 갖게 된다.

02 법령의 개정과 신뢰보호원칙에 대한 설명으로 옳지 않은 것은? (다툼이 있는 경우 판례에 의함)
① 법령의 개정에 있어서 구 법령의 존속에 대한 당사자의 신뢰가 합리적이고도 정당하며, 법령의 개정으로 야기되는 당사자의 손해가 극심하여 새로운 법령으로 달성하고자 하는 공익적 목적이 그러한 신뢰의 파괴를 정당화할 수 없다면, 입법자는 경과규정을 두는 등 당사자의 신뢰를 보호할 적절한 조치를 하여야 한다.
② 신뢰보호는 절대적이거나 어느 생활영역에서나 균일한 것은 아니고 개개의 사안마다 관련된 자유나 권리 등에 따라 보호의 정도와 방법이 다를 수 있으며, 새로운 법령을 통하여 실현하고자 하는 공익적 목적이 우월한 때에는 이를 고려하여 제한될 수 있다.
③ 새로운 법령에 의한 신뢰이익의 침해는 새로운 법령이 과거의 사실 또는 법률관계에 소급적용되는 경우에 한하여 문제된다.
④ 신뢰보호원칙의 위배 여부를 판단하기 위하여는 한편으로는 침해받은 이익의 보호가치, 침해의 중한 정도, 신뢰가 손상된 정도, 신뢰침해의 방법 등과 다른 한편으로는 새 법령을 통해 실현하고자 하는 공익적 목적을 종합적으로 비교·형량하여야 한다.

03 행정법의 시간적 효력에 대한 판례의 입장으로 옳지 않은 것은?

① 법률조항에 대하여 헌법재판소가 헌법불합치결정을 하여 그 법률조항을 합헌적으로 개정 또는 폐지하는 임무를 입법자의 형성 재량에 맡긴 이상, 그 개선입법의 소급적용 여부와 소급적용의 범위는 원칙적으로 입법자의 재량에 달려 있다.
② 일반적으로 국민이 소급입법을 예상할 수 있었거나 법적 상태가 불확실하고 혼란스러워 보호할 만한 신뢰이익이 적은 경우에도 진정소급입법이 허용되지 않는다.
③ 법령을 소급적용하더라도 일반 국민의 이해에 직접 관계가 없는 경우나 오히려 그 이익을 증진하는 경우, 불이익이나 고통을 제거하는 경우에는 예외적으로 법령의 소급적용이 허용된다.
④ 법령의 효력이 시행일 이전에 소급하지 않는다는 것은 시행일 이전에 이미 종결된 사실에 대하여 법령이 적용되지 않는다는 것을 의미하는 것이지, 시행일 이전부터 계속되는 사실에 대하여도 법령이 적용되지 않는다는 의미가 아니다.

04 「행정기본법」상 처분에 대한 이의신청에 관한 설명으로 옳지 않은 것은?

① 다른 법률에서 이의신청과 이에 준하는 절차에 대하여 정하고 있는 경우에도 그 법률에서 규정하지 아니한 사항에 관하여는 행정기본법에서 정하는 바에 따른다.
② 행정청의 처분에 이의가 있는 당사자는 처분을 받은 날부터 30일 이내에 해당 행정청 또는 감독청에 이의신청을 할 수 있다.
③ 행정청은 이의신청을 받으면 부득이한 사유가 아니라면 그 신청을 받은 날부터 14일 이내에 그 이의신청에 대한 결과를 신청인에게 통지하여야 한다.
④ 이의신청에 대한 결과를 통지받은 후 행정심판 또는 행정소송을 제기하려는 자는 그 결과를 통지받은 날부터 90일 이내에 행정심판 또는 행정소송을 제기하여야 한다.

05 사인(私人)의 공법행위에 대한 설명 중 옳지 않은 것은? (다툼이 있는 경우 판례에 의함)

① 명문의 금지규정이 있거나 일신전속적인 행위는 대리가 허용될 수 없으나, 그렇지 않은 사인의 공법행위에는 대리에 관한 민법규정이 유추적용될 수 있다.
② 숙박업을 하고자 하는 자가 법령이 정하는 시설과 설비를 갖추고 행정청에 신고를 하면 행정청은 공중위생관리법령의 규정에 따라 원칙적으로 이를 수리하여야 하므로, 새로 숙박업을 하려는 자가 기존에 다른 사람이 숙박업 신고를 한 적이 있는 시설 등의 소유권 등 정당한 사용권한을 취득하여 법령에서 정한 요건을 갖추어 신고하였다면, 행정청으로서는 특별한 사정이 없는 한 이를 수리하여야 하고, 기존의 숙박업 신고가 외관상 남아있다는 이유로 이를 거부할 수 없다.
③ 법규상 또는 조리상 신청권이 없는 경우에는 거부행위의 처분성이 인정되지 아니한다.
④ 전입신고자가 거주의 목적 외에 다른 이해관계에 관한 의도를 가지고 있는지도 전입신고 수리여부 심사시 고려하여야 한다.

06 다음 중 옳지 않은 것은? (다툼이 있는 경우 판례에 의함)

① 법규명령은 행정입법의 일반 추상성으로 인해 항고소송의 대상이 될 수 없다.
② 중앙선거관리위원회는 법령의 범위 안에서 선거관리·국민투표관리·정당사무 등에 관한 규칙을 제정할 수 있는 바, 이 규칙은 법규명령의 성질을 가진다.
③ 조례에 대한 법률의 위임은 법규명령에 대한 법률의 위임과 같이 반드시 구체적으로 범위를 정하여 할 필요가 없으며 포괄적인 것으로 족하다.
④ 형사처벌에 관한 위임입법의 경우, 수권법률이 구성요건의 점에서는 처벌대상인 행위가 어떠한 것인지 이를 예측할 수 있을 정도로 구체적으로 정하고, 형벌의 점에서는 형벌의 종류 및 그 상한과 폭을 명확히 규정하는 것을 전제로 한다.

07 다음 중 법규명령의 통제에 관한 설명으로 틀린 것은?

① 의회에 의한 통제로는, 법규명령의 성립·발효에 대한 동의 또는 승인권이나 일단 유효하게 성립한 법규명령의 효력을 소멸시키는 권한을 의회에 유보하는 방법에 의한 통제인 직접적 통제와 의회가 법규명령의 성립이나 효력발생에 직접적으로 관여하는 것이 아니라 국정감사권과 같은 방법을 이용한 간접적 통제가 있다.
② 사법적 통제에 있어 우리나라는 추상적 규범통제제도를 취하고 있기 때문에 행정청의 '처분 등'에 의하지 않는 일반적인 법규명령에 대해서도 규범통제를 할 수 있다.
③ 헌법재판소는 법령자체에 의한 직접적인 기본권침해 여부가 문제되었을 경우 그 법령의 효력을 직접 다투는 것을 소송물로 하여 일반 법원에 구제를 구할 수 있는 절차는 존재하지 아니하므로 바로 헌법소원의 대상이 된다고 하였다.
④ 행정적 통제수단으로는, 상급행정청의 하급행정청에 대한 지휘·감독권과 같은 행정감독권에 의한 통제와 일정한 절차를 거쳐 법규명령을 발하도록 하는 절차적 통제가 있다.

08 다음 중 재량권의 한계에 관한 설명으로 가장 타당하지 않는 것은?

① 어떤 처분에 대한 취소소송이 제기되면, 당해 처분이 재량처분인 경우는 요건심리 후 각하하여야 하고, 본안심리에서 일탈 및 남용여부를 심사할 필요가 없다.
② 재량권의 영으로의 수축이란 행정청에 대하여 재량권이 인정된 경우에 구체적 상황에서 오로지 하나의 선택가능성만이 합법적인 것으로 남아 있는 경우를 말한다.
③ 대법원은 제반규정에 의하여 박사학위논문 심사과정을 통과한 자에게 정당한 이유 없이 학위수여를 부결한 행정처분은 재량권의 한계를 벗어난 위법이 있다고 판시하였다.
④ 행정기관이 재량행위를 기속행위로 오해하여 복수 행위간의 형량을 전혀 하지 않고 기속행위로 발령한 경우에 있어서 재량의 흠결은 재량행사에 있어서 내부적인 고려를 전혀 행하지 않은 경우이므로 재량권의 남용의 한 형태로 볼 수 있다.

09 위헌법률에 근거한 처분의 효력에 대한 설명으로 옳지 않은 것은? (다툼이 있는 경우 판례에 의함)

① 어느 행정처분에 대하여 그 행정처분의 근거가 된 법률이 위헌이라는 이유로 무효확인청구의 소가 제기된 경우, 다른 특별한 사정이 없는 한 법원으로서는 그 법률이 위헌인지 여부에 대하여는 판단할 필요 없이 그 무효확인청구를 기각하여야 한다.
② 근거법률의 위헌결정 이전에 이미 부담금 부과처분과 압류처분 및 이에 기한 압류등기가 이루어지고 각 처분이 확정된 경우에는 기존의 압류등기나 교부청구로도 다른 사람에 의하여 개시된 경매절차에서 배당을 받을 수 있다.
③ 위헌인 법률에 근거한 행정처분이 당연무효인지의 여부는 위헌결정의 소급효와는 별개의 문제로서 취소소송의 제기기간을 경과하여 확정력이 발생한 행정처분에는 위헌결정의 소급효가 미치지 않는다.
④ 행정처분 자체의 효력이 쟁송기간 경과 후에도 존속 중인 경우, 그 행정처분이 위헌인 법률에 근거하여 내려졌고 그 목적달성을 위해 필요한 후행 행정처분이 아직 이루어지지 않았다면 그 하자가 중대하여 그 구제가 필요한 경우에 대하여서는 쟁송기간 경과 후라도 무효확인을 구할 수 있다.

10 행정행위의 성립요건과 발효요건에 대한 설명으로 옳지 않은 것은? (다툼이 있는 경우 판례에 의함)

① 교부에 의한 송달을 할 때 문서를 송달받을 자 또는 그 사무원등이 정당한 사유 없이 송달받기를 거부하는 경우에는 그 사실을 수령확인서에 적고, 문서를 송달할 장소에 놓아둘 수 있다.
② 어떠한 처분의 외부적 성립 여부는 행정청에 의해 행정의사가 공식적인 방법으로 외부에 표시되었는지를 기준으로 판단하여야 한다.
③ 상대방 있는 행정처분이 상대방에게 고지되지 아니한 경우에도 상대방이 다른 경로를 통해 행정처분의 내용을 알게 되었다면 행정처분의 효력은 발생한다.
④ 고시 또는 공고에 의하여 행정처분을 하는 경우에는 행정처분에 이해관계를 갖는 자가 고시 또는 공고가 있었다는 사실을 현실적으로 알았는지 여부에 관계없이 고시가 효력을 발생하는 날에 행정처분이 있음을 알았다고 보아야 한다.

11 「행정기본법」상 법 적용의 기준에 관한 설명으로 옳지 않은 것은?

① 새로운 법령등은 법령등에 특별한 규정이 있는 경우를 제외하고는 그 법령등의 효력 발생 전에 완성되거나 종결된 사실관계 또는 법률관계에 대해서는 적용되지 아니한다.
② 당사자의 신청에 따른 처분은 법령등에 특별한 규정이 있거나 처분 당시의 법령등을 적용하기 곤란한 특별한 사정이 있는 경우를 제외하고는 처분 당시의 법령등에 따른다.
③ 법령등을 위반한 행위의 성립과 이에 대한 제재처분은 법령등에 특별한 규정이 있는 경우를 제외하고는 제재처분 당시의 법령등에 따른다.
④ 법령등을 위반한 행위 후 법령등의 변경에 의하여 그 행위가 법령등을 위반한 행위에 해당하지 아니하거나 제재처분 기준이 가벼워진 경우로서 해당 법령등에 특별한 규정이 없는 경우에는 변경된 법령등을 적용한다.

12 공법상 계약에 대한 설명으로 옳지 않은 것은? (다툼이 있는 경우 판례에 의함)

① 광주광역시문화예술회관장의 단원위촉은 광주광역시와 단원이 되고자 하는 자 사이에 대등한 지위에서 의사가 합치되어 성립하는 공법상 근로계약에 해당한다.
② 지방전문직공무원 채용계약 해지의 의사표시에 대하여는 공법상 당사자소송으로 그 의사표시의 무효확인을 청구할 수 있다.
③ 구 「중소기업 기술혁신 촉진법」상 중소기업 정보화지원사업에 따른 지원금 출연을 위하여 중소기업청장이 체결하는 협약은 공법상 계약에 해당하지만 그 협약의 해지 및 그에 따른 환수통보는 행정처분에 해당한다.
④ 수익적 행정처분에 있어서 행정청은 부담을 부가하기 이전에 상대방과 협의하여 부담의 내용을 협약의 형식으로 미리 정한 다음 행정처분을 하면서 부담을 부가할 수도 있다.

13 「행정절차법」에 대한 설명으로 가장 옳지 않은 것은? (다툼이 있을 경우 판례에 의함)

① 「국가공무원법」상 직위해제처분의 경우 사후적으로 소청이나 행정소송을 통하여 충분한 의견진술 및 자료제출의 기회를 보장하고 있다고 보기 어려우므로 처분의 사전통지 및 의견청취에 관한 「행정절차법」의 규정이 적용된다고 보아야 한다.
② 처분서에 기재된 내용과 관계 법령 및 당해 처분에 이르기까지 전체적인 과정 등을 종합적으로 고려하여, 처분 당시 당사자가 어떠한 근거와 이유로 처분이 이루어진 것인지를 충분히 알 수 있어서 행정구제절차로 나아가는 데에 별다른 지장이 없는 경우라면 처분서에 처분의 근거와 이유가 구체적으로 명시되어 있지 않았더라도 절차상 위법하지 않다.
③ 일반 공청회가 행정청이 책임질 수 없는 사유로 개최되지 못하거나 개최는 되었으나 정상적으로 진행되지 못하고 무산된 횟수가 3회 이상인 경우에는 온라인공청회를 단독으로 개최할 수 있다.
④ 국가에 대해 행정처분을 할 때에도 사전통지, 의견청취, 이유제시와 관련한 행정절차법이 그대로 적용된다.

14 「공공기관의 정보공개에 관한 법률」상 정보공개심의회에 대한 설명으로 옳지 않은 것은?

① 「지방공기업법」에 따른 지방공사 및 지방공단은 정보공개 여부 등을 심의하기 위하여 정보공개심의회를 설치·운영한다.
② 정보공개심의회는 위원장 1명을 포함하여 5명 이상 7명 이하의 위원으로 구성한다.
③ 정보공개심의회의 위원은 소속 공무원, 임직원 또는 외부 전문가로 지명하거나 위촉하되, 원칙적으로 그 중 3분의 2는 해당 국가기관등의 업무 또는 정보공개의 업무에 관한 지식을 가진 외부 전문가로 위촉하여야 한다.
④ 정보공개심의회의 위원장은 소속 공무원인 위원 중에서 국가기관등의 장이 지명하거나 위촉한다.

15 행정벌에 대한 설명으로 옳은 것은? (다툼이 있는 경우 판례에 의함)

① 스스로 심신장애 상태를 일으켜 질서위반행위를 한 자에 대하여는 과태료를 감경한다.
② 「관세법」상 통고처분은 상대방의 임의의 승복을 그 발효요건으로 하기 때문에 그 자체만으로는 통고이행을 강제하거나 상대방에게 아무런 권리의무를 형성하지 않는다.
③ 질서위반행위 후 법률이 변경되어 그 행위가 질서위반행위에 해당하지 아니하게 된 때에는 법률에 특별한 규정이 없는 한 변경되기 전의 법률을 적용한다.
④ 지방자치단체가 그 고유의 자치사무를 처리하는 경우 지방자치단체는 양벌규정에 의한 처벌대상이 되지 않는다.

16 행정대집행에 대한 설명으로 옳지 않은 것은? (다툼이 있는 경우 판례에 의함)

① 철거명령과 계고처분은 계고서라는 명칭의 1장의 문서로 이루어질 수 있다.
② 아무런 권원 없이 국유재산에 설치한 시설물에 대하여 행정청이 행정대집행을 실시하지 않는 경우, 그 국유재산에 대한 사용청구권을 가지고 있는 자는 국가를 대위하여 민사소송으로 그 시설물의 철거를 구할 수 있다.
③ 건물의 점유자가 철거의무자일 때에도 건물철거의무에 퇴거의무가 포함되어 있지 않으므로 별도로 퇴거를 명하는 집행권원이 필요하다.
④ 공공사업에 필요한 토지와 건물을 사업시행자가 협의취득할 때 건물소유자가 매매대상 건물에 대한 철거의무를 부담하겠다는 취지의 약정을 하였다고 하더라도 이러한 철거의무는 행정대집행법에 의한 대집행의 대상이 되는 공법상의 의무가 아니다.

17 행정상 즉시강제에 대한 설명으로 옳지 않은 것은?

① 즉시강제에서 영장주의가 적용되는가의 여부에 대하여 판례는 국민의 권익보호를 위하여 예외 없이 영장주의가 적용되어야 한다는 영장필요설의 입장을 취하고 있다.
② 다른 수단으로는 행정목적을 달성할 수 없는 경우에만 허용되며, 이 경우에도 최소한으로만 실시하여야 한다.
③ 구「음반·비디오물 및 게임물에 관한 법률」상 불법게임물에 대한 수거 및 폐기 조치는 행정상 즉시강제에 해당한다.
④ 행정상 즉시강제는 직접강제와는 달리 행정상 강제집행에 해당하지 않는다.

18 국가배상에 대한 내용으로 옳지 않은 것은? (다툼이 있는 경우 판례에 의함)

① 생명·신체에 대한 침해와 물건의 멸실·훼손으로 인한 손해 외의 손해는 불법행위와 상당한 인과관계가 있는 범위에서 배상한다.
② 국가나 지방자치단체에 대한 배상신청사건을 심의하기 위하여 법무부에 본부심의회를 둔다. 다만, 군인이나 군무원이 타인에게 입힌 손해에 대한 배상신청사건을 심의하기 위하여 국방부에 특별심의회를 둔다.
③ 군인·군무원·경찰공무원 또는 예비군대원이 전투·훈련 등 직무 집행과 관련하여 전사·순직하거나 공상을 입은 경우에 본인이나 그 유족이 다른 법령에 따라 재해보상금·유족연금·상이연금 등의 보상을 지급받을 수 있을 때에는 국가배상법 및 「민법」에 따른 손해배상을 청구할 수 없다.
④ 지방자치단체장 간의 기관위임의 경우에는 사무귀속의 주체가 달라진다고 할 수 있으므로, 하위 지방자치단체장을 보조하는 하위 지방자치단체 소속 공무원이 위임사무처리에 있어 고의 또는 과실로 타인에게 손해를 가하였다면 상위 지방자치단체는 그 사무귀속 주체로서 손해배상책임을 지지 않는다.

19 행정상 손실보상에 대한 설명으로 옳은 것은?

① 헌법 제23조 제3항을 국민에 대한 직접적인 효력이 있는 규정으로 보는 견해는 동조항의 재산권의 수용·사용·제한 규정과 보상규정을 불가분조항으로 본다.
② 손실보상청구권을 공권으로 보게 되면 손실보상청구권을 발생시키는 침해의 대상이 되는 재산권에는 공법상의 권리만이 포함될 뿐 사법상의 권리는 포함되지 않는다.
③ 헌법재판소는 헌법 제23조 제3항의 '공공필요'는 '국민의 재산권을 그 의사에 반하여 강제적으로라도 취득해야 할 공익적 필요성'을 의미하고, 이 요건 중 공익성은 기본권 일반의 제한사유인 '공공복리'보다 좁은 것으로 보고 있다.
④ 손실보상의 이론적 근거로서 특별희생설에 의하면, 공공복지와 개인의 권리 사이에 충돌이 있는 경우에는 개인의 권리가 우선한다.

20 행정심판의 재결의 기속력에 대한 설명으로 옳지 않은 것은? (다툼이 있는 경우 판례에 의함)

① 국립대학교가 행정심판의 피청구인이 된 경우 그 심판청구를 인용하는 재결에 기속되도록 하는 것은 피청구인의 재판청구권을 침해하거나 평등원칙에 위반되지 아니한다.
② 당사자의 신청을 받아들이지 않은 거부처분이 재결에서 취소된 경우, 그 재결의 취지에 따라 이전의 신청에 대하여 다시 어떠한 처분을 하여야 할지는 처분을 할 때의 법령과 사실을 기준으로 판단하여야 하므로, 행정청은 종전 거부처분 또는 재결 후에 발생한 새로운 사유를 내세워 다시 거부처분을 할 수 있다.
③ 재결이 확정된 경우에는 처분의 기초가 된 사실관계나 법률적 판단이 확정되고 당사자들이나 법원은 이에 기속되어 모순되는 주장이나 판단을 할 수 없게 된다.
④ 재결에 의하여 취소되거나 무효 또는 부존재로 확인되는 처분이 당사자의 신청을 거부하는 것을 내용으로 하는 경우에는 그 처분을 한 행정청은 재결의 취지에 따라 다시 이전의 신청에 대한 처분을 하여야 한다.

21 행정소송과 행정심판의 관계에 관하여 다른 법률에서 행정심판을 필요적 전치절차로 규정하고 있음에도 불구하고 행정심판을 제기하지 않고도 행정소송을 제기할 수 있는 경우는?

① 처분의 집행 또는 절차의 속행으로 생길 중대한 손해를 예방하여야 할 긴급한 필요가 있는 때
② 행정청이 사실심의 변론종결후 소송의 대상인 처분을 변경하여 당해 변경된 처분에 관하여 소를 제기하는 때
③ 법령의 규정에 의한 행정심판기관이 의결 또는 재결을 하지 못할 사유가 있는 때
④ 이의신청일로부터 90일이 지나도 결정이 없는 때

22 항고소송의 원고적격 또는 소익에 대한 설명 중 옳지 않은 것은? (다툼이 있는 경우 판례에 의함)

① 한의사 면허는 강학상 특허에 해당하고, 한약조제시험을 통하여 약사에게 한약조제권을 인정함으로써 한의사들의 영업상 이익이 감소되었다면 이러한 이익은 「약사법」이나 「의료법」 등의 법률에 의하여 보호되는 법률상 이익이라 볼 수 있다.
② 사단법인 대한의사협회는 보건복지부 고시인 '건강보험요양급여행위 및 그 상대가치점수 개정'으로 인하여 자신의 법률상 이익을 침해당하였다고 할 수 없으므로 위 고시의 취소를 구할 원고적격이 없다.
③ 대법원은 속리산국립공원 용화집단시설지구의 개발을 위한 공원사업시행허가에 대한 취소소송 사건에서 자연공원법령뿐만 아니라 허가와 불가분적으로 관계가 있는 환경영향평가법령도 공원사업시행허가처분이 근거법령이 된다고 판시하여 근거법률의 범위를 확대하였다.
④ 제3자효를 수반하는 행정행위에 대한 행정심판청구의 인용재결에 대하여 제3자는 재결취소를 구할 소의 이익이 있다.

23 행정소송에 대한 설명으로 옳은 것은? (다툼이 있는 경우 판례에 의함)

① 행정소송법은 행정청의 위법 또는 부당한 부작위에 대하여 일정한 처분을 하도록 청구하는 소송을 허용한다.
② 법원은 소송의 결과에 따라 권리 또는 이익의 침해를 받을 제3자가 있는 경우에는 당사자 또는 제3자의 신청 또는 직권에 의하여 결정으로써 그 제3자를 소송에 참가시킬 수 있으며, 법원이 참가 결정을 하고자 할 때에는 미리 당사자 및 제3자의 의견을 들어야 한다.
③ 행정소송에 대한 대법원판결에 의하여 명령·규칙이 헌법 또는 법률에 위반된다는 것이 확정된 경우에는 대법원은 지체 없이 그 사유를 행정안전부장관에게 통보하여야 하며, 통보를 받은 행정안전부장관은 10일 이내에 이를 관보에 게재하여야 한다.
④ 법원은 당사자의 신청이 있는 때에는 결정으로써 재결을 행한 행정청에 대하여 행정심판에 관한 기록의 제출을 명하여야 하며, 제출명령을 받은 행정청은 지체 없이 당해 행정심판에 관한 기록을 법원에 제출하여야 한다.

24 「지방자치법」상 주민에 대한 설명으로 옳지 않은 것은?

① 법인은 해당 지방자치단체의 구역 안에 주된 사무소 또는 본점을 두고 있지 않다면, '사업소'를 두고 있더라도 지방자치법에 따른 분담금 납부의무자인 '주민'에 해당하지 않는다.
② 지방자치단체의 구역에 주소를 가진 자는 그 지방자치단체의 주민이 된다.
③ 주민은 법령으로 정하는 바에 따라 소속 지방자치단체의 재산과 공공시설을 이용할 권리와 그 지방자치단체로부터 균등하게 행정의 혜택을 받을 권리를 가진다.
④ 주민은 지방자치단체의 조례를 제정하거나 개정하거나 폐지할 것을 청구할 수 있다.

25 공무원의 징계와 관한 다음의 판례 중 옳은 것은?

① 직위해제는 일반적으로 공무원의 직무수행능력이 부족하거나 근무성적이 극히 불량한 경우에 보직을 해제하는 징계처분의 일종이다.
② 징계위원회의 심의과정에 제출되어야 하는 공적 사항이 제시되지 않은 상태에서 결정한 징계처분이더라도 징계양정이 결과적으로 적정하다면 법령이 정한 징계절차를 지키지 않은 것으로서 위법하다고 할 수 없다.
③ '휴직자와 정년이 가까운 자'를 우선 면직 대상자로 한다는 기준만을 정하여 면직처분을 한 경우, 이는 국가공무원법상 고려하여야 할 면직기준을 고려하지 아니한 채 다른 기준을 정하여 한 면직처분이므로 위법하다.
④ 지방자치단체의 장은 소속 공무원의 구체적인 행위가 지방공무원법에 규정된 징계사유에 해당하는지 여부에 관하여 판단할 수 있는 재량을 가지므로 징계를 요구할 의무는 없다.

제3회 소방승진 행정법 최종모의고사

01 법률유보의 원칙에 대한 설명으로 옳지 않은 것은?

① 헌법재판소는 토지등소유자가 도시환경정비사업을 시행하는 경우, 사업시행인가 신청시 필요한 토지등소유자의 동의정족수를 정하는 것은 국민의 권리와 의무의 형성에 관한 기본적이고 본질적인 사항으로 법률유보 내지 의회유보의 원칙이 지켜져야 할 영역이라고 한다.
② 대법원은 지방의회의원에 대하여 유급보좌인력을 두는 것은 지방의회의원의 신분·지위 및 그 처우에 관한 현행 법령상의 제도에 중대한 변경을 초래하는 것으로서, 이는 개별 지방의회의 조례로써 규정할 사항이 아니라 국회의 법률로써 규정하여야 할 입법사항이라고 한다.
③ 다수설에 따르면 행정지도에 관해서 개별법에 근거규정이 없는 경우 행정지도의 상대방인 국민에게 미치는 효력을 고려하여 행정지도를 할 수 없다고 본다.
④ 헌법재판소는 법률에 근거를 두면서 헌법 제75조가 요구하는 위임의 구체성과 명확성을 구비하는 경우에는 위임입법에 의하여도 기본권을 제한할 수 있다고 한다.

02 행정법의 일반원칙에 관한 설명으로 옳지 않은 것은?

① 실효의 원칙이 적용되기 위한 요건으로서 실효기간의 길이와 의무자인 상대방이 권리가 행사되지 아니하리라고 신뢰할 만한 정당한 사유가 있었는지의 여부는 구체적인 경우마다 권리를 행사하지 아니한 기간의 장단, 당사자 쌍방의 사정 및 객관적으로 존재한 사정 등을 고려하여 사회통념에 따라 판단하여야 한다.
② 행정규칙이 재량권행사의 준칙으로서 반복적으로 시행됨으로써 평등원칙이나 신뢰보호원칙에 따라 행정기관이 그 규칙에 따라야 할 자기구속을 당하게 되는 경우에는 그 행정규칙은 대외적인 구속력을 당하게 되어 헌법소원의 대상이 된다.
③ 법적 효과를 수반하는 행정행위만이 신뢰보호원칙의 적용대상이 되며, 행정지도와 같은 사실행위는 이에 포함되지 않는다.
④ 위험한 건물에 대하여 개수명령으로써 목적을 달성할 있음에도 불구하고 철거명령을 발령하는 것은 비례원칙의 내용 중 필요성 원칙에 반한다.

03 행정법의 효력에 대한 설명으로 옳지 않은 것은? (다툼이 있는 경우 판례에 의함)

① 법령등을 위반한 행위 후 법령등의 변경에 의하여 그 행위가 법령등을 위반한 행위에 해당하지 아니하거나 제재처분 기준이 가벼워진 경우로서 해당 법령등에 특별한 규정이 없는 경우에는 변경된 법령등을 적용한다.
② 법령등을 공포한 날부터 일정 기간이 경과한 날부터 시행하는 경우 그 기간의 말일이 토요일 또는 공휴일인 때에는 그 말일로 기간이 만료한다.
③ 「법령 등 공포에 관한 법률」에 따르면, 관보의 내용 해석 및 적용 시기 등에 대하여 종이관보와 전자관보는 동일한 효력을 가진다.
④ 「국회법」에 따라 하는 국회의장의 법률 공포는 관보(官報)에 게재함으로써 한다.

04 영업자의 지위승계에 관한 판례의 태도로 옳지 않은 것은?

① 대물적 영업양도의 경우, 명시적인 규정이 없는 경우에도 양도 전에 존재하는 영업정지 사유를 이유로 양수인에 대해서도 영업정지처분을 할 수 있다.
② 행정청은 식품위생법 규정에 의한 영업자지위승계신고를 수리하는 처분을 함에 있어서 종전의 영업자에 대하여 행정절차법상 행정절차를 실시할 것을 요하지 아니한다.
③ 법령상 채석허가를 받은 자의 명의변경제도를 두고 있는 경우, 명의변경신고를 할 수 있는 양수인은 관할 행정청이 양도인의 허가를 취소하는 처분에 대해 취소를 구할 법률상 이익이 인정된다.
④ 영업양도에 따른 지위승계신고를 수리하는 허가관청의 행위는 영업허가자의 변경이라는 법률효과를 발생시키는 행위로서 항고소송의 대상이 될 수 있다.

05 행정규칙에 대한 설명으로 옳지 않은 것은? (다툼이 있는 경우 판례에 의함)

① 어떠한 고시가 다른 집행행위의 매개 없이 그 자체로서 직접 국민의 구체적인 권리의무나 법률관계를 규율하는 성격을 가질 때에는 항고소송의 대상이 되는 행정처분에 해당한다.
② 「검찰보존사무규칙」이 「검찰청법」에 기하여 제정된 법무부령이기는 하지만, 그 사실만으로 그 규칙 내의 모든 규정이 법규적 효력을 가지는 것은 아니다.
③ 행정관청 내부의 사무처리규정에 불과한 전결규정에 위반하여 원래의 전결권자 아닌 보조기관이 처분권자인 행정관청의 이름으로 행정처분을 하였다면 그 처분은 권한 없는 자에 의하여 행하여진 무효의 처분이다.
④ 상위법령에서 세부사항 등을 시행규칙으로 정하도록 위임하였음에도 이를 고시 등 행정규칙으로 정하였다면 이는 대외적 구속력을 가지는 법규명령으로서 효력이 인정될 수 없다.

06 행정청의 확약에 대한 설명으로 옳은 것은? (다툼이 있는 경우 판례에 의함)

① 「행정절차법」상 법령등에서 당사자가 신청할 수 있는 처분을 규정하고 있는 경우 행정청은 당사자의 신청에 따라 장래에 어떤 처분을 하거나 하지 아니할 것을 내용으로 하는 확약을 할 수 있으며, 문서 또는 말에 의해 확약을 할 수 있다.
② 재량행위에 대해 상대방에게 확약을 하려면 확약에 대한 법적 근거가 있어야 한다.
③ 「행정절차법」상 행정청은 확약을 한 후에 확약의 내용을 이행할 수 없을 정도로 법령등이나 사정이 변경된 경우에는 확약에 기속되지 아니하며, 그 확약을 이행할 수 없는 경우에는 지체 없이 당사자에게 그 사실을 통지하여야 한다.
④ 행정청의 확약에 대해 법률상 이익이 있는 제3자는 확약에 대해 취소소송으로 다툴 수 있다.

07 기속행위와 재량행위에 대한 설명으로 옳지 않은 것은? (다툼이 있는 경우 판례에 의함)

① 판례는 자유재량에 대한 사법심사에 있어서는 법원이 일정한 결론을 도출한 후 그 결론에 비추어 행정청이 한 판단의 적법 여부를 독자의 입장에서 판정하는 방식에 의하게 된다고 보고 있다.
② 육아휴직 중 「국가공무원법」 제73조 제2항에서 정한 복직 요건인 '휴직사유가 없어진 때'에 하는 복직명령은 기속행위이므로 휴직사유가 소멸하였음을 이유로 복직을 신청하는 경우 임용권자는 지체 없이 복직명령을 하여야 한다.
③ '환경오염 발생 우려'와 같이 장래에 발생할 불확실한 상황과 파급효과에 대한 예측이 필요한 요건에 관한 행정청의 재량적 판단은 그 내용이 현저히 합리성을 결여하였다거나 상반되는 이익이나 가치를 대비해 볼 때 형평이나 비례의 원칙에 뚜렷하게 배치되는 등의 사정이 없는 한 폭넓게 존중하여야 한다.
④ 행정청의 재량에 속하는 처분이라도 재량권의 한계를 넘거나 그 남용이 있는 때에는 법원은 이를 취소할 수 있다.

08 인가에 대한 다음 설명 중 옳지 않은 것은?

① 당사자의 법률적 행위를 보충하여 그 법률적 효력을 완성시키는 행정청의 보충적 의사표시를 인가라고 한다.
② 「사립학교법」상 학교법인의 이사장, 이사, 감사 등 임원에 대한 임원취임승인행위가 인가의 대표적인 예이다.
③ 인가의 대상인 법률행위에는 공법상 행위도 있고 사법상 행위도 있다.
④ 인가의 전제가 되는 기본행위에 하자가 있다고 하더라도 행정청의 적법한 인가가 있으면 그 하자는 치유가 된다.

09 행정행위의 부관에 대한 설명으로 옳지 않은 것은? (다툼이 있는 경우 판례에 의함)

① 재량행위에 있어서는 법령상의 근거가 없다고 하더라도 부관을 붙일 수 있다.
② 행정청은 사정이 변경되어 종전의 부관을 변경하지 아니하면 해당 처분의 목적을 달성할 수 없다고 인정되는 경우에도 법률에 근거가 없다면 종전의 부관을 변경할 수 없다.
③ 공무원이 인·허가 등 수익적 행정처분을 하면서 그 처분과 부관 사이에 실제적 관련성이 있다고 볼 수 없는 경우 공법상의 제한을 회피할 목적으로 행정처분의 상대방과 사법상 계약을 체결하는 형식을 취하였다면 이는 법치행정의 원리에 반하는 것으로서 위법하다.
④ 행정청이 수익적 행정처분을 하면서 부가한 부담이 처분 당시 법령을 기준으로 적법하다면 처분 후 부담의 전제가 된 주된 행정처분의 근거 법령이 개정됨으로써 행정청이 더 이상 부관을 붙일 수 없게 되었다 하더라도 곧바로 위법하게 되거나 그 효력이 소멸하게 되는 것은 아니다.

10 행정행위의 효력에 관한 판례의 내용으로 옳지 않은 것은?

① 행정행위는 불가쟁력의 효력이 있어 법령에 의한 불복기간이 경과한 경우에는 당사자는 그 행정처분의 효력을 다툴 수 없다.
② 행정처분이 불복기간의 경과로 인하여 확정될 경우, 그 처분의 기초가 된 사실관계나 법률적 판단이 확정된다.
③ 민사소송에 있어서 어느 행정처분의 당연무효 여부가 선결문제로 되는 때에는 민사법원은 이를 판단하여 당연무효임을 전제로 판결할 수 있다.
④ 구「원자력법」에 따른 원자로 시설의 부지사전승인처분은 그 자체로서 독립한 행정처분이다.

11 행정계획에 대한 설명으로 옳지 않은 것은? (다툼이 있는 경우 판례에 의함)

① 비구속적 행정계획안이나 행정지침이라도 국민의 기본권에 직접적으로 영향을 끼치고, 앞으로 법령의 뒷받침에 의하여 그대로 실시될 것이 틀림없을 것으로 예상될 수 있을 때에는, 공권력행위로서 예외적으로 헌법소원의 대상이 될 수 있다.

② 행정주체가 행정계획을 입안·결정함에 있어서 이익형량을 전혀 행하지 아니하거나 이익형량의 고려 대상에 마땅히 포함시켜야 할 사항을 누락한 경우 또는 이익형량을 하였으나 정당성과 객관성이 결여된 경우에는 그 행정계획결정은 형량에 하자가 있어 위법하게 된다.

③ 이미 고시된 실시계획에 포함된 상세계획으로 관리되는 토지 위의 건물의 용도를 상세계획 승인권자의 변경승인 없이 임의로 판매시설에서 상세계획에 반하는 일반목욕장으로 변경신고한 경우에 그 영업신고를 수리하지 않고 영업소를 폐쇄한 처분은 적법하다.

④ 구「택지개발촉진법」상 관할행정청의 택지개발사업시행자에 대한 택지개발계획의 승인은 그 승인의 고시에 의하여 개발할 토지의 위치, 면적, 권리내용 등이 특정되어 그 후 사업시행자에게 택지개발사업을 실시할 수 있는 권한이 설정된다고 하더라도 행정처분의 성격을 갖는 것은 아니다.

12 행정지도에 대한 설명으로 옳지 않은 것은? (다툼이 있는 경우 판례에 의함)

① 행정작용의 법적 성격이 행정지도의 일종이라면, 그에 따르지 않을 때 일정한 불이익조치를 예정하고 있어 사실상 상대방에게 그에 따를 의무를 부과하는 것과 다를 바 없는 경우이더라도 헌법소원의 대상이 되는 공권력의 행사라고 볼 수 없다.

② 행정지도가 강제성을 띠지 않은 비권력적 작용으로서 행정지도의 한계를 일탈하지 아니하였다면 그로 인하여 상대방에게 어떤 손해가 발생하였다 하더라도 행정기관은 그에 대한 손해배상책임이 없다.

③ 「행정절차법」에 따르면, 행정기관은 행정지도의 상대방이 행정지도에 따르지 않았다는 것을 이유로 불이익한 조치를 하여서는 아니 된다고 규정하고 있다.

④ 위법건축물에 대한 단전 및 전화통화단절조치 요청행위는 처분성이 부인된다.

13 행정절차에 대한 설명으로 옳지 않은 것은? (다툼이 있는 경우 판례에 의함)

① 행정청은 위반사실등의 공표를 할 때에는 특별한 사정이 없는 한 미리 당사자에게 그 사실을 통지하고 의견제출의 기회를 주어야 하며, 의견제출의 기회를 받은 당사자는 공표 전에 관할 행정청에 서면이나 말 또는 정보통신망을 이용하여 의견을 제출할 수 있다.
② 행정청이 불이익 처분을 함에 있어서 법령등에서 요구된 자격이 없거나 없어지게 되면 반드시 일정한 처분을 하여야 하는 경우에 그 자격이 없거나 없어지게 된 사실이 법원의 재판 등에 의하여 객관적으로 증명된 경우에는 의견청취를 하지 아니할 수 있다.
③ 「공무원연금법」상 퇴직연금 지급정지 사유기간 중 수급자에게 지급된 퇴직연금의 환수결정은 당사자에게 의무를 과하는 처분으로, 퇴직연금의 환수결정에 앞서 당사자에게 의견진술의 기회를 주지 아니하면 「행정절차법」에 반한다.
④ 납세고지서에 세액산출근거 등의 기재사항이 누락되었거나 과세표준과 세액의 계산명세서가 첨부되지 않은 납세고지의 하자는 납세의무자가 그 나름대로 산출근거를 알고 있다거나 사실상 이를 알고서 쟁송에 이르렀다 하더라도 치유되지 않는다.

14 「개인정보 보호법」상 개인정보에 대한 설명으로 옳지 않은 것은? (다툼이 있는 경우 판례에 의함)

① 시장·군수 또는 구청장이 개인의 지문정보를 수집하고, 경찰청장이 이를 보관·전산화하여 범죄수사목적에 이용하는 것은 모두 개인정보자기결정권을 제한하는 것이다.
② 옥외집회·시위에 대한 경찰의 촬영행위에 의해 취득한 자료는 '개인정보'의 보호에 관한 일반법인 「개인정보 보호법」이 적용될 수 없다.
③ 임직원, 파견근로자, 시간제근로자 등 개인정보처리자의 지휘·감독을 받아 개인정보를 처리하는 자인 개인정보취급자가 개인정보처리자의 업무 수행을 위하여 개인정보를 이전받는 경우 위와 같은 개인정보취급자는 '개인정보처리자로부터 개인정보를 제공받은 자'에 해당하지 않는다.
④ 분쟁조정위원회는 신청된 조정사건에 대한 처리절차를 진행하던 중에 한쪽 당사자가 소를 제기하면 그 조정의 처리를 중지하고 이를 당사자에게 알려야 한다.

15 「질서위반행위규제법」상 과태료에 대한 내용으로 옳지 않은 것은?

① 행정청의 과태료 부과에 불복하는 당사자는 과태료 부과 통지를 받은 날부터 60일 이내에 해당 행정청에 서면으로 이의제기를 할 수 있다.
② 하나의 행위가 2 이상의 질서위반행위에 해당하는 경우에는 각 질서위반행위에 대하여 정한 과태료를 각각 부과한다.
③ 행정청은 과태료 부과에 앞서 10일 이상의 기간을 정하여 당사자에게 의견을 제출할 기회를 주어야 한다.
④ 과태료는 행정청의 과태료 부과 처분 이후 5년간 징수하지 아니하면 시효로 인하여 소멸한다.

16 「행정대집행법」상 행정대집행에 대한 설명으로 옳지 않은 것은? (다툼이 있는 경우 판례에 의함)

① 행정청은 대집행을 할 때 대집행 과정에서의 안전 확보를 위하여 필요하다고 인정하는 경우 현장에 긴급 의료장비나 시설을 갖추는 등 필요한 조치를 하여야 한다.
② 대집행계고를 함에 있어서는 의무자가 스스로 이행하지 않는 경우에 대집행할 행위의 내용 및 범위가 구체적으로 특정되어야 하는데 그 내용과 범위는 대집행 계고서뿐만 아니라 계고처분 전후에 송달된 문서나 기타 사정 등을 종합하여 특정될 수 있다.
③ 관계 법령에서 금지규정 및 그 위반에 대한 벌칙규정은 두고 있으나 금지규정 위반행위에 대한 시정명령의 권한에 대해서는 규정하고 있지 않은 경우에 그 금지규정 및 벌칙규정은 당연히 금지규정 위반행위로 인해 발생한 유형적 결과를 시정하게 하는 것도 예정하고 있다고 할 것이어서 금지규정 위반으로 인한 결과의 시정을 명하는 권한도 인정하고 있는 것으로 해석된다.
④ 건물철거명령 및 철거대집행계고를 한 후에 이에 불응하자 다시 제2차, 제3차의 계고를 하였다면 철거의무는 처음에 한 건물철거명령 및 철거대집행계고로 이미 발생하였고 그 이후에 한 제2차, 제3차의 계고는 새로운 철거의무를 부과한 것이 아니라 대집행 기한을 연기하는 통지에 불과하다.

17 이행강제금에 대한 설명으로 옳지 않은 것은? (다툼이 있는 경우 판례에 의함)

① 「건축법」상 이행강제금 납부의무는 상속인 기타의 사람에게 승계될 수 없는 일신전속적 성질의 것이다.
② 「행정기본법」상 행정청은 의무 불이행의 동기, 목적 및 결과, 의무 불이행의 정도 및 상습성, 그 밖에 행정목적을 달성하는 데 필요하다고 인정되는 사유를 고려하여 이행강제금의 부과 금액을 가중하거나 감경할 수 있다.
③ 건축주 등이 「건축법」상 시정명령을 장기간 이행하지 아니하였더라도, 그 기간 중에는 시정명령의 이행 기회가 제공되지 아니하였다가 뒤늦게 시정명령의 이행 기회가 제공된 경우라면, 행정청은 시정명령의 이행 기회 제공을 전제로 한 1회분의 이행강제금만을 부과할 수 있고 시정명령의 이행 기회가 제공되지 아니한 과거의 기간에 대한 이행강제금까지 한꺼번에 부과할 수는 없다.
④ 대체적 작위의무 불이행에 대하여는 대집행이 가능하므로 이행강제금은 대체적 작위의무 불이행에 대하여는 부과할 수 없다.

18 행정조사에 대한 설명으로 옳지 않은 것은? (다툼이 있는 경우 판례에 의함)

① 「행정조사기본법」상 행정조사의 사전통지를 받은 조사대상자는 관계 행정기관의 장에게 공동조사를 실시하여 줄 것을 신청할 수 있다.
② 우편물 통관검사절차에서 우편물의 개봉, 시료채취, 성분분석 등의 검사는 수출입품목에 대한 적정한 통관 등을 목적으로 한 행정조사의 성격을 가지는 것으로서 수사기관의 강제처분이라고 할 수 없으므로 영장은 요구되지 않는다.
③ 부가가치세부과처분이 종전의 부가가치세 경정조사와 같은 세목 및 같은 과세기간에 대하여 중복하여 실시된 위법한 세무조사에 기초하여 이루어진 경우 위법하다.
④ 「행정절차법」은 행정조사에 관한 명문의 규정을 두고 있지 않으므로 행정조사가 처분에 해당하는 경우에도 행정절차법상의 처분절차에 관한 규정이 적용되지 않는다.

19 행정상 손해배상에 관한 설명으로 옳지 않은 것은? (다툼이 있는 경우 판례에 의함)
① 「국가배상법」에 따른 손해배상의 소송은 배상심의회에 배상신청을 하지 아니하고도 제기할 수 있다.
② 생명·신체의 침해로 인한 국가배상을 받을 권리는 양도하거나 압류하지 못한다.
③ 어떠한 행정처분이 후에 항고소송에서 취소되었다면 그 기판력에 의하여 당해 행정처분은 곧바로 공무원의 고의 또는 과실로 인한 것으로서 불법행위를 구성한다.
④ 지방자치단체장이 설치하여 관할 지방경찰청장에게 관리권한이 위임된 교통신호기 고장에 의한 교통사고가 발생한 경우 해당 지방자치단체뿐만 아니라 국가도 손해배상책임을 진다.

20 「공익사업을 위한 토지 등의 취득 및 보상에 관한 법률」상 환매에 대한 설명으로 옳은 것은?
① 환매권은 형성권으로서 환매는 국가와 환매권자 간의 공법상 계약이라 할 것이며 환매거부는 공권력의 행사이다.
② 환매의 목적물은 토지나 건물 등 수용대상이 된 목적물이다.
③ 환매권은 「부동산등기법」에서 정하는 바에 따라 공익사업에 필요한 토지의 협의취득 또는 수용의 등기가 되었을 때에는 제3자에게 대항할 수 있다.
④ 토지의 가격이 취득일 당시에 비하여 현저히 변동된 경우 사업시행자와 환매권자는 환매금액에 대하여 서로 협의하되, 협의가 성립되지 아니하면 그 금액의 증감을 법원에 청구할 수 있고 이때 환매금액의 증감을 구하는 소송은 형식적 당사자소송에 해당한다.

21 행정심판법에 대한 설명으로 옳지 않은 것은? (다툼이 있는 경우 판례에 의함)

① 어떤 행정심판을 필요적 전심절차로 규정하면서도 그 절차에 사법절차가 준용되지 않는다면 이는 재판청구권을 보장하고 있는 헌법 제27조에 위반된다.
② 행정청의 부작위에 대한 의무이행심판은 심판청구기간 규정의 적용을 받지 않고, 사정재결이 인정되지 아니한다.
③ 심판청구에 대한 재결이 있으면 그 재결 및 같은 처분 또는 부작위에 대하여 다시 행정심판을 청구할 수 없다.
④ 재결이 확정된 경우에도 처분의 기초가 된 사실관계나 법률적 판단이 확정되고 당사자들이나 법원이 이에 기속되어 모순되는 주장이나 판단을 할 수 없게 되는 것은 아니다.

22 행정소송과 관련한 내용으로 옳지 않은 것은? (다툼이 있는 경우 판례에 의함)

① 취소소송에는 판결 확정 전까지 관련청구소송을 병합하거나 피고외의 자를 상대로 한 관련청구소송을 취소소송이 계속된 법원에 병합하여 제기할 수 있다.
② 입찰참가자격을 제한시킨 당초의 처분 사유인 정당한 이유 없이 계약을 이행하지 않은 사실과 항고소송에서 새로 주장한 계약의 이행과 관련하여 관계 공무원에게 뇌물을 준 사실은 기본적 사실관계의 동일성이 없다.
③ 토지의 수용 기타 부동산 또는 특정의 장소에 관계되는 처분등에 대한 취소소송은 그 부동산 또는 장소의 소재지를 관할하는 행정법원에 이를 제기할 수 있다.
④ 법원은 행정청이 소송의 대상인 처분을 소가 제기된 후 변경한 때에는 원고의 신청에 의하여 결정으로써 청구의 취지 또는 원인의 변경을 허가할 수 있다. 이 경우 원고의 신청은 처분의 변경이 있음을 안 날로부터 60일 이내에 하여야 한다.

23 행정소송에 대한 기술로 옳은 것은? (다툼이 있는 경우 판례에 의함)

① 취소소송을 제기하기 위해서는 처분등이 존재하여야 하며, 거부처분이 성립하기 위해서는 개인의 신청권이 존재하여야 하고, 여기서 신청권이란 신청인이 신청의 인용이라는 만족적 결과를 얻을 권리를 의미하는 것이다.
② 제3자에 의한 재심청구는 제3자가 항고소송의 확정판결이 있음을 안 날로부터 90일 이내, 판결이 확정된 날로부터 1년 이내에 제기하여야 한다.
③ 원고가 고의 또는 중대한 과실 없이 행정소송으로 제기하여야 할 사건을 민사소송으로 잘못 제기한 경우, 수소법원으로서는 행정소송에 대한 관할을 가지고 있지 아니하다면 당해 소송이 이미 행정소송으로서의 전심절차 및 제소기간을 도과하였거나 행정소송의 대상이 되는 처분 등이 존재하지도 아니한 상태에 있는 등 행정소송으로서의 소송요건을 결하고 있음이 명백하여 행정소송으로 제기되었더라도 어차피 부적법하게 되는 경우가 아닌 이상 이를 부적법한 소라고 하여 각하할 것이 아니라 관할 법원에 이송하여야 한다.
④ 과세처분취소소송에서 과세처분의 위법성 판단시점은 처분시이므로 과세행정청은 처분 당시의 자료만에 의하여 처분의 적법여부를 판단하고 처분 당시의 처분사유만을 주장할 수 있다.

24 행정조직상의 권한에 관한 설명으로 옳지 않은 것은?

① 협의의 법정대리란 법정사실이 발생하였을 때 일정한 자가 대리자를 지정함으로써 비로소 대리관계가 발생하는 경우를 말하며, 정부조직법에서 그 근거를 찾을 수 있다.
② 판례는 대리권을 수여받은 데 불과하여 원행정청 명의나 대리관계를 밝히지 아니하고는 그의 명의로 처분 등을 할 권한이 없는 행정청이 권한 없이 그의 명의로 한 처분에 대하여도 처분명의자인 행정청이 피고가 되어야 한다고 본다.
③ 대통령은 국방부장관의 처분이 부당하다고 인정할 때에는 직접 이를 취소할 수 있다.
④ 임의대리의 수권은 권한의 일부에 대해서만 인정될 수 있고 권한전부에 대한 대리는 인정되지 않는다.

25 공물에 관한 설명으로 옳은 것은? (다툼이 있는 경우 판례에 의함)

① 공공용물의 일반사용의 경우에도 사용료를 납부하여야 한다.
② 행정재산이 공용폐지되어 시효취득의 대상이 된다는 증명책임은 시효취득을 주장하는 자에게 있다.
③ 공물의 인접주민에게는 구체적으로 공물을 사용하지 않고 있더라도 공물에 대한 고양된 일반사용권이 인정된다.
④ 중앙관서의 장은 특별한 제한 없이 행정재산의 사용허가를 할 수 있다.

제4회 소방승진 행정법 최종모의고사

01 행정법의 기본원칙에 대한 설명으로 옳은 것은? (다툼이 있는 경우 판례에 의함)

① 당초 정구장시설을 설치한다는 도시계획결정을 하였다가 정구장 대신 청소년 수련시설을 설치한다는 도시계획 변경결정 및 지적 승인을 한 경우 당초의 도시계획결정만으로 도시계획사업의 시행자 지정을 받게 된다는 공적 견해를 표명했다고 할 수 있다.
② 어떤 행정처분이 실효의 법리를 위반하여 위법한 것이라면 이는 행정처분의 당연무효사유에 해당한다.
③ 진정소급입법은 허용되지 않는 것이 원칙이지만 국민이 소급입법을 예상할 수 있었거나 신뢰보호의 요청에 우선하는 심히 중대한 공익상의 사유가 소급입법을 정당화하는 경우에는 허용된다.
④ 제1종 보통면허로 운전할 수 있는 차량을 음주운전한 경우에도 이와 관련된 면허인 제1종 대형면허와 원동기장치자전거면허까지 취소할 수 있는 것은 아니다.

02 행정법의 법원(法源)에 대한 설명으로 옳지 않은 것은? (다툼이 있는 경우 판례에 의함)

① 국립지리원이 간행한 지형도상의 해상경계선은 행정관습법상 해상경계선으로 인정될 뿐만 아니라 행정판례법상으로도 인정되고 있기 때문에, 불문법상의 해상경계가 된다.
② 공무원 임용신청 당시 잘못 기재된 호적상 출생연월일을 생년월일로 기재하고, 임용 후 36년 동안 이의를 제기하지 않다가, 정년을 1년 3개월 앞두고 정정된 출생연월일을 기준으로 정년연장을 요구하는 것은 신의성실의 원칙에 반하지 아니한다.
③ 사인(私人)은 반덤핑부과처분이 세계무역기구(WTO) 협정 위반이라는 이유로 직접 국내 법원에 회원국 정부를 상대로 그 처분의 취소를 구하는 소를 제기할 수 있다.
④ 학교급식을 위해 국내 우수농산물을 사용하는 자에게 식재료나 구입비의 일부를 지원하는 것 등을 내용으로 하는 지방자치단체의 조례안은 '1994년 관세 및 무역에 관한 일반협정'에 위반되어 그 효력이 없다.

03 사인의 공법행위로서의 신고에 대한 설명으로 옳지 않은 것은? (다툼이 있는 경우 판례에 의함)

① 장기요양기관의 폐업신고 자체가 효력이 없음에도 행정청이 이를 수리한 경우, 그 수리행위가 당연무효로 되는 것은 아니다.
② 허가대상 건축물의 양수인이 건축법령에 규정되어 있는 형식적 요건을 갖추어 행정청에 적법하게 건축주 명의변경 신고를 한 경우, 행정청은 실체적인 이유를 들어 신고의 수리를 거부할 수 없다.
③ 구「체육시설의 설치·이용에 관한 법률」의 규정에 따라 체육시설의 회원을 모집하고자 하는 자의 '회원모집계획서 제출'은 수리를 요하는 신고이며, 이에 대하여 회원모집계획을 승인하는 시·도지사 등의 검토결과 통보는 수리행위로서 행정처분에 해당한다.
④ 「부가가치세법」상 사업자등록은 단순한 사업사실의 신고에 해당하므로, 과세관청이 직권으로 등록을 말소한 행위는 항고소송의 대상인 행정처분에 해당하지 않는다.

04 행정입법에 관한 설명으로 옳지 않은 것은? (다툼이 있는 경우 판례에 따름)

① 법령보충적 행정규칙은 법령의 수권에 의하여 인정되고, 그 수권은 포괄위임금지의 원칙상 구체적·개별적으로 한정된 사항에 대하여 행해져야 한다.
② 추상적인 법령에 관한 입법부작위는 국민의 구체적인 권리의무에 직접적인 변동을 초래하지 않으므로 부작위위법확인소송의 대상이 되지 않는다.
③ 상위법령의 시행에 필요한 세부적 사항을 정하기 위하여 행정관청이 일반적 직권에 의하여 제정하는 이른바 집행명령은 근거법령인 상위법령이 폐지되면 특별한 규정이 없는 이상 실효된다.
④ 교육부장관이 시·도교육감에게 통보한 내신성적 산정지침은 행정조직 내부에서의 내부적 심사기준이라기보다는 그 지침으로 인해 국민의 권익에 대한 직접적·구체적 변동을 가져올 수 있는 점에서 항고소송의 대상이 되는 처분으로 보아야 한다.

05 행정행위의 적법요건에 대한 설명으로 옳지 않은 것은? (다툼이 있는 경우 판례에 의함)

① 행정의사가 외부에 표시되어 행정청이 자유롭게 취소·철회할 수 없는 구속을 받게 되는 시점에 처분이 성립하고, 그 성립 여부는 행정청이 행정의사를 공식적인 방법으로 외부에 표시하였는지를 기준으로 판단해야 한다.
② 통상 고시 또는 공고에 의하여 행정처분을 하는 경우에는 행정처분에 이해관계를 갖는 자가 고시 또는 공고가 있었다는 사실을 현실적으로 알았는지 여부에 관계없이 고시가 효력을 발생하는 날에 행정처분이 있음을 알았다고 보아야 한다.
③ 행정처분의 권한을 내부적으로 위임받은 수임기관이 그 권한을 행사함에 있어서 행정처분의 내부적 성립과정을 스스로 결정하여 행할 수 없고 위임기관의 결정에 따라 행할 수 있다.
④ 상대방 있는 행정처분이 상대방에게 고지되지 아니한 경우에는 상대방이 다른 경로를 통해 행정처분의 내용을 알게 되었다고 하더라도 행정처분의 효력이 발생한다고 볼 수 없다.

06 불확정개념과 판단여지 및 기속행위와 재량행위에 대한 설명으로 옳지 않은 것은?

① 판단여지를 긍정하는 학설은 판단여지는 법률효과 선택의 문제이고 재량은 법률요건에 대한 인식의 문제라는 점, 양자는 그 인정근거와 내용 등을 달리하는 점에서 구별하는 것이 타당하다고 한다.
② 재외동포에 대한 사증발급은 행정청의 재량행위에 속하는 것으로서, 재외동포가 사증발급을 신청한 경우에 「출입국관리법 시행령」에서 정한 재외동포체류자격의 요건을 갖추었다고 해서 무조건 사증을 발급해야 하는 것은 아니다.
③ 대법원은 처분을 할 것인지 여부와 처분의 정도에 관하여 재량이 인정되는 과징금 납부명령에 대하여 그 명령이 재량권을 일탈하였을 경우, 법원으로서는 재량권의 일탈 여부만 판단할 수 있을 뿐이지 재량권의 범위 내에서 어느 정도가 적정한 것인지에 관하여는 판단할 수 없어 그 전부를 취소할 수밖에 없고, 법원이 적정하다고 인정하는 부분을 초과한 부분만 취소할 수는 없다고 한다.
④ 대법원은 재량행위에 대한 사법심사를 하는 경우에 법원은 행정청의 재량에 기한 공익판단의 여지를 감안하여 독자적인 판단을 하여 결론을 도출하지 않고, 당해 처분이 재량권의 일탈·남용에 해당하는지의 여부만을 심사하여야 한다고 한다.

07 명령적 행정행위에 관한 설명으로 옳지 않은 것은? (다툼이 있는 경우 판례에 의함)

① 위법한 하명으로 권리가 침해된 자는 취소소송이나 무효등확인소송을 제기하여 위법상태를 제거할 수 있고 손해배상청구소송을 제기하여 손해를 배상받을 수 있다.
② 의무해제라는 점에서 허가와 면제는 같으나 허가는 부작위의무의 해제인 데 반하여 면제는 작위, 급부 및 수인의무의 해제라는 점에서 다르다.
③ 「국토의 계획 및 이용에 관한 법률」에 의한 개발행위허가를 받은 자가 사망한 경우 상속인이 그 지위를 승계하여 개발행위허가기간의 만료에 따른 원상회복명령의 수범자가 된다.
④ 예외적 승인은 위험방지를 대상으로 하고 허가는 사회적으로 유해한 행위를 대상으로 한다.

08 강학상 인가에 대한 설명으로 옳지 않은 것은? (다툼이 있는 경우 판례에 의함)

① 주택재개발조합설립인가는 기본행위에 대한 보충행위에 불과하므로 조합총회결의의 하자를 이유로 인가 취소를 구하는 항고소송을 제기하는 것은 부적법하다.
② 「도시 및 주거환경정비법」상 당초 관리처분계획의 경미한 사항을 변경하는 경우와 달리 관리처분계획의 주요부분을 실질적으로 변경하는 내용으로 새로운 관리처분계획을 수립하여 관할 행정청의 인가를 받은 경우, 당초 관리처분계획은 원칙적으로 그 효력을 상실한다.
③ 사회복지법인의 정관변경을 허가할 것인지의 여부는 주무관청의 정책적 판단에 따른 재량에 맡겨져 있다고 할 것이고, 주무관청이 정관변경허가를 함에 있어서는 비례의 원칙 및 평등의 원칙에 적합하고 행정처분의 본질적 효력을 해하지 않는 한도 내에서 부관을 붙일 수 있다.
④ 주택재개발정비사업을 위한 관리처분계획이 조합원 총회에서 승인되었으나 아직 관할 행정청의 인가 전이라면 조합원은 해당 총회결의에 대해서 당사자소송으로 다툴 수 있다.

09 행정행위의 효력에 대한 설명으로 옳은 것은? (다툼이 있는 경우 판례에 의함)

① 행정처분이 불복기간의 경과로 인하여 확정될 경우 그 확정력에는 판결에 있어서와 같은 기판력이 인정되고 법원은 이에 기속되어 모순되는 판단을 할 수 없다.
② 행정행위의 불가변력은 당해 행정행위에 대하여 인정될 뿐만 아니라, 동종의 행정행위라면 그 대상을 달리하더라도 이를 인정할 수 있다.
③ 관할 소방서장으로부터 소방시설 불량사항에 관한 시정보완명령을 받고도 따르지 아니하였다는 내용으로 기소된 사안에서, 담당 소방공무원이 시정보완명령을 구술로 고지하였다면, 이러한 행정처분은 취소사유의 하자가 있으므로 행정형벌을 부과할 수 없다.
④ 과세처분의 하자가 단지 취소할 수 있는 정도에 불과할 때에는 과세관청이 이를 스스로 취소하거나 항고소송절차에 의하여 취소되지 않는 한 그로 인한 조세의 납부가 부당이득이 된다고 할 수 없다.

10 행정청의 직권취소에 대한 설명으로 옳지 않은 것은? (다툼이 있는 경우 판례에 의함)

① 직권취소는 주로 수익적 행정행위를 대상으로 하기 때문에 법적 근거가 있어야 한다는 견해도 있을 수 있으나, 법치주의 특히 법률적합성의 원칙에 따라 위법한 행정행위는 법적 근거 없이도 행정청이 이를 시정하기 위하여 직권취소할 수 있다고 보아야 할 것이다.
② 「행정기본법」에 따르면 행정청은 수익적 처분을 취소하려는 경우에는 취소로 인하여 당사자가 입게 될 불이익을 취소로 달성되는 공익과 비교·형량하여야 하나, 당사자가 처분의 위법성을 알고 있었거나 중대한 과실로 알지 못한 경우에는 그러하지 아니하다.
③ 도로관리청이 도로점용허가 중 특별사용의 필요가 없는 부분을 소급적으로 직권취소하였다면, 도로관리청은 이미 징수한 점용료 중 취소된 부분의 점용면적에 해당하는 점용료를 반환하여야 한다.
④ 새로운 후발적 사정에 따라 당해 행위를 존속시킬 것인지 아니면 소멸시킬 것인지를 판단하는 행정행위라는 점에서 철회권이나 취소권은 그 성질을 같이한다.

11 인·허가의제에 대한 설명으로 옳지 않은 것은? (다툼이 있는 경우 판례에 의함)

① 「국토의 계획 및 이용에 관한 법률」에 따른 개발행위허가가 의제되는 「건축법」상 건축허가의 신청이 국토의 계획 및 이용에 관한 법령이 정한 개발행위허가기준에 부합하지 아니하면 건축허가권자로서는 이를 거부할 수 있다.
② 인허가의제 제도는 관련 인허가 행정청의 권한을 제한하거나 박탈하는 효과를 가진다는 점에서 법률 또는 법률의 위임에 따른 법규명령의 근거가 있어야 한다.
③ 「건축법」에서 관련 인·허가 의제 제도를 둔 취지는 인·허가 의제사항 관련 법률에 따른 각각의 인·허가 요건에 관한 일체의 심사를 배제하려는 것이 아니다.
④ 주택건설사업계획 승인처분에 따라 의제된 인허가의 위법을 다투고자 하는 이해관계인은 의제된 인허가의 취소를 구할 것이 아니라 주택건설사업계획 승인처분의 취소를 구하여야 한다.

12 행정계약에 대한 판례의 입장으로 옳지 않은 것은?

① 지방공무원법상 지방전문직공무원 채용계약에서 정한 채용기간이 만료한 경우에는 채용계약의 갱신이나 기간연장 여부는 기본적으로 지방자치단체장의 재량이다.
② 구 중소기업 기술혁신 촉진법상 중소기업 정보화지원사업의 일환으로 중소기업기술정보진흥원장이 甲주식회사와 중소기업 정보화지원사업에 관한 협약을 체결한 후 甲주식회사의 협약 불이행으로 인해 사업실패가 초래된 경우, 중소기업기술진흥원장이 협약에 따라 甲에 대해 행한 협약의 해지 및 지급받은 정부지원금의 환수통보는 행정처분에 해당하지 않는다.
③ 구 도시계획법상 도시계획사업의 시행자가 그 사업에 필요한 토지를 협의취득하는 행위는 사경제주체로서 행하는 사법상의 법률행위이므로 행정소송의 대상이 되지 않는다.
④ 계약직공무원 채용계약해지의 의사표시는 일반공무원에 대한 징계처분과는 다르지만, 행정절차법의 처분절차에 의하여 근거와 이유를 제시하여야 한다.

13 「행정절차법」상 처분의 사전통지 혹은 의견제출의 기회를 부여할 경우가 아닌 것은? (다툼이 있는 경우 판례에 의함)

① 산업기능요원에 대하여 한 산업기능요원 편입취소처분
② 별정직 공무원인 대통령기록관장이 대통령 기록유출 혐의에 관하여 수사를 받으면서 비위행위에 관하여 해명할 기회를 가진 경우의 직권면직처분
③ 무단으로 용도변경된 건물에 대해 건물주에게 시정명령이 있을 것과 불이행시 이행강제금이 부과될 것이라는 점을 설명한 후, 다음날 시정명령을 한 경우무단으로 용도변경된 건물에 대해 건물주에게 시정명령이 있을 것과 불이행시 이행강제금이 부과될 것이라는 점을 설명한 후, 다음날 시정명령을 한 경우
④ 허가 신청에 대한 거부처분

14 「공공기관의 정보공개에 관한 법률」에 따른 정보공개에 대한 설명으로 옳지 않은 것은? (다툼이 있는 경우 판례에 의함)

① 공공기관은 공개 청구된 공개 대상 정보의 전부 또는 일부가 제3자와 관련이 있다고 인정할 때에는 그 사실을 제3자에게 3일 이내에 통지하여야 하며, 필요한 경우에는 그의 의견을 들을 수 있다.
② 정보공개거부처분 취소소송에서 공개청구의 취지에 어긋나지 아니하는 범위 안에서 공개를 거부한 정보가 비공개대상정보에 해당하는 부분과 공개가 가능한 부분으로 분리될 수 있다고 인정되면 법원은 공개가 가능한 부분을 특정하고 판결의 주문에 공개가 가능한 정보에 관한 부분만을 취소한다고 표시해야 한다.
③ 한국증권업협회는 증권회사 상호 간의 업무질서를 유지하고 유가증권의 공정한 매매거래 및 투자자보호를 위하여 구성된 회원조직으로, 증권거래법 또는 그 법에 의한 명령에 대하여 특별한 규정이 있는 것을 제외하고는 민법 중 사단법인에 관한 규정을 적용받으므로 구 공공기관의 정보공개에 관한 법률 시행령 상의 '특별법에 의하여 설립된 특수법인'에 해당하지 않는다.
④ 청구인이 정보공개와 관련한 공공기관의 비공개 결정 또는 부분 공개 결정에 대하여 불복이 있거나 정보공개 청구 후 20일이 경과하도록 정보공개 결정이 없는 때에는 공공기관으로부터 정보공개 여부의 결정 통지를 받은 날 또는 정보공개 청구 후 20일이 경과한 날부터 30일 이내에 해당 공공기관에 문서로 이의신청을 할 수 있다.

15 사업주에게 고용된 종업원이 영업행위 중 행정법규를 위반한 경우 행정벌의 부과에 대한 설명으로 옳은 것은? (다툼이 있는 경우 판례에 의함)

① 사업주의 처벌을 규정한 양벌규정이 있는 경우에도 종업원이 처벌을 받지 않는 경우에는 사업주만 처벌할 수 없다.
② 단순히 법인이 고용한 종업원 등이 업무에 관하여 범죄행위를 하였다는 이유만으로 법인에 대하여 형사처벌을 과하는 것은 다른 사람의 범죄에 대하여 그 책임 유무를 묻지 않고 형벌을 부과하는 것으로서, 법치국가의 원리 및 죄형법정주의로부터 도출되는 책임주의원칙에 위배된다.
③ 위 위반행위에 대해 내려진 시정명령에 따르지 않았다는 이유로 종업원이 과태료 부과처분을 받고 이를 납부하였다면, 당초의 위반행위를 이유로 종업원을 형사처벌할 수 없다.
④ 종업원의 위반행위가 과태료 부과대상인 경우에 종업원이 자신의 행위가 위법하지 아니한 것으로 오인하였다면 종업원에 대해서 과태료를 부과할 수 없다.

16 행정강제에 대한 설명으로 옳지 않은 것은? (다툼이 있는 경우 판례에 의함)

① 행정청이 행정대집행의 방법으로 건물철거의무의 이행을 실현할 수 있는 경우, 점유자들이 적법한 행정대집행을 위력을 행사하여 방해한다면 형법상 공무집행방해죄의 범행방지 차원에서 경찰의 도움을 받을 수도 있다.
② 국세징수법상 체납자 등에 대한 공매통지는 체납자 등의 법적 지위나 권리·의무에 직접적인 영향을 주는 행정처분에 해당하지 아니하므로 공매통지가 적법하지 아니한 경우에도 그에 따른 공매처분이 위법하게 되는 것은 아니다.
③ 구 「건축법」상 이행강제금을 부과받은 자의 이의에 의해 「비송사건절차법」에 의한 재판절차가 개시된 후에 그 이의한 자가 사망했다면 그 재판절차는 종료된다.
④ 관계 법령상 행정대집행의 절차가 인정되어 행정청이 행정 대집행의 방법으로 건물의 철거 등 대체적 작위의무의 이행을 실현할 수 있는 경우에는 따로 민사소송의 방법으로 그 의무의 이행을 구할 수 없다.

17 과징금에 대한 설명으로 옳지 않은 것은? (다툼이 있는 경우 판례에 의함)

① 부과관청이 과징금을 부과하면서 추후에 부과금 산정 기준이 되는 새로운 자료가 나올 경우에는 과징금액이 변경될 수도 있다고 유보한다든지, 실제로 추후에 새로운 자료가 나왔다고 하여 새로운 부과처분을 할 수는 없다.
② 대법원 판례에 따르면 과징금채무는 대체적 급부가 가능한 의무이므로 과징금을 부과 받은 자가 사망한 경우 그 상속인에게 포괄승계된다.
③ 「행정기본법」은 과징금의 근거가 되는 법률에 규정하여야 할 일반적 사항을 규정하고 있다.
④ 하나의 공사에 공구별로 입찰이 실시되는 경우에 사전에 공구별 낙찰예정자를 선정함으로써 상품이나 용역의 거래 등을 제한하는 행위를 할 것을 합의하는 공구배분 합의에 가담한 사업자가 합의에 참여한 다른 사업자가 배분받기로 한 공구입찰에 형식적으로 참가하는 들러리 합의를 한 경우, 들러리 합의는 공구배분 합의와는 별개로 독립된 부당한 공동행위에 해당하지 아니한다.

18 「국가배상법」에 대한 설명으로 옳지 않은 것은? (다툼이 있는 경우 판례에 의함)

① 영조물이 안전성을 갖추었는지 여부는 영조물의 설치자 또는 관리자가 그 영조물의 위험성에 비례하여 사회통념상 일반적으로 요구되는 정도의 방호조치의무를 다하였는지를 기준으로 판단하여야 하고, 그 설치자 또는 관리자의 재정적·인적·물적 제약 등은 고려하지 않는다.
② 국가의 철도운행사업과 관련하여 발생한 사고로 인한 손해배상청구의 경우 그 사고에 공무원이 간여하였다고 하더라도 「국가배상법」이 아니라 「민법」이 적용되어야 하지만, 철도시설물의 설치 또는 관리의 하자로 인한 손해배상청구의 경우에는 「국가배상법」이 적용된다.
③ 재판작용에 대한 국가배상의 경우, 재판에 대하여 불복절차 내지 시정절차 자체가 없는 경우에는 부당한 재판으로 인하여 불이익 내지 손해를 입은 사람은 국가배상책임의 요건이 충족된다면 국가배상을 청구할 수 있다.
④ 영업허가취소처분이 나중에 행정심판에 의하여 재량권을 일탈한 위법한 처분이 되었더라도 그 처분이 당시 시행되던 「공중위생법시행규칙」에 정하여진 행정처분의 기준에 따른 것이라면 그 영업허가취소처분을 한 공무원에게 그와 같은 위법한 처분을 한 데 있어 어떤 직무집행상의 과실이 있다고 할 수 없다.

19 「행정심판법」상 행정심판에 대한 설명으로 옳은 것은?

① 조정이 성립되면 재결의 기속력 규정뿐만 아니라 행정심판위원회의 간접강제 규정도 준용된다.
② 정당한 사유가 있으면 처분이 있음을 안 날로부터 90일이 경과하여도 심판을 제기할 수 있다.
③ 행정심판을 청구하려는 자는 행정심판청구서를 관할 행정심판위원회에 제출하여야 하고, 피청구인에게는 제출할 수 없다.
④ 피청구인의 경정결정이 있으면 심판청구는 피청구인이 경정된 때 제기된 것으로 본다.

20 행정소송과 행정심판의 관계에 관한 설명으로 옳지 않은 것은? (다툼이 있는 경우 판례에 의함)

① 원처분의 위법을 이유로 행정심판재결에 대한 취소소송을 제기할 수 없다.
② 원고가 전심절차에서 주장하지 아니한 처분의 위법사유를 소송절차에서 새로이 주장한 경우 다시 그 처분에 대하여 별도의 전심절차를 거쳐야 한다.
③ 「행정소송법」 이외의 법률에 당해 처분에 대한 행정심판의 재결을 거치지 아니하면 취소소송을 제기할 수 없다는 규정이 있는 경우에도, 처분의 집행 또는 절차의 속행으로 생길 중대한 손해를 예방하여야 할 긴급한 필요가 있는 때에는 행정심판의 재결을 거치지 아니하고 취소소송을 제기할 수 있다.
④ 「행정소송법」 이외의 법률에 당해 처분에 대한 행정심판의 재결을 거치지 아니하면 취소소송을 제기할 수 없다는 규정이 있는 경우에도, 동종사건에 관하여 이미 행정심판의 기각재결이 있은 때에는 행정심판을 제기함이 없이 취소소송을 제기할 수 있다.

21 다음의 사례에서 甲이 이 처분에 대해 제소기간을 준수하여 취소소송을 제기할 수 있는 마지막 날은? (마지막 날은 토요일 또는 공휴일이 아님)

> 관할 행정청은 2025. 3. 20. 소방시설업자 甲에게 화재안전기준에 적합하게 시공을 하지 않았다는 이유로 영업정지 1개월 처분을 하였고, 甲은 2025. 3. 25.에 이 처분이 있음을 알았다.

① 2025. 6. 17.
② 2025. 6. 18.
③ 2025. 6. 22.
④ 2025. 6. 23

22 처분사유의 추가·변경에 대한 판례의 태도로 옳은 것은?
① 피고의 방어권 보장을 위해 기본적 사실관계의 동일성이 없더라도 처분사유의 추가·변경을 인정한다.
② 주택신축을 위한 산림형질변경허가신청에 대한 거부처분의 근거로 제시된 준농림지역에서의 행위제한이라는 사유와 나중에 거부처분의 근거로 추가한 자연경관 및 생태계의 교란, 국토 및 자연의 유지와 환경보전 등 중대한 공익상의 필요라는 사유는 기본적 사실관계의 동일성이 없다.
③ 군사시설보호구역 밖의 토지에 주유소를 설치·경영하도록 하기 위한 석유판매업 허가를 함에 있어서 관할 부대장의 동의를 얻어야 할 법령상의 근거가 없음에도 그 동의가 없다는 이유로 한 불허가처분에 대한 소송에서, 당해 토지가 탄약창에 근접한 지점에 위치하고 있다는 사실을 불허가 사유로 추가하는 것은 허용되지 않는다.
④ 추가 또는 변경된 사유가 당초의 처분시 그 사유가 명기되지 않았을 뿐 처분시에 이미 존재하고 있었고 당사자도 그 사실을 알고 있었다면 당초의 처분사유와 동일성이 인정된다.

23 부작위위법확인소송에 관한 내용으로 옳지 않은 것은? (다툼이 있는 경우 판례에 따름)

① 위법판단의 기준시점은 처분시가 아니라 사실심변론종결시로 보아야 한다.
② 행정청이 행한 공사중지명령의 상대방이 그 명령 이후에 그 원인사유가 소멸하였음을 들어 공사중지명령의 철회를 신청하였으나 행정청이 아무런 응답을 하지 않고 있는 경우 행정청의 부작위는 그 자체로 위법하다.
③ 부작위의 직접 상대방이 아닌 제3자는 당해 행정처분의 부작위위법확인을 구할 법률상의 이익이 있는 경우 원고적격이 인정된다.
④ 부작위위법확인소송에 대해서는 「행정소송법」상 처분변경으로 인한 소의 변경에 관한 규정이 준용된다.

24 지방자치에 관한 설명으로 옳지 않은 것은? (다툼이 있는 경우 판례에 의함)

① 주민이 지방의회 본회의 또는 위원회의 안건 심의중 참고인, 증인 등의 자격이 아닌 방청인으로서 안건에 관하여 발언하는 것이 허용되지 아니한다.
② 주민은 주민의 권리·의무와 직접 관련되는 사항에 한하여 지방자치단체의 규칙을 제정하거나 개정하거나 폐지할 것을 해당 지방자치단체의 장에게 청구할 수 있으며 그 청구 절차 등에 관한 사항은 법률로 정한다.
③ 지방의회가 선임한 검사위원이 결산에 대한 검사 결과, 필요한 경우 검사의견서에 지방자치단체장에 대한 추징, 환수, 변상 등의 시정조치에 관한 의견을 담을 수 있는 등의 개정조례안은 지방의회가 법령에 의해 주어진 권한의 범위를 넘어서 집행기관의 고유권한을 침해하는 것으로 허용될 수 없다.
④ 직무이행명령의 요건 중 '법령의 규정에 따라 지방자치단체의 장에게 특정 국가위임사무를 관리·집행할 의무가 있는지' 여부의 판단 대상은 문언대로 그 법령상 의무의 존부이지, 지방자치단체의 장이 그 사무의 관리·집행을 하지 아니한 데 합리적 이유가 있는지 여부가 아니다.

25 국가공무원법 상 공무원의 의무에 대한 설명으로 옳지 않은 것은? (다툼이 있는 경우 판례에 의함)

① 실제 여럿이 모이는 형태로 의사표현을 하는 것은 아니지만 발표문에 서명날인을 하는 등의 수단으로 여럿이 가담한 행위임을 표명하는 경우는 국가공무원법이 금지하는 '집단행위'에 해당한다.

② 공무원은 소속 상관이 종교중립의 의무에 위배되는 직무상 명령을 한 경우에는 이에 따르지 아니할 수 있다.

③ 비밀 엄수 의무의 대상이 되는 비밀은 실질적으로 비밀로서 보호할 가치가 있는지 여부로 판단하는 것이 아니라 법률의 명확성원칙에 따라 관련 법률에서 비밀로 등급 분류된 것이라는 엄격한 기준을 만족해야 한다.

④ 명백한 위법 내지 불법한 명령인 때에는 이는 직무상의 지시명령이라 할 수 없으므로 이에 따라야 할 의무는 없다.

소방승진 행정법 최종모의고사

01 공법관계와 사법관계에 대한 설명으로 옳은 것은? (다툼이 있는 경우 판례에 의함)
① 국유임야 대부료를 체납할 경우 국세징수의 예에 의하여 강제징수하도록 규정되어 있더라도, 국유임야 대부료 부과조치는 행정처분이 아니다.
② 공유재산의 관리청이 행하는 행정재산의 사용·수익에 대한 허가는 순전히 사경제주체로서 행하는 사법상의 법률행위이다.
③ 주택재건축정비사업조합을 상대로 관리처분계획안에 대한 조합 총회결의의 효력을 다투는 소송은 사법상 법률관계에 관한 소송이다.
④ 구「예산회계법」에 따른 입찰보증금의 국고귀속조치는 국가가 공법상의 재산권의 주체로서 행위하는 것으로 그 행위는 공법행위에 속한다.

02 행정법의 법원(法源)에 대한 설명으로 옳지 않은 것은? (다툼이 있는 경우 판례에 의함)
① 평등원칙은 일체의 차별적 대우를 부정하는 절대적 평등을 의미하는 것이 아니라 입법과 법의 적용에 있어서 합리적인 근거가 없는 차별을 배제하는 상대적 평등을 뜻한다.
② 행정소송에 관하여「행정소송법」에 특별한 규정이 없는 사항에 대하여는「법원조직법」과「민사소송법」및「민사집행법」의 규정을 준용한다.
③ 「국회법」에 따라 하는 국회의장의 법률 공포는 서울특별시에서 발행되는 둘 이상의 일간신문에 게재함으로써 한다.
④ 개정 법령이 기존의 사실 또는 법률관계를 적용대상으로 하면서 국민의 재산권과 관련하여 종전보다 불리한 법률효과를 규정하고 있는 경우, 그러한 사실 또는 법률관계가 개정 법률이 시행되기 이전에 이미 완성 또는 종결된 것이 아니라면 소급입법금지원칙에 위반된다.

03 비례원칙에 대한 설명으로 옳지 않은 것은? (다툼이 있는 경우 판례에 의함)

① 협의의 비례원칙인 상당성의 원칙은 재량권 행사의 적법성의 기준에 해당한다.
② 비례원칙은 침해행정인가 급부행정인가를 가리지 아니하고 행정의 전영역에 적용된다.
③ 특정 운전학원을 졸업한 사람들 중 교통사고를 일으킨 비율이 일정기준을 초과하는 때에 학원등록을 취소할 수 있도록 하는 것은 비례원칙에 위배되지 아니한다.
④ 「도로교통법」 제148조의2 제1항 제1호의 '「도로교통법」 제44조 제1항을 2회 이상 위반한 것'에 구 「도로교통법」 제44조 제1항을 위반한 음주운전 전과도 포함된다고 해석하는 것은 비례원칙에 위반되지 아니한다.

04 사인의 공법행위에 관한 설명으로 가장 옳지 않은 것은?

① 행정청이 영업자 지위승계신고를 수리하는 처분은 종전 영업자의 권익을 제한하는 처분이므로, 행정청이 그 신고를 수리하는 처분을 할 때에는 행정절차법 규정에서 정한 당사자에 해당하는 종전 영업자에 대하여 행정절차를 실시하고 처분을 하여야 한다.
② 「행정절차법」 제17조는 행정청으로 하여금 신청에 대하여 거부처분을 하기 전에 신청인에게 신청의 내용이나 처분의 실체적 발급요건에 관한 사항을 보완할 기회를 부여하여야 할 의무를 정하고 있다.
③ 인·허가의제 효과를 수반하는 건축신고는 일반적인 건축신고와는 달리, 특별한 사정이 없는 한 행정청이 그 실체적 요건에 관한 심사를 한 후 수리하여야 하는 '수리를 요하는 신고'로 보아야 한다.
④ 사인의 공법상 행위는 명문으로 금지되거나 성질상 불가능한 경우가 아닌 한 그에 따른 행정행위가 행하여질 때까지 자유로이 철회하거나 보정할 수 있다.

05 개인적 공권에 대한 설명으로 옳지 않은 것은? (다툼이 있는 경우 판례에 의함)

① 외국 국적의 甲이 위명(僞名)인 乙 명의의 여권으로 대한민국에 입국한 뒤 乙 명의로 난민 신청을 하였고 법무부장관이 乙 명의를 사용한 甲을 직접 면담하여 조사한 후에 甲에 대하여 난민불인정 처분을 한 경우, 甲은 난민불인정 처분의 취소를 구할 법률상 이익이 없다.
② 행정처분에 있어서 수익처분의 상대방은 그의 권리나 법률상 보호되는 이익이 침해되었다고 볼 수 없으므로 달리 특별한 사정이 없는 한 취소를 구할 이익이 없다.
③ 상수원보호구역 설정의 근거가 되는 규정은 상수원의 확보와 수질보전일 뿐이고, 그 상수원에서 급수를 받고 있는 지역주민들이 가지는 이익은 상수원의 확보와 수질보호라는 공공의 이익이 달성됨에 따라 반사적으로 얻게 되는 이익에 불과하다.
④ 개인적 공권이 성립하려면 공법상 강행법규가 국가 기타 행정주체에게 행위의무를 부과해야 한다. 과거에는 그 의무가 기속행위의 경우에만 인정되었으나, 오늘날에는 재량행위에도 인정된다고 보는 것이 일반적이다.

06 행정규칙에 관한 설명 중 옳지 않은 것은? (단, 다툼이 있는 경우 판례에 의함)

① 재량준칙이 정한 바에 따라 되풀이 시행되어 행정관행이 이루어지게 되면 행정청은 상대방에 대한 관계에서 그 규칙에 따라야 할 자기구속을 받게 된다.
② 「공공기관의 운영에 관한 법률」의 위임에 따라 입찰자격제한 기준을 정하는 부령은 행정내부의 재량준칙에 불과하다.
③ 설정된 재량기준이 객관적으로 합리적이 아니라거나 타당하지 않다고 볼 만한 다른 특별한 사정이 없다면 행정청의 의사는 존중되어야 한다.
④ 구 「청소년보호법 시행령」상 별표에 따른 과징금처분기준은 단지 상한을 정한 것이 아니라 특정 금액을 정한 것이다.

07 법규명령에 대한 설명 중 옳은 것은?

① 헌법재판소는 위임된 입법권의 전면적인 재위임 금지의 원칙에 따라 대강의 사항을 정하고, 그 중 특정사항의 범위를 정하여 하위의 법규명령에 위임한 것을 위헌으로 판단하였다.
② 판례는 법규명령의 위임근거가 되는 법률에 대하여 위헌결정이 선고되면 그 위임에 근거하여 제정된 법규명령도 원칙적으로 효력을 상실한다고 보았다.
③ 판례는 구법에 위임의 근거가 없어 무효였던 경우 사후에 법 개정으로 위임의 근거가 부여되었다고 해도 유효한 법규명령이 될 수 없다고 한다.
④ 판례는 구법의 위임에 의한 유효한 법규명령이 법 개정에 따라 위임의 근거가 없어지게 되면 소급하여 법규명령이 무효가 된다고 한다.

08 재량권의 일탈 또는 남용에 관한 판례의 내용으로 옳지 않은 것은?

① 명예퇴직 합의 후 명예퇴직 예정일 사이에 허위로 병가를 받아 다른 회사에 근무하였음을 사유로 한 징계해임처분은 징계재량권의 일탈·남용으로 볼 수 없다.
② '준조세 폐해 근절 및 경제난 극복'이라는 이유를 내세워 북한 어린이를 위한 의약품지원을 위하여 성금 및 의약품 등을 모금하는 행위 자체를 불허한 것은 재량권의 일탈 또는 남용이다.
③ 허위의 무사고증명을 제출하여 개인택시면허를 받은 자에 대한 면허를 취소함에 있어서 행정청이 그 자의 신뢰이익을 고려하지 아니하였다면 재량권 남용이다.
④ 국가지정문화재의 보호구역에 인접한 나대지에 건물을 신축하기 위한 국가지정문화재 현상변경 신청에 대한 문화재청장의 불허가처분은 재량권을 일탈·남용한 위법한 처분이라고 단정하기 어렵다.

09 행정청의 침익적 행위에 대한 판례의 입장으로 옳지 않은 것은?

① 상대방의 권리를 제한하는 행위라 하더라도 행정청 또는 그 소속기관이나 권한을 위임받은 공공기관의 행위가 아닌 한 이를 행정소송의 대상이 되는 행정처분이라고 할 수 없다.
② 건축불허가처분을 하면서 건축불허가 사유뿐만 아니라 구「소방법」에 따른 소방서장의 건축부동의 사유를 들고 있는 경우, 그 건축불허가처분에 관한 쟁송에서 건축법상의 건축불허가 사유뿐만 아니라 소방서장의 부동의 사유에 관하여도 다툴 수 있다.
③ 「국민연금법」상 연금 지급결정을 취소하는 처분과 그 처분에 기초하여 잘못 지급된 급여액에 해당하는 금액을 환수하는 처분이 적법한지를 판단하는 경우 비교·교량할 각 사정이 상이하다고는 할 수 없으므로, 연금 지급결정을 취소하는 처분이 적법하다면 환수처분도 적법하다고 판단하여야 한다.
④ 과세관청이 과세예고 통지 후 과세전적부심사 청구나 그에 대한 결정이 있기 전에 과세처분을 한 경우, 특별한 사정이 없는 한 그 과세처분은 절차상 하자가 중대·명백하여 당연무효이다.

10 행정행위의 부관에 대한 설명으로 가장 옳지 않은 것은?

① 무효인 부담이 붙은 행정행위의 상대방이 그 부담의 이행으로 사법상 법률행위를 한 경우에 그 사법상 법률행위 자체가 당연무효로 되는 것은 아니다.
② 기부채납받은 행정재산에 대한 사용·수익허가에서 공유재산의 관리청이 정한 사용·수익허가의 기간에 대해서는 독립하여 행정소송을 제기할 수 없다.
③ 부담은 행정청이 행정처분을 하면서 일방적으로 부가할 수도 있지만 부담을 부가하기 이전에 상대방과 협의하여 부담의 내용을 협약의 형식으로 미리 정한 다음 행정처분을 하면서 이를 부가할 수도 있다.
④ 행정청이 수익적 행정처분을 하면서 사전에 상대방과 체결한 협약상의 의무를 부담으로 부가하였는데 부담의 전제가 된 주된 행정처분의 근거 법령이 개정되어 부관을 붙일 수 없게 된 경우, 위 협약의 효력이 소멸한다.

11 행정행위의 공정력 또는 구성요건적 효력에 대한 설명으로 옳지 않은 것은? (다툼이 있는 경우 판례에 의함)

① 과세처분의 하자가 단지 취소할 수 있는 정도에 불과할 때에는 과세관청이 이를 스스로 취소하거나 항고소송절차에 의하여 취소되지 않는 한 그로 인한 조세의 납부가 부당이득이 되지 않는다.
② 개발행위허가를 받지 않고 무단으로 토지의 형질을 변경하였다는 이유로 관할 행정청으로부터 원상복구 조치명령을 받았으나, 위 조치명령에 취소사유에 해당하는 위법이 있는 경우 이를 이행하지 아니하면 처벌할 수 있다.
③ 미리 행정처분에 대한 취소판결이 있어야만 그 행정처분이 위법임을 이유로 한 국가배상청구를 할 수 있는 것은 아니다.
④ 연령미달의 결격자인 피고인이 소외인의 이름으로 운전면허시험에 응시·합격하여 운전면허를 취득한 후 차를 운전하였다가 무면허운전죄로 기소되었더라도 무면허운전죄가 성립하지 않는다.

12 강학상 인가에 대한 설명으로 옳지 않은 것은? (다툼이 있는 경우 판례에 의함)

① 관할관청이 개인택시운송사업의 양도·양수에 대한 인가를 하였을 경우 거기에는 양도인과 양수인 간의 양도행위를 보충하여 그 법률효과를 완성시키는 의미에서의 인가처분뿐만 아니라 양도인이 가지고 있던 면허와 동일한 내용의 면허를 양수인에게 부여하는 처분이 포함되어 있다.
② 「도시 및 주거환경정비법」상 재건축조합의 관리처분계획에 대한 인가·고시 후 관리처분계획 결의의 하자를 다투고자 하는 경우 조합총회의 결의는 관리처분계획처분의 실체적 요건에 해당하기 때문에 조합총회결의를 대상으로 효력 유무를 다투는 확인의 소를 제기하는 것이 허용된다.
③ 조합이 사업시행계획을 재건축결의에서 결정된 내용과 달리 작성한 경우 이러한 하자는 기본행위인 사업시행계획 작성행위의 하자이고, 이에 대한 보충행위인 행정청의 인가처분이 적법요건을 갖추고 있는 이상은 그 인가처분 자체에 하자가 있는 것이라 할 수 없다.
④ 재단법인의 정관변경 시 정관변경 결의의 하자가 있는 경우에 주무부장관의 인가가 있다고 하여도 정관변경 결의가 유효한 것으로 될 수 없다.

13 행정작용의 형식에 대한 설명으로 옳지 않은 것은?

① 행정기관의 장은 법정민원을 신속히 처리하기 위하여 행정기관에 법정민원의 신청이 접수된 때부터 처리가 완료될 때까지 소요되는 처리기간을 법정민원의 종류별로 미리 정하여 공표하여야 한다.
② 행정지도를 말로 할 수 있으나, 이 경우 상대방이 서면의 교부를 요구하면 그 행정지도를 하는 자는 직무 수행에 특별한 지장이 없으면 이를 교부하여야 한다.
③ 공법상 합동행위는 공법적 효과 발생을 목적으로 하는 복수 당사자 간의 동일방향의 의사의 합치로 성립되는 공법행위이며, 지방자치단체 조합을 설립하는 행위 등이 이에 해당한다.
④ 계약직 공무원인 공중보건의사의 채용계약 해지의 의사표시는 일반공무원에 대한 징계처분과 같이 항고소송의 대상이 되는 처분 등의 성격을 가진다.

14 행정절차에 대한 설명으로 가장 옳지 않은 것은? (다툼이 있는 경우 판례에 의함)

① 행정청은 다수 국민의 이해가 상충되는 처분 또는 다수 국민에게 불편이나 부담을 주는 처분을 하려는 경우에는 청문 주재자를 2명 이상으로 선정할 수 있다.
② 구 「학교보건법」상 학교환경위생정화구역에서의 금지행위 및 시설의 해제 여부에 관한 행정처분을 함에 있어 학교환경위생정화위원회의 심의를 누락한 흠이 있다면 그와 같은 흠을 가리켜 위 행정처분의 효력에 아무런 영향을 주지 않는다거나 경미한 정도에 불과하다고 볼 수는 없으므로, 특별한 사정이 없는 한 이는 행정처분을 위법하게 하는 취소사유가 된다.
③ 행정절차법상 처분의 처리기간에 관한 규정은 강행규정이므로 행정청이 처리기간이 지나 처분을 하였다면 이는 처분을 취소할 절차상 하자로 볼 수 있다.
④ 행정처분의 상대방에 대한 청문통지서가 반송되었다거나, 행정처분의 상대방이 청문일시에 불출석하였다는 이유로 청문을 실시하지 아니하고 한 침해적 행정처분은 위법하다.

15 「개인정보 보호법」의 내용으로 옳은 것은?

① 개인정보는 살아있는 개인뿐만 아니라 사망자의 성명, 주민등록번호 및 영상 등을 통하여 개인을 알아볼 수 있는 정보도 포함한다.
② 개인정보처리자는 개인정보를 국외로 제공·처리위탁·보관하여서는 아니 되는 것이 원칙이나, 법률, 대한민국을 당사자로 하는 조약 또는 그 밖의 국제협정에 개인정보의 국외 이전에 관한 특별한 규정이 있는 경우 등에는 개인정보를 국외로 이전할 수 있다.
③ 「개인정보 보호법」의 대상정보의 범위에는 공공기관·법인·단체에 의하여 처리되는 정보가 포함되고, 개인에 의해서 처리되는 정보는 포함되지 않는다.
④ 개인정보처리자는 개인정보가 유출되었음을 알게 되었을 때에는 지체 없이 방송통신위원회 위원장에게 신고하여야 한다.

16 통고처분에 대한 설명으로 가장 옳지 않은 것은?

① 「도로교통법」에 따른 경찰서장의 통고처분은 행정소송의 대상이 되는 행정처분이 아니므로 그 처분의 취소를 구하는 소송은 부적법하다.
② 구 「도로교통법」상 범칙금 납부통고서를 받은 자가 그 범칙금을 납부한 경우 그 범칙행위에 대하여 다시 벌받지 아니한다고 규정하고 있는바, 이는 범칙금의 납부에 확정재판의 효력에 준하는 효력을 인정하는 취지로 해석하여야 한다.
③ 「조세범 처벌절차법」상 지방국세청장 또는 세무서장이 조세범칙행위에 대하여 고발을 한 후에 동일한 조세범칙행위에 대하여 통고처분을 하였다면 조세범칙행위에 대한 고발은 효력을 상실한다.
④ 지방국세청장 또는 세무서장이 「조세범 처벌절차법」에 따라 통고처분을 거치지 아니하고 즉시 고발하였다면 이로써 조세범칙사건에 대한 조사 및 처분 절차는 종료되고 형사사건 절차로 이행되어 지방국세청장 또는 세무서장으로서는 동일한 조세범칙행위에 대하여 더 이상 통고처분을 할 권한이 없다.

17 「행정대집행법」상 행정대집행에 대한 설명으로 옳은 것은? (다툼이 있는 경우 판례에 의함)
① 행정대집행법 제2조에 따른 대집행의 실시여부는 행정청의 재량에 속하지 않는다.
② 부작위하명에는 행정행위의 강제력의 효력이 있으므로 당해 하명에 따른 부작위 의무의 불이행에 대하여는 별도의 법적 근거 없이 대집행이 가능하다.
③ 행정대집행에 대하여는 행정심판을 제기할 수 있다.
④ 의무를 명하는 행정행위가 불가쟁력이 발생하지 않은 경우에는 그 행정행위에 따른 의무의 불이행에 대하여 대집행을 할 수 없다.

18 행정조사에 관한 설명으로 옳지 않은 것은? (다툼이 있는 경우 판례에 의함)
① 시료채취의 방법 등이 시료채취의 방법 등을 규정한 고시에서 정한 절차에 위반한 경우 그러한 사정만으로도 그에 기초하여 내려진 행정처분은 위법하다.
② 부과처분을 위한 과세관청의 질문조사권이 행해지는 세무조사결정이 있는 경우 그 세무조사결정은 납세의무자의 권리·의무에 직접 영향을 미치는 공권력의 행사에 따른 행정작용으로서 항고소송의 대상이 된다.
③ 과세자료의 수집 또는 신고내용의 정확성 검증이라는 그 본연의 목적이 아니라 부정한 목적을 위하여 세무조사가 행하여진 것이라면 이러한 세무조사에 의하여 수집된 과세자료를 기초로 한 과세처분 역시 위법하다.
④ 「마약류 불법거래 방지에 관한 특례법」에 따른 조치의 일환으로 특정한 수출입물품을 개봉하여 검사하고 그 내용물의 점유를 취득한 행위는 사전 또는 사후에 영장을 받아야 한다.

19 행정의 실효성확보수단에 대한 설명으로 옳지 않은 것은? (다툼이 있는 경우 판례에 의함)
① 부당지원행위에 대한 과징금은 행정상 제재금의 기본적 성격에 부당이득환수적 요소도 부가되어 있는 것으로 이중처벌금지원칙에 위반된다고 할 수 없다.
② 과세관청이 체납처분으로 행하는 공매는 우월한 공권력의 행사로 행정소송의 대상이 되는 공법상 행정처분이다.
③ 세법상 가산세는 정당한 이유 없이 법에 규정된 신고·납세의무 등을 이행하지 않은 경우에 부과하는 행정상 제재로서 고의·과실은 고려되지 아니한다.
④ 건축법은 이 법 또는 이 법의 규정에 의한 명령이나 처분에 위반하여 허가가 취소되거나 개축 등의 시정명령을 받고 이행하지 아니한 건축물에 대하여 전기·전화·수도의 공급자 등에게 그 공급을 중지하도록 요청할 수 있다고 규정하고 있다.

20 「국가배상법」상 국가배상에 대한 설명으로 옳지 않은 것은? (다툼이 있는 경우 판례에 의함)

① 지방자치단체가 구 산업기술혁신 촉진법령에 따른 인증신제품 구매의무를 위반하였다고 하더라도 이를 이유로 신제품 인증을 받은 자에 대하여 국가배상책임을 지는 것은 아니다.
② 상호 보증은 외국의 법령, 판례 및 관례 등에 의하여 발생요건을 비교하여 인정되면 충분하고 반드시 당사국과의 조약이 체결되어 있을 필요는 없다.
③ 국가 또는 지방자치단체가 공무원의 위법한 직무집행으로 발생한 손해에 대해 국가배상법에 따라 배상한 경우에 당해 공무원에게 구상권을 행사할 수 있는지에 대해 국가배상법은 규정을 두고 있지 않으나, 판례에 따르면 당해 공무원에게 고의 또는 중과실이 인정될 경우 국가 또는 지방자치단체는 그 공무원에게 구상권을 행사할 수 있다.
④ 공법인이 국가로부터 위탁받은 공행정사무를 집행하는 과정에서 공법인의 임직원이 경과실로 법령을 위반하여 타인에게 손해를 입힌 경우, 공법인의 임직원은 「국가배상법」 제2조에서 정한 공무원에 해당하여 배상책임을 면한다.

21 행정심판에 대한 설명으로 옳은 것은? (다툼이 있는 경우 판례에 의함)

① 행정심판이 청구된 후에 피청구인이 새로운 처분을 하거나 심판청구의 대상인 처분을 변경한 경우에는 청구인은 새로운 처분이나 변경된 처분에 맞추어 심판청구를 하여야 한다.
② 행정심판법에 따라 행정심판위원회가 직접 처분을 하기 위하여는 처분의 이행을 명하는 재결이 있었음에도 당해 행정청이 아무런 처분을 하지 아니하였어야 하므로, 당해 행정청이 어떠한 처분을 하였더라도 그 처분이 재결의 내용에 따르지 아니하였다면 행정심판위원회가 직접 처분을 할 수 있다.
③ 행정청이 행정심판법상 고지의무를 이행하지 아니하였다고 하더라도 경우에 따라서는 행정심판의 제기기간이 연장될 수 있는 것에 그치고 이로 인하여 심판의 대상이 되는 행정처분에 어떤 하자가 수반된다고 할 수 없다.
④ 임시처분은 집행정지와 보충성 관계가 없고, 행정심판위원회는 집행정지로 목적을 달성할 수 있는 경우에도 임시처분 결정을 할 수 있다.

22 행정소송법상 소송참가에 대한 설명으로 옳지 않은 것은? (다툼이 있는 경우 판례에 의함)

① 소송참가를 하려면 당해 소송의 결과에 대하여 이해관계가 있어야 할 것인바, 여기에서 말하는 이해관계라 함은 소송의 결과에 대하여 이해관계가 있어야 할 것인바, 여기에서 말하는 이해관계라 함은 사실상, 경제상 또는 감정상의 이해관계가 아니라 법률상의 이해관계를 가리킨다.
② 공공단체의 성격을 갖는 대구경북과학기술원(DGIST)의 교원이 자신에게 불리한 교원소청심사위원회의 결정에 대하여 행정소송을 제기한 경우에는 인사 관련 업무에 대해 독자적 업무를 수행하는 기관인 총장에게 예외적으로 피고 측에 소송참가할 수 있는 당사자능력을 인정할 수 있다.
③ 취소소송의 제3자 소송참가에 관한 규정은 무효등확인소송, 부작위위법확인소송, 당사자소송에도 준용된다.
④ 제3자는 판결의 형성력에 의해 권리 또는 이익의 침해를 받을 자를 말하며, 판결의 기속력에 의해 권리 또는 이익의 침해를 받는 경우는 포함되지 않는다.

23 무효등 확인소송에 대한 설명으로 옳지 않은 것은? (다툼이 있는 경우 판례에 의함)

① 행정처분의 당연무효를 주장하여 그 무효확인을 구하는 행정소송에 있어서는 원고에게 그 행정처분이 무효인 사유를 주장·입증할 책임이 있다.
② 일반적으로 행정처분의 무효확인을 구하는 소에는 원고가 그 처분의 취소를 구하지 아니한다고 밝히지 아니한 이상 그 처분이 만약 당연무효가 아니라면 그 취소를 구하는 취지도 포함되어 있는 것으로 보아야 한다.
③ 동일한 행정처분에 대하여 무효확인의 소를 제기하였다가 그 후 그 처분의 취소를 구하는 소를 추가적으로 병합한 경우, 주된 청구인 무효확인의 소가 적법한 제소기간 내에 제기되었다면 추가로 병합된 취소청구의 소도 적법하게 제기된 것으로 볼 수 있다.
④ 행정처분의 당연무효를 선언하는 의미에서 그 취소를 구하는 행정소송을 제기하는 경우에는 무효등 확인소송과 같이 제소기간의 제한이 없는 것으로 본다.

24 행정소송상 집행정지에 관한 설명으로 옳은 것을 모두 고른 것은? (다툼이 있는 경우 판례에 의함)

> ㄱ. 처분이 가분적이더라도 처분의 일부에 대한 집행정지는 허용되지 않는다.
> ㄴ. 집행정지결정의 효력은 결정 주문에서 정한 기간까지 존속하다가 그 기간이 만료되면 장래에 향하여 당연히 소멸한다.
> ㄷ. 처분의 효력정지는 처분등의 집행을 정지함으로써 목적을 달성할 수 있는 경우에는 허용되지 않는다.
> ㄹ. 행정소송법상 집행정지의 결정 또는 기각의 결정에 대하여는 즉시항고할 수 있다. 이 경우 집행정지의 결정에 대한 즉시항고에는 결정의 집행을 정지하는 효력이 없다.

① ㄱ, ㄴ
② ㄱ, ㄷ
③ ㄱ, ㄷ, ㄹ
④ ㄴ, ㄷ, ㄹ

25 권한의 대리와 위임에 관한 설명으로 옳은 것은? (다툼이 있는 경우 판례에 의함)

① 「정부조직법」에 따르면 권한의 위임은 위임기관의 권한의 일부에 한하여 인정된다.
② 국가사무가 도지사에게 기관위임된 경우 도지사가 이를 군수에게 재위임하기 위해서는 도 조례에 의하여야 한다.
③ 「행정권한의 위임 및 위탁에 관한 규정」에 따르면 수임사무의 처리에 관하여 위임기관은 수임기관에 대하여 사전승인을 받을 것을 요구할 수 있다.
④ 내부위임에 따라 수임관청이 자신의 이름으로 처분을 한 경우 그 처분에 대한 무효확인소송의 피고는 위임관청이 된다.

제6회 소방승진 행정법 최종모의고사

01 행정의 자기구속의 원칙에 대한 설명으로 옳지 않은 것은? (다툼이 있는 경우 판례에 의함)

① 헌법재판소는 평등의 원칙이나 신뢰보호의 원칙을 근거로 행정의 자기구속의 원칙을 인정하고 있다.
② 재량준칙이 공표된 것만으로는 행정의 자기구속의 원칙이 적용될 수 없고, 재량준칙이 되풀이 시행되어 행정관행이 성립한 경우에 행정의 자기구속의 원칙이 적용될 수 있다.
③ 행정의 자기구속의 원칙은 법적으로 동일한 사실관계, 즉 동종의 사안에서 적용이 문제되는 것으로 주로 재량의 통제 법리와 관련된다.
④ 행정의 자기구속의 법리를 위반한 법령이나 행정권 행사는 부당하기 때문에 항고소송이나 국가배상청구의 대상이 된다.

02 다음 중 통치행위에 대한 설명으로 옳지 않은 것은? (다툼이 있는 경우 판례에 의함)

① 통치행위의 개념을 인정한다고 하더라도 과도한 사법심사의 자제가 기본권을 보장하고 법치주의 이념을 구현하여야 할 법원의 책무를 태만히 하거나 포기하는 것이 되지 않도록 그 인정을 지극히 신중하게 하여야 하며, 그 판단은 오로지 사법부만에 의하여 이루어져야 한다.
② 남북정상회담 개최는 고도의 정치적 성격을 지니고 있는 행위로서 사법심사의 대상으로 하는 것은 적절치 못하므로 그 개최과정에서 당국에 신고하지 아니하거나 승인을 얻지 아니한 채 북한측에 송금한 행위는 사법심사의 대상이 되지 않는다.
③ 헌법재판소는 이라크파병결정과 관련하여 외국에의 국군파병결정은 국방 및 외교에 관련된 고도의 정치적 결단을 요하는 문제로, 헌법재판소가 이에 대하여 사법적 기준만으로 이를 심판하는 것은 자제되어야 한다고 판시하였다.
④ 통치행위가 국민의 기본권 침해와 직접 관련이 있는 경우는 헌법소원의 대상이 될 수 있다.

03 행정상의 법률관계에 있어 제척기간과 소멸시효에 대한 설명으로 옳지 않은 것은? (다툼이 있는 경우 판례에 의함)

① 제척기간은 권리자로 하여금 권리를 신속하게 행사하도록 함으로써 그 권리를 중심으로 하는 법률관계를 조속하게 확정하려는 데에 그 제도의 취지가 있는 것으로서, 관계 법령에 따라 정당한 사유가 인정되는 등 특별한 사정이 없는 한 그 기간의 경과 자체만으로 곧 권리 소멸의 효과를 발생시킨다.
② 소멸시효는 권리가 발생한 때를 기산점으로 하지만, 제척기간은 권리를 행사할 수 있는 때를 기산점으로 한다.
③ 제척기간은 권리관계를 조속히 확정시키기 위하여 권리의 행사에 중대한 제한을 가하는 것이므로, 모법인 법률에 의한 위임이 없는 한 시행령이 함부로 제척기간을 규정할 수는 없다고 할 것이다.
④ 국가배상청구에 있어서 채권자가 동일한 목적을 달성하기 위하여 복수의 채권을 갖고 있는 경우 어느 하나의 청구권을 행사하는 것이 다른 채권에 대한 소멸시효 중단의 효력이 있다고 할 수 없다.

04 「행정기본법」상 인·허가의제에 대한 설명으로 옳지 않은 것은?

① 인허가의제를 받으려면 주된 인허가를 신청할 때 관련 인허가에 필요한 서류를 함께 제출하여야 한다. 다만, 불가피한 사유로 함께 제출할 수 없는 경우에는 주된 인허가 행정청이 별도로 정하는 기한까지 제출할 수 있다.
② 주된 인허가 행정청은 주된 인허가를 하기 전에 관련 인허가에 관하여 미리 관련 인허가 행정청과 협의하여야 한다. 관련 인허가 행정청은 협의를 요청받으면 그 요청을 받은 날부터 20일 이내에 의견을 제출하여야 한다.
③ 위 ②의 협의를 요청받은 관련 인허가 행정청은 해당 법령을 위반하여 협의에 응해서는 아니 된다. 다만, 관련 인허가에 필요한 심의, 의견 청취 등 절차를 거쳐야 한다.
④ 인허가의제의 경우 관련 인허가 행정청은 관련 인허가를 직접 한 것으로 보아 관계 법령에 따른 관리·감독 등 필요한 조치를 하여야 한다.

05 행정법상 개인적 공권에 대한 논의로 옳지 않은 것은? (다툼이 있는 경우 판례에 의함)

① 환경영향평가대상지역 밖의 주민이라 할지라도 수인한도를 넘는 환경피해를 받거나 받을 우려가 있는 경우에는 환경상 이익에 대한 침해나 우려를 입증함으로써 공유수면매립면허처분을 다툴 수 있다.
② 환경부장관이 생태·자연도 1등급으로 지정되었던 지역을 2등급 또는 3등급으로 변경하는 내용의 생태·자연도 수정·보완을 고시한 경우, 인근 주민은 등급변경처분의 무효 확인을 구할 원고적격이 있다.
③ 처분의 직접적 근거규정은 물론 관련 규정에 의거해서도 공권의 성립요건 충족여부를 판단할 수 있다.
④ 불가쟁력이 발생한 행정행위에 대해 그것의 변경을 구할 국민의 신청권은 특별한 사정이 없는 한 인정되지 않고 있다.

06 행정입법에 대한 판례의 입장으로 옳지 않은 것은?

① 법원이 구체적 규범통제를 통해 위헌·위법으로 선언할 심판대상은 원칙적으로 해당 규정 중 재판의 전제성이 인정되는 조항에 한정된다.
② 법률의 시행령이나 시행규칙의 내용이 모법의 입법 취지와 관련 조항 전체를 유기적·체계적으로 살펴보아 모법의 해석상 가능한 것을 명시한 것에 지나지 아니하는 때에는 모법에 이에 관하여 직접 위임하는 규정을 두지 아니하였다고 하더라도 이를 무효라고 볼 수는 없다.
③ 어떠한 고시가 다른 집행행위의 매개 없이 그 자체로서 직접 국민의 구체적인 권리의무나 법률관계를 규율하는 성격을 가질 때에는 행정처분에 해당한다.
④ 법률의 위임에 따라 효력을 갖는 법규명령의 경우에 위임의 근거가 없어 무효였더라도 나중에 법 개정으로 위임의 근거가 다시 부여된 경우에는 이전부터 소급하여 유효한 법규명령이 있었던 것으로 본다.

07 재량행위에 대한 설명으로 옳지 않은 것은? (다툼이 있는 경우 판례에 의함)

① 「출입국관리법」상 체류자격 변경허가의 허가권자는 신청인이 관계 법령에서 정한 요건을 충족하였더라도, 신청인의 적격성, 체류 목적, 공익상의 영향 등을 참작하여 허가 여부를 결정할 수 있는 재량을 가진다.
② 구 「야생동·식물보호법」에 의한 용도변경승인은 특정인에게만 용도 외의 사용을 허용해주는 권리나 이익을 부여하는 이른바 수익적 행정행위로서 법령에 특별한 규정이 없는 한 재량행위이다.
③ 「국가공무원법」상 복직명령은 재량행위이므로, 국가공무원이 휴직사유가 소멸하였음을 이유로 복직신청을 한 경우 임용권자는 지체 없이 복직명령을 하여야 하는 것은 아니다.
④ 「가축분뇨의 관리 및 이용에 관한 법률」에 따른 가축분뇨 처리방법 변경 불허가처분에 대한 사법심사는 법원이 허가권자의 재량권을 대신 행사하는 것이 아니라 허가권자의 공익판단에 관한 재량의 여지를 감안하여 원칙적으로 재량권의 일탈·남용이 있는지 여부만을 판단하여야 한다.

08 행정처분의 송달에 대한 설명으로 옳지 않은 것은? (다툼이 있는 경우 판례에 의함)

① 정보통신망을 이용한 송달의 경우 전자문서가 송달받을 자가 지정한 컴퓨터 등에 입력된 때에 도달된 것으로 본다.
② 보통우편에 의한 송달과 달리 등기우편에 의한 송달은 반송 등 기타 특별한 사유가 없는 한 배달된 것으로 추정된다.
③ 실제로 거주하지 않더라도 전입신고가 되어 있는 곳에 송달한 것은 위법하지 않다.
④ 송달받을 자의 주소 등을 통상의 방법으로 확인할 수 없을 때에는 공시송달 절차에 의해 송달할 수 있다.

09 행정행위에 대한 설명으로 옳지 않은 것은? (다툼이 있는 경우 판례에 의함)
① 관할관청은 개인택시 운송사업의 양도·양수에 대한 인가를 한 후에는 그 양도·양수 이전에 있었던 양도인에 대한 운송사업면허 취소사유를 들어 양수인의 사업면허를 취소할 수 있다.
② 재단법인의 임원취임을 인가할 것인지 여부는 주무관청의 권한에 속하는 사항으로서, 임원취임 승인 신청에 대하여 주무관청은 이에 기속되어 이를 당연히 승인(인가)하여야 하는 것은 아니다.
③ 구「기부금품모집규제법」상의 기부금품모집허가는 공익목적을 위하여 일반적·상대적으로 제한된 기본권적 자유를 다시 회복시켜주는 강학상의 허가에 해당한다.
④「국가공무원법」에 의한 정년퇴직 발령은 정년퇴직 사실을 알리는 이른바 관념의 통지에 불과하다고 볼 수 없다.

10 허가 및 특허에 대한 설명으로 옳지 않은 것은? (다툼이 있는 경우 판례에 의함)
① 주류판매업면허는 강학상의 허가로 해석되므로「주세법」에 열거된 면허제한 사유에 해당하지 아니하는 한 면허관청으로서는 임의로 그 면허를 거부할 수 없다.
② 프로판가스충전업 허가는 일반적 금지를 특정한 경우에 해제하는 것이고 그 행정행위의 본질상 금지의 해제나 그 해제를 다시 철회하는 것은 공익성과 합목적성에 따른 당해 행정청의 재량행위이다.
③ 건축허가시 건축허가서에 건축주로 기재된 자는 당연히 그 건물의 소유권을 취득하며, 건축 중인 건물의 소유자와 건축 허가의 건축주는 일치하여야 한다.
④「여객자동차 운수사업법」에 의한 개인택시운송사업면허는 특정인에게 권리나 이익을 부여하는 행정청의 재량행위이며, 동법 및 그 시행규칙의 범위 내에서 면허를 위하여 필요한 기준을 정하는 것 역시 행정청의 재량에 속한다.

11 행정행위의 하자의 치유에 대한 설명으로 옳지 않은 것은? (다툼이 있는 경우 판례에 의함)
① 행정행위의 하자의 치유는 원칙적으로 허용될 수 없고, 예외적으로 행정행위의 무용한 반복을 피하고 당사자의 법적 안정성을 위해 허용하는 때에도 국민의 권리나 이익을 침해하지 않는 범위에서 인정될 수 있다.
② 하자의 치유는 늦어도 행정처분에 대한 불복 여부의 결정 및 불복신청을 할 수 있는 상당한 기간 내에 해야 하므로, 소가 제기된 이후에는 하자의 치유가 인정될 수 없다.
③ 압류처분의 단계에서 독촉의 흠결과 같은 절차상의 하자가 있었다고 하더라도 그 이후에 이루어진 공매절차에서 공매통지서가 적법하게 송달된 바가 있다면 매수인이 매각결정에 따른 매수대금을 납부한 이후에는 다른 특별한 사정이 없는 한, 당해 공매처분을 취소할 수 없다.
④ 당연무효인 징계처분을 받은 자가 이를 용인하였다면 그 징계처분의 하자는 치유된다.

12 행정계획에 대한 설명으로 옳은 것은? (다툼이 있는 경우 판례에 의함)
① 문화재보호구역 내 토지 소유자의 문화재보호구역 지정해제신청에 대한 행정청의 거부행위는 항고소송의 대상이 되는 행정처분에 해당하지 않는다.
② 도시계획의 수립에 있어서 구「도시계획법」소정의 공청회를 열지 아니하고 구「공공용지의취득및손실보상에관한특례법」소정의 이주대책을 수립하지 아니하였더라도 이는 절차상의 위법으로서 취소사유에 불과하다.
③ 구「도시계획법」상 관련 절차를 거쳐 정당하게 도시계획결정등의 처분을 하였다면 이를 고시하지 아니하였더라도 대외적으로 효력이 발생한다.
④ 장래 일정한 기간 내에 관계 법령이 규정하는 시설 등을 갖추어 일정한 행정처분을 구하는 신청을 할 수 있는 법률상 지위에 있는 자의 국토이용계획변경신청을 거부하는 것이 실질적으로 당해 행정처분 자체를 거부하는 결과가 되는 경우라도, 구「국토이용관리법」상 주민이 국토이용계획의 변경에 대하여 신청을 할 수 있다는 규정이 없으므로 그 신청인에게 국토이용계획변경을 신청할 권리가 인정된다고 볼 수 없다.

13 절차상 하자에 대한 설명으로 옳지 않은 것은? (다툼이 있는 경우 판례에 의함)

① 법인이나 조합 등의 설립허가의 취소를 내용으로 하는 처분의 상대방은 처분의 근거 법률에 청문을 하도록 규정되어 있지 않더라도 「행정절차법」에 따라 의견제출 기한 내에 청문을 신청할 수 있다.
② 법무부장관의 일방적 명령에 의하여 변호사 업무를 정지시키는 것은 청문의 기회가 보장되지 아니하여 적법절차를 존중하지 아니한 것이 된다.
③ 징계처분에 대한 재심절차는 원래의 징계절차와 함께 전부가 하나의 징계처분 절차를 이루는 것으로서 그 절차의 정당성도 징계 과정 전부에 관하여 판단되어야 할 것이므로, 원래의 징계 과정에 절차 위반의 하자가 있으면 재심 과정에서 보완되었더라도 그 절차 위반의 하자는 치유되지 아니한다.
④ 환경영향평가를 거쳐야 할 대상사업에 대하여 환경영향평가를 거쳤으나 그 내용이 다소 부실한 경우, 그 부실의 정도가 환경영향평가를 하지 아니한 것과 다를 바 없는 정도가 아닌 한 당해 승인 등 처분이 위법하게 되는 것은 아니다.

14 「개인정보 보호법」의 내용으로 틀린 것은?

① 정보주체는 개인정보처리자가 처리하는 자신의 개인정보에 대한 열람을 해당 개인정보처리자에게 요구할 수 있다.
② 개인정보 보호위원회는 개인정보 보호를 위하여 필요하다고 인정하면 개인정보처리자에게 개인정보 처리 실태의 개선을 권고할 수 있다.
③ 이동형 영상정보처리기기로 사람 또는 그 사람과 관련된 사물의 영상을 촬영하는 경우에는 불빛, 소리, 안내판 등 방법으로 촬영 사실을 표시하고 알려야 한다.
④ 개인정보처리자가 전자적 파일 형태인 개인정보를 파기할 때에는 파쇄 또는 소각하여 복구 또는 재생되지 아니하도록 조치하여야 한다.

15 행정벌에 대한 설명으로 옳지 않은 것은? (다툼이 있는 경우 판례에 의함)

① 질서위반행위규제법에 따르면 고의 또는 과실이 없는 질서위반행위는 과태료를 부과하지 아니한다.
② 질서위반행위에 대하여 과태료를 부과하는 근거법령이 개정되어 행위 시의 법률에 의하면 과태료 부과대상이었지만 재판 시의 법률에 의하면 부과대상이 아니게 된 때에는 개정 법률의 부칙 등에서 행위 시의 법률을 적용하도록 명시하는 등 특별한 사정이 없는 한 재판 시의 법률을 적용하여야 하므로 과태료를 부과할 수 없다.
③ 지방자치단체가 고유의 자치사무를 처리하는 경우 당해 지방자치단체는 국가기관과는 별도의 독립한 공법인이므로 양벌규정에 따라 처벌대상이 되는 법인에 해당한다.
④ 개인정보 보호법상 법인격 없는 공공기관은 양벌규정에 의하여 처벌될 수 있으며, 이 경우 행위자 역시 위 양벌규정으로 처벌될 수 있다.

16 행정상 즉시강제에 대한 설명으로 옳은 것은? (다툼이 있는 경우 판례에 의함)

① 「식품위생법」상 영업소 폐쇄명령을 받은 후에도 계속하여 영업을 하는 경우 해당 영업소를 폐쇄하는 조치는 행정상 즉시강제의 수단에 해당한다.
② 재범의 위험성이 현저한 자를 상대로 긴급히 보호할 필요가 있는 경우에 단기간의 동행보호를 허용한 구「사회안전법」상 동행보호규정은 사전영장주의를 규정한 헌법규정에 반한다.
③ 「구 음반·비디오물 및 게임물에 관한 법률」상 등급분류를 받지 아니한 게임물을 발견한 경우 관계행정청이 관계공무원으로 하여금 이를 수거·폐기하게 할 수 있도록 한 규정은 헌법상 영장주의와 피해 최소성의 요건을 위배하는 과도한 입법으로 헌법에 위반된다.
④ 손실발생의 원인에 대하여 책임이 없는 자가 경찰관의 적법한 보호조치에 자발적으로 협조하여 재산상의 손실을 입은 경우, 국가는 손실을 입은 자에 대하여 정당한 보상을 하여야 한다.

17 행정조사기본법상 행정조사에 대한 설명으로 옳은 것은?

① 행정기관의 장은 시료채취로 조사대상자에게 손실을 입힌 때에는 그 손실을 보상할 수 있다.
② 행정조사를 행하는 행정기관에는 법령 및 조례·규칙에 따라 행정권한이 있는 기관뿐만 아니라 그 권한을 위임 또는 위탁받은 법인·단체 또는 그 기관이나 개인이 포함된다.
③ 조사대상자가 조사대상 선정기준에 대한 열람을 신청한 경우에 행정기관은 그 열람이 당해 행정조사업무를 수행할 수 없을 정도로 조사활동에 지장을 초래한다는 이유로 열람을 거부할 수 없다.
④ 행정조사기본법은 행정조사 실시를 위한 일반적인 근거규범으로서 행정기관은 다른 법령 등에서 따로 행정조사를 규정하고 있지 않더라도 행정조사기본법을 근거로 행정조사를 실시할 수 있는 것이 원칙이다.

18 국가배상에 대한 설명으로 옳지 않은 것은? (다툼이 있는 경우 판례에 의함)

① 공무원에게 부과된 직무상 의무의 내용이 공공 일반의 이익을 위한 것이거나 행정기관 내부의 질서를 규율하기 위한 것이라면 공무원의 당해 직무상 의무위반으로 피해자가 입은 손해에 대해서는 상당인과관계가 인정되는 범위 내에서 공적 주체가 손해배상책임을 진다.
② 어린이가 '미니컵 젤리'를 먹다가 질식하여 사망한 사안에서, 식품의약품안전청장 및 관계 공무원이 위 사고 발생 시까지 식품위생법상의 규제 권한을 행사하여 미니컵 젤리의 수입·유통 등을 금지하거나 그 기준과 규격, 표시 등을 강화하고 그에 필요한 검사 등을 실시하는 조치를 취하지 않은 것이 현저하게 합리성을 잃어 사회적 타당성이 없다거나 객관적 정당성을 상실하여 위법하다고 할 수 있을 정도에까지 이르렀다고 보기 어렵다.
③ 공무원 개인이 고의 또는 중과실이 있는 경우에는 불법행위로 인한 손해배상책임을 진다고 할 것이지만, 공무원의 위법행위가 경과실에 기한 경우에는 공무원은 손해배상책임을 부담하지 않는다.
④ 국가나 지방자치단체가 손해를 배상할 책임이 있는 경우에 공무원의 선임·감독 또는 영조물의 설치·관리를 맡은 자와 공무원의 봉급·급여, 그 밖의 비용 또는 영조물의 설치·관리 비용을 부담하는 자가 동일하지 아니하면 그 비용을 부담하는 자도 손해를 배상하여야 하며, 이 경우 손해를 배상한 자는 내부관계에서 그 손해를 배상할 책임이 있는 자에게 구상할 수 있다.

19 「공익사업을 위한 토지 등의 취득 및 보상에 관한 법률」상 사업인정과 수용재결에 관한 설명으로 옳지 않은 것은? (다툼이 있는 경우 판례에 의함)

① 사업인정에 불가쟁력이 발생한 경우 당연무효가 아닌 한 사업인정의 하자를 이유로 수용재결의 취소를 구할 수 없다.
② 사업인정은 사업인정이 고시된 날부터 효력을 발생한다.
③ 수용재결은 행정심판의 재결의 성질을 갖는다.
④ 수용재결의 효과로서 수용에 의한 사업시행자의 토지소유권 취득은 법률의 규정에 의한 원시취득이다.

20 행정심판법상 직접처분과 간접강제에 관한 설명으로 옳은 것은?

① 행정심판위원회는 거부처분 취소심판의 경우 직접 처분을 할 수 있으나, 의무이행심판의 인용재결이 처분명령재결인 경우 직접 처분을 할 수 없다.
② 행정심판위원회는 사정의 변경이 있어 당사자가 신청하는 경우에도 간접강제 결정의 내용을 변경할 수 없다.
③ 행정심판의 청구인은 간접강제 결정에 불복하는 경우 그 결정에 대하여 행정소송을 제기할 수 있다.
④ 간접강제 결정에 기초한 강제집행에 관하여 「행정심판법」에 특별한 규정이 없는 사항에 대하여는 「행정기본법」의 규정을 준용한다.

21 항고소송의 피고에 대한 설명으로 옳은 것은? (다툼이 있는 경우 판례에 의함)

① 권한의 대리가 있는 경우, 대리 행정청이 대리관계를 표시하고 피대리 행정청을 대리하여 행정처분을 한 때에는 대리 행정청이 피고로 되어야 한다.
② 조세소송에서 피고 지정이 잘못된 경우, 법원이 석명권을 행사하여 피고를 경정하게 하지 않고 피고의 지정이 잘못되었다는 이유로 바로 소를 각하하더라도 위법하지 아니하다.
③ 「국가공무원법」에 의한 처분, 기타 본인의 의사에 반한 불리한 처분이나 부작위에 관한 행정소송을 제기할 때에 대통령의 처분 또는 부작위의 경우에는 소속 장관을 피고로 한다.
④ 대외적으로 의사를 표시할 수 있는 기관이 아닌 내부기관은 실질적인 의사가 그 기관에 의하여 결정되는 경우 예외적으로 피고적격을 갖는다.

22 항고소송의 소의 이익에 관한 판례의 내용으로 옳지 않은 것은?

① 절차상 또는 형식상 하자로 무효인 행정처분에 대하여 행정청이 적법한 절차 또는 형식을 갖추어 다시 동일한 행정처분을 하였다면, 종전의 무효인 행정처분에 대한 무효확인 청구는 과거의 법률관계의 효력을 다투는 것에 불과하므로 무효확인을 구할 법률상 이익이 없다.
② 무효확인소송에서 '무효확인을 구할 법률상 이익'을 판단함에 있어 행정처분의 무효를 전제로 한 이행소송 등과 같은 직접적인 구제수단이 있는지 여부를 따질 필요가 없다.
③ 공익근무요원 소집해제신청을 거부한 후 원고가 계속 공익근무요원으로 복무함에 따라 복무기간 만료를 이유로 소집해제처분을 한 경우, 거부처분의 취소를 구할 소의 이익이 없다.
④ 제재적 행정처분이 그 처분에서 정한 제재기간의 경과로 인하여 그 효과가 소멸되었다면, 부령인 시행규칙의 형식으로 정한 처분기준에서 제재적 행정처분을 받은 것을 가중사유로 정하여 장래 제재적 행정처분을 하도록 정하였더라도 그 취소를 구할 법률상 이익이 없다.

23 취소소송에서 법원이 원고의 청구를 기각할 때 판결의 주문에서 취소대상인 처분이 위법함을 명시하여야 하는 경우에 대한 설명으로 옳지 않은 것은?

① 판례는 직권으로 이러한 판결을 할 수 있다는 입장이다.
② 판례는 당연 무효의 처분은 존치시킬 효력이 있는 행정행위가 없기 때문에 이러한 판결을 할 수 없다고 하여 부정적이다.
③ 이 판결의 대상이 되는 처분의 위법 여부에 대한 판단은 처분시를 기준으로 하고, 이 판결의 필요성 판단은 판결시를 기준으로 하는 것이 일반적 견해이다.
④ 이 판결이 확정되면 취소판결의 기속력과 기판력이 발생한다.

24 「행정소송법」상 당사자소송에 대한 설명으로 옳지 않은 것은? (다툼이 있는 경우 판례에 의함)

① 국가를 상대로 하는 당사자소송의 경우에는 가집행선고를 할 수 없다.
② 납세의무자가 부가가치세 환급세액을 지급청구하는 소는 당사자소송에 해당한다.
③ 당사자소송에 관련청구소송이 병합된 경우 당사자소송이 부적법하여 각하되면 그에 병합된 관련청구소송도 소송요건을 흠결하여 부적합하므로 각하되어야 한다.
④ 취소소송에 관한 '행정심판기록의 제출명령' 규정은 당사자소송에 준용된다.

25 공무원관계에 대한 설명으로 옳지 않은 것은? (다툼이 있는 경우 판례에 의함)

① 어떤 사유에 기하여 공무원을 직위해제한 후 그 직위해제 사유와 동일한 사유를 이유로 징계처분을 하였다면 뒤에 이루어진 징계처분에 의하여 그 전에 있었던 직위해제처분은 소급하여 그 효력을 상실한다.
② 공무원 임용 당시 공무원임용결격사유가 있었다면 비록 국가의 과실에 의하여 임용결격자임을 밝혀내지 못하였다 하더라도 그 임용행위는 당연무효이다.
③ 공무원의 당연퇴직사유가 발생하여 행정청이 당해 공무원에게 한 당연퇴직의 통보는 항고소송의 대상이 되는 독립한 행정처분이 될 수 없다.
④ 공무원에 대한 직위해제처분은 직권면직 또는 징계와 그 목적과 성질이 다른 처분이므로 선행하는 직위해제처분의 위법사유를 들어 후행하는 면직처분의 효력을 다툴 수 없다.

소방승진 행정법 최종모의고사

01 법률유보에 대한 설명으로 옳지 않은 것은?

① 헌법재판소는 구「토지초과이득세법」상의 기준시가는 국민의 납세의무의 성부(成否) 및 범위와 직접적인 관계를 가지고 있는 중요한 사항임에도 불구하고 해당 내용을 법률에 규정하지 않고 하위법령에 위임한 것은 헌법 제75조에 반한다고 판단한 바 있다.
② 법률유보의 적용범위는 행정의 복잡화와 다기화, 재량행위의 확대에 따라 과거에 비해 점차 축소되고 있으며 이러한 경향에 따라 헌법재판소는 법률유보의 입장을 확고히 하고 있다.
③ 헌법재판소는 텔레비전방송수신료는 국민의 기본권실현에 관련된 영역에 속하고, 수신료금액의 결정은 납부의무자의 범위 등과 함께 수신료에 관한 본질적인 중요한 사항이라고 판단한 바 있다.
④ 헌법재판소는 국민의 헌법상 기본권 및 기본의무와 관련된 중요한 사항 내지 본질적인 내용에 대한 정책형성기능은 원칙적으로 주권자인 국민에 의하여 선출된 대표자들로 구성되는 입법부가 담당하여 법률의 형식으로 이를 수행하는 것이 필요하다는 입장이다.

02 신뢰보호원칙에 대한 설명으로 옳지 않은 것은? (다툼이 있는 경우 판례에 의함)

① 신뢰보호원칙에서 행정청의 견해표명이 정당하다고 신뢰한 데에 대한 개인의 귀책사유의 유무는 상대방뿐만 아니라 그로부터 신청행위를 위임받은 수임인 등 관계자 모두를 기준으로 판단하여야 한다.
② 행정절차법과 국세기본법에서는 법령 등의 해석 또는 행정청의 관행이 일반적으로 국민에게 받아들여졌을 때와 관련하여 신뢰보호의 원칙을 규정하고 있다.
③ 건축허가 신청 후 건축허가기준에 관한 관계 법령 및 조례의 규정이 신청인에게 불리하게 개정된 경우, 당사자의 신뢰를 보호하기 위해 처분 시가 아닌 신청 시 법령에서 정한 기준에 의하여 건축허가 여부를 결정하는 것이 원칙이다.
④ 서울지방병무청 총무과 민원팀장이 국외영주권을 취득한 사람의 상담에 응하여 법령의 내용을 숙지하지 못한 채 민원봉사차원에서 현역입영대상자가 아니라고 답변하였다면 그것이 서울지방병무청장의 공적인 견해표명이라 할 수 없다.

03 사인의 공법행위에 대한 설명으로 옳지 않은 것은? (다툼이 있는 경우 판례에 의함)
① 「건축법」에 의한 인·허가 의제 효과를 수반하는 건축신고는 특별한 사정이 없는 한 행정청이 그 실체적 요건에 관한 심사를 한 후 수리하여야 하는, 수리를 요하는 신고에 해당한다.
② 가설건축물 존치기간을 연장하려는 건축주 등이 법령에 규정되어 있는 제반 서류와 요건을 갖추어 행정청에 연장신고를 한 때에는 행정청은 원칙적으로 이를 수리하여 신고필증을 교부하여야 하고, 법령에서 정한 요건 이외의 사유를 들어 수리를 거부할 수는 없다.
③ 장기요양기관의 폐업신고와 노인의료복지시설의 폐지신고는 행정청이 그 신고를 수리한 경우, 신고서 위조 등의 사유가 있더라도 그대로 유효하다.
④ 「의료법」에 따라 정신과의원을 개설하려는 자가 법령에 규정되어 있는 요건을 갖추어 개설신고를 한 경우 행정청은 원칙적으로 이를 수리하여 신고필증을 교부하여야 하고, 법령에서 정한 요건 이외의 사유를 들어 의원급 의료기관 개설신고의 수리를 거부할 수는 없다.

04 행정입법에 대한 설명으로 옳지 않은 것은? (다툼이 있는 경우 판례에 의함)
① 상위법령에서 세부사항 등을 시행규칙으로 정하도록 위임하였음에도 이를 고시 등 행정규칙으로 정한 경우 그 행정규칙은 대외적 구속력을 가지는 법규명령으로서 효력이 인정된다.
② 명령·규칙 그 자체에 의하여 직접 기본권이 침해되었을 경우에는 그것을 대상으로 하여 헌법소원심판을 청구할 수 있다.
③ 법률에서 위임받은 사항을 하위법규명령에 다시 위임하기 위해서는 위임받은 사항의 대강을 정하고 그 중 특정사항을 범위를 정하여 하위의 법규명령에 다시 위임하는 경우에만 재위임이 허용된다.
④ 행정규칙의 공표는 행정규칙의 성립요건이나 효력요건은 아니나, 행정절차법에서는 행정청은 필요한 처분기준을 당해 처분의 성질에 비추어 될 수 있는 한 구체적으로 공표하도록 하고 있다.

05 강학상 허가에 관한 설명으로 옳지 않은 것은? (다툼이 있는 경우 판례에 의함)

① 허가의 요건은 법령으로 규정되어야 하며, 법령의 근거없이 행정권이 독자적으로 허가요건을 추가하는 것은 허용되지 아니한다.
② 허가에 종료의 기한을 정한 경우 그 기한이 그 허가된 사업의 성질상 부당하게 짧은 기한을 정한 경우에 있어서는 그 기한은 그 허가의 조건의 존속기간을 정한 것이다.
③ 산림형질변경허가와 같이 재량행위성이 인정되는 허가의 경우 중대한 공익상 필요가 있다고 인정되는 때에는 그 허가를 거부할 수 있으며, 다만 그 경우 별도로 명문의 근거가 있어야 한다.
④ 허가는 그 근거법령상의 금지를 해제할 뿐 타법에 의한 금지까지 해제하는 것은 아니다.

06 행정행위의 부관에 대한 설명으로 가장 옳은 것은?

① 행정청이 수익적 행정처분을 하면서 부가한 부담이 처분 당시 법령을 기준으로는 적법하였지만 처분 후 부담의 전제가 된 주된 행정처분의 근거법령이 개정됨으로써 행정청이 더 이상 부관을 붙일 수 없게 되었다면 그 부담은 위법하게 된다.
② 부담부 행정행위에 있어서 처분의 상대방이 부담을 이행하지 아니한 경우에 당해 부담부 행정행위는 당연히 효력을 상실하게 된다.
③ 부담 이외의 부관으로 인하여 권리를 침해당한 자는 부관부 행정행위 전체에 대해 취소소송을 제기하거나, 행정청에 부관이 없는 행정행위로 변경해 줄 것을 청구한 다음 그것이 거부된 경우 거부처분 취소소송을 제기할 수 있다.
④ 공유수면매립준공인가처분 중 매립지 일부에 대하여 한 국가 및 지방자치단체에의 귀속처분은 독립하여 행정소송의 대상이 될 수 있다.

07 행정행위의 효력에 관한 판례의 입장으로 옳지 않은 것은?

① 물품을 수입하고자 하는 자가 일단 세관장에게 수입신고를 하여 그 면허를 받고 물품을 통관한 경우에는, 세관장의 수입면허가 중대하고도 명백한 하자가 있는 행정행위이어서 당연무효가 아닌 한 「관세법」 제181조 소정의 무면허수입죄가 성립될 수 없다.

② 조세의 과오납이 부당이득이 되기 위하여는 납세 또는 조세의 징수가 전혀 법률상의 근거가 없거나 과세처분의 하자가 중대하고 명백하여 당연무효이어야 하고, 과세처분의 하자가 단지 취소할 수 있는 정도에 불과할 때에는 과세관청이 이를 스스로 취소하거나 항고소송절차에 의하여 취소되지 않는 한 그로 인한 조세의 납부가 부당이득이 된다고 할 수 없다.

③ 구 「도시계획법」에 정한 처분이나 조치명령을 받은 자가 이에 위반한 경우 이로 인하여 동법 제92조에 정한 처벌을 하기 위하여는 그 처분이나 조치명령이 적법한 것이라야 하고, 그 처분이 당연무효가 아니라 하더라도 그것이 위법한 처분으로 인정되는 한 동법 제92조 위반죄가 성립될 수 없다.

④ 위법한 대집행이 완료되면 그 처분의 무효확인 또는 취소를 구할 소의 이익은 없다 하더라도, 미리 그 행정처분의 취소판결이 있어야만, 그 행정처분의 위법임을 이유로 손해배상을 청구할 수 있다.

08 행정상 공표에 대한 설명으로 옳지 않은 것은? (다툼이 있는 경우 판례에 의함)

① 「행정절차법」에 따르면 행정청은 위반사실등의 공표를 하기 전에 당사자가 공표와 관련된 의무의 이행 등의 조치를 마친 경우에는 위반사실등의 공표를 하지 않을 수 있다.

② 구 「청소년의 성보호에 관한 법률」이 형벌 외에 신상도 공개하도록 한 것은 헌법 제13조의 이중처벌금지 원칙에 위배되지 않는다.

③ 병무청장이 병역의무 기피자의 인적사항 등을 인터넷 홈페이지에 게시하는 등의 방법으로 공개한 경우 병무청장의 공개결정은 항고소송의 대상이 되는 행정처분이라 할 수 없다.

④ 「행정절차법」에 따르면 행정청은 공표된 내용이 사실과 다른 것으로 밝혀진 경우에도 당사자가 원하지 아니하면 정정한 내용을 공표하지 아니할 수 있다.

09 「행정기본법」상 철회에 관한 규정의 내용으로 옳지 않은 것은?

① 행정청은 적법한 처분이 법률에서 정한 철회 사유에 해당하게 된 경우에는 그 처분의 전부 또는 일부를 장래를 향하여 철회할 수 있다.
② 행정청은 적법한 처분이 법령등의 변경이나 사정변경으로 처분을 더 이상 존속시킬 필요가 없게 된 경우에는 그 처분의 전부 또는 일부를 장래를 향하여 철회할 수 있다.
③ 행정청은 적법한 처분이 중대한 공익을 위하여 필요한 경우에는 그 처분의 전부 또는 일부를 장래를 향하여 철회할 수 있다.
④ 행정청은 처분을 철회하려는 경우에는 철회로 인하여 당사자가 입게 될 불이익을 철회로 달성되는 공익과 비교·형량할 수 있다.

10 행정절차법령상 행정절차에 대한 설명으로 옳지 않은 것은? (다툼이 있는 경우 판례에 의함)

① 행정청은 행정처분의 상대방에 대한 청문통지서가 반송되었거나, 행정처분의 상대방이 청문일시에 불출석하였다는 이유로 청문절차를 생략하고 침해적 행정처분을 할 수 있다.
② 신청인이 신청에 앞서 행정청의 허가업무 담당자에게 한 신청서의 내용에 대한 검토요청은 다른 특별한 사정이 없는 한 명시적이고 확정적인 신청의 의사표시로 보기 어렵다.
③ 처분의 신청에 대하여 행정청은 신청인의 소재지가 분명하지 아니하여 보완의 요구가 2회에 걸쳐 반송된 때에는 신청을 취하한 것으로 보아 이를 종결처리할 수 있다.
④ 행정청이 처분절차를 준수하였는지는 취소소송의 본안에서 고려할 요소이지, 소송요건 심사단계에서 고려할 요소가 아니다.

11 「공공기관의 정보공개에 관한 법률」상 정보공개에 대한 설명으로 옳지 않은 것은? (다툼이 있는 경우 판례에 의함)

① 정보공개청구는 정보공개를 구하는 자가 공개를 구하는 정보를 행정기관이 보유·관리하고 있을 상당한 개연성이 있다는 점을 입증함으로써 족하다 할 것이지만, 공공기관이 그 정보를 보유·관리하고 있지 아니한 경우에는 특별한 사정이 없는 한 정보공개거부처분의 취소를 구할 법률상의 이익이 없다.

② 공개청구된 정보가 수사의견서인 경우 수사의 방법 및 절차 등이 공개되더라도 수사기관의 직무수행을 현저히 곤란하게 하지 않는 때에는 비공개대상정보에 해당하지 않는다.

③ 청구인이 정보공개거부처분의 취소를 구하는 소송에서 공공기관이 청구정보를 증거 등으로 법원에 제출하여 법원을 통하여 그 사본을 청구인에게 교부 또는 송달되게 하여 결과적으로 청구인에게 정보를 공개하는 셈이 되었다면, 당해 정보의 비공개결정의 취소를 구할 소의 이익은 소멸된다.

④ 교육공무원의 근무성적평정 결과를 공개하지 아니한다고 규정하고 있는 「교육공무원 승진규정」을 근거로 정보공개청구를 거부하는 것은 위법하다.

12 「질서위반행위규제법」의 규정 내용으로 옳지 않은 것은?

① 행정질서벌은 형벌이 아니므로 형법총칙이 적용되지 아니하나, 「질서위반행위규제법」에서도 고의나 과실을 질서위반행위의 성립요건으로 하고 있다.

② 신분에 의하여 성립하는 질서위반행위에 신분이 없는 자가 가담한 때에는 신분이 없는 자에 대하여도 질서위반행위가 성립한다.

③ 질서위반행위 후 법률이 변경되어 그 행위가 질서위반행위에 해당하지 아니하게 되거나 과태료가 변경되기 전의 법률보다 가볍게 된 때에는 법률에 특별한 규정이 없는 한 변경된 법률을 적용한다.

④ 행정청의 과태료 처분이나 법원의 과태료 재판이 확정된 후 법률이 변경되어 그 행위가 질서위반행위에 해당하지 아니하게 되거나 과태료가 변경되기 전의 법률보다 가볍게 된 때에는 변경된 법률에 특별한 규정이 없는 한 과태료의 징수 또는 집행을 면제한다.

13 행정의 실효성 확보수단에 대한 설명으로 옳지 않은 것은? (다툼이 있는 경우 판례에 의함)

① 사용자가 이행하여야 할 행정법상 의무의 내용을 초과하는 것을 '불이행 내용'으로 기재한 이행강제금 부과 예고서에 의하여 이행강제금 부과 예고를 한 다음 이를 이행하지 않았다는 이유로 이행강제금을 부과하였다면, 초과한 정도가 근소하다는 등의 특별한 사정이 없는 한 이행강제금 부과 예고는 위법하며, 이에 터 잡은 이행강제금 부과처분 역시 위법하다.
② 양벌규정에 의한 영업주의 처벌은 그 자신의 종업원에 대한 선임감독상의 과실로 인하여 처벌되는 것이므로 종업원의 범죄성립이나 처벌이 영업주 처벌의 전제조건이 될 필요는 없다.
③ 「행정조사기본법」상 행정조사를 실시할 행정기관의 장은 행정조사를 실시하기 전에 다른 행정기관에서 동일한 조사대상자에게 동일하거나 유사한 사안에 대하여 행정조사를 실시하였는지 여부를 확인할 수 있다.
④ 체납자 등에 대한 공매처분을 하면서 체납자 등에게 공매통지를 하지 않았거나 공매통지를 하였더라도 그것이 적법하지 않은 경우 절차상의 흠이 있어 그 공매처분이 위법하게 되는 것인바, 공매통지는 상대방인 체납자 등의 법적 지위나 권리·의무에 직접적인 영향을 주는 행정처분으로서 항고소송의 대상이 된다.

14 과징금에 대한 설명으로 옳은 것은? (다툼이 있는 경우 판례에 의함)

① 부과관청이 추후에 부과금 산정 기준이 되는 새로운 자료가 나올 경우 과징금액이 변경될 수도 있다고 유보하며 과징금을 부과했다면, 새로운 자료가 나온 것을 이유로 새로이 부과처분을 할 수 있다.
② 과징금부과처분의 기준을 규정하고 있는 구 청소년보호법 시행령 제40조 [별표 6]은 행정규칙의 성질을 갖는다.
③ 과징금은 원칙적으로 행위자의 고의·과실이 있는 경우에 부과한다.
④ 자동차운수사업면허조건 등을 위반한 사업자에 대한 과징금 부과처분이 법이 정한 한도액을 초과하여 위법한 경우 법원은 그 처분 전부를 취소하여야 한다.

15 공공의 영조물의 설치·관리의 하자로 인한 국가배상책임에 대한 판례의 입장으로 옳지 않은 것은?

① '공공의 영조물'이라 함은 강학상 공물을 뜻하므로 국가 또는 지방자치단체가 사실상의 관리를 하고 있는 유체물은 포함되지 않는다.
② '공공의 영조물의 설치·관리의 하자'에는 영조물이 공공의 목적에 이용됨에 있어 그 이용 상태 및 정도가 일정한 한도를 초과하여 제3자에게 사회통념상 참을 수 없는 피해를 입히고 있는 경우가 포함된다.
③ 학교관리자에게 고등학교 학생이 교사의 단속을 피해 담배를 피우기 위하여 3층 건물 화장실 밖의 난간을 지나다가 실족할 경우까지 대비하여 화장실 창문에 난간으로의 출입을 막는 출입금지장치를 설치할 의무가 있다고 볼 수는 없다.
④ 도로 설치 후 제3자의 행위에 의하여 도로의 통행상의 안전에 결함이 생긴 경우, 도로에 그와 같은 결함이 있다는 것만으로 성급하게 도로의 보존상 하자를 인정하여서는 안 된다.

16 재산권 보장과 손실보상에 대한 설명으로 옳은 것은? (다툼이 있는 경우 판례에 의함)

① 「공익사업을 위한 토지 등의 취득 및 보상에 관한 법률」에 따른 보상은 토지소유자나 관계인 개인별로 하는 것이 아니라 수용 또는 사용의 대상이 되는 물건별로 행해지는 것이다.
② 공익사업시행으로 인한 개발이익은 완전보상의 범위에 포함되는 피수용토지의 객관적 가치 내지 피수용자의 손실에 해당한다.
③ 구「공유수면매립법」상 간척사업의 시행으로 인하여 관행어업권이 상실된 경우, 실질적이고 현실적인 피해가 발생한 경우에만 「공유수면매립법」에서 정하는 손실보상청구권이 발생한다.
④ 공용수용은 공공필요에 부합하여야 하므로, 수용 등의 주체를 국가 등의 공적 기관에 한정하여야 한다.

17 행정심판에 대한 내용으로 옳지 않은 것은? (다툼이 있는 경우 판례에 의함)

① 국가인권위원회의 처분 또는 부작위에 대한 행정심판의 청구에 대하여는 국가인권위원회에 두는 행정심판위원회에서 심리·재결한다.
② 관계 행정기관의 장이 특별행정심판 또는 행정심판법에 따른 행정심판 절차에 대한 특례를 신설하거나 변경하는 법령을 제정·개정할 때에는 미리 중앙행정심판위원회의 동의를 구하여야 한다.
③ 행정심판에 있어서 재결청의 재결 내용이 처분청의 처분을 스스로 취소하는 것일 때에는 그 재결의 형성력이 발생하여 당해 행정처분은 별도의 행정처분을 기다릴 것 없이 당연히 취소되어 소멸된다.
④ 대통령의 처분 또는 부작위에 대하여는 다른 법률에서 행정심판을 청구할 수 있도록 정한 경우 외에는 행정심판을 청구할 수 없다.

18 甲의 건축허가 신청에 대하여 관할 군수 乙은 거부처분을 하였으나, 해당 거부처분에 무효사유에 해당하는 하자가 있어 甲이 행정쟁송으로 다투고자 한다. 이에 관한 설명으로 옳지 않은 것은? (다툼이 있는 경우 판례에 의함)

① 甲은 거부처분 무효확인심판 또는 의무이행심판을 제기할 수 있다.
② 甲이 무효의 선언을 구하는 의미의 취소소송을 제기한 경우 제소기간의 제한이 없다.
③ 甲이 거부처분 무효확인소송을 제기한 경우 「행정소송법」상 취소소송의 사정판결 규정은 준용되지 않는다.
④ 甲이 거부처분 무효확인소송을 제기한 경우 무효인 사유를 주장·증명할 책임은 甲에게 있다.

19 행정소송의 판결의 효력에 대한 설명으로 옳지 않은 것은? (다툼이 있는 경우 판례에 의함)

① 취소 확정판결의 기속력은 판결의 주문 및 전제가 되는 처분 등의 구체적 위법사유에 관한 판단에도 미치나, 종전 처분이 판결에 의하여 취소되었더라도 종전 처분과 다른 사유를 들어서 새로이 처분을 하는 것은 기속력에 저촉되지 않는다.
② 행정처분의 무효확인판결은 비록 형식상은 확인판결이라 하여도 그 확인판결의 효력은 그 취소판결의 경우와 같이 소송의 당사자는 물론 제3자에게도 미친다.
③ 과세처분을 취소하는 판결이 확정되면 그 과세처분은 처분시에 소급하여 소멸하므로 그 뒤에 과세관청에서 그 과세처분을 경정하는 경정처분을 하였다면 이는 존재하지 않는 과세처분을 경정한 것으로서 그 하자가 중대하고 명백한 당연무효의 처분이다.
④ 행정처분에 대하여 무효확인판결이 내려진 경우에는 그 행정처분이 거부처분인 경우에도 행정청에 판결의 취지에 따른 재처분의무가 인정될 뿐만 아니라 그에 대하여 간접강제까지 허용된다.

20 행정소송의 대상에 대한 설명으로 옳지 않은 것은? (다툼이 있는 경우 판례에 의함)

① 행정청이 재결에 따라 이전의 신청을 받아들이는 후속처분을 하였더라도 후속처분이 위법한 경우에는 재결에 대한 취소소송을 제기하지 않고도 곧바로 후속처분에 대한 항고소송을 제기하여 다툴 수 있다.
② 과세관청이 사업자등록을 관리하는 과정에서 위장사업자의 사업자명의를 직권으로 실사업자의 명의로 정정하는 행위는 사업자로서의 지위에 변동을 가져오는 것이므로 항고소송의 대상이 되는 행정처분으로 볼 수 있다.
③ 소송의 대상이 되는 행정처분의 존부는 소송요건으로서 직권조사사항이고, 자백의 대상이 될 수 없다.
④ 감사원의 변상판정처분에 대하여는 행정소송을 제기할 수 없고, 재결에 해당하는 재심의 판정에 대하여만 감사원을 피고로 하여 행정소송을 제기할 수 있다.

21 취소소송에서의 처분사유의 추가·변경에 대한 설명으로 옳은 것은? (다툼이 있는 경우 판례에 의함)

① 처분사유의 추가·변경이 절차적 위법성을 치유하는 것인데 반해, 처분이유의 사후제시는 처분의 실체법상의 적법성을 확보하기 위한 것이다.
② 처분사유의 추가·변경이 인정되기 위한 요건으로서의 기본적 사실관계의 동일성 유무는, 처분사유를 법률적으로 평가하기 이전의 구체적인 사실에 착안하여 그 기초적인 사회적 사실관계가 기본적인 점에서 동일한지 여부에 따라 결정되며, 이러한 법리는 행정심판 단계에서도 그대로 적용된다.
③ 추가 또는 변경된 사유가 당초의 처분시 그 사유를 명기하지 않았을 뿐 처분시에 이미 존재하고 있었고 당사자도 그 사실을 알고 있었다면 당초의 처분사유와 동일성이 인정된다.
④ 처분청은 원고의 권리방어가 침해되지 않는 한도 내에서 당해 취소소송의 대법원 확정판결이 있기 전까지 처분사유의 추가·변경을 할 수 있다.

22 부작위위법확인소송에 관한 설명으로 옳지 않은 것은? (다툼이 있는 경우 판례에 의함)

① 부작위위법확인소송에 대해서도 행정심판과 취소소송의 관계를 준용하여 임의적 전치가 원칙이며, 다른 법률이 정한 경우에만 예외적으로 행정심판전치주의가 적용된다.
② 당사자가 행정청에 대하여 어떠한 행정처분을 하여 줄 것을 요청할 수 있는 법규상 또는 조리상의 권리를 갖고 있지 아니하는 경우에는 항고소송의 대상이 되는 위법한 부작위가 있다고 볼 수 없거나 원고적격이 없어 그 부작위위법확인의 소는 부적법하다.
③ 조례를 통하여 노동운동이 허용되는 사실상의 노무에 종사하는 공무원의 구체적 범위를 규정하지 않고 있는 것에 대하여 부작위위법확인의 소를 제기하였으나 상고심 계속 중에 정년퇴직한 경우에 소의 이익은 인정되지 않는다.
④ 부작위위법확인소송에서 부작위상태가 계속되는 한 그 위법의 확인을 구할 이익이 있다고 보아야 하므로 행정심판 등 전심절차를 거친 경우에도 제소기간에 관한 규정은 적용되지 않는다.

23 공물의 성립과 소멸에 대한 설명으로 옳지 않은 것은? (다툼이 있는 경우 판례에 의함)

① 도로의 특별사용은 그 사용목적에 따라서는 도로의 일반사용과 병존이 가능한 경우도 있고 이러한 경우에는 도로점용 부분이 동시에 일반공중의 교통에 공용되고 있다고 하여 도로점용이 아니라고 할 수 없다.

② 공용폐지의 의사표시는 명시적이든 묵시적이든 상관없으나 적법한 의사표시가 있어야 하며, 행정재산이 사실상 본래의 용도에 사용되고 있지 않다는 사실만으로 공용폐지의 의사표시가 있었다고 볼 수 없다.

③ 도로관리청은 도로부지에 대한 소유권을 취득하지 아니한 경우에는 도로를 무단으로 점용하는 자에 대하여 변상금을 부과할 수 없다.

④ 도로의 형태를 갖추고 「도로법」에 따라 노선의 지정·인정공고와 도로구역 결정·고시를 한 때에는 도로의 공용개시행위가 있다고 볼 수 있다.

24 공무원법관계에 대한 설명으로 가장 옳지 않은 것은? (다툼이 있는 경우 판례에 의함)

① 피성년후견인은 공무원의 결격사유에 해당하나 당연퇴직사유에는 해당하지 아니한다.

② 국가공무원이 금고 이상의 형의 집행유예를 선고받아 당연퇴직하게 된 경우, 그 후 「형법」에 따라 그 형의 선고가 효력을 잃게 되었다 하더라도 이미 발생한 당연퇴직의 효력에는 영향이 없다.

③ 행정조직의 개선과 발전에 도움이 되고, 궁극적으로 행정청의 권한행사의 적정화에 기여하는 면이 있다면, 공무원이 외부에 자신의 상사 등을 비판하는 의견을 발표하는 행위는 공무원으로서의 체면이나 위신을 손상시키는 행위에 해당하지 아니한다.

④ 실제 여럿이 모이는 형태로 의사표현을 하는 것은 아니지만 발표문에 서명날인을 하는 등의 수단으로 여럿이 가담한 행위임을 표명하는 경우는 국가공무원법이 금지하는 '집단행위'에 해당한다.

25 경찰책임에 관한 설명으로 옳지 않은 것은?

① 상태책임은 물건에 대한 사실상의 지배권을 행사하는 자의 책임으로서 그 지배권은 정당한 권원에 기초한 것이어야 한다.

② 경찰책임은 책임자의 고의·과실을 요하지 아니한다.

③ 긴급한 필요가 있을 때에는 예외적으로 경찰책임이 없는 자에 대해서도 경찰권을 발동할 수 있고 이 경우 손실보상의 문제가 발생한다.

④ 경찰책임의 승계여부와 관련하여 학설이 일치하는 것은 아니지만 대체로 행위책임은 특정인의 행위에 대한 법적평가이기 때문에 승계될 수 없으나 상태책임은 물건의 상태와 관련된 책임이기 때문에 승계가 가능하다고 본다.

제8회 소방승진 행정법 최종모의고사

01 판례에 의할 때 공법관계에 해당되지 않는 것은?

① 지방자치단체에 근무하는 청원경찰의 근무관계
② 국립의료원 부설 주차장에 관한 위탁관리용역운영계약
③ 공무원연금관리공단의 급여결정
④ 구「예산회계법」상 입찰보증금의 국고귀속조치

02 행정법의 일반원칙에 관한 법령 또는 판례의 내용으로 옳지 않은 것은?

① 「행정기본법」에 의하면 행정청은 권한 행사의 기회가 있음에도 불구하고 장기간 권한을 행사하지 아니하여 국민이 그 권한이 행사되지 아니할 것으로 믿을 만한 정당한 사유가 있는 경우에는, 공익 또는 제3자의 이익을 현저히 해칠 우려가 있는 경우를 제외하고는 그 권한을 행사해서는 아니 된다.
② 교통사고가 일어난 지 1년 10개월이 지난 뒤 그 교통사고를 일으킨 택시에 대하여 운송사업면허를 취소한 경우, 택시운송사업자로서는「자동차운수사업법」의 내용을 잘 알고 있어 교통사고를 낸 택시에 대하여 운송사업면허가 취소될 가능성을 예상할 수 있었으므로 별다른 행정조치가 없을 것으로 자신이 믿고 있었다 하여도 신뢰의 이익을 주장할 수는 없다.
③ 건축물에 인접한 도로의 개설을 위한 도시계획사업시행허가처분은 건축물에 대한 건축허가처분과는 별개의 행정처분이므로 사업시행허가를 함에 있어 조건으로 내세운 기부채납의무를 이행하지 않았음을 이유로 한 건축물에 대한 준공거부처분은「건축법」에 근거 없이 이루어진 것으로서 위법하다.
④ 등록세 중과 대상인 부동산등기에 대하여 담당공무원으로부터 통상의 세율을 적용한 등록세 고지서를 교부받은 사유는 과세관청이 위 부동산등기에 대하여 등록세를 중과하지 않겠다는 공적인 견해표명을 한 것으로 볼 수 있다.

03 공무수탁사인에 관한 설명으로 옳지 않은 것은?

① 행정임무를 자기 책임하에 수행함이 없이 단순한 기술적 집행만을 행하는 사인인 행정보조인과는 구별된다.
② 대학수학능력시험의 출제 등 관리를 담당하는 한국교육과정평가원은 공무수탁사인이다.
③ 법령에 의하여 공무를 위탁받은 공무수탁사인이 행한 처분에 대하여 항고소송을 제기하는 경우 피고는 위임행정청이 된다.
④ 소득세법에 의한 원천징수의무자의 원천징수행위는 법령에서 규정된 징수 및 납부의무를 이행하기 위한 것에 불과한 것이지, 공권력의 행사로서의 행정처분에 해당되지 아니한다고 보는 것이 판례의 입장이다.

04 사인의 공법행위로서 신고에 대한 판례의 입장으로 옳지 않은 것은?

① 「유통산업발전법」상 대규모 점포의 개설 등록은 이른바 '수리를 요하는 신고'로서 행정처분에 해당한다.
② 국토의 계획 및 이용에 관한 법률상의 개발행위허가로 의제되는 건축신고가 개발행위허가의 기준을 갖추지 못한 경우, 행정청이 수리를 거부할 수 있다.
③ 「식품위생법」상 식품접객업의 영업신고 요건을 갖추었다면, 그 영업신고를 한 당해 건축물이 무허가건축물이라 할지라도 영업신고는 적법하게 이루어진 것으로 본다.
④ 가설건축물 존치기간을 연장하려는 건축주 등이 법령에 규정되어 있는 제반 서류와 요건을 갖추어 행정청에 연장신고를 한 경우, 행정청으로서는 법령에서 요구하고 있지도 아니한 '대지사용승낙서' 등의 서류가 제출되지 아니하였거나, 대지소유권자의 사용승낙이 없다는 등의 사유를 들어 가설건축물 존치기간 연장신고의 수리를 거부하여서는 아니 된다.

05 행정규칙에 대한 판례의 입장으로 옳지 않은 것은?

① 행정규칙인 고시가 법령의 수권에 의해 법령을 보충하는 사항을 정하는 경우에는 법령보충적 고시로서 근거법령규정과 결합하여 대외적으로 구속력을 가진다.
② 법령보충적 행정규칙은 법령의 수권에 의하여 인정되고, 그 수권은 포괄위임금지의 원칙상 구체적·개별적으로 한정된 사항에 대하여 행해져야 한다.
③ 재산권 등의 기본권을 제한하는 작용을 하는 법률이 구체적으로 범위를 정하여 고시와 같은 형식으로 입법위임을 할 수 있는 사항은 전문적·기술적 사항이나 경미한 사항으로서 업무의 성질상 위임이 불가피한 사항에 한정된다.
④ 고시에 담긴 내용이 구체적 규율의 성격을 갖는다고 하더라도, 해당 고시를 행정처분으로 볼 수는 없으며 법령의 수권 여부에 따라 법규명령 또는 행정규칙으로 볼 수 있을 뿐이다.

06 위임명령의 한계에 대한 설명으로 옳지 않은 것은? (다툼이 있는 경우 판례에 의함)

① 법률에서 위임받은 사항에 관하여 대강을 정하고 그 중의 특정사항을 범위를 정하여 하위법령에 다시 위임하는 경우에는 재위임이 허용된다. 이러한 법리는 조례가「지방자치법」에 따라 주민의 권리제한 또는 의무부과에 관한 사항을 법률로부터 위임받은 후, 이를 다시 지방자치단체장이 정하는 '규칙'이나 '고시' 등에 재위임하는 경우에도 마찬가지이다.
② 헌법에서 채택하고 있는 조세법률주의의 원칙상 과세요건과 징수절차에 관한 사항을 명령·규칙 등 하위법령에 구체적·개별적으로 위임하여 규정할 수 없다.
③ 법률이 공법적 단체 등의 정관에 자치법적 사항을 위임한 경우에는 헌법 제75조가 정하는 포괄적인 위임입법의 금지는 원칙적으로 적용되지 않지만, 그 사항이 국민의 권리·의무에 관련되는 것일 경우에는 적어도 국민의 권리·의무에 관한 기본적이고 본질적인 사항은 국회가 정하여야 한다.
④ 법률의 시행령이나 시행규칙의 내용이 모법 조항의 취지에 근거하여 이를 구체화하기 위한 것인 때에는 모법의 규율 범위를 벗어난 것으로 볼 수 없다. 이러한 경우에는 모법에 이에 관하여 직접 위임하는 규정을 두지 않았다고 하여도 이를 무효라고 볼 수 없다.

07 행정행위의 종류에 관한 설명 중 옳은 것은? (다툼이 있는 경우 판례에 의함)

① 특정의 사실 또는 법률관계의 존재를 공적으로 증명하여 공적 증거력을 부여하는 행정행위는 확인행위로서 당선인결정, 장애등급결정, 행정심판의 재결 등이 그 예이다.
② 개인택시운송사업면허는 성질상 일반적 금지에 대한 해제에 불과하다.
③ 주택재건축정비사업조합의 사업시행인가는 강학상 인가에 해당한다.
④ 친일반민족행위자재산조사위원회의 국가귀속결정은 친일재산을 국가의 소유로 귀속시키는 형성행위이다.

08 행정행위의 부관에 관한 설명으로 옳지 않은 것은? (다툼이 있는 경우 판례에 의함)

① 「행정기본법」에 따르면 행정청은 처분에 재량이 있는 경우에는 부관을 붙일 수 있고, 처분에 재량이 없는 경우에는 법률에 근거가 있는 경우에 부관을 붙일 수 있다.
② 철회권이 유보된 경우 상대방은 당해 행정행위의 철회시 신뢰보호의 원칙을 원용하여 손실보상을 청구할 수 없다.
③ 행정청이 부담을 부가하기 전에 상대방과 협의하여 부담의 내용을 협약의 형식으로 미리 정하는 것은 부담 또는 단독행위로서 행정행위로서의 본질을 갖는다는 점에서 허용되지 않는다.
④ 행정행위의 부관은 부담의 경우를 제외하고는 독립하여 행정소송의 대상이 될 수 없다.

09 「민원 처리에 관한 법률」의 내용으로 옳지 않은 것은?

① 행정기관의 장은 민원을 접수·처리할 때에 민원인에게 관계 법령등에서 정한 구비서류 외의 서류를 추가로 요구하여서는 아니 된다.
② 행정기관의 장은 접수한 민원문서에 보완이 필요한 경우에는 10일 이내의 기간을 정하여 지체 없이 민원인에게 보완을 요구하여야 한다.
③ 법정민원에 대한 행정기관의 장의 거부처분에 불복하는 민원인은 그 거부처분을 받은 날부터 60일 이내에 그 행정기관의 장에게 문서로 이의신청을 할 수 있다.
④ 행정기관의 장은 민원인이 동일한 내용의 질의민원을 정당한 사유 없이 3회 이상 반복하여 제출한 경우에는 2회 이상 그 처리결과를 통지하고, 그 후에 접수되는 민원에 대하여는 종결처리할 수 있다.

10 행정행위에 대한 설명으로 옳지 않은 것은? (다툼이 있는 경우 판례에 의함)

① 개인택시 운송사업의 양도·양수에 대한 인가가 있은 후에 그 양도·양수 이전에 있었던 양도인에 대한 운송사업면허 취소사유를 들어 양수인의 사업면허를 취소할 수 있다.
② 음주운전 여부에 대한 조사 과정에서 운전자 본인의 동의를 받지 아니하고 법원의 영장도 없이 채혈 조사가 행해졌다면, 그 조사 결과를 근거로 한 운전면허취소처분은 특별한 사정이 없는 한 위법하다.
③ 운전면허취소처분에 대한 취소소송에서 취소판결이 확정되었다면 운전면허취소처분 이후의 운전행위를 무면허운전이라 할 수는 없다.
④ 음주운전으로 인해 운전면허를 취소하는 경우의 이익형량에서 음주운전으로 인한 교통사고를 방지할 공익상의 필요가 취소의 상대방이 입게 될 불이익보다 강조되어야 하는 것은 아니다.

11 행정행위의 직권취소에 대한 설명으로 옳은 것은? (다툼이 있는 경우 판례에 의함)

① 국민에게 일정한 이익과 권리를 취득하게 한 종전 행정처분의 하자나 직권취소해야 할 필요성에 관한 증명책임은 기존의 이익과 권리를 침해하는 처분을 한 행정청에 있다.
② 취소소송에 의한 행정처분 취소의 경우에도 수익적 행정처분의 직권취소 제한에 관한 법리가 적용된다.
③ 변상금 부과처분에 대한 취소소송이 진행중이라면 그 부과권자는 위법한 처분을 스스로 취소하고 그 하자를 보완하여 다시 적법한 부과처분을 할 수 없다.
④ 처분청이 직권취소를 할 수 있다면 그 사정만으로 이해관계인은 처분청에 대하여 그 취소를 요구할 신청권을 가진다.

12 다단계행정결정에 대한 설명으로 옳지 않은 것은? (다툼이 있는 경우 판례에 의함)

① 공정거래위원회가 부당한 공동행위를 한 사업자에게 과징금 부과처분을 한 뒤 다시 자진신고 등을 이유로 과징금 감면처분을 한 경우, 선행처분은 후행처분에 흡수되어 소멸하므로 선행처분의 취소를 구하는 소는 부적법하다.
② 구「원자력법」상 원자로 및 관계 시설의 부지사전승인처분 후 건설허가처분까지 내려진 경우, 선행처분은 후행처분에 흡수되어 건설허가처분만이 행정쟁송의 대상이 된다.
③ 「공유재산 및 물품 관리법」에 근거하여 공모제안을 받아 이루어지는 민간투자사업 '우선협상대상자 선정행위'나 '우선협상대상자 지위배제행위'에서 '우선협상대상자 지위배제행위'만이 항고소송의 대상인 처분에 해당한다.
④ 자동차운송사업 양도·양수인가신청에 대하여 행정청이 내인가를 한 후 그 본인가신청이 있음에도 내인가를 취소한 경우, 다시 본인가에 대하여 별도로 인가여부의 처분을 한다는 사정이 보이지 않는다면 내인가취소는 행정처분에 해당한다.

13 행정계획에 대한 설명으로 옳은 것은? (다툼이 있는 경우 판례에 의함)

① 도시계획사업의 시행으로 토지를 수용당한 사람은 도시계획결정과 토지수용이 당연무효가 아닌 한 도시계획결정 자체의 취소를 청구할 법률상의 이익이 없다.
② 개발제한구역으로 지정되어 있는 부지에 묘지공원과 화장장 시설들을 설치하기로 하는 도시계획시설결정은 위법하다.
③ 국민의 기본권에 직접적으로 영향을 끼치고 법령의 뒷받침에 의해 실시될 것이라고 예상될 수 있다 하더라도 비구속적 행정계획안은 헌법소원의 대상이 될 수 없다.
④ 장래 일정한 기간 내에 관계 법령이 규정하는 시설 등을 갖추어 일정한 행정처분을 구하는 신청을 할 수 있는 법률상 지위에 있는 자에게는 구 「국토이용관리법」상의 국토이용계획의 변경을 신청할 권리는 인정되지 않는다.

14 공법상 계약에 대한 설명으로 옳지 않은 것은? (다툼이 있는 경우 판례에 의함)

① 행정청은 공법상 계약의 상대방을 선정하고 계약 내용을 정할 때 공법상 계약의 공공성과 제3자의 이해관계를 고려하여야 한다.
② 「공유재산 및 물품 관리법」에 의하여 도지사로부터 공유재산 관리의 권한을 위임받은 군수가 공유재산인 일반재산을 대부하는 행위는 사법상의 계약에 해당한다.
③ 중소기업 정보화지원사업에 따른 지원금 출연을 위하여 중소기업청장이 체결하는 협약은 공법상 계약에 해당한다.
④ 구 「산업집적활성화 및 공장설립에 관한 법률」에 따른 산업단지입주계약의 해지통보는 대등한 당사자의 지위에서 형성된 공법상 계약을 계약당사자의 지위에서 종료시키는 의사표시이므로 당사자소송의 대상이 된다.

15 「행정기본법」의 내용으로 옳지 않은 것은?

① 즉시강제는 다른 수단으로는 행정목적을 달성할 수 없는 경우에만 허용되며, 이 경우에도 최소한으로만 실시하여야 한다.
② 행정청은 권한 행사의 기회가 있음에도 불구하고 장기간 권한을 행사하지 아니하여 국민이 그 권한이 행사되지 아니할 것으로 믿을 만한 정당한 사유가 있는 경우에는 그 권한을 행사해서는 아니 된다. 다만, 공익 또는 제3자의 이익을 현저히 해칠 우려가 있는 경우는 예외로 한다.
③ 행정에 관한 다른 법률을 제정하거나 개정하는 경우에는 행정기본법의 목적과 원칙, 기준 및 취지에 부합되어야 한다.
④ 행정청은 법률로 정하는 바에 따라 처분에 재량이 있는 경우에는 완전히 자동화된 시스템으로 처분을 할 수 없다.

16 행정절차법상 처분절차에 관한 설명으로 옳은 것은?

① 행정청은 처분을 할 때에는 단순·반복적인 처분으로서 당사자가 그 이유를 명백히 알 수 있는 경우에도 당사자에게 그 근거와 이유를 사전에 제시하여야 한다.
② 행정청은 필요한 처분기준을 정하여 공표하는 것이 해당 처분의 성질상 현저히 곤란한 경우라도 그 처분기준을 공표하여야 한다.
③ 행정청은 신청인의 편의를 위하여 신청인이 다른 행정청에 처분을 구하는 신청을 접수하게 할 수 없다.
④ 행정청은 다수의 행정청이 관여하는 처분을 구하는 신청을 접수한 경우에는 관계 행정청의 신속한 협조를 통하여 그 처분이 지연되지 아니하도록 하여야 한다.

17 개인정보보호에 대한 설명으로 옳지 않은 것은?

① 개인정보처리자는 개인정보가 분실·도난·유출되었음을 알게 되었을 때에는 지체 없이 해당 정보주체에게 유출등이 된 시점과 그 경위 등을 알려야 한다.
② 「개인정보 보호법」은 공공기관에 의해 처리되는 정보뿐만 아니라 민간에 의해 처리되는 정보까지 보호대상으로 하고 있다.
③ 개인정보처리자의 고의 또는 중대한 과실로 인하여 개인정보가 분실·도난·유출·위조·변조 또는 훼손된 경우로서 정보주체에게 손해가 발생한 때에는 법원은 그 손해액의 3배를 넘지 아니하는 범위에서 손해배상액을 정할 수 있다.
④ 「행정절차법」도 비밀누설금지·목적 외 사용금지 등 개인의 정보보호에 관한 규정을 두고 있다.

18 정보공개에 대한 설명으로 옳지 않은 것은? (다툼이 있을 경우 판례에 의함)

① 불기소처분 기록 중 피의자신문조서 등에 기재된 피의자 등의 인적사항 이외의 진술내용이 개인의 사생활의 비밀 또는 자유를 침해할 우려가 인정된다면 비공개대상에 해당한다.
② 「공공기관의 정보공개에 관한 법률」상 공공기관은 정보 등 공개를 목적으로 작성되어 이미 정보통신망 등을 통하여 공개된 정보를 청구하는 경우 해당 정보의 소재(所在)를 안내하고, 해당 청구를 종결 처리할 수 있다.
③ 「공공기관의 정보공개에 관한 법률」상 공개청구의 대상이 되는 정보란 공공기관이 직무상 작성 또는 취득하여 현재 보유·관리하고 있는 원본인 문서를 의미한다.
④ 국민의 알 권리의 내용에는 일반 국민 누구나 국가에 대하여 보유·관리하고 있는 정보의 공개를 청구할 수 있는 이른바 일반적인 정보공개청구권이 포함된다.

19 「질서위반행위규제법」상 행정질서벌에 대한 설명으로 옳지 않은 것은? (다툼이 있는 경우 판례에 의함)

① 신분에 의하여 성립하는 질서위반행위에 신분이 없는 자가 가담한 때에는 신분이 없는 자에 대하여도 질서위반행위가 성립한다.
② 헌법재판소는 행정형벌과 행정질서벌의 구별을 기본적으로 입법자가 제반사정을 고려하여 결정할 입법재량으로 본다.
③ 과태료는 당사자가 과태료 부과처분에 대하여 이의를 제기하지 아니한 채 이의제기 기한이 종료한 후 사망한 경우에는 납부의무가 상속인에게 승계된다.
④ 행정청은 불의의 재난으로 피해를 당한 사람에 대하여 과태료의 징수유예등을 하는 경우 그 유예하는 금액에 상당하는 담보의 제공을 요구할 수 없다.

20 행정대집행에 대한 설명으로 가장 옳지 않은 것은?

① 의무자가 대집행 계고를 받고 지정기한까지 그 의무를 이행하지 아니할 때에는 당해 행정청은 대집행영장으로써 대집행을 할 시기, 대집행을 시키기 위하여 파견하는 집행책임자의 성명과 대집행에 요하는 비용의 개산에 의한 견적액을 의무자에게 통지하여야 한다.
② 법령에서 정한 부작위의무 자체에서 의무위반으로 인해 형성된 현상을 제거할 작위의무가 바로 도출되는 것은 아니다.
③ 대집행의 대상이 되는 행위는 법률에서 직접 명령된 것이 아니라, 법률에 의거한 행정청의 명령에 의한 행위를 말한다.
④ 공익사업을 위해 토지를 협의 매도한 종전 토지소유자가 토지 위의 건물을 철거하겠다는 약정을 하였다고 하더라도 이러한 약정 불이행시 대집행의 대상이 되지 아니한다.

21 행정상 손해배상에 대한 설명으로 옳은 것은? (다툼이 있는 경우 판례에 의함)

① 「금융위원회의 설치 등에 관한 법률」의 입법 취지에 비추어 볼 때, 금융감독원에 금융기관에 대한 검사·감독의무를 부과한 법령의 목적이 금융상품에 투자한 투자자 개인의 이익을 직접 보호하기 위한 것이라고 할 수 있으므로, 피고 금융감독원 및 그 직원들의 위법한 직무집행과 해당 저축은행의 후순위사채에 투자한 원고들이 입은 손해 사이에 상당인과관계가 인정된다.
② 주무 부처인 중앙행정기관이 입법예고를 통해 법령안의 내용을 국민에게 예고한 적이 있다면, 그것이 법령으로 확정되지 아니하였다고 하더라도 국가는 위 법령안에 관련된 사항에 대해 이해관계자들에게 어떠한 신뢰를 부여한 것으로 볼 수 있다.
③ 공무원에게 부과된 직무상 의무의 내용이 전적으로 또는 부수적으로 사회구성원 개인의 안전과 이익을 보호하기 위하여 설정된 것이라면, 공무원이 그와 같은 직무상 의무를 위반함으로써 피해자가 입은 손해에 대해서는 상당인과관계가 인정되는 범위에서 국가가 배상책임을 진다.
④ 국회의원은 원칙적으로 정치적 책임을 질 뿐이므로 헌법에 따른 구체적 입법의무를 부담하고 있음에도 그 입법에 필요한 상당한 기간이 경과하도록 고의 또는 과실로 그 입법의무를 이행하지 아니하는 경우 그 배상책임이 인정되기 어렵다.

22 행정소송의 재판관할에 대한 설명으로 옳지 않은 것은?

① 토지의 수용 기타 부동산 또는 특정의 장소에 관계되는 처분등에 대한 취소소송은 그 부동산 또는 장소의 소재지를 관할하는 행정법원에 제기해야 하므로, 민사소송법상의 합의관할 및 변론관할에 관한 규정은 적용되지 않는다.
② 국가 또는 공공단체가 당사자소송의 피고인 경우에는 관계행정청의 소재지를 피고의 소재지로 본다.
③ 국가의 사무를 위임 또는 위탁받은 공공단체 또는 그 장에 대하여 취소소송을 제기하는 경우에는 대법원소재지를 관할하는 행정법원에 제기할 수 있다.
④ 원고의 고의 또는 중대한 과실 없이 행정소송이 심급을 달리하는 법원에 잘못 제기된 경우에 수소법원은 관할법원에 이송한다.

23 처분에 관한 설명으로 옳지 않은 것은? (다툼이 있는 경우 판례에 의함)

① 어떠한 처분이 상대방에게 권리의 설정 또는 의무의 부담을 명하거나 기타 법적인 효과를 발생하게 하는 등으로 그 상대방의 권리의무에 직접 영향을 미치는 행위라도 그 처분의 근거가 행정규칙에 규정되어 있다면, 이 경우에 그 처분은 항고소송을 대상이 되는 행정처분에 해당하지 않는다.
② 「병역법」상 신체등위 판정은 행정청이라고 볼 수 없는 군의관이 하도록 되어 있으며, 그 자체만으로 권리의무가 정하여지는 것이 아니라 그에 따라 지방병무청장이 병역처분을 함으로써 비로소 병역의무의 종류가 정하여지는 것이므로 항고소송의 대상이 되는 행정처분이라 보기 어렵다.
③ 행정소송법상 행정청에는 법령에 의하여 행정권한의 위임 또는 위탁을 받은 행정기관, 공공단체 및 그 기관 또는 사인이 포함된다.
④ 항고소송의 대상이 되는 행정처분이라 함은 원칙적으로 행정청의 공법상 행위로서 특정 사항에 대하여 법규에 의한 권리의 설정 또는 의무의 부담을 명하거나 기타 법률상 효과를 발생하게 하는 등으로 일반 국민의 권리의무에 직접 영향을 미치는 행위를 가리킨다.

24 재결취소소송에 대한 설명으로 옳지 않은 것은? (다툼이 있는 경우 판례에 의함)

① 행정심판의 재결에 이유모순의 위법이 있다는 사유는 재결처분 자체에 고유한 하자로서 재결처분의 취소를 구하는 소송에서는 그 위법사유로서 주장할 수 있으나, 원처분의 취소를 구하는 소송에서는 그 취소를 구할 위법사유로서 주장할 수 없다.
② 제3자효를 수반하는 행정행위에 대한 행정심판청구에 있어서 그 청구를 인용하는 내용의 재결로 인하여 비로소 권리이익을 침해받게 되는 자는 그 인용재결에 대하여 다툴 필요가 있고, 그 인용재결은 원처분과 내용을 달리하는 것이므로 그 인용재결의 취소를 구하는 것은 원처분에는 없는 재결에 고유한 하자를 주장하는 셈이어서 당연히 항고소송의 대상이 된다.
③ 행정심판청구가 부적법하지 않음에도 각하한 재결은 심판청구인의 실체심리를 받을 권리를 박탈한 것으로서 원처분에 없는 고유한 하자가 있는 경우에 해당하고, 따라서 위 재결은 취소소송의 대상이 된다.
④ 부당해고 구제신청에 관한 중앙노동위원회의 결정에 대하여 취소소송을 제기하는 경우, 법원은 중앙노동위원회의 결정 후에 생긴 사유를 들어 그 결정의 적법 여부를 판단할 수 있다.

25 판결 또는 재결의 기속력에 대한 설명으로 옳지 않은 것은? (다툼이 있는 경우 판례에 의함)

① 거부처분취소소송에서 재처분의무의 실효성을 확보하기 위한 간접강제제도는 부작위위법확인소송과 무효등확인소송에 준용되고 있다.
② 당초의 개별공시지가 결정처분을 취소하고 그것을 하향조정하라는 취지의 재결이 있은 후에도 처분청이 다시 당초 처분과 동일한 액수로 개별공시지가를 결정한 처분은 재결청의 재결에 위배되는 것으로서 위법하다.
③ 임용기간이 만료된 교원의 재임용이 거부되었다가 그 재임용거부처분이 법원의 판결에 의하여 취소되었다고 하더라도 이러한 취소판결로 인하여 당연히 그 교원이 재임용거부처분 당시로 소급하여 신분관계를 회복한다고 볼 수 없다.
④ 주민 등의 도시관리계획의 입안 제안을 거부하는 처분에 대하여 이익형량의 하자를 이유로 취소판결이 확정된 후에 행정청이 다시 이익형량을 하여 주민 등이 제안한 것과는 다른 내용의 계획을 수립한다면 이는 재처분의무를 이행한 것으로 볼 수 있다.

제9회 소방승진 행정법 최종모의고사

01 법치행정의 원리에 대한 설명으로 가장 옳은 것은? (다툼이 있는 경우 판례에 의함)

① 국가계약의 본질적인 내용은 사인 간의 계약과 다를 바가 없어 법령에 특별한 규정이 있는 경우를 제외하고는 사법의 규정 내지 법원리가 그대로 적용되므로, 국가와 사인 간의 계약은 국가계약법령에 따른 요건과 절차를 거치지 않더라도 유효하다.

② 법률우위의 원칙에서 법은 형식적 법률뿐 아니라 법규명령과 관습법 등을 포함하는 넓은 의미의 법이다.

③ 법률유보원칙에서 '법률의 유보'라고 하는 경우의 '법률'에는 국회에서 법률제정의 절차에 따라 만들어진 형식적 의미의 법률뿐만 아니라 국회의 의결을 거치지 않은 명령이나 불문법원으로서의 관습법이나 판례법도 포함된다.

④ 법률유보의 원칙은 행정권의 발동에 있어서 조직규범의 근거가 필요하다는 것을 말한다.

02 행정법의 일반원칙에 대한 설명으로 옳지 않은 것은? (다툼이 있는 경우 판례에 의함)

① 비과세관행의 성립을 위해서는 과세관청 스스로 과세할 수 있음을 알면서도 어떤 특별한 사정 때문에 과세하지 않는다는 의사가 있고, 이와 같은 의사는 명시적 또는 묵시적으로 표시되어야 한다.

② 「개발이익환수에 관한 법률」에 정한 개발사업을 시행하기 전에, 행정청이 민원예비심사로서 관련부서 의견으로 '저촉사항 없음'이라고 기재한 것은 공적인 견해표명이라고 볼 수 없다.

③ 행정청의 공적 견해표명이 있었는지의 여부를 판단하는 데 있어서는 행정조직상의 형식적인 권한분장만이 그 기준이 되며, 담당자의 조직상의 지위와 임무, 당해 언동을 하게 된 구체적인 경위 등은 상대방의 신뢰여부를 판단하는 기준이 아니다.

④ 실권의 법리는 신의성실원칙에서 파생된 원칙으로서 공법관계 가운데 권력관계뿐 아니라 관리관계에도 적용될 수 있다.

03 신고에 대한 설명으로 옳은 것은? (다툼이 있는 경우 판례에 의함)
① 주민등록의 신고는 행정청에 도달하기만 하면 신고로서의 효력이 발생한다.
② 정보통신매체를 이용하여 학습비를 받고 불특정 다수인에게 원격 평생교육을 실시하기 위해 구 「평생교육법」에서 정한 형식적 요건을 모두 갖추어 신고한 경우, 행정청은 신고대상이 된 교육이나 학습이 공익적 기준에 적합하지 않는다는 등의 실체적 사유를 들어 신고 수리를 거부할 수 없다.
③ 「건축법」에 의한 인·허가의제 효과를 수반하는 건축신고는 건축을 하고자 하는 자가 적법한 요건을 갖춘 신고만 하면 건축을 할 수 있고, 행정청의 수리 등 별단의 조치를 기다릴 필요가 없다.
④ 구 「관광진흥법」에 의한 지위승계신고를 수리하는 허가관청의 행위는 사실적인 행위에 불과하여 항고소송의 대상이 되지 않는다.

04 법규명령에 대한 설명으로 가장 옳지 않은 것은? (다툼이 있는 경우 판례에 의함)
① 국민의 권리를 제한하는 내용의 법규명령(X)이 법률의 위임 없이 위법하게 제정되었다. 이 경우 X법령의 위법성이 중대명백한 경우에는 X법령은 당연무효이지만, 그렇지 않은 경우 X법령은 취소되기 전까지는 유효한 법령이다.
② 법규명령의 위임근거가 되는 법률에 대하여 위헌결정이 선고되면 그 위임에 근거하여 제정된 법규명령은 별도의 폐지행위가 있어야 효력을 상실하는 것이 아니다.
③ 헌법이 인정하고 있는 위임입법의 형식은 예시적인 것으로 보아야 한다.
④ 법규명령이 구체적인 집행행위 없이 직접 개인의 권리의무에 영향을 주는 경우 처분성이 인정된다.

05 행정규칙에 대한 설명으로 가장 옳은 것은? (다툼이 있는 경우 판례에 의함)
① 행정각부의 장이 정하는 고시라도 법령 내용을 보충하는 기능을 가지는 경우에는 형식과 상관없이 근거 법령 규정과 결합하여 법규명령의 효력을 가진다.
② 대법원은 재량준칙이 되풀이 시행되어 행정관행이 성립된 경우에는 당해 재량준칙에 자기구속력을 인정한다. 따라서 당해 재량준칙에 반하는 처분은 법규범인 당해 재량준칙을 직접 위반한 것으로서 위법한 처분이 된다고 한다.
③ 법령에 근거를 둔 고시는 상위 법령의 위임범위를 벗어난 경우에도 법규명령으로서 기능한다.
④ 구 「지방공무원보수업무 등 처리지침」은 예규로서 행정규칙의 성질을 가진다.

06 허가에 대한 설명으로 옳은 것은? (다툼이 있는 경우 판례에 의함)
① 공유수면매립법에 따른 공유수면매립면허는 강학상 허가의 성질을 가진다.
② 허가는 행위의 유효요건이므로 허가를 받아야 할 행위를 허가받지 아니하고 행한 경우, 그 행위는 행정강제나 행정벌의 대상은 되지 않고 무효로 되는 것이 원칙이다.
③ 허가로 인하여 받는 이익은 법적으로 보호되는 이익이 아니라 반사적 이익이라는 데 이견이 없다.
④ 토지의 형질변경행위를 수반하는 건축허가처럼 기속행위인 허가가 재량행위인 허가를 포함하는 경우에는 재량행위가 된다.

07 다음 중 강학상 인가에 해당하는 것을 모두 고른 것은? (다툼이 있는 경우 판례에 의함)

ㄱ. 재단법인 정관변경허가
ㄴ. 주택재건축정비사업조합 설립인가
ㄷ. 귀화허가
ㄹ. 주택재건축정비사업조합의 사업시행인가
ㅁ. 여객자동차운수사업법에 따른 개인택시운송사업면허

① ㄱ, ㄴ, ㅁ
② ㄱ, ㄹ
③ ㄴ, ㄹ, ㅁ
④ ㄷ, ㄹ

08 행정행위의 성립요건과 효력요건에 대한 설명으로 옳지 않은 것은? (다툼이 있는 경우 판례에 의함)
① 망인에게 수여된 서훈의 취소에서 유족은 그 처분의 상대방이 되는 것이 아니다.
② 면허관청이 운전면허정지처분을 하면서 통지서에 의하여 면허정지사실을 통지하지 아니하거나 처분집행예정일 7일 전까지 이를 발송하지 아니한 경우에는 절차와 형식을 갖추지 아니한 조치로서 효력이 없으나, 면허관청이 임의로 출석한 상대방의 편의를 위하여 구두로 면허정지사실을 알렸다면 운전면허정지처분의 효력이 인정된다.
③ 행정청이 처분을 할 때에는 다른 법령 등에 특별한 규정이 있는 경우를 제외하고는 문서로 하여야 하며, 전자문서로 하는 경우에는 당사자등의 동의가 있어야 한다. 다만, 신속히 처리할 필요가 있거나 사안이 경미한 경우에는 말 또는 그 밖의 방법으로 할 수 있다.
④ 납세고지서의 교부송달 및 우편송달에 있어서 반드시 납세의무자 또는 그와 일정한 관계에 있는 사람의 현실적인 수령행위를 전제로 하고 있다고 보아야 하며, 납세자가 과세처분의 내용을 이미 알고 있는 경우에도 납세고지서의 송달이 불필요하다고 할 수 없다.

09 행정행위의 효력에 대한 설명으로 옳은 것은?

① 행정행위에 불가변력이 발생한 경우 행정청은 당해 행정행위를 직권으로 취소할 수 없으나 철회는 가능하다.
② 공정력은 행정청의 권력적 행위뿐 아니라 비권력적 행위, 사실행위, 사법행위에도 인정된다.
③ 구속력이란 행정행위가 적법요건을 구비하면 법률행위적 행정행위의 경우 법령이 정하는 바에 의해, 준법률행위적 행정행위의 경우 행정청이 표시한 의사의 내용에 따라 일정한 법적 효과가 발생하여 당사자를 구속하는 실체법상 효력이다.
④ 판례에 의하면 사전에 당해 행정처분의 취소판결이 있어야만 그 행정처분의 위법을 이유로 한 손해배상청구를 할 수 있는 것은 아니다.

10 행정행위의 하자에 대한 설명으로 옳지 않은 것은? (다툼이 있는 경우 판례에 의함)

① 행정청이 청문서 도달기간을 다소 어겼더라도 영업자가 이에 대하여 이의하지 아니한 채 스스로 청문일에 출석하여 그 의견을 진술하고 변명하는 등 방어의 기회를 충분히 가졌다면 청문서 도달기간을 준수하지 아니한 하자는 치유되었다.
② 적법한 권한 위임 없이 세관출장소장에 의하여 행하여진 관세부과처분은 그 하자가 중대하기는 하지만 객관적으로 명백하다고 할 수 없어 당연무효는 아니다.
③ 형식상 하자로 인하여 무효인 행정처분이 있은 후 행정청이 관계 법령에서 정한 형식을 갖추어 다시 동일한 행정처분을 하였다면, 당해 행정처분은 종전의 무효인 행정처분과 관계 없는 새로운 행정처분이라고 볼 수는 없다.
④ 납세자가 아닌 제3자의 재산을 대상으로 한 압류처분은 그 처분의 내용이 법률상 실현될 수 없는 것이어서 당연무효이다.

11 행정행위의 취소와 철회에 대한 판례의 입장으로 옳지 않은 것은?

① 행정처분을 한 처분청은 그 처분에 하자가 있는 경우에는 원칙적으로 별도의 법적 근거가 없더라도 스스로 이를 직권으로 취소할 수 있고, 이러한 경우 이해관계인에게는 처분청에 대하여 그 취소를 요구할 신청권이 부여된 것으로 볼 수 있다.
② 변상금 부과처분에 대한 취소소송이 진행 중이라도 그 부과권자는 위법한 처분을 스스로 취소하고 그 하자를 보완하여 다시 적법한 부과처분을 할 수도 있다.
③ 행정행위를 한 처분청은 사정변경이 생겼거나 또는 중대한 공익상의 필요가 발생한 경우에는 그 효력을 상실케 하는 별개의 행정행위로 이를 철회할 수 있다고 할 것이나, 기득권을 침해하는 경우에는 기득권의 침해를 정당화할 만한 중대한 공익상의 필요 또는 제3자의 이익보호의 필요가 있는 때에 한하여 상대방이 받는 불이익과 비교·교량하여 철회하여야 한다.
④ 한 사람이 여러 종류의 자동차 운전면허를 취득하는 경우뿐 아니라 이를 취소 또는 정지함에 있어서도 서로 별개의 것으로 취급하는 것이 원칙이다.

12 「행정절차법」상 처분의 이유제시에 관한 설명으로 옳지 않은 것은? (다툼이 있는 경우 판례에 의함)

① 처분서의 문언만으로는 행정청이 어떤 처분을 하였는지 불분명하다는 등 특별한 사정이 있는 때에는 처분 경위나 처분 이후의 상대방의 태도 등 다른 사정을 고려하여 처분서의 문언과 달리 그 처분의 내용을 해석할 수도 있다.
② 신청내용을 모두 그대로 인정하는 처분인 경우 처분의 이유제시를 생략할 수 있다.
③ 단순·반복적인 처분 또는 중대한 처분이지만 당사자가 그 이유를 명백히 알 수 있는 경우 처분의 이유제시를 생략할 수 있다.
④ 처분의 이유제시를 생략한 때에도 처분 후 당사자가 요청하는 경우에 그 근거와 이유를 제시하여야 할 경우가 있다.

13 「공공기관의 정보공개에 관한 법률」에 대한 설명으로 옳지 않은 것은? (다툼이 있는 경우 판례에 의함)

① 정보공개에 관한 정책 수립 및 제도 개선에 관한 사항을 심의·조정하기 위하여 국무총리 소속으로 정보공개위원회를 둔다.
② 공공기관은 공개 청구된 정보가 공공기관이 보유·관리하지 아니하는 정보인 경우로서 「민원 처리에 관한 법률」에 따른 민원으로 처리할 수 있는 경우에는 민원으로 처리할 수 있다.
③ 오로지 공공기관의 담당공무원을 괴롭힐 목적으로 정보공개청구를 하는 경우에는 정보공개청구권의 행사를 허용할 수 없다.
④ 정보의 공개 및 우송 등에 드는 비용은 실비의 범위에서 청구인이 부담한다.

14 행정벌에 대한 설명으로 옳은 것은? (다툼이 있는 경우 판례에 의함)

① 「질서위반행위규제법」상 과태료 사건은 다른 법령에 특별한 규정이 있는 경우를 제외하고는 행정청의 주소지의 지방법원 또는 그 지원의 관할로 한다.
② 행정벌과 이행강제금은 장래에 의무의 이행을 강제하기 위한 제재로서 직접적으로 행정작용의 실효성을 확보하기 위한 수단이라는 점에서는 동일하다.
③ 종업원 등의 범죄에 대해 법인에게 어떠한 잘못이 있는지를 전혀 묻지 않고, 곧바로 그 종업원 등을 고용한 법인에게도 종업원 등에 대한 처벌조항에 규정된 벌금형을 과하도록 규정하는 것은 책임주의에 반한다
④ 일반형사소송절차에 앞선 절차로서의 통고처분은 그 자체로 상대방에게 금전납부의무를 부과하는 행위로서 항고소송의 대상이 된다.

15 행정의 실효성 확보수단에 대한 설명으로 옳지 않은 것은? (다툼이 있는 경우 판례에 의함)
① 대집행영장에 의한 통지는 취소소송의 대상이 된다.
② 이행강제금 부과의 근거가 되는 법률에는 이행강제금에 관한 사항을 명확하게 규정하여야 한다. 다만, 부과 금액 또는 부과 금액 산정기준을 규정할 경우 입법목적이나 입법취지를 훼손할 우려가 크다고 인정되는 경우로서 대통령령으로 정하는 경우는 제외한다.
③ 구「주택건설촉진법」의 규정을 위반하여 주택을 공급한 자에게 과태료를 부과한다고 하여 주택을 공급한 자와 제3자 간에 체결한 주택공급계약의 사법적 효력까지 부인된다고 볼 수는 없다.
④ 「행정기본법」에 따르면, 행정청은 이행강제금을 부과받은 자가 납부기한까지 이행강제금을 내지 아니하면 국세강제징수의 예 또는 「지방행정제재·부과금의 징수 등에 관한 법률」에 따라 징수한다.

16 행정행위 또는 처분에 대한 설명으로 옳은 것은? (다툼이 있는 경우 판례에 의함)
① 하천점용허가취소처분을 취소하는 확정판결의 기속력은 판결의 주문에 미치는 것으로 그 전제가 되는 처분 등의 구체적 위법사유에 관한 이유 중의 판단에 대해서는 인정되지 않는다.
② 통상 고시 또는 공고에 의하여 행정처분을 하는 경우에 행정처분이 있었음을 안 날이란 행정처분의 이해관계를 갖는 자가 고시 또는 공고가 있었다는 사실을 현실적으로 안 날이 된다.
③ 구「금융산업의구조개선에관한법률」및 구「상호저축은행법」상 금융감독위원회의 파산신청은 취소소송의 대상이 되는 행정처분이라 할 수 없다.
④ 지방경찰청장의 횡단보도 설치행위는 국민의 구체적인 권리의무에 직접적인 변동을 초래하지 않으므로 행정소송법상 처분에 해당하지 않는다.

17 과징금 부과처분에 대한 설명으로 옳지 않은 것은? (다툼이 있는 경우 판례에 의함)

① 과징금은 행정상 제재금이고 범죄에 대한 국가 형벌권의 실행이 아니므로 행정법규 위반에 대해 벌금 이외에 과징금을 부과하는 것은 이중처벌금지의 원칙에 위반되지 않는다.
② 「부동산 실권리자명의 등기에 관한 법률」상 명의신탁자에 대한 과징금의 부과 여부는 행정청의 재량행위이다.
③ 「독점규제 및 공정거래에 관한 법률」상의 과징금은 법이 규정한 범위 내에서 그 부과처분 당시까지 부과관청이 확인한 사실을 기초로 일의적으로 확정되어야 할 것이지, 추후에 부과금 산정기준이 되는 새로운 자료가 나왔다고 하여 새로운 부과처분을 할 수 있는 것은 아니다.
④ 영업정지에 갈음하여 부과되는 이른바 변형된 과징금의 부과 여부는 통상 행정청의 재량행위이다.

18 행정상 손해배상에 대한 설명으로 옳지 않은 것은? (다툼이 있는 경우 판례에 의함)

① 국가배상청구권의 소멸시효 기간은 지났으나 국가가 소멸시효 완성을 주장하는 것이 신의성실의 원칙에 반하는 권리남용으로 허용될 수 없어 배상책임을 이행한 경우, 국가는 원칙적으로 해당 공무원에 대해 구상권을 행사할 수 있다.
② 하천의 제방이 계획홍수위를 넘고 있다면, 하천이 그 후 새로운 하천시설을 설치할 때 '하천시설기준'이 정한 여유고를 확보하지 못하고 있다는 사정만으로 바로 안전성이 결여된 하자가 있다고 볼 수는 없다.
③ 행정처분이 후에 항고소송에서 취소되었다고 할지라도 그 기판력에 의하여 당해 행정처분이 곧바로 공무원의 고의 또는 과실로 인한 것으로서 불법행위를 구성한다고 단정할 수는 없다.
④ 공무원이 관계 법령의 해석이 확립되기 전에 어느 한 설을 취하여 업무를 처리한 것이 결과적으로 위법하더라도 처분 당시 그 이상의 업무처리를 성실한 평균적 공무원에게 기대하기 어려웠던 경우라면 원칙적으로 공무원의 과실을 인정할 수 없다.

19 「공익사업을 위한 토지 등의 취득 및 보상에 관한 법률」상 손실보상에 대한 설명으로 옳지 않은 것은? (다툼이 있는 경우 판례에 의함)

① 사업인정고시가 된 후 협의가 성립되지 아니하였을 때에는 토지소유자와 관계인은 서면으로 사업시행자에게 재결을 신청할 것을 청구할 수 있으며, 이 경우 사업시행자는 청구를 받은 날부터 60일 이내에 관할 토지수용위원회에 재결을 신청하여야 한다.
② 보상을 하면서 손실보상금에 관한 당사자 간의 합의가 성립한 경우, 그 보상합의는 공공기관이 사경제주체로서 행하는 사법상 계약의 실질을 가진다.
③ 일반 공중의 이용에 제공되는 공공용물을 허가나 특허 없이 일반사용하고 있던 자가 당해 공공용물에 관한 적법한 개발행위로 인하여 종전에 비하여 그 일반사용이 제한을 받게 되었다면 그로 인한 불이익은 특별한 사정이 없는 한 손실보상의 대상이 된다.
④ 사업시행자는 해당 공익사업이 시행되는 지역에 거주하고 있는 「국민기초생활 보장법」에 따른 수급권자 및 차상위계층이 취업을 희망하는 경우에는 그 공익사업과 관련된 업무에 우선적으로 고용할 수 있으며, 이들의 취업 알선을 위하여 노력하여야 한다.

20 「행정심판법」상 가구제에 대한 설명으로 가장 옳지 않은 것은?

① 위원회는 처분, 처분의 집행 또는 절차의 속행 때문에 중대한 손해가 생기는 것을 예방할 필요성이 긴급하다고 인정할 때에는 직권으로 또는 당사자의 신청에 의하여 처분의 효력, 처분의 집행 또는 절차의 속행의 전부 또는 일부의 정지를 결정할 수 있다.
② 집행정지는 공공복리에 중대한 영향을 미칠 우려가 있을 때에는 허용되지 아니한다.
③ 위원회는 집행정지를 결정한 후에 집행정지가 공공복리에 중대한 영향을 미치거나 그 정지사유가 없어진 경우에는 직권으로 또는 당사자의 신청에 의하여 집행정지 결정을 취소할 수 있다.
④ 위원회는 처분 또는 부작위가 위법·부당하다고 상당히 의심되는 경우로서 처분 또는 부작위로 생길 회복하기 어려운 손해를 예방하기 위하여 긴급한 필요가 있다고 인정할 때에는 직권으로 또는 당사자의 신청에 의하여 임시처분을 결정할 수 있다.

21 다음 중 항고소송의 원고적격이 인정될 수 있는 경우는? (다툼이 있는 경우 판례에 의함)

① 중국 국적자인 외국인이 사증발급 거부처분의 취소를 구하는 경우
② 원자로 시설부지 인근 주민들이 방사성물질 등에 의한 생명·신체의 안전침해를 이유로 부지사전승인처분의 취소를 구하는 경우
③ 개발제한구역 중 일부 취락을 개발제한구역에서 해제하는 내용의 도시관리계획변경결정에 대하여 개발제한구역 해제대상에서 누락된 토지의 소유자가 위 결정의 취소를 구하는 경우
④ 담배 일반소매인으로 지정되어 있는 기존업자가 신규담배 구내소매인 지정처분을 다투는 경우

22 항고소송에서 협의의 소익에 대한 판례의 입장으로 옳은 것은?

① 건축물에 대한 사용검사처분이 취소되면 사용검사 전의 상태로 돌아가 건축물을 사용할 수 없게 되므로 구 주택법상 입주자나 입주예정자가 사용검사처분의 무효확인 또는 취소를 구할 법률상 이익이 있다.
② 배출시설에 대한 설치허가가 취소된 후 그 배출시설이 철거되어 다시 가동할 수 없는 상태라도 그 취소처분이 위법하다는 판결을 받아 손해배상청구소송에서 이를 원용할 수 있다면 배출시설의 소유자는 당해 처분의 취소를 구할 법률상 이익이 있다.
③ 학교법인 임원취임승인의 취소처분 후 그 임원의 임기가 만료되고 구 사립학교법 소정의 임원결격사유기간마저 경과한 경우에 취임승인이 취소된 임원은 취임승인취소처분의 취소를 구할 소의 이익이 없다.
④ 구 도시 및 주거환경정비법상 조합설립추진위원회 구성승인 처분을 다투는 소송 계속 중에 조합설립인가처분이 이루어졌다면 조합설립추진위원회 구성승인처분의 취소를 구할 법률상 이익은 없다.

23 항고소송의 제소기간에 대한 설명으로 옳지 않은 것은? (다툼이 있는 경우 판례에 의함)

① 행정청이 행정심판청구를 할 수 있다고 잘못 알려 행정심판청구를 한 경우 취소소송의 제소기간은 행정심판재결서 정본을 송달받은 날부터 기산한다.
② 행정처분의 당연무효를 선언하는 의미에서 그 취소를 구하는 행정소송을 제기한 경우에도 제소기간을 준수해야 한다.
③ 행정청이 식품위생법령에 따라 영업자에게 행정제재처분을 한 후 당초 처분을 영업자에게 유리하게 변경하는 처분을 한 경우, 취소소송의 대상 및 제소기간 판단 기준이 되는 처분은 당초 처분이다.
④ 부작위위법확인소송은 행정심판 등 전심절차를 거친 경우에도 제소기간의 제한을 받지 않는다.

24 행정기관에 대한 설명으로 옳지 않은 것은?

① 정부조직법상 각 행정기관의 장은 소관사무를 통할하고 소속공무원을 지휘·감독하며, 각 행정기관의 보조기관은 그 기관의 장, 차관 또는 차장을 보좌하여 소관사무를 처리하고 소속공무원을 지휘·감독한다.
② 일정한 관할 구역 내에서 널리 일반국가사무를 수행하는 행정기관을 국가의 보통지방행정기관이라 하고 세무서장이나 경찰서장이 이에 속한다.
③ 국가사무가 지방자치단체의 장에게 위임되어 수행되는 경우, 지방자치단체의 장은 국가사무를 처리하는 범위 내에서 국가의 보통지방행정기관의 지위에 있다.
④ 정부조직법상 행정기관에는 그 소관사무의 일부를 독립하여 수행할 필요가 있는 때에는 법률로 정하는 바에 따라 행정위원회 등 합의제행정기관을 둘 수 있다.

25 판례에 의할 때 공무원의 신분관계에 관한 설명으로 옳은 것은?

① 공무원에 대한 직위해제처분이 있은 후 동일한 사유로 다시 해임처분을 하는 것은 일사부재리의 법리에 어긋난다.
② 4급 공무원이 당해 지방자치단체 인사위원회의 심의를 거쳐 3급 승진대상자로 결정되고 임용권자가 그 사실을 대내외에 공표까지 하였다면, 그 공무원은 승진임용에 관한 법률상 이익을 가진 자로서 임용권자에 대하여 3급 승진임용 신청을 할 조리상의 권리가 있다.
③ 공무원법상 정년은 공무원의 정년퇴직 시 구비서류로 요구되는 가족관계기록사항에 관한 증명서 중 기본증명서에 기재된 실제의 생년월일이 아니라, 공무원 임용신청 당시의 공무원인사기록카드에 기재된 생년월일을 기준으로 산정해야 한다.
④ 「국가공무원법」상의 직위해제처분에는 의견청취에 관한 「행정절차법」 규정이 적용된다.

제10회 소방승진 행정법 최종모의고사

01 신뢰보호의 원칙에 대한 설명으로 옳은 것은? (다툼이 있는 경우 판례에 의함)

① 법령이나 비권력적 사실행위인 행정지도 등은 신뢰의 대상이 되는 선행조치에 포함되지 않는다.
② '진실·화해를 위한 과거사정리위원회'가 피해자 등의 진실규명신청에 따라 진실규명신청 대상자를 희생자로 확인 또는 추정하는 진실규명결정을 하고 피해자 등이 그 결정에 기초하여 상당한 기간 내에 권리행사를 한 경우, 국가가 소멸시효 완성을 주장하는 것은 허용되지 아니한다.
③ 신뢰보호원칙의 적용에 있어서 귀책사유의 유무는 상대방을 기준으로 판단하여야 하며, 상대방으로부터 신청행위를 위임받은 수임인 등 관계자까지 포함시켜 판단할 것은 아니다.
④ 처분청이 착오로 행정서사업 허가처분을 한 후 20년이 다 되어서야 취소사유를 알고 행정서사업 허가를 취소한 경우, 그 허가취소처분은 실권의 법리에 저촉되는 것으로 보아야 한다.

02 행정법관계에 대한 설명으로 옳지 않은 것은? (다툼이 있는 경우 판례에 의함)

① 「공익사업을 위한 토지 등의 취득 및 보상에 관한 법률」상 환매권의 존부에 관한 확인을 구하는 소송 및 환매금액의 증감을 구하는 소송은 민사소송이다.
② 법무사가 사무원을 채용할 때 소속 지방법무사회로부터 승인을 받아야 할 의무는 공법상 의무이다.
③ 군인연금법령상 급여를 받으려고 하는 사람이 국방부장관에게 급여지급을 청구하였으나 거부된 경우, 곧바로 국가를 상대로 한 당사자소송으로 급여의 지급을 청구할 수 있다.
④ 사무처리의 긴급성으로 인하여 해양경찰의 직접적인 지휘를 받아 보조로 방제작업을 한 경우, 사인은 그 사무를 처리하며 지출한 필요비 내지 유익비의 상환을 국가에 대하여 민사소송으로 청구할 수 있다.

03 행정입법에 대한 판례의 입장으로 옳지 않은 것은?

① 상위법령을 시행하기 위하여 하위법령을 제정하거나 필요한 조치를 함에 있어서는 상당한 기간을 필요로 하며 합리적인 기간 내의 지체를 위헌적인 부작위로 볼 수 없다.
② 구 「청소년보호법」시행령 제40조 [별표 6]의 위반행위의 종별에 따른 과징금 처분기준은 법규명령에 해당하지만 그 과징금의 액수는 정액이 아니라 최고한도액이다.
③ 경찰공무원 채용시험에서의 부정행위자에 대한 5년간의 응시자격제한을 규정한 경찰공무원임용령 제46조 제1항은 행정청 내부의 사무처리기준을 규정한 재량준칙에 불과하다.
④ 헌법에서 인정한 법규명령의 형식을 예시적으로 이해하는 견해에 의하면 감사원규칙은 법규명령이라고 본다.

04 행정행위에 관한 설명으로 옳은 것은?

① 기속행위에 대한 사법심사는 법원이 독자의 결론을 도출함이 없이 당해 행위에 재량권의 일탈·남용이 있는지 여부만을 심사하게 된다.
② 대법원은 주택건설촉진법상의 주택건설사업계획의 승인은 상대방에게 권리나 이익을 부여하는 효과를 수반하는 수익적 행정처분이라는 점에서 재량행위라고 판단하고 있는데 이것은 이른바 요건재량설에 따른 것이다.
③ 여객자동차운수사업법에 의한 개인택시운송사업면허는 특정인에게 특정한 권리나 이익을 부여하는 행위로서 법령에 특별한 규정이 없는 한 재량행위이지만, 그 면허를 위하여 필요한 기준을 정하는 것은 행정청의 재량이 아니다.
④ 학생에 대한 징계권의 발동이나 징계의 양정(量定)이 징계권자의 교육적 재량에 맡겨져 있다 할지라도 법원이 심리한 경과 그 징계처분에 위법한 사유가 있다고 판단되는 경우에는 이를 취소할 수 있다.

05 공증행위에 대한 설명으로 가장 옳지 않은 것은?

① 상표사용권 설정등록신청서가 제출된 경우 특허청장은 신청서와 그 첨부서류만을 자료로 형식적으로 심사하여 그 등록신청을 수리할 것인지의 여부를 결정하여야 되는 것으로서, 특허청장의 상표사용권 설정등록행위는 사인간의 법률관계의 존부를 공적으로 증명하는 준법률행위적 행정행위이다.

② 건설업면허증 및 건설업면허수첩의 재교부는 그 면허증 등의 분실, 헐어 못쓰게 된 때, 건설업의 면허이전 등 면허증 및 면허수첩 그 자체의 관리상의 문제로 인하여 종전의 면허증 및 면허수첩과 동일한 내용의 면허증 및 면허수첩을 새로이 또는 교체하여 발급하여 주는 것으로서, 이는 건설업의 면허를 받았다고 하는 특정사실에 대하여 형식적으로 그것을 증명하고 공적인 증거력을 부여하는 강학상의 공증행위이다.

③ 의료유사업자 자격증 갱신발급행위는 유사의료업자의 자격을 부여 내지 확인하는 것이 아니라 특정한 사실 또는 법률관계의 존부를 공적으로 증명하는 소위 공증행위에 속하는 행정행위라 할 것이다.

④ 친일반민족행위자 재산의 국가귀속에 관한 특별법 제2조 제2호에 정한 친일재산은 위원회가 국가귀속결정을 하여야 비로소 국가의 소유로 되는 것이 아니라 특별법의 시행에 따라 그 취득·증여 등 원인행위시에 소급하여 당연히 국가의 소유로 되는 것이고, 위원회의 국가귀속결정은 당해 재산이 친일재산에 해당한다는 사실을 공적으로 증명하는 소위 공증행위에 속하는 준법률행위적 행정행위의 성격을 가지는 것이다.

06 행정행위의 부관에 대한 설명으로 옳지 않은 것은? (다툼이 있는 경우 판례에 의함)

① 행정행위에 부가된 허가기간은 그 자체로서 항고소송의 대상이 될 수 없을 뿐만 아니라 그 기간의 연장신청의 거부에 대하여도 항고소송을 청구할 수 없다.
② 행정청은 철회권이 유보되어 있는 경우에도 행정행위의 철회에 관한 일반원칙을 준수하여야 한다.
③ 부담이 아닌 부관만의 취소를 구하는 소송이 제기된 경우에 법원은 각하판결을 하여야 한다.
④ 행정청은 법적 근거가 있는 경우에 한하여 재량행위에 부관을 붙일 수 있는 것은 아니다.

07 행정행위의 효력에 대한 설명으로 옳지 않은 것은? (다툼이 있는 경우 판례에 의함)

① 행정행위의 불가변력은 당해 행정행위에 대하여서만 인정되는 것이고, 동종의 행정행위라 하더라도 그 대상을 달리할 때는 이를 인정할 수 없다.
② 과세처분에 관한 이의신청절차에서 과세관청이 이의신청 사유가 옳다고 인정하여 과세처분을 직권으로 취소한 이상 그 후 특별한 사유 없이 이를 번복하고 종전 처분을 되풀이하는 것은 허용되지 않는다.
③ 「도로법」에 따라 도로관리청이 도로점용허가를 하면서 특별사용의 필요가 없는 부분을 점용장소 및 점용면적에 포함시킨 경우에도 그 특별사용의 필요가 없는 부분이 위법하다고 할 수 없다.
④ 위법한 행정대집행이 완료되면 계고처분의 무효확인 또는 취소를 구할 소의 이익은 없다 하더라도, 미리 그 계고처분의 취소판결이 있어야만 그 계고처분이 위법임을 이유로 손해배상 청구를 할 수 있는 것은 아니다.

08 행정행위의 취소에 관한 설명으로 옳지 않은 것은? (다툼이 있을 경우 판례에 의함)

① 「행정권한의 위임 및 위탁에 관한 규정」은 위임기관 및 위탁기관은 수임기관 및 수탁기관의 수임 및 수탁사무처리에 대하여 지휘·감독하고, 그 처리가 위법 또는 부당하다고 인정되는 때에는 이를 취소하거나 정지시킬 수 있다고 규정하고 있다.
② 광업권 취소처분 후 광업권 설정의 선출원이 있는 경우에도 취소처분을 취소하여 광업권을 복구시키는 조처는 적법하다.
③ 선행부과처분에 대한 취소소송이 진행 중이더라도 과세관청인 피고로서는 위법한 선행처분을 스스로 취소하거나 그 절차상의 하자를 보완하여 다시 적법한 부과처분을 할 수 있다.
④ 행정청이 의료법인의 이사에 대한 이사취임승인취소처분을 직권으로 취소한 경우에는 이사가 소급하여 이사의 지위를 회복하게 된다.

09 공법상 계약에 대한 설명으로 옳지 않은 것은? (다툼이 있는 경우 판례에 의함)

① 공법상 계약의 주체는 행정청이 아니라 행정주체이다.
② 계약직공무원 채용계약해지의 의사표시는 항고소송의 대상이 되는 처분 등의 성격을 가진 것으로 행정처분과 같이 「행정절차법」에 의하여 근거와 이유를 제시하여야 한다.
③ 공법상 계약에는 법률우위의 원칙이 적용된다.
④ 행정청은 공법상 계약의 상대방을 선정하고 계약 내용을 정할 때 공법상 계약의 공공성과 제3자의 이해관계를 고려하여야 한다.

10 행정절차에 대한 설명으로 옳지 않은 것은? (다툼이 있는 경우 판례에 의함)

① 행정예고기간은 원칙적으로 20일 이상으로 하나, 행정목적을 달성하기 위하여 긴급한 필요가 있는 경우에는 행정예고기간을 단축할 수 있다. 이 경우 단축된 행정예고기간은 10일 이상으로 한다.
② 당사자가 근거규정 등을 명시하여 신청하는 인·허가 등을 거부하는 처분을 함에 있어 당사자가 그 근거를 알 수 있을 정도로 상당한 이유를 제시한 경우에는 당해 처분의 근거 및 이유를 구체적 조항 및 내용까지 명시하지 않았더라도 그로 말미암아 그 처분이 위법한 것이 된다고 할 수 없다.
③ 행정청이 사전환경성검토협의를 거쳐야 할 대상사업에 관하여 법의 해석을 잘못한 나머지 세부 용도지역이 지정되지 않은 개발사업 부지에 대하여 사전환경성검토협의를 할지 여부를 결정하는 절차를 생략한 채 승인 등의 처분을 하였다면, 그 행정처분은 당연무효이다.
④ 고시의 방법으로 불특정 다수인을 상대로 의무를 부과하거나 권익을 제한하는 처분은 「행정절차법」 제22조 제3항의 의견제출절차의 대상이 되는 처분이 아니다.

11 정보공개에 관한 설명으로 판례의 입장과 일치하지 않는 것은?

① 정보공개를 청구하는 자가 공공기관에 대해 정보의 사본 또는 출력물의 교부의 방법으로 공개방법을 선택하여 정보공개청구를 한 경우, 공개청구를 받은 공공기관이 그 공개방법을 선택할 재량권이 없다.
② 지방자치단체의 업무추진비 세부항목별 집행내역 및 그에 관한 증빙서류에 포함된 개인에 관한 정보는 비공개대상 정보에 해당한다.
③ 지방자치단체 또한 법인격을 가지므로 「공공기관의 정보공개에 관한 법률」 제5조에서 정한 정보 공개청구권자인 '국민'에 해당한다.
④ 「방송법」에 의하여 설립·운영되는 한국방송공사는 공공기관의 정보공개에 관한 법률 시행령 제2조 제4호의 '특별법에 따라 설립된 특수법인'으로서 정보공개의무가 있는 공공기관에 해당한다.

12 행정상 강제집행에 대한 설명으로 옳은 것은? (다툼이 있는 경우 판례에 의함)

① 세무공무원이 국세의 징수를 위해 납세자의 재산을 압류하는 경우 그 재산의 가액이 징수할 국세액을 초과한다면 당해 압류처분은 무효이다.
② 구「지방세징수법」상 지방세의 결손처분은 국세의 결손처분과 마찬가지로 더 이상 납세의무가 소멸하는 사유가 아니라 체납처분을 종료하는 의미만을 가지고, 결손처분의 취소는 국민의 권리와 의무에 영향을 미치는 행정처분이 아니다.
③ 사망한 건축주에 대하여 건축법상 이행강제금이 부과된 경우 그 이행강제금 납부의무는 상속인에게 승계된다.
④ 법령에 의해 행정대집행의 절차가 인정되는 경우에도 행정청은 따로 민사소송의 방법으로 시설물의 철거를 구할 수 있다.

13 행정의 실효성 확보수단에 대한 설명으로 옳지 않은 것은? (다툼이 있는 경우 판례에 의함)

① 청소년 성매수자의 신상공개제도는 해당 범죄인들의 일반적 인격권, 사생활의 비밀의 자유를 침해하지 아니한다.
② 과세관청이 체납처분으로서 행하는 공매는 우월한 공권력의 행사로서 행정소송의 대상이 되는 행정처분이나, 공매에 의하여 재산을 매수한 자는 그 공매처분이 취소된 경우에 그 취소처분의 위법을 주장하여 행정소송을 제기할 법률상 이익이 없다.
③ 과세관청의 체납자 등에 대한 공매통지는 국가의 강제력에 의하여 진행되는 공매절차에서 체납자 등의 권리 내지 재산상 이익을 보호하기 위하여 법률로 규정한 절차적 요건에 해당하지만, 그 통지를 하지 아니한 채 공매처분을 하였다 하여도 그 공매처분이 당연무효로 되는 것은 아니다.
④ 「식품위생법」에 따른 식품접객업(일반음식점영업)의 영업신고의 요건을 갖춘 자는 그 영업신고를 한 당해 건축물이 「건축법」 소정의 허가를 받지 아니한 무허가 건물이라면 적법한 신고를 할 수 없다.

14 국가배상책임에 대한 판례의 설명으로 옳지 않은 것은?

① 사실상 군민(郡民)의 통행에 제공되고 있던 도로라고 하여도 군(郡)에 의하여 노선인정 기타 공용개시가 없었던 이상 이 도로를 '공공의 영조물'이라 할 수 없다.
② 행위 자체의 외관을 객관적으로 관찰하여 공무원의 직무행위로 보여진다 하더라도 그것이 실질적으로 직무행위에 해당하지 않는다면 그 행위는 「국가배상법」 소정의 '직무를 집행하면서' 행한 것으로 볼 수 없다.
③ 국가나 지방자치단체의 사경제작용으로 인해 발생한 손해에 대해서는 국가배상법이 적용될 수 없다.
④ 행정청이 관계 법령의 해석이 확립되기 전에 어느 한 설을 취하여 업무를 처리한 것이 결과적으로 위법하게 되어 그 법령의 부당집행이라는 결과를 빚었다고 하더라도 처분 당시 그와 같은 처리방법이상의 것을 성실한 평균적 공무원에게 기대하기 어려웠던 경우라면 특별한 사정이 없는 한 이를 두고 공무원의 과실로 인한 것이라고는 볼 수 없다.

15 「행정심판법」상 행정심판에 대한 설명으로 옳지 않은 것은?

① 심판청구서를 받은 행정청은 그 심판청구가 이유있다고 인정할 때에는 심판청구의 취지에 따라 처분을 취소·변경 또는 확인을 하거나 신청에 따른 처분을 할 수 있고, 이를 청구인에게 알리고 행정심판위원회에 그 증명서류를 제출하여야 한다.
② 선정대표자는 다른 청구인들을 위하여 그 사건에 관한 모든 행위를 할 수 있다. 다만, 심판청구를 취하하려면 다른 청구인들의 동의를 받아야 하며, 이 경우 동의받은 사실을 서면으로 소명하여야 한다.
③ 사정재결은 무효등확인심판에는 적용하지 아니한다.
④ 행정심판위원회로부터 재결서의 정본을 송달받은 행정청은 청구인 및 참가인에게 재결서의 등본을 송달하여야 한다.

16 항고소송의 대상인 처분에 대한 설명으로 옳지 않은 것은? (다툼이 있는 경우 판례에 의함)

① 행정청이 식품위생법령에 따라 영업자에게 행정제재처분을 한 후 당초 처분을 영업자에게 유리하게 변경하는 처분을 한 경우, 취소소송의 대상 및 제소기간 판단기준이 되는 처분은 유리하게 변경한 처분이다.
② 골프장 사업시설 착공계획서를 수리하고 이를 통보한 행위는 항고소송이나 행정심판의 대상이 되는 행정처분으로 볼 수 없다.
③ 부당한 공동행위의 자진신고자가 한 감면신청에 대해 공정거래위원회가 감면불인정 통지를 한 것은 항고소송의 대상인 행정처분으로 볼 수 있다.
④ 이미 직위해제처분을 받아 직위해제된 공무원에 대하여 행정청이 새로운 사유에 기하여 직위해제처분을 하였다면, 이전 직위해제처분의 취소를 구하는 소송을 제기하는 것은 부적법하다.

17 「행정소송법」상 소의 종류의 변경에 대한 설명으로 옳은 것은?

① 소의 종류의 변경은 직권으로도 가능하다.
② 항소심에서도 소의 종류의 변경은 가능하다.
③ 당사자소송을 항고소송으로 변경하는 것은 허용되지 않는다.
④ 청구의 기초가 바뀌지 않더라도 공법상 당사자소송에서 민사소송으로 소 변경을 할 수 없다.

18 다음 취소판결의 효력에 관한 설명으로 옳은 것은?

① 판례는 취소소송의 소송물을 처분의 위법성과 그로 인해 원고의 권리가 침해되었다는 원고의 '법적 주장'이라고 보고 있다.
② 대법원은 기판력의 객관적 범위가 판결의 주문 이외에 판결이유에 설시된 그 전제가 되는 법률관계의 존부에도 미친다고 판시하고 있다.
③ 행정처분을 취소하는 확정판결이 있으면 그 취소판결 자체의 효력에 의해 그 행정처분을 기초로 하여 새로 형성된 제3자의 권리는 당연히 그 행정처분 전의 상태로 환원된다.
④ 취소소송의 피고는 처분청이므로 행정청을 피고로 하는 취소소송에 있어서의 기판력은 당해 처분이 귀속하는 국가 또는 공공단체에 미친다.

19 「행정소송법」상 취소소송의 규정이 무효확인소송에는 준용되나 부작위위법확인소송에는 준용되지 않는 것은?

① 거부처분취소판결의 간접강제
② 집행정지결정
③ 관련청구소송의 이송 및 병합
④ 제3자에 의한 재심청구

20 당사자소송에 대한 설명으로 옳지 않은 것은? (다툼이 있는 경우 판례에 의함)

① 조세부과처분의 당연무효를 전제로 하여 이미 납부한 세금의 반환을 청구하는 것은 민사상 부당이득반환청구로서 당사자소송이 아니라 민사소송절차에 따른다.
② 지방자치단체가 보조금 지급결정을 하면서 일정 기한 내에 보조금을 반환하도록 교부 조건을 부가한 경우, 보조사업자에 대한 지방자치단체의 보조금반환청구는 당사자소송의 대상이 된다.
③ 국가에 대한 납세의무자의 부가가치세 환급세액 지급청구는 당사자소송이 아니라 민사소송의 절차에 따라야 한다.
④ 당사자소송에는 항고소송에서의 집행정지규정은 적용되지 않고 「민사집행법」상의 가처분규정은 준용된다.

21 행정청의 권한의 위임에 관한 설명으로 가장 옳지 않은 것은?

① 행정권한의 위임이 있는 경우에는 수임관청이 자기의 이름으로 그 권한행사를 할 수 있다.
② 행정권한의 위임을 받은 자는 특히 필요한 때, 법령이 정하는 바에 의하여 위임받은 사무의 일부를 보조기관 또는 하급행정기관 등에 재위임할 수 있다.
③ 행정기관은 민간수탁기관과 위탁에 관한 계약을 체결할 때에는 계약 내용에 민간위탁의 목적, 위탁 수수료 또는 비용, 위탁기간, 민간수탁기관의 의무, 계약 위반 시의 책임과 그 밖에 필요한 사항을 포함하여야 한다.
④ 「지방자치법」에 의하면 지방자치단체의 장은 필요할 경우 그 권한에 속하는 사무의 전부 또는 일부를 보조기관, 소속 행정기관 또는 하부행정기관에 위임할 수 있다.

22 「행정규제기본법」의 내용으로 옳지 않은 것은?

① 행정규제란 국가나 지방자치단체가 특정한 행정 목적을 실현하기 위하여 국민(국내법을 적용받는 외국인을 포함한다)의 권리를 제한하거나 의무를 부과하는 것으로서 법령등이나 조례·규칙에 규정되는 사항을 말한다.
② 규제는 법령에서 전문적·기술적 사항이나 경미한 사항으로서 업무의 성질상 위임이 불가피한 사항에 관하여 구체적으로 범위를 정하여 위임한 경우에는 고시 등으로 정할 수 있다.
③ 중앙행정기관의 장은 규제를 신설하거나 강화하려는 경우에 존속시켜야 할 명백한 사유가 없는 규제는 존속기한 또는 재검토기한을 설정하여 그 법령등에 규정하여야 한다.
④ 규제개혁위원회는 회의 일시, 장소, 참석자, 안건, 토의 내용 및 의결 사항 등을 기록한 회의록을 작성·보존하여야 하며, 회의록은 비공개한다.

23 공무원관계의 변동에 대한 설명으로 옳은 것은? (다툼이 있는 경우 판례에 의함)

① 지방공무원법에 따르면, 임용권자는 직제와 정원이 개정되거나 폐지되어 과원이 됨에 따라 소속 공무원을 면직시킬 때에는 임용형태, 업무실적, 직무수행능력, 징계처분 사실 등을 고려하여 면직 기준을 정하여야 하며, 이 경우 미리 해당 인사위원회의 의결을 거쳐야 한다.
② 공무원임용결격사유가 있는지의 여부는 채용후보자 명부에 등록한 때의 법률을 기준으로 하여 판단하여야 한다.
③ 국가공무원법상 직위해제처분에 대해서는 처분의 사전통지 및 의견청취 등에 관한 행정절차법 규정이 적용된다.
④ 지방자치단체의 장이 소속 공무원을 다른 지방자치단체로 전출하는 것은 임명권자를 달리하는 지방자치단체로의 이동인 점에 비추어 이 경우에는 반드시 당해 공무원의 동의를 전제로 하므로, 당해 공무원의 동의 없는 전출명령은 무효이다.

24 경찰권의 행사에 대한 설명으로 옳지 않은 것은? (다툼이 있는 경우 판례에 의함)

① 경찰관 직무집행법상 경찰관으로부터 긴급구호를 요청받은 보건의료기관이나 공공구호기관은 정당한 이유 없이 긴급구호를 거절할 수 없으며, 구호대상자를 경찰관서에서 보호하는 기간은 12시간을 초과할 수 없다.
② 경찰관 직무집행법에 의거한 경찰관의 범죄예방을 위한 제지조치는 경찰 행정상 즉시강제이자 권력적 사실행위에 해당한다.
③ 술에 취한 상태로 인하여 자기 또는 타인의 생명·신체와 재산에 위해를 미칠 우려가 있는 피구호자에 대한 보호조치는 경찰 행정상 즉시강제에 해당하므로, 그 조치가 불가피한 최소한도 내에서만 행사되도록 발동·행사 요건을 신중하고 엄격하게 해석하여야 한다.
④ 불심검문 대상자에 해당하는지 여부를 판단하는 때에는 당시의 구체적인 정황은 물론 사전에 얻은 정보나 전문적 지식 등에 기초하여 객관적·합리적으로 판단하여야 하나, 반드시 불심검문 대상자에게 형사소송법상 체포나 구속에 이를 정도의 혐의가 있을 것을 요한다고 할 수는 없다.

25 공물과 관련한 판례의 내용으로 옳지 않은 것은?

① 도로법의 규정에 의한 도로점용은 특정한 목적을 위하여 사용하는 이른바 특별사용을 뜻하며, 이러한 도로점용허가의 법적 성질은 공물관리자의 재량행위이다.
② 도로는 일반국민이 이를 자유로이 이용할 수 있으므로, 일반적인 시민생활에 있어 도로를 이용만 하는 사람이라도 그 도로의 용도폐지를 다툴 법률상의 이익이 있다.
③ 점용허가를 받음이 없이 도로부지를 점유하여 온 자는 행정청이 제3자에 대하여 한 같은 도로부지의 점용허가처분으로 인하여 어떠한 불이익을 입게 되었다고 하더라도 위 처분의 취소를 구할 원고적격이 없다.
④ 비관리청이 조성 또는 설치한 항만시설의 경우, 총사업비의 범위 안에서 당해 비관리청이 항만시설을 무상사용하는 것은 공물의 특허사용에 해당한다.

PART 2

소방승진 행정법 최종 모의고사 [해설편]

소방승진 행정법 최종모의고사 정답 및 해설

2025 소방승진 행정법 최종모의고사

01	02	03	04	05	06	07	08	09	10
②	④	③	④	②	③	②	④	③	④
11	12	13	14	15	16	17	18	19	20
③	②	①	④	①	③	①	①	③	④
21	22	23	24	25					
③	②	④	④	③					

01 ②

② (×) 남북 사이의 화해와 불가침 및 교류협력에 관한 합의서는 남북관계가 '나라와 나라 사이의 관계가 아닌 통일을 지향하는 과정에서 잠정적으로 형성되는 특수관계'임을 전제로, 조국의 평화적 통일을 이룩해야 할 공동의 정치적 책무를 지는 남북한 당국이 특수관계인 남북관계에 관하여 채택한 합의문서로서, **남북한 당국이 각기 정치적인 책임을 지고 상호간에 그 성의 있는 이행을 약속한 것이기는 하나 법적 구속력이 있는 것은 아니어서 이를 국가 간의 조약 또는 이에 준하는 것으로 볼 수 없고**, 따라서 국내법과 동일한 효력이 인정되는 것도 아니다(대판 1999.7.23. 98두14525).

① (○) 조례안이 지방의회의 감사 또는 조사를 위하여 출석요구를 받은 증인이 5급 이상 공무원인지 여부, 기관(법인)의 대표나 임원인지 여부 등 증인의 사회적 신분에 따라 미리부터 과태료의 액수에 차등을 두고 있는 경우, 그와 같은 차별은 증인의 불출석이나 증언거부에 대하여 과태료를 부과하는 목적에 비추어 볼 때 그 합리성을 인정할 수 없고 **지위의 높고 낮음만을 기준으로 한 부당한 차별대우라고 할 것이어서 헌법에 규정된 평등의 원칙에 위배되어 무효**이다(대판 1997.2.25. 96추213).

③ (○) 위헌으로 결정된 법률 또는 법률조항은 효력을 상실하고, 위헌결정은 법원 기타 국가기관이나 지방자치단체를 기속한다(헌법재판소법 제47조). 따라서 헌법재판소의 위헌결정은 법원으로서의 성격을 갖는다.

④ (○) 우리나라와 같은 성문의 경성헌법 체제에서 인정되는 관습헌법사항은 하위규범형식인 법률에 의하여 개정될 수 없다. 영국과 같이 불문의 연성헌법 체제에서는 법률에 대하여 우위를 가지는 헌법전이라는 규범형식이 존재하지 아니하므로 헌법사항의 개정은 일반적으로 법률개정의 방법에 의할 수밖에 없을 것이다. 그러나 우리 헌법의 경우 헌법 제10장 제128조 내지 제130조는 일반법률의 개정절차와는 다른 엄격한 헌법개정절차를 정하고 있으며, 동 헌법개정절차의 대상을 단지 '헌법'이라고만 하고 있다. 따라서 **관습헌법도 헌법에 해당하는 이상 여기서 말하는 헌법개정의 대상인 헌법에 포함된다**고 보아야 한다(헌재 2004.10.21. 2004헌마554).

02 ④

④ (×) 법령이 변경된 경우 신 법령이 피적용자에게 유리하여 이를 적용하도록 하는 경과규정을 두는 등의 특별한 규정이 없는 한 헌법 제13조 등의 규정에 비추어 볼 때 그 변경 전에 발생한 사항에 대하여는 변경 후의 신 법령이 아니라 **변경 전의 구 법령**이 적용되어야 한다. (대판 2002.12.10. 2001두3228).

① (○) 새로운 입법으로 이미 종료된 사실관계에 작용케 하는 진정소급입법은 헌법적으로 허용되지 않는 것이 원칙이며 특단의 사정이 있는 경우에만 예외적으로 허용될 수 있는 반면, 현재 진행중인 사실관계에 작용케 하는 **부진정소급입법은 원칙적으로 허용되지만 소급효를 요구하는 공익상의 사유와 신뢰보호의 요청 사이의 교량과정에서 신뢰보호의 관점이 입법자의 형성권에 제한**을 가하게 된다(헌재 1998.11.26. 97헌바58).

② (○)

> **행정절차법 제41조(행정상 입법예고)**
> ① 법령등을 제정 · 개정 또는 폐지(이하 "입법"이라 한다)하려는 경우에는 해당 입법안을 마련한 행정청은 이를 예고하여야 한다. 다만, 다음 각 호의 어느 하나에 해당하는 경우에는 **예고를 하지 아니할 수 있다.**
> 1. 신속한 국민의 권리 보호 또는 예측 곤란한 특별한 사정의 발생 등으로 입법이 긴급을 요하는 경우
> 2. **상위 법령등의 단순한 집행을 위한 경우**
> 3. **입법내용이 국민의 권리 · 의무 또는 일상생활과 관련이 없는 경우**
> 4. 단순한 표현 · 자구를 변경하는 경우 등 입법내용의 성질상 예고의 필요가 없거나 곤란하다고 판단되는 경우
> 5. 예고함이 공공의 안전 또는 복리를 현저히 해칠 우려가 있는 경우

③ (○) 개인의 지위보호와 무관하거나 유익한 경우에는 소급이 인정된다. 따라서 일반적으로 국민이 소급입법을 예상할 수 있었거나 법적 상태가 불확실하고 혼란스러워 보호할 만한 신뢰이익이 적은 경우와 소급입법에 의한 당사자의 손실이 없거나 아주 경미한 경우, 또는 **신뢰보호의 요청에 우선하는 심히 중대한 공익상의 사유가 소급입법을 정당화하는 경우** 등에는 예외적으로 진정소급입법이 허용된다(헌재 1998.9.30. 97헌바38).

03 ③

③ (×) 행정규제기본법에 부당결부금지의 원칙에 관한 규정은 없다.
② (○) **건축물에 인접한 도로의 개설을 위한 도시계획사업시행허가처분은 건축물에 대한 건축허가처분과는 별개의 행정처분**이므로 사업시행허가를 함에 있어 조건으로 내세운 기부채납의무를 이행하지 않았음을 이유로 한 건축물에 대한 준공거부처분은 「건축법」에 근거 없이 이루어진 것으로서 위법하다(대판 1992.11.27. 92누10364).
① (○) 공법상 계약의 체결에 있어서 계약상의 급부와 무관한 반대급부의무 부과를 제한한다(예 허가요건을 면제하고 금전을 납부토록 하는 경우).
④ (○) 지방자치단체장이 사업자에게 **주택사업계획승인을 하면서 그 주택사업과는 아무런 관련이 없는 토지를 기부채납하도록 하는 부관을 주택사업계획승인에 붙인 경우, 그 부관은 부당결부금지의 원칙에 위반되어 위법**하지만, 지방자치단체장이 승인한 사업자의 주택사업계획은 상당히 큰 규모의 사업임에 반하여, 사업자가 기부채납한 토지 가액은 그 100분의 1 상당의 금액에 불과한 데다가, 사업자가 그 동안 그 부관에 대하여 아무런 이의를 제기하지 아니하다가 지방자치단체장이 업무착오로 기부채납한 토지에 대하여 보상협조요청서를 보내자 그 때서야 비로소 부관의 하자를 들고 나온 사정에 비추어 볼 때 부관의 하자가 중대하고 명백하여 당연무효라고는 볼 수 없다(대판 1997.3.11. 96다49650).

04 ④

④ (×) 부가가치세법상의 사업자등록은 과세관청이 부가가치세의 납세의무자를 파악하고 그 과세자료를 확보하는 데 입법 취지가 있고, 이는 **단순한 사업사실의 신고로서 사업자가 소관 세무서장에게 소정의 사업자등록신청서를 제출함으로써 성립하며, 사업자등록증의 교부는 이와 같은 등록사실을 증명하는 증서의 교부행위에 불과한 것**으로 과세관청이 납세의무자에게 부가가치세 면세사업자용 사업자등록증을 교부하였다고 하더라도 그가 영위하는 사업에 관하여 부가가치세를 과세하지 아니함을 시사하는 언동이나 공적인 견해를 표명한 것으로 볼 수 없다(대판 2008.6.12. 2007두23255).
① (○) 행정청이 상대방에게 장차 어떤 처분을 하겠다고 확약 또는 공적인 의사표명을 하였다고 하더라도, 그 자체에서 상대방으로 하여금 언제까지 처분의 발령을 신청 하도록 유효기간을 두었는데도 그 기간 내에 상

대방의 신청이 없었다거나 **확약 또는 공적인 의사표명이 있은 후에 사실적·법률적 상태가 변경되었다면, 그와 같은 확약 또는 공적인 의사표명은 행정청의 별다른 의사표시를 기다리지 않고 실효**된다(대판 1996.8.20. 95누10877).

② (O) 법령의 개정에서 신뢰보호원칙이 적용되어야 하는 이유는, 어떤 법령이 장래에도 그대로 존속할 것이라는 합리적이고 정당한 신뢰를 바탕으로 국민이 그 법령에 상응하는 구체적 행위로 나아가 일정한 법적 지위나 생활관계를 형성하여 왔음에도 국가가 이를 전혀 보호하지 않는다면 법질서에 대한 국민의 신뢰는 무너지고 현재의 행위에 대한 장래의 법적 효과를 예견할 수 없게 되어 법적 안정성이 크게 저해되기 때문이고, 이러한 신뢰보호는 절대적이거나 어느 생활영역에서나 균일한 것은 아니고 개개의 사안마다 관련된 자유나 권리, 이익 등에 따라 보호의 정도와 방법이 다를 수 있으며, 새로운 법령을 통하여 실현하고자 하는 공익적 목적이 우월한 때에는 이를 고려하여 제한될 수 있으므로, 이 경우 신뢰보호원칙의 위배 여부를 판단하기 위해서는 한편으로는 **침해된 이익의 보호가치, 침해의 중한 정도, 신뢰가 손상된 정도, 신뢰침해의 방법 등과** 다른 한편으로는 **새 법령을 통해 실현하고자 하는 공익적 목적을 종합적으로 비교·형량**하여야 한다(대판 2020.6.25. 2018두34732).

③ (O) 귀책사유라 함은 행정청의 견해표명의 하자가 상대방 등 관계자의 사실은폐나 기타 사위의 방법에 의한 신청행위 등 부정행위에 기인한 것이거나 그러한 부정행위가 없다고 하더라도 하자가 있음을 알았거나 중대한 과실로 알지 못한 경우 등을 의미한다고 해석함이 상당하고, **귀책사유의 유무는 상대방과 그로부터 신청행위를 위임받은 수임인 등 관계자 모두를 기준으로 판단**하여야 한다(대판 2002.11.8. 2001두1512).

05 ②

② (X) 예산회계법 제98조에서 법령의 규정에 의한 납입고지를 시효중단 사유로 규정하고 있는바, 이러한 납입고지에 의한 **시효중단의 효력은 그 납입고지에 의한 부과처분이 취소되더라도 상실되지 않는다**(대판 2000.9.8. 98두19933).

① (O) 이 사건의 경우 조세부과권은 그 양도년도인 1978년의 다음 해 4.30.의 다음 날부터 기산하여 5년이 되는 1984.4.30.을 경과함으로써 그 **소멸시효가 완성되어 소멸**되었고 따라서 부과권이 소멸된 후인 1986.7.16. 자로 원고에게 부가한 이 사건 **과세처분은 위법한 처분으로서 그 하자가 중대하고도 명백하여 무효**이다(대판 1988.3.22. 87누1018).

③ (O) 만일 국가채권의 납부의 고지에서도 일정 기간(6개월) 내에 재판상의 청구나 가압류, 가처분 등을 행하여만 시효중단 효력을 받을 수 있다면, 법령에 따라 적법절차에 의하여 명확하게 이루어지는 국가채권의 납입의 고지에 추가하여 불필요한 추가적 국가재정의 손실과 국가업무의 낭비를 초래할 수 있다. 또한 공법과 사법의 구분이 명확한 것은 아니고, 입법기술상 그러한 구분을 행하기는 쉽지 않다. 따라서 입법자가 비록 **사법상의 원인에 기한 국가채권의 경우에도 납입의 고지에 있어 민법상의 최고의 경우보다 더 강한 시효중단 효력을 인정한 것은 합리적 이유가 있어 평등권을 침해하지 않는다**(헌재 2004.3.25. 2003헌바22).

④ (O) 소멸시효는 객관적으로 권리가 발생하여 그 권리를 행사할 수 있는 때로부터 진행하고 그 권리를 행사할 수 없는 동안만은 진행하지 아니하는데, 여기서 권리를 행사할 수 없는 경우라 함은 그 권리행사에 법률상의 장애사유가 있는 경우를 말하는데, 변상금 부과처분에 대한 취소소송이 진행중이라도 그 부과권자로서는 위법한 처분을 스스로 취소하고 그 하자를 보완하여 다시 적법한 부과처분을 할 수도 있는 것이어서 그 권리행사에 법률상의 장애사유가 있는 경우에 해당한다고 할 수 없으므로, 그 **처분에 대한 취소소송이 진행되는 동안에도 그 부과권의 소멸시효가 진행**된다(대판 2006.2.10. 2003두5686).

06 ③

① (X) 영업양도에 따른 지위승계신고를 수리하는 허가관청의 행위는, 단순히 양도·양수인 사이에 이미 발생한 사법상의 사업양도의 법률효과에 의하여 양수인이 그 영업을 승계하였다는 사실의 신고를 접수하는 행위에 그치는 것이 아니라, 실질에 있어서 **양도자의 사업허가를 취소함과 아울러 양수자에게 적법히 사업을 할 수 있는 권리를 설정하여 주는 행위로서 사업허가자의 변경이라는 법률효과를 발생시키는 행위**라고 할 것이다

(대판 2001.2.9. 2000도2050).

② (×) 현행 출생신고제도는 혼인 중 여자와 남편 아닌 남자 사이에서 출생한 자녀인 청구인들과 같은 경우 출생신고가 실효적으로 이루어질 수 있도록 보장하지 못하고 있다. 신고기간 내에 모나 그 남편이 출생신고를 하지 않는 경우 생부가 생래적 혈연관계를 소명하여 인지의 효력이 없는 출생신고를 할 수 있도록 하거나, 출산을 담당한 의료기관 등이 의무적으로 모와 자녀에 관한 정보 등을 포함한 출생신고의 기재사항을 미리 수집하고, 그 정보를 출생신고를 담당하는 기관에 송부하여 출생신고가 이루어지도록 한다면, 민법상 신분관계와 모순되는 내용이 가족관계등록부에 기재되는 것을 방지하면서도 출생신고가 이루어질 수 있다. 따라서 심판대상조항들은 **입법형성권의 한계를 넘어서서 실효적으로 출생등록될 권리를 보장하고 있다고 볼 수 없으므로, 혼인 중 여자와 남편 아닌 남자 사이에서 출생한 자녀에 해당하는 혼인 외 출생자인 청구인들의 태어난 즉시 '출생등록될 권리'를 침해한다**(헌재 2023.3.23. 2021헌마975).

③ (○) **대규모점포의 개설 등록은 이른바 '수리를 요하는 신고'**로서 행정처분에 해당하고 등록은 구체적 유형 구분에 따라 이루어지므로,…(중략)…영업시간 제한 등 규제 대상이 되는 대형마트에 해당하는지는, 일단 대형마트로 개설 등록되었다면 특별한 사정이 없는 한, **개설 등록된 형식에 따라 대규모점포를 일체로서 판단**하여야 하고, 대규모점포를 구성하는 개별 점포의 실질이 대형마트의 요건에 부합하는지를 다시 살필 것은 아니다(대판 2015.11.19. 2015두295).

④ (×) 공무원이 한 사직 의사표시의 철회나 취소는 그에 터잡은 **의원면직처분이 있을 때까지 할 수 있는 것**이고, 일단 면직처분이 있고 난 이후에는 철회나 취소할 여지가 없다(대판 2001. 8.24. 99두9971).

07 ②

② (×) 법령에서 행정처분의 요건 중 일부 사항을 부령으로 정할 것을 위임한 데 따라 시행규칙 등 부령에서 이를 정한 경우에 그 부령의 규정은 국민에 대해서도 구속력이 있는 법규명령에 해당한다고 할 것이지만, 법령의 위임이 없음에도 법령에 규정된 처분 요건에 해당하는 사항을 부령에서 변경하여 규정한 경우에는 그 부령의 규정은 행정청 내부의 사무처리 기준 등을 정한 것으로서 행정조직 내에서 적용되는 행정명령의 성격을 지닐 뿐 국민에 대한 대외적 구속력은 없다고 보아야 한다. 따라서 **어떤 행정처분이 그와 같이 법규성이 없는 시행규칙 등의 규정에 위배된다고 하더라도 그 이유만으로 처분이 위법하게 되는 것은 아니라 할 것**이고, 또 그 규칙 등에서 정한 요건에 부합한다고 하여 반드시 그 처분이 적법한 것이라고 할 수도 없다. 이 경우 처분의 적법 여부는 그러한 규칙 등에서 정한 요건에 합치하는지 여부가 아니라 일반 국민에 대하여 구속력을 가지는 법률 등 법규성이 있는 관계 법령의 규정을 기준으로 판단하여야 한다(대판 2013.9.12. 2011두10584).

① (○) 행정소송은 구체적 사건에 대한 법률상 분쟁을 법에 의하여 해결함으로써 법적 안정을 기하자는 것이므로 부작위법확인소송의 대상이 될 수 있는 것은 구체적 권리의무에 관한 분쟁이어야 하고 **추상적인 법령에 관하여 제정의 여부 등은 그 자체로서 국민의 구체적인 권리의무에 직접적 변동을 초래하는 것이 아니어서 그 소송의 대상이 될 수 없다**(대판 1992.5.8. 91누11261).

③ (○) 법령에서 행정처분의 요건 중 일부 사항을 부령으로 정할 것을 위임한 데 따라 시행규칙 등 부령에서 이를 정한 경우에 그 부령의 규정은 국민에 대해서도 구속력이 있는 법규명령에 해당한다고 할 것이지만, **법령의 위임이 없음에도 법령에 규정된 처분 요건에 해당하는 사항을 부령에서 변경하여 규정한 경우에는 그 부령의 규정은 행정청 내부의 사무처리 기준 등을 정한 것으로서 행정조직 내에서 적용되는 행정명령의 성격을 지닐 뿐 국민에 대한 대외적 구속력은 없다**고 보아야 한다(대판 2013.9.12. 2011두10584).

④ (○) 일반적으로 법률의 위임에 의하여 효력을 갖는 법규명령의 경우, **구법에 위임의 근거가 없어 무효였더라도 사후에 법개정으로 위임의 근거가 부여되면 그 때부터는 유효한 법규명령**이 되나, 반대로 구법의 위임에 의한 유효한 법규명령이 법개정으로 위임의 근거가 없어지게 되면 그 때부터 무효인 법규명령이 되므로, 어떤 법령의 위임 근거 유무에 따른 유효 여부를 심사하려면 법개정의 전·후에 걸쳐 모두 심사하여야만 그 법규명령의 시기에 따른 유효·무효를 판단할 수 있다(대판 1995.6.30. 93추83).

08 ④

④ (×) 상수원보호구역 설정의 근거가 되는 수도법 제5조 제1항 및 동 시행령 제7조 제1항이 보호하고자 하는 것은 상수원의 확보와 수질보전일 뿐이고, 그 **상수원에서 급수를 받고 있는 지역주민들이 가지는 상수원의 오염을 막아 양질의 급수를 받을 이익은 직접적이고 구체적으로는 보호하고 있지 않음**이 명백하여 위 지역주민들이 가지는 이익은 **상수원의 확보와 수질보호라는 공공의 이익이 달성됨에 따라 반사적으로 얻게 되는 이익에 불과**하므로 지역주민들에 불과한 원고들에게는 위 상수원보호구역변경처분의 취소를 구할 법률상의 이익이 없다(대판 1995.9.26. 94누14544).

① (O) 행정처분에 있어서 불이익처분의 상대방은 직접 개인적 이익의 침해를 받은 자로서 원고적격이 인정되지만 **수익처분의 상대방은 그의 권리나 법률상 보호되는 이익이 침해되었다고 볼 수 없으므로** 달리 특별한 사정이 없는 한 취소를 구할 이익이 없다(대판 1995.8.22. 94누8129).

② (O) **헌법 제35조 제1항**에서 정하고 있는 환경권에 관한 규정만으로는 그 권리의 주체·대상·내용·행사방법 등이 구체적으로 정립되어 있다고 볼 수 없고, **환경정책기본법 제6조**도 그 규정 내용 등에 비추어 국민에게 구체적인 권리를 부여한 것으로 볼 수 없으므로, 위 원고들에게 헌법상의 환경권 또는 환경정책기본법 제6조에 기하여 이 사건 각 처분을 다툴 원고적격이 있다고 할 수 없다(대판 2006.3.16. 2006두330).

③ (O) **표준지공시지가결정이 위법한 경우**에는 그 자체를 행정소송의 대상이 되는 행정처분으로 보아 그 위법 여부를 다툴 수 있음은 물론, **수용보상금의 증액을 구하는 소송에서도 선행처분으로서 그 수용대상 토지 가격 산정의 기초가 된 비교표준지공시지가결정의 위법을 독립한 사유로 주장**할 수 있다(대판 2008.8.21. 2007두13845).

09 ③

③ (×) 특허란 **특정인**을 위하여 새로운 권리를 설정하는 행위, 능력을 설정하는 행위, 포괄적인 법률관계를 설정하는 행위를 말한다.

① (O) 구 공중위생관리법 제3조 제1항에서 보건복지부장관은 공중위생영업자로 하여금 일정한 시설 및 설비를 갖추고 이를 유지·관리하게 할 수 있으며, 제2항에서 공중위생영업자가 영업소를 개설한 후 시장 등에게 영업소개설사실을 통보하도록 규정하는 외에 공중위생영업에 대한 어떠한 제한규정도 두고 있지 아니한 것은 공중위생영업의 양도가 가능함을 전제로 한 것이라 할 것이므로, 양수인이 그 양수 후 행정청에 새로운 영업소개설통보를 하였다 하더라도, 그로 인하여 영업양도·양수로 영업소에 관한 권리의무가 양수인에게 이전하는 법률효과까지 부정되는 것은 아니라 할 것인바, 만일 어떠한 **공중위생영업에 대하여 그 영업을 정지할 위법사유가 있다면, 관할 행정청은 그 영업이 양도·양수되었다 하더라도 그 업소의 양수인에 대하여 영업정지처분을 할 수 있다**(대판 2001.6.29. 2001두1611).

② (O) 재단법인의 임원취임이 사법인인 재단법인의 정관에 근거한다 할지라도 이에 대한 행정청의 승인(인가)행위는 법인에 대한 주무관청의 감독권에 연유하는 이상 그 인가행위 또는 인가거부행위는 공법상의 행정처분으로서, 그 **임원취임을 인가 또는 거부할 것인지 여부는 주무관청의 권한에 속하는 사항**이라고 할 것이고, 재단법인의 임원취임승인 신청에 대하여 주무관청이 이에 기속되어 이를 당연히 승인(인가)하여야 하는 것은 아니다(대판 2000.1.28. 98두16996).

④ (O) 여객자동차 운수사업법에 의한 **개인택시운송사업면허는 특정인에게 권리나 이익을 부여하는 행정행위로서 법령에 특별한 규정이 없는 한 재량행위**이고, 위 법과 그 시행규칙의 범위 내에서 면허를 위하여 필요한 기준을 정하는 것 역시 행정청의 재량에 속하는 것이다(대판 2009.7.9. 2008두11099).

10 ④

④ (×) 부담의 이행으로서 하게 된 사법상 매매 등의 법률행위는 부담을 붙인 행정처분과는 어디까지나 별개의 법률행위이므로, 그 **부담의 불가쟁력의 문제와는 별도로 법률행위가 사회질서 위반이나 강행규정에 위반되는지 여부 등을 따져보아 그 법률행위의 유효 여부를 판단**하여야 한다(대판 2009.6.25. 2006다18174).

① (○) 행정처분에 부담인 부관을 붙인 경우 부관의 무효화에 의하여 본체인 행정처분 자체의 효력에도 영향이 있게 될 수는 있지만, 그 처분을 받은 사람이 부담의 이행으로 사법상 매매 등의 법률행위를 한 경우에는 그 부관은 특별한 사정이 없는 한 법률행위를 하게 된 동기 내지 연유로 작용하였을 뿐이므로 이는 **법률행위의 취소사유가 될 수 있음은 별론으로 하고 그 법률행위 자체를 당연히 무효화하는 것은 아니다**(대판 2009.6.25. 2006다18174).

② (○), ③ (○)

> **행정기본법 제17조(부관)**
> ① 행정청은 처분에 재량이 있는 경우에는 부관(조건, 기한, 부담, 철회권의 유보 등을 말한다. 이하 이 조에서 같다)을 붙일 수 있다.
> ② 행정청은 처분에 재량이 없는 경우에는 법률에 근거가 있는 경우에 부관을 붙일 수 있다.
> ③ 행정청은 부관을 붙일 수 있는 처분이 다음 각 호의 어느 하나에 해당하는 경우에는 그 **처분을 한 후에도 부관을 새로 붙이거나 종전의 부관을 변경할 수 있다.**
> 1. 법률에 근거가 있는 경우
> 2. **당사자의 동의**가 있는 경우
> 3. 사정이 변경되어 부관을 새로 붙이거나 종전의 부관을 변경하지 아니하면 해당 처분의 목적을 달성할 수 없다고 인정되는 경우

11 ③

③ (✕) 그와 같은 흠을 가리켜 위 행정처분의 효력에 아무런 영향을 주지 않는다거나 경미한 정도에 불과하다고 볼 수는 없으므로, 특별한 사정이 없는 한 이는 행정처분을 위법하게 하는 **취소사유**가 된다(대판 2007.3.15. 2006두15806).

① (○) 납세자가 아닌 제3자의 재산을 대상으로 한 압류처분은 그 **처분의 내용이 법률상 실현될 수 없는 것이어서 당연무효**이다(대판 2001.2.23. 2000다68924).

② (○) 국세기본법 및 국세기본법 시행령이 과세전적부심사를 거치지 않고 곧바로 과세처분을 할 수 있거나 과세전적부심사에 대한 결정이 있기 전이라도 과세처분을 할 수 있는 예외사유로 정하고 있다는 등의 특별한 사정이 없는 한, 과세예고 통지 후 과세전적부심사 청구나 그에 대한 결정이 있기도 전에 과세처분을 하는 것은 원칙적으로 **과세전적부심사 이후에 이루어져야 하는 과세처분을 그보다 앞서 함으로써 과세전적부심사 제도 자체를 형해화**시킬 뿐만 아니라 과세전적부심사 결정과 과세처분 사이의 관계 및 불복절차를 불분명하게 할 우려가 있으므로, 그와 같은 과세처분은 납세자의 절차적 권리를 침해하는 것으로서 **절차상 하자가 중대하고도 명백하여 무효**이다(대판 2016.12.27. 2016두49228).

④ (○) 국토계획법이 사인을 도시·군계획시설사업의 시행자로 지정하기 위한 요건으로 소유요건과 동의요건을 둔 취지는 사인이 시행하는 도시·군계획시설사업의 공공성을 보완하고 사인에 의한 일방적인 수용을 제어하기 위한 것이다. 그러므로 만일 국토계획법령이 정한 도시계획시설사업의 대상 토지의 소유와 동의요건을 갖추지 못하였는데도 사업시행자로 지정하였다면, 이는 **국토계획법령이 정한 법규의 중요한 부분을 위반한 것으로서 특별한 사정이 없는 한 그 하자가 중대**하다고 보아야 한다(대판 2017.7.11. 2016두35120).

12 ②

① (○) 원고의 이 사건 건축허가신청 당시 피고가 소방법령상의 저촉 여부에 대하여 관할 동래소방서장에게 의견조회를 한 결과, 동래소방서장은 옥내소화전과 3층 피난기구가 누락되어 있고, 전력구 규모가 명시되지 않아 법정 소방시설의 검토가 불가능하다는 이유로 건축부동의 의견을 제시하였고, 피고가 이 사건 처분 당시 이를 처분사유의 하나로 삼은 사실을 알 수 있는바, 이 사건에서 **소방서장이 건축부동의로 삼은 위와 같은 사유들은 그 내용에 비추어 볼 때 보완이 가능한 것으로서 피고로서는 원고에게 위와 같은 사유들에 대하여 보

완요청을 한 다음 그 허가 여부를 판단함이 상당하고 그 보완을 요구하지도 않은 채 곧바로 이 사건 신청을 거부한 것은 **재량권의 범위를 벗어난 것**이어서 위법하다(대판 2004.10.15. 2003두6573).

② (×) 건축허가권자가 건축불허가처분을 하면서 그 처분사유로 건축불허가 사유뿐만 아니라 구 소방법 제8조 제1항에 따른 소방서장의 건축부동의 사유를 들고 있다고 하여 그 **건축불허가처분 외에 별개로 건축부동의 처분이 존재하는 것이 아니므로, 그 건축불허가처분을 받은 사람은 그 건축불허가처분에 관한 쟁송에서 건축법상의 건축불허가 사유뿐만 아니라 소방서장의 부동의 사유에 관하여도 다툴 수 있다**(대판 2004.10.15. 2003두6573).

③ (○) 법원은 다른 행정청을 소송에 참가시킬 필요가 있다고 인정할 때에는 당사자 또는 당해 행정청의 신청 또는 직권에 의하여 결정으로써 그 행정청을 소송에 참가시킬 수 있다(행정소송법 제17조 제1항).

④ (○) 처분등을 취소하는 확정판결은 그 사건에 관하여 **당사자인 행정청과 그 밖의 관계행정청**을 기속한다(행정소송법 제30조 제1항).

13 ①

ㄱ. (○) 행정절차법 제23조 제1항은 행정청은 처분을 하는 때에는 당사자에게 그 근거와 이유를 제시하여야 한다고 규정하고 있는바, 일반적으로 당사자가 근거규정 등을 명시하여 신청하는 인·허가 등을 거부하는 처분을 함에 있어 **당사자가 그 근거를 알 수 있을 정도로 상당한 이유를 제시한 경우에는 당해 처분의 근거 및 이유를 구체적 조항 및 내용까지 명시하지 않았더라도 그로 말미암아 그 처분이 위법한 것이 된다고 할 수 없다**(대판 2002.5.17. 2000두8912).

ㄴ. (×)

> **행정절차법 제21조(처분의 사전 통지)**
> ① 행정청은 당사자에게 의무를 부과하거나 권익을 제한하는 처분을 하는 경우에는 미리 다음 각 호의 사항을 당사자등에게 통지하여야 한다.(각 호 생략)
> ④ 다음 각 호의 어느 하나에 해당하는 경우에는 제1항에 따른 통지를 하지 아니할 수 있다.
>   1. 공공의 안전 또는 복리를 위하여 긴급히 처분을 할 필요가 있는 경우
>   2. **법령등에서 요구된 자격이 없거나 없어지게 되면 반드시 일정한 처분을 하여야 하는 경우에 그 자격이 없거나 없어지게 된 사실이 법원의 재판 등에 의하여 객관적으로 증명된 경우**
>   3. 해당 처분의 성질상 의견청취가 현저히 곤란하거나 명백히 불필요하다고 인정될 만한 상당한 이유가 있는 경우

ㄷ. (×) 행정과정에 대한 국민의 참여와 행정의 공정성, 투명성 및 신뢰성을 확보하고 국민의 권익을 보호함을 목적으로 하는 행정절차법의 입법목적과 행정절차법 제3조 제2항 제9호의 규정 내용 등에 비추어 보면, 공무원 인사관계 법령에 의한 처분에 관한 사항 전부에 대하여 행정절차법의 적용이 배제되는 것이 아니라 **성질상 행정절차를 거치기 곤란하거나 불필요하다고 인정되는 처분이나 행정절차에 준하는 절차를 거치도록 하고 있는 처분의 경우에만 행정절차법의 적용이 배제된다**(대판 2007.9.21. 2006두20631).

14 ④

④ (×)

> **개인정보 보호법 제40조(설치 및 구성)**
> ① 개인정보에 관한 분쟁의 조정을 위하여 **개인정보 분쟁조정위원회**를 둔다.
> ② 분쟁조정위원회는 위원장 1명을 포함한 30명 이내의 위원으로 구성하며, 위원은 당연직위원과 위촉위원으로 구성한다.

① (O), ② (O)

> **개인정보 보호법 제2조(정의)** 이 법에서 사용하는 용어의 뜻은 다음과 같다.
> 7. "**고정형 영상정보처리기기**"란 일정한 공간에 설치되어 지속적 또는 주기적으로 사람 또는 사물의 영상 등을 촬영하거나 이를 유·무선망을 통하여 전송하는 장치로서 대통령령으로 정하는 장치(註: **폐쇄회로 텔레비전, 네트워크 카메라**)를 말한다.
> 7의2. "**이동형 영상정보처리기기**"란 사람이 신체에 착용 또는 휴대하거나 이동 가능한 물체에 부착 또는 거치(据置)하여 사람 또는 사물의 영상 등을 촬영하거나 이를 유·무선망을 통하여 전송하는 장치로서 대통령령으로 정하는 장치(註: **착용형 장치, 휴대형 장치, 부착·거치형 장치**)를 말한다

③ (O)

> **개인정보 보호법 제4조(정보주체의 권리)** 정보주체는 자신의 개인정보 처리와 관련하여 다음 각 호의 권리를 가진다.
> 1. 개인정보의 처리에 관한 정보를 제공받을 권리
> 2. 개인정보의 처리에 관한 동의 여부, 동의 범위 등을 선택하고 결정할 권리
> 3. 개인정보의 처리 여부를 확인하고 개인정보에 대한 열람(사본의 발급을 포함한다. 이하 같다) 및 전송을 요구할 권리
> 4. 개인정보의 처리 정지, 정정·삭제 및 파기를 요구할 권리
> 5. 개인정보의 처리로 인하여 발생한 피해를 신속하고 공정한 절차에 따라 구제받을 권리
> 6. **완전히 자동화된 개인정보 처리에 따른 결정을 거부하거나 그에 대한 설명 등을 요구할 권리**

15 ①

① (✕) 사회적 약자에 대한 과태료는 **100분의 50**의 범위에서, 자진납부자에 대한 과태료는 **100분의 20** 범위 내에서 감경할 수 있다(질서위반행위규제법 시행령 제2조의2, 제5조 참고).

② (O)

> **질서위반행위규제법 제16조(사전통지 및 의견 제출 등)**
> ① 행정청이 질서위반행위에 대하여 과태료를 부과하고자 하는 때에는 미리 당사자(제11조 제2항에 따른 고용주등을 포함한다)에게 대통령령으로 정하는 사항을 **통지하고, 10일 이상의 기간을 정하여 의견을 제출할 기회를 주어야 한다**. 이 경우 지정된 기일까지 의견 제출이 없는 경우에는 의견이 없는 것으로 본다.

③ (O)

> **질서위반행위규제법 제20조(이의제기)**
> ① 행정청의 과태료 부과에 불복하는 당사자는 제17조 제1항에 따른 과태료 부과 통지를 받은 날부터 **60일 이내에 해당 행정청에 서면으로 이의제기를 할 수 있다**.
> ② 제1항에 따른 이의제기가 있는 경우에는 행정청의 과태료 부과처분은 그 **효력을 상실**한다.

④ (O) 질서위반행위규제법은 과태료의 부과대상인 질서위반행위에 대하여도 책임주의 원칙을 채택하여 제7조에서 "고의 또는 과실이 없는 질서위반행위는 과태료를 부과하지 아니한다."고 규정하고 있으므로, **질서위반행위를 한 자가 자신의 책임 없는 사유로 위반행위에 이르렀다고 주장하는 경우 법원으로서는 그 내용을 살펴 행위자에게 고의나 과실이 있는지를 따져보아야 한다**(대판 2001.7.14. 2011마364).

16 ③

① (×)

> **행정대집행법 제4조(대집행의 실행 등)** ① 행정청(제2조에 따라 대집행을 실행하는 제3자를 포함한다)은 해가 뜨기 전이나 해가 진 후에는 대집행을 하여서는 아니 된다. 다만, **다음 각 호의 어느 하나에 해당하는 경우에는 그러하지 아니하다.**
> 1. **의무자가 동의한 경우**
> 2. 해가 지기 전에 대집행을 착수한 경우
> 3. 해가 뜬 후부터 해가 지기 전까지 대집행을 하는 경우에는 대집행의 목적 달성이 불가능한 경우
> 4. 그 밖에 비상시 또는 위험이 절박한 경우

② (×) 관계 법령에 위반하여 장례식장 영업을 하고 있는 자의 **장례식장 사용 중지 의무는 행정대집행법 제2조의 규정에 의한 대집행의 대상이 아니다**(대판 2005.9.28. 2005두7464).
③ (○) **부작위의무(예 건축금지의무)는 철거명령 등을 통해 작위의무로 전환시킨 후 그 작위의무위반을 이유로 대집행**을 할 수 있으나, 작위의무로 전환시킬 법적 근거(예 건축법 제69조의 철거명령)가 있어야 한다.
④ (×) 대집행에는 대집행으로 인한 당사자의 불이익을 최소화하기 위한 비례원칙(특히 보충성의 원칙)이 적용되어, **불이행된 의무를 다른 수단으로는 이행을 확보하기 곤란**하여야 한다.

17 ①

① (×) 허가권자는 제79조 제1항에 따라 시정명령을 받은 후 시정기간 내에 시정명령을 이행하지 아니한 건축주등에 대하여는 그 시정명령의 이행에 필요한 상당한 이행기한을 정하여 그 기한까지 시정명령을 이행하지 아니하면 다음 각 호의 이행강제금을 부과한다(건축법 제80조 제1항). 허가권자는 제1항 및 제2항에 따른 이행강제금을 부과하기 전에 제1항 및 제2항에 따른 **이행강제금을 부과·징수한다는 뜻을 미리 문서로써 계고하여야 한다**(제3항).
② (○) **이행강제금**은 일정한 기한까지 의무를 이행하지 않을 때에는 일정한 금전적 부담을 과할 뜻을 미리 계고함으로써 의무자에게 심리적 압박을 주어 장래에 그 의무를 이행하게 하려는 행정상 간접적인 강제집행 수단의 하나로서 **과거의 일정한 법률위반 행위에 대한 제재로서의 형벌이 아니라 장래의 의무이행의 확보를 위한 강제수단일 뿐**이어서 범죄에 대하여 국가가 형벌권을 실행한다고 하는 과벌에 해당하지 아니하므로 헌법 제13조 제1항이 금지하는 이중처벌금지의 원칙이 적용될 여지가 없을 뿐 아니라, 건축법 제108조, 제110조에 의한 형사처벌의 대상이 되는 행위와 이 사건 법률조항에 따라 이행강제금이 부과되는 행위는 기초적 사실관계가 동일한 행위가 아니라 할 것이므로 이런 점에서도 이 사건 법률조항이 헌법 제13조 제1항의 이중처벌금지의 원칙에 위반되지 아니한다(헌재 2011.10.25. 2009헌바140).
③ (○) **장기미등기자가 이행강제금 부과 전에 등기신청의무를 이행하였다면 이행강제금의 부과로써 이행을 확보하고자 하는 목적은 이미 실현된 것**이므로 부동산실명법 제6조 제2항에 규정된 기간이 지나서 등기신청의무를 이행한 경우라 하더라도 이행강제금을 부과할 수 없다(대판 2016.6.23. 2015두36454).
④ (○) 전통적으로 행정대집행은 대체적 작위의무에 대한 강제집행수단으로, 이행강제금은 부작위의무나 비대체적 작위의무에 대한 강제집행수단으로 이해되어 왔으나, 이는 이행강제금제도의 본질에서 오는 제약은 아니며, **이행강제금은 대체적 작위의무의 위반에 대하여도 부과될 수 있다**. 현행 건축법상 위법건축물에 대한 이행강제수단으로 대집행과 이행강제금(제83조 제1항)이 인정되고 있는데, 양 제도는 각각의 장·단점이 있으므로 행정청은 개별사건에 있어서 위반내용, 위반자의 시정의지 등을 감안하여 **대집행과 이행강제금을 선택적으로 활용할 수 있으며**, 이처럼 그 합리적인 재량에 의해 선택하여 활용하는 이상 중첩적인 제재에 해당한다고 볼 수 없다(헌재 2004.02.26. 2001헌바80).

18 ①

① (✕) 식품위생법 제22조 제3항에 따라 '권한을 표시하는 증표 및 조사기간 등이 기재된 서류를 제시하여야 하는 경우'는 **식품위생법 제22조 제1항 제2호에 따라 영업소에 출입하여 식품 등 또는 영업시설 등에 대하여 검사하거나, 식품 등의 무상 수거, 장부 또는 서류를 열람하는 등의 행정조사를 하려는 경우에 한정된다.** 따라서 구 형사소송법 제197조, 구 사법경찰관리의 직무를 수행할 자와 그 직무범위에 관한 법률 제5조 제8호에 근거하여 특별사법경찰관리로 지명된 공무원이 범죄수사를 위하여 음식점 등 영업소에 출입하여 증거수집 등 수사를 하는 경우에는 식품위생법 제22조 제3항이 정한 절차를 준수하지 않았다고 하여 위법하다고 할 수 없다(대판 2023.7.13. 2021도10763).

② (○)

> **행정조사기본법 제9조(출석·진술 요구)**
> ③ 출석한 조사대상자가 제1항에 따른 출석요구서에 기재된 내용을 이행하지 아니하여 행정조사의 목적을 달성할 수 없는 경우를 제외하고는 조사원은 조사대상자의 1회 출석으로 당해 조사를 종결하여야 한다.

③ (○)

> **행정조사기본법 제20조(자발적인 협조에 따라 실시하는 행정조사)**
> ① 행정기관의 장이 제5조 단서에 따라 조사대상자의 자발적인 협조를 얻어 행정조사를 실시하고자 하는 경우 조사대상자는 문서·전화·구두 등의 방법으로 당해 행정조사를 거부할 수 있다.
> ② 제1항에 따른 행정조사에 대하여 조사대상자가 조사에 응할 것인지에 대한 응답을 하지 아니하는 경우에는 법령등에 특별한 규정이 없는 한 그 조사를 **거부한 것으로 본다**.

④ (○)

> **행정조사기본법 제4조(행정조사의 기본원칙)**
> ⑥ 행정기관은 행정조사를 통하여 알게 된 정보를 다른 법률에 따라 내부에서 이용하거나 다른 기관에 제공하는 경우를 제외하고는 원래의 **조사목적 이외의 용도로 이용하거나 타인에게 제공하여서는 아니 된다**.

19 ③

③ (✕) 가변차로에 설치된 신호등의 용도와 오작동시에 발생하는 사고의 위험성과 심각성을 감안할 때, 만일 가변차로에 설치된 두 개의 신호기에서 서로 모순되는 신호가 들어오는 고장을 예방할 방법이 없음에도 그와 같은 신호기를 설치하여 그와 같은 고장을 발생하게 한 것이라면, 그 고장이 자연재해 등 외부요인에 의한 불가항력에 기인한 것이 아닌 한 그 자체로 설치·관리자의 방호조치의무를 다하지 못한 것으로서 신호등이 그 용도에 따라 통상 갖추어야 할 안전성을 갖추지 못한 상태에 있었다고 할 것이고, 따라서 설령 적정전압보다 낮은 저전압이 원인이 되어 위와 같은 오작동이 발생하였고 그 **고장은 현재의 기술수준상 부득이한 것이라고 가정하더라도 그와 같은 사정만으로 손해발생의 예견가능성이나 회피가능성이 없어 영조물의 하자를 인정할 수 없는 경우라고 단정할 수 없다**(대판 2001.7.27. 2000다56822).

① (○) 영조물의 설치 또는 관리상의 하자로 인한 사고라 함은 영조물의 설치 또는 관리상의 하자만이 손해발생의 원인이 되는 경우만을 말하는 것이 아니고, **다른 자연적 사실이나 제3자의 행위 또는 피해자의 행위와 경합하여 손해가 발생하더라도 영조물의 설치 또는 관리상의 하자가 공동원인의 하나가 되는 이상 그 손해는 영조물의 설치 또는 관리상의 하자에 의하여 발생한 것**이라고 해석함이 상당하다(대판 1994.11.22. 94다32924).

② (O) 국가배상법 제6조 제1항이 영조물의 설치·관리자와 비용부담자가 다른 경우 양자 모두 손해배상책임을 규정하고 있는 바, 피해자는 선택적 청구가 가능한 것으로 해석된다(다수설·판례).

④ (O) 영조물 설치의 『하자』라 함은 영조물의 축조에 불완전한 점이 있어 이 때문에 영조물 자체가 통상 갖추어야 할 완전성을 갖추지 못한 상태에 있음을 말한다고 할 것인바 그 『하자』 유무는 객관적 견지에서 본 안전성의 문제이고 그 설치자의 **재정사정이나 영조물의 사용목적에 의한 사정은 안전성을 요구하는데 대한 정도 문제로서 참작사유에는 해당할지언정 안전성을 결정지을 절대적 요건에는 해당하지 아니한다** 할 것이다 (대판 1967.2.21. 66다1723).

20 ④

④ (×) 토지수용으로 인한 손실보상액을 산정함에 있어서 당해 공공사업의 시행을 직접 목적으로 하는 계획의 승인·고시로 인한 가격변동은 이를 고려함이 없이 수용재결 당시의 가격을 기준으로 하여 적정가격을 정하여야 하나, **당해 공공사업과는 관계없는 다른 사업의 시행으로 인한 개발이익은 이를 배제하지 아니한 가격으로 평가**하여야 한다. - 수용대상 토지 인근의 도로가 당해 공공사업과 별개의 사업으로 개설되었다는 이유로 위 토지의 평가시 위 도로가 개설된 사정을 고려하여야 한다고 한 사례(대판 1999.1.15. 98두8896).

① (O) 공익사업을 위한 토지 등의 취득 및 보상에 관한 법률 제77조(영업의 손실 등에 대한 보상) ③ 휴직하거나 실직하는 근로자의 임금손실에 대하여는 「근로기준법」에 따른 평균임금 등을 고려하여 보상하여야 한다.

② (O) 영업손실에 관한 보상의 경우 **영업의 폐지로 볼 것인지 아니면 영업의 휴업으로 볼 것인지를 구별하는 기준**은 **당해 영업을 그 영업소 소재지나 인접 시·군 또는 구 지역 안의 다른 장소로 이전하는 것이 가능한지 여부**에 달려 있고, 이러한 이전 가능성 여부는 법령상의 이전 장애사유 유무와 당해 영업의 종류와 특성, 영업시설의 규모, 인접지역의 현황과 특성, 그 이전을 위하여 당사자가 들인 노력 등과 인근 주민들의 이전 반대 등과 같은 사실상의 이전 장애사유 유무 등을 종합하여 판단하여야 한다(대판 2000.11.10. 99두3645).

③ (O) 토지수용 보상액을 산정함에 있어서는 토지수용법 제46조 제1항에 따라 당해 공공사업의 시행을 직접 목적으로 하는 계획의 승인·고시로 인한 가격변동은 이를 고려함이 없이 수용재결 당시의 가격을 기준으로 하여 정하여야 할 것이므로, 당해 사업인 택지개발사업에 대한 실시계획의 승인과 더불어 그 용도지역이 주거지역으로 변경된 토지를 그 사업의 시행을 위하여 후에 수용하였다면 그 재결을 위한 평가를 함에 있어서는 그 **용도지역의 변경을 고려함이 없이 평가하여야 할 것**이다(대판 1999.3.23. 98두13850).

21 ③

③ (×)

> 행정심판법 제47조(재결의 범위) ① 위원회는 **심판청구의 대상이 되는 처분 또는 부작위 외의 사항에 대하여는 재결하지 못한다**.

① (O)

> 행정심판법 제32조의2(보정할 수 없는 심판청구의 각하) 위원회는 심판청구서에 **타인을 비방하거나 모욕하는 내용 등이 기재되어 청구 내용을 특정할 수 없고 그 흠을 보정할 수 없다고 인정되는 경우**에는 제32조 제1항에 따른 **보정요구 없이 그 심판청구를 각하**할 수 있다.

② (O)

> 행정심판법 제43조(재결의 구분) ⑤ 위원회는 **의무이행심판**의 청구가 이유가 있다고 인정하면 지체 없이 **신청에 따른 처분을 하거나 처분을 할 것을 피청구인에게 명한다**.

④ (○)

> 행정심판법 제51조(행정심판 재청구의 금지) 심판청구에 대한 재결이 있으면 그 **재결 및 같은 처분 또는 부작위에 대하여 다시 행정심판을 청구할 수 없다**.

22 ②

② (✕) 행정청이 당초의 분뇨 등 관련영업 허가신청 반려처분의 취소를 구하는 소의 계속중, 사정변경을 이유로 위 **반려처분을 직권취소함과 동시에 위 신청을 재반려하는 내용의 재처분을 한 경우, 당초의 반려처분의 취소를 구하는 소는 더 이상 소의 이익이 없다**(대판 2006.9.28. 2004두5317).

① (○) 원고로서는 피고가 작성 및 관리하는 생활기록부에 기재된 위 징계 내역이 잘못된 경우 그 정정을 요구할 수 있고, 위 학교생활기록 작성 및 관리지침에서 정한 절차를 거쳐 학교생활기록부를 정정하기 위해서는 '객관적 증빙자료'를 확보할 필요가 있으므로, 징계의 무효 확인을 구하는 이 사건 소는 **징계 내역이 기재된 학교생활기록부 정정요구에 필요한 객관적 증빙자료를 확보하기 위한 것으로 현재의 권리 또는 법률상 지위에 대한 위험이나 불안을 제거하기 위하여 무효확인 판결을 받는 것이 유효·적절한 수단**에 해당한다(대판 2023.2.23. 2022다207547).

③ (○) 공무원이었던 원고가 파면처분을 받은 후 사면되었으나, 사면법의 규정에 의하면 징계처분에 의한 기성의 효과는 사면으로 인하여 변경되지 않는다고 되어 있고 이는 사면의 효과가 소급하지 않음을 의미하는 것이므로, 이와같은 **일반사면이 있었다고 할지라도 파면처분으로 이미 상실된 원고의 공무원 지위가 회복될 수는 없는 것**이니 원고로서는 이 사건 파면처분의 위법을 주장하여 그 취소를 구할 소송상 이익이 있다(대판 1983.2.8. 81누121).

④ (○) 연 2회이상 건축사의 업무정지명령을 받은 경우 그 정지기간이 통산하여 12월 이상이 된 때를 건축사사무소의 등록을 취소할 경우의 하나로 규정하고 있는 건축사법 제28조 제1항 제5호의 규정은 **제재적인 행정처분의 법정가중요건을 규정해 놓은 것**으로 보아야 하고, 원고가 변론재개신청과 함께 이 사건 건축사업무정지명령이 전제가 되어 원고의 건축사사무소 등록이 취소되었음을 알 수 있는 소명자료까지 제출하고 있다면, 이 사건 건축사업무정지명령에서 정한 정지기간이 도과하였다고 하더라도 그 처분으로 인하여 원고에게는 건축사사무소등록취소라는 법률상의 이익이 침해되고 있다는 사정을 나타내 보인 것이라고 할 것이다(대판 1990.10.23. 90누3119).

23 ④

④ (✕) 위 입국금지결정은 법무부장관의 의사가 공식적인 방법으로 외부에 표시된 것이 아니라 단지 그 **정보를 내부전산망인 '출입국관리정보시스템'에 입력하여 관리한 것에 지나지 않으므로**, 위 입국금지결정은 항고소송의 대상이 될 수 있는 '처분'에 해당하지 않는다(대판 2019.7.11. 2017두38874).

① (○) 구 건축법 제14조 제4항의 규정은 건축물의 소유자에게 건축물대장의 용도변경신청권을 부여한 것이고, 한편 건축물의 용도는 토지의 지목에 대응하는 것으로서 건물의 이용에 대한 공법상의 규제, 건축법상의 시정명령, 지방세 등의 과세대상 등 공법상 법률관계에 영향을 미치고, 건물소유자는 용도를 토대로 건물의 사용·수익·처분에 일정한 영향을 받게 된다. 이러한 점 등을 고려해 보면, **건축물대장의 용도는 건축물의 소유권을 제대로 행사하기 위한 전제요건으로서 건축물 소유자의 실체적 권리관계에 밀접하게 관련**되어 있으므로, 건축물대장 소관청의 용도변경신청 거부행위는 국민의 권리관계에 영향을 미치는 것으로서 항고소송의 대상이 되는 행정처분에 해당한다(대판 2009.1.30. 2007두7277).

② (○) 병무청장이 하는 병역의무 기피자의 인적사항 등 공개는, 특정인을 병역의무 기피자로 판단하여 그 사실을 일반 대중에게 공표함으로써 그의 **명예를 훼손하고 그에게 수치심을 느끼게 하여 병역의무 이행을 간접적으로 강제하려는 조치로서 병역법에 근거하여 이루어지는 공권력의 행사**에 해당한다.…(중략)…병무청 인터넷 홈페이지에 공개 대상자의 인적사항 등이 게시되는 경우 그의 명예가 훼손되므로, 공개 대상자는 자

신에 대한 공개결정이 병역법령에서 정한 요건과 절차를 준수한 것인지를 다툴 법률상 이익이 있다. 병무청장이 인터넷 홈페이지 등에 게시하는 사실행위를 함으로써 공개 대상자의 인적사항 등이 이미 공개되었더라도, 재판에서 병무청장의 공개결정이 위법함이 확인되어 취소판결이 선고되는 경우, 병무청장은 취소판결의 기속력에 따라 위법한 결과를 제거하는 조치를 할 의무가 있으므로 공개 대상자의 실효적 권리구제를 위해 병무청장의 공개결정을 행정처분으로 인정할 필요성이 있다. 만약 병무청장의 공개결정을 항고소송의 대상이 되는 처분으로 보지 않는다면 국가배상청구 외에는 침해된 권리 또는 법률상 이익을 구제받을 적절한 방법이 없다(대판 2019.6.27. 2018두49130).

③ (○) **징계 요구 자체만으로는 징계 요구 대상 공무원의 권리·의무에 직접적인 변동을 초래하지도 아니하므로**, 행정청 사이의 내부적인 의사결정의 경로로서 '징계 요구, 징계 절차 회부, 징계'로 이어지는 과정에서의 중간처분에 불과하여, 감사원의 징계 요구와 재심의결정이 항고소송의 대상이 되는 행정처분이라고 할 수 없다(대판 2016.12.27. 2014두5637).

24 ④

④ (×) 「정부조직법」 제5조 제1항(현재는 제6조 제1항)의 규정은 법문상 행정권한의 위임 및 재위임의 근거규정임이 명백하고 정부조직법이 국가행정기관의 설치, 조직과 직무범위의 대강을 정하는 데 목적이 있다고 하여 그 이유만으로 같은 법의 권한위임 및 재위임에 관한 규정마저 권한 위임 및 재위임 등에 관한 대강을 정한 것에 불과할 뿐 권한위임 및 재위임의 근거규정이 아니라고 할 수 없다고 할 것이므로, 도지사 등은 「정부조직법」 제5조 제1항에 기하여 제정된 **「행정권한의 위임 및 위탁에 관한 규정」에 정한 바에 의하여 위임기관의 장의 승인이 있으면 그 규칙이 정하는 바에 의하여 그 수임된 권한을 시장, 군수 등 소속기관의 장에게 다시 위임할 수 있다**(대판 1990.6.26. 88누12158).

① (○) 상급행정기관의 지시는 일반적으로 행정조직 내부에서만 효력을 가질 뿐 대외적으로 국민이나 법원을 구속하는 효력이 없다. 대외적으로 처분 권한이 있는 처분청이 상급행정기관의 지시를 위반하는 처분을 하였다고 해서 그러한 사정만으로 처분이 곧바로 위법하게 되는 것은 아니고, 처분이 상급행정기관의 지시를 따른 것이라고 해서 적법성이 보장되는 것도 아니다. **처분이 적법한지는 상급행정기관의 지시를 따른 것인지 여부가 아니라, 헌법과 법률, 대외적으로 구속력 있는 법령의 규정과 입법 목적, 비례·평등원칙과 같은 법의 일반원칙에 적합한지 여부에 따라 판단해야** 한다(대판 2019.7.11. 2017두38874).

② (○) 행정권한의 위임 및 위탁에 관한 규정 제6조(지휘·감독) 위임 및 위탁기관은 수임 및 수탁기관의 수임 및 수탁사무 처리에 대하여 **지휘·감독**하고, 그 처리가 위법하거나 부당하다고 인정될 때에는 이를 취소하거나 정지시킬 수 있다.

③ (○) 체납취득세에 대한 압류처분권한은 도지사로부터 시장에게 권한위임된 것이고 시장으로부터 압류처분권한을 **내부위임받은 데 불과한 구청장으로서는 시장 명의로 압류처분을 대행처리할 수 있을 뿐이고 자신의 명의로 이를 할 수 없다** 할 것이므로 구청장이 자신의 명의로 한 압류처분은 권한 없는 자에 의하여 행하여진 위법무효의 처분이다(대판 1993.5.27. 93누6621).

25 ③

① (×) 국유재산법상의 행정재산이란 국가가 소유하는 재산으로서 직접 공용, 공공용, 또는 기업용으로 사용하거나 사용하기로 결정한 재산을 말하는 것이고, 그 중 도로와 같은 인공적 공공용 재산은 법령에 의하여 지정되거나 행정처분으로써 공공용으로 사용하기로 결정한 경우, 또는 행정재산으로 실제로 사용하는 경우의 어느 하나에 해당하여야 비로소 행정재산이 되는 것인데, 특히 **도로는 도로로서의 형태를 갖추고, 도로법에 따른 노선의 지정 또는 인정의 공고 및 도로구역 결정·고시를 한 때 또는 도시계획법 또는 도시재개발법 소정의 절차를 거쳐 도로를 설치하였을 때에 공공용물로서 공용개시행위가 있다**고 할 것이므로, 토지의 지목이 도로이고 국유재산대장에 등재되어 있다는 사정만으로 바로 그 토지가 도로로서 행정재산에 해당한다고 할 수는 없다(대판 2000.2.25. 99다54332).

② (×) 판례는 이른바 절차적 위법설을 취하여 법원의 심판대상은 부작위의 위법만을 확인하는 데 그칠 뿐 행정청이 할 처분의 내용까지 심리판단할 수 없다는 입장이다.

③ (○)

> **도로법 제76조(통행의 금지·제한 등)** ⑥ 도로관리청, 한국도로공사 또는 민자도로 관리자는 다음 각 호에 모두 해당하는 경우 차량의 도로 진입이나 도로에 진행 중인 차량의 통행을 일시적으로 금지 또는 제한(이하 **"긴급 통행제한"**이라 한다)할 수 있다.
> 1. 천재지변이나 이에 준하는 재해 발생 등이 급박하고, 미리 통행의 금지 또는 제한을 공고할 시간적 여유가 없을 것
> 2. <u>도로의 구조를 보전하고 도로 운행의 위험을 방지하기 위하여 특히 차량의 도로 진입 또는 진행을 금지 또는 제한할 필요가 있을 것</u>

④ (×) <u>일반적인 시민생활에 있어 도로를 이용만 하는 사람은 그 용도폐지를 다툴 법률상의 이익이 있다고 말할 수 없지만</u>,…(중략)…도로의 용도폐지처분에 관하여 이러한 직접적인 이해관계를 가지는 사람이 그와 같은 이익을 현실적으로 침해당한 경우에는 그 취소를 구할 법률상의 이익이 있다(대판 1992.9.22. 91누13212).

소방승진 행정법 최종모의고사 정답 및 해설

2025 소방승진 행정법 최종모의고사

01	02	03	04	05	06	07	08	09	10
①	③	②	②	④	①	②	①	②	③
11	12	13	14	15	16	17	18	19	20
③	③	①	④	②	③	①	④	③	③
21	22	23	24	25					
②	①	②	①	③					

01 ①

① (O) 이 사건 양산참여권의 포기대가와 관련하여 국내에서 세금이 면제될 수 있도록 협조를 구하는 국방부장관의 질의에 대하여, 재정경제부장관이 2003. 12. 12. "국내사업장이 없는 미국 법인이 내국법인으로부터 계약의 변경에 따른 권리포기 대가를 지급받는 경우 동 대가는 국내 원천 기타소득에 해당하나, 국내사업장이 없는 미국 법인이 국외에서 마케팅 서비스를 내국법인에게 제공하고 내국법인으로부터 마케팅 서비스 대가를 지급받는 경우 동 대가는 국내 원천 인적용역소득에 해당하지 않습니다. 다만, 마케팅 서비스의 실제 제공 여부 및 제공 내용, 제공 장소 등 구체적 내용은 관할 세무서장이 판단할 사항입니다"라는 내용의 검토의견을 회신한 사실을 알 수 있는 바, 그 회신내용과 답변방식에 비추어 **위 검토의견은 외국법인의 국내원천소득에 대한 재정경제부장관의 일반론적인 견해표명에 불과하므로 그에 대하여 신의성실의 원칙이 적용된다고 할 수 없다**(대판 2010.4.29. 2007두19447등).

② (×) 조례안이 지방의회의 감사 또는 조사를 위하여 출석요구를 받은 증인이 5급 이상 공무원인지 여부, 기관(법인)의 대표나 임원인지 여부 등 증인의 사회적 신분에 따라 미리부터 과태료의 액수에 차등을 두고 있는 경우, **그와 같은 차별은 증인의 불출석이나 증언거부에 대하여 과태료를 부과하는 목적에 비추어 볼 때 그 합리성을 인정할 수 없고 지위의 높고 낮음만을 기준으로 한 부당한 차별대우**라고 할 것이어서 헌법에 규정된 평등의 원칙에 위배되어 무효이다(대판 1997.2.25. 96추213).

③ (×) 폐기물처리업에 대하여 사전에 관할 관청으로부터 적정통보를 받고 막대한 비용을 들여 허가요건을 갖춘 다음 허가신청을 하였음에도 다수 청소업자의 난립으로 안정적이고 효율적인 청소업무의 수행에 지장이 있다는 이유로 한 불허가처분은, **신뢰보호의 원칙 및 비례의 원칙에 반하는 것으로서 재량권을 남용한 위법한 처분**이다(대판 1998.5.8. 98두4061).

④ (×) 위법한 행정처분이 수차례에 걸쳐 반복적으로 행하여졌다 하더라도 그러한 **처분이 위법한 것인 때에는 행정청에 대하여 자기구속력을 갖게 된다고 할 수 없다**(대판 2009.6.25. 2008두13132).

02 ③

③ (×) 새로운 법령에 의한 신뢰이익의 침해는 **새로운 법령이 과거의 사실 또는 법률관계에 소급적용되는 경우**에 한하여 문제되는 것은 아니고, **과거에 발생하였지만 완성되지 않고 진행중인 사실 또는 법률관계 등을 새로운 법령이 규율함으로써 종전에 시행되던 법령의 존속에 대한 신뢰이익을 침해하게 되는 경우**에도 신뢰보호의 원칙이 적용될 수 있다(대판 2006.11.16. 2003두12899).

① (O) 법령의 개정에서 입법자의 광범위한 재량이 인정되는 경우라 하더라도 **구 법령의 존속에 대한 당사자의 신뢰가 합리적이고도 정당하며 법령의 개정으로 야기되는 당사자의 손해가 극심하여 새로운 법령으로 달성하고자 하는 공익적 목적이 그러한 신뢰의 파괴를 정당화할 수 없다면 입법자는 경과규정을 두는 등 당사자의 신뢰를 보호할 적절한 조치를 하여야 하며** 이와 같은 적절한 조치 없이 새 법령을 그대로 시행하거나 적

용하는 것은 허용될 수 없는바, 이는 헌법의 기본원리인 법치주의 원리에서 도출되는 신뢰보호의 원칙에 위배되기 때문이다(대판 2013.4.26. 2011다14428).

② (O), ④ (O) 법령의 개정에서 신뢰보호원칙이 적용되어야 하는 이유는, 어떤 법령이 장래에도 그대로 존속할 것이라는 합리적이고 정당한 신뢰를 바탕으로 국민이 그 법령에 상응하는 구체적 행위로 나아가 일정한 법적 지위나 생활관계를 형성하여 왔음에도 국가가 이를 전혀 보호하지 않는다면 법질서에 대한 국민의 신뢰는 무너지고 현재의 행위에 대한 장래의 법적 효과를 예견할 수 없게 되어 법적 안정성이 크게 저해되기 때문이고, 이러한 **신뢰보호는 절대적이거나 어느 생활영역에서나 균일한 것은 아니고 개개의 사안마다 관련된 자유나 권리, 이익 등에 따라 보호의 정도와 방법이 다를 수 있으며, 새로운 법령을 통하여 실현하고자 하는 공익적 목적이 우월할 때에는 이를 고려하여 제한될 수 있으므로,** 이 경우 **신뢰보호원칙의 위배 여부를 판단하기 위해서는 한편으로는 침해된 이익의 보호가치, 침해의 중한 정도, 신뢰가 손상된 정도, 신뢰침해의 방법 등과 다른 한편으로는 새 법령을 통해 실현하고자 하는 공익적 목적을 종합적으로 비교·형량**하여야 한다(대판 2007.10.29. 2005두4649).

03 ②

② (×) 일반적으로 **국민이 소급입법을 예상할 수 있었거나 법적 상태가 불확실하고 혼란스러워 보호할 만한 신뢰이익이 적은 경우와 소급입법에 의한 당사자의 손실이 없거나 아주 경미한 경우, 또는 신뢰보호의 요청에 우선하는 심히 중대한 공익상의 사유가 소급입법을 정당화하는 경우** 등에는 예외적으로 진정소급입법이 허용된다(헌재 1998.9.30. 97헌바38).

① (O) 어떠한 법률조항에 대하여 헌법재판소가 헌법불합치결정을 하여 그 법률조항을 합헌적으로 개정 또는 폐지하는 임무를 입법자의 형성 재량에 맡긴 이상, 그 **개선입법의 소급적용 여부와 소급적용의 범위는 원칙적으로 입법자의 재량**에 달린 것이다(대판 2008.1.17. 2007두21563).

③ (O) 법령의 소급적용, 특히 행정법규의 소급적용은 일반적으로는 법치주의의 원리에 반하고, 개인의 권리·자유에 부당한 침해를 가하며, 법률생활의 안정을 위협하는 것이어서, 이를 인정하지 않는 것이 원칙이고(법률불소급의 원칙 또는 행정법규불소급의 원칙), 다만 법령을 소급적용하더라도 **일반 국민의 이해에 직접 관계가 없는 경우, 오히려 그 이익을 증진하는 경우, 불이익이나 고통을 제거하는 경우 등의 특별한 사정이 있는 경우에 한하여 예외적으로 법령의 소급적용이 허용**된다(대판 2005.5.13. 2004다8630).

④ (O) 기존건물에 개정 법률을 적용하는 경우에 있어서와 같이 계속되고 있는 사실에의 신법의 적용은 가능하다(대판 1999.7.13. 97누15067). ☞ 법령의 효력이 시행일 이전에 소급하지 않는다는 것은 시행일 이전에 이미 종결된 사실에 대하여 법령이 적용되지 않는다는 것이지(진정소급효의 금지), **시행일 이전부터 계속되는 사실에 대하여도 법령이 적용(부진정소급효)되지 아니한다는 의미가 아니다.**

04 ②

> **행정기본법 제36조(처분에 대한 이의신청)**
> ① 행정청의 처분(「행정심판법」 제3조에 따라 같은 법에 따른 행정심판의 대상이 되는 처분을 말한다. 이하 이 조에서 같다)에 이의가 있는 당사자는 처분을 받은 날부터 **30일 이내에 해당 행정청에 이의신청**을 할 수 있다.
> ② 행정청은 제1항에 따른 이의신청을 받으면 그 신청을 받은 날부터 **14일 이내에 그 이의신청에 대한 결과를 신청인에게 통지**하여야 한다. 다만, 부득이한 사유로 14일 이내에 통지할 수 없는 경우에는 그 기간을 만료일 다음 날부터 기산하여 10일의 범위에서 한 차례 연장할 수 있으며, 연장 사유를 신청인에게 통지하여야 한다.
> ③ 제1항에 따라 이의신청을 한 경우에도 그 이의신청과 관계없이 「행정심판법」에 따른 행정심판 또는 「행

정소송법」에 따른 행정소송을 제기할 수 있다.
④ 이의신청에 대한 결과를 통지받은 후 행정심판 또는 행정소송을 제기하려는 자는 그 **결과를 통지받은 날**(제2항에 따른 통지기간 내에 결과를 통지받지 못한 경우에는 같은 항에 따른 통지기간이 만료되는 날의 다음 날을 말한다)**부터 90일 이내에 행정심판 또는 행정소송을 제기할 수 있다**.

05 ④

④ (×) 전입신고를 받은 시장·군수 또는 구청장의 **심사 대상은 전입신고자가 30일 이상 생활의 근거로 거주할 목적으로 거주지를 옮기는지 여부만으로 제한된다**고 보아야 한다. 따라서 전입신고자가 거주의 목적 이외에 다른 이해관계에 관한 의도를 가지고 있는지 여부, 무허가 건축물의 관리, 전입신고를 수리함으로써 당해 지방자치단체에 미치는 영향 등과 같은 사유는 주민등록법이 아닌 다른 법률에 의하여 규율되어야 하고, 주민등록전입신고의 수리 여부를 심사하는 단계에서는 고려 대상이 될 수 없다(대판 2009.6.18. 2008두10997).

① (○) 사인의 공법행위에서는 법규정 또는 행위의 성질상 대리가 허용되지 않는 경우(예 병역, 선거, 시험응시)가 많다. 그렇지 않은 경우는 그 행위가 행위자의 일신전속적인 것이 아니라면 대리에 관한 민법규정이 유추적용될 수 있다고 본다. 대리를 명문으로 허용하는 경우도 있다(예 행정심판법 제18조, 특허법 제5조 내지 제9조).

② (○) 숙박업을 하고자 하는 자가 법령이 정하는 시설과 설비를 갖추고 행정청에 신고를 하면, 행정청은 공중위생관리법령의 위 규정에 따라 원칙적으로 이를 수리하여야 한다. **행정청이 법령이 정한 요건 이외의 사유를 들어 수리를 거부하는 것은 위 법령의 목적에 비추어 이를 거부해야 할 중대한 공익상의 필요가 있다는 등 특별한 사정이 있는 경우에 한한다**. 이러한 법리는 이미 다른 사람 명의로 숙박업 신고가 되어 있는 시설 등의 전부 또는 일부에서 새로 숙박업을 하고자 하는 자가 신고를 한 경우에도 마찬가지이다. 기존에 다른 사람이 숙박업 신고를 한 적이 있더라도 새로 숙박업을 하려는 자가 그 시설 등의 소유권 등 정당한 사용권한을 취득하여 법령에서 정한 요건을 갖추어 신고하였다면, 행정청으로서는 특별한 사정이 없는 한 이를 수리하여야 하고, 단지 해당 시설 등에 관한 기존의 숙박업 신고가 외관상 남아있다는 이유만으로 이를 거부할 수 없다(대판 2017.5.30. 2017두34087).

③ (○) 국민의 신청에 대하여 한 행정청의 거부행위가 취소소송의 대상이 되기 위하여는 국민이 그 **신청에 따른 행정행위를 하여 줄 것을 요구할 수 있는 법규상 또는 조리상의 권리가 있어야 한다**(대판 1997.12.26. 96누17745).

06 ①

① (×) 법규명령이 별도의 **집행행위 없이 직접적으로 국민의 권리의무에 영향을 미치는 것인 때에는 법규명령에 처분성을 인정**하여 취소소송 등을 통해 직접 규범통제를 할 수 있다.

② (○) 중앙선거관리위원회는 법령의 범위 안에서 **선거관리·국민투표관리·정당사무 등에 관한 규칙**을 제정할 수 있다(헌법 제114조 제6항). 이 규칙은 **법규명령으로서의 성질**을 갖고 있으며 내용적으로 위임명령과 집행명령을 모두 포함하고 있다.

③ (○) 조례의 제정권자인 지방의회는 선거를 통해서 그 지역적인 민주적 정당성을 지니고 있는 주민의 대표기관이고 헌법이 지방자치단체에 포괄적인 자치권을 보장하고 있는 취지로 볼 때, **조례에 대한 법률의 위임은 법규명령에 대한 법률의 위임과 같이 반드시 구체적으로 범위를 정하여 할 필요가 없으며 포괄적인 것으로 족하다**(헌재 1995.4.20. 92헌마264·279).

④ (○) 사회현상의 복잡다기화와 국회의 전문적·기술적 능력의 한계 및 시간적 적응능력의 한계로 인하여 형사처벌에 관련된 모든 법규를 예외 없이 형식적 의미의 법률에 의하여 규정한다는 것은 사실상 불가능할 뿐만 아니라 실제에 적합하지도 아니하기 때문에, 특히 긴급한 필요가 있거나 미리 법률로써 자세히 정할 수 없는 부득이한 사정이 있는 경우에 한하여 **수권법률(위임법률)이 구성요건의 점에서는 처벌대상인 행위가 어떠한 것인지 이를 예측할 수 있을 정도로 구체적으로 정하고, 형벌의 점에서는 형벌의 종류 및 그 상한과 폭을 명확히 규정하는 것을 전제로 위임입법이 허용**된다(헌재 1991.7.8. 91헌가4).

07 ②

② (✕) 우리나라는 **구체적 규범통제**를 취하고 있으므로 처분에 의하지 않은 법규명령 일반에 대한 추상적 규범통제는 허용되지 않는다.
① (○) 법규명령에 대한 국회의 통제는 직접적 통제와 간접적 통제가 있다.
③ (○) 이는 구체적 규범통제를 적용하지 않는 예외적 사례이다.
④ (○) 행정적 통제로서 행정감독권에 의한 통제, 행정절차적 통제, 행정심판에 의한 통제 등이 있다.

08 ①

① (✕) 행정청이 재량권을 행사함에 있어 그 내적·외적 한계를 벗어난 경우에는 위법한 행정작용으로서 행정소송의 대상이 된다. **재량처분이라도 요건심리에서 처분성여부, 제소기간 등 소송요건을 심사하여 그 요건을 갖추면 소송을 받아 들여야 하며 본안심리에서 그 재량행위의 일탈·남용 여부를 심사할 수 있다.**
② (○) 특정한 예외적인 경우에는 재량행위라 하더라도 행정청이 자유영역을 갖지 못하고 어떤 한 행위만을 하여야 하는 경우를 '**재량권의 영으로의 수축**'이라고 한다.
③ (○) 구 교육법시행령 제133조 제1항에 의하면 박사학위 논문심사와 구두시험 및 2종의 외국어시험에 합격한 자에 대하여는 박사학위를 수여하여야 할 것이고, 대학원위원회라 할지라도 특별한 사정이 존재함을 지적함이 없이 막연 박사학위수여 부결의결을 하는 것은 **자유재량의 범위를 넘은 위법**한 것이다(대판 1976.6.8. 71누49).
④ (○) **재량권의 불행사**란 행정청이 자신에게 부여된 재량권을 고려가능한 모든 관점을 고려하여 행사한 것이 아닌 경우를 말한다. 여기에는 ㉠ 재량권을 충분히 행사하지 않은 경우와, ㉡ 재량권을 전혀 행사하지 않은 경우(예 재량행위를 기속행위로 오인한 경우, 행정규칙에 기속되는 것으로 오인한 경우)가 있다.

09 ②

② (✕) 구 택지소유상한에관한법률 제30조…(중략)…그 위헌결정 이전에 이미 부담금 부과처분과 압류처분 및 이에 기한 압류등기가 이루어지고 위의 각 처분이 확정되었다고 하여도, **위헌결정 이후에는 별도의 행정처분인 매각처분, 분배처분 등 후속 체납처분절차를 진행할 수 없는 것**은 물론이고, 특별한 사정이 없는 한 기존의 압류등기나 교부청구만으로는 다른 사람에 의하여 개시된 경매절차에서 배당을 받을 수도 없다(대판 2002.8.23. 2001두2959).
① (○) 법률에 근거하여 행정처분이 발하여진 후에 헌법재판소가 그 행정처분의 근거가 된 법률을 위헌으로 결정하였다면 결과적으로 행정처분은 법률의 근거가 없이 행하여진 것과 마찬가지가 되어 하자가 있는 것이 되나, 하자 있는 행정처분이 당연무효가 되기 위하여는 그 하자가 중대할 뿐만 아니라 명백한 것이어야 하는데, 일반적으로 **법률이 헌법에 위반된다는 사정이 헌법재판소의 위헌결정이 있기 전에는 객관적으로 명백한 것이라고 할 수는 없으므로** 헌법재판소의 위헌결정 전에 행정처분의 근거되는 당해 법률이 헌법에 위반된다는 사유는 특별한 사정이 없는 한 그 행정처분의 취소소송의 전제가 될 수 있을 뿐 당연무효사유는 아니라고 봄이 상당하다(대판 1994.10.28. 92누9463).
③ (○) 위헌인 법률에 근거한 행정처분이 당연무효인지의 여부는 위헌결정의 소급효와는 별개의 문제로서, 위헌결정의 소급효가 인정된다고 하여 위헌인 법률에 근거한 행정처분이 당연무효가 된다고는 할 수 없고, 오히려 이미 **취소소송의 제기기간을 경과하여 확정력이 발생한 행정처분에는 위헌결정의 소급효가 미치지 않는다**고 보아야 한다(대판 1994.10.28. 92누9463).
④ (○) 행정처분의 집행이 이미 종료되었고 그것이 번복될 경우 법적 안정성을 크게 해치게 되는 경우에는 후에 행정처분의 근거가 된 법규가 헌법재판소에서 위헌으로 선고된다고 하더라도 그 행정처분이 당연무효가 되지는 않음이 원칙이라고 할 것이나, 행정처분 자체의 효력이 쟁송기간 경과 후에도 존속 중인 경우, 특히 그 처분이 위헌법률에 근거하여 내려진 것이고 그 행정처분의 목적달성을 위하여서는 후행 행정처분이 필요한데 후행행정처분은 아직 이루어지지 않은 경우와 같이 그 **행정처분을 무효로 하더라도 법적 안정성을 크**

게 해치지 않는 반면에 그 하자가 중대하여 그 구제가 필요한 경우에 대하여서는 그 예외를 인정하여 이를 당연무효사유로 보아서 쟁송기간 경과 후에라도 무효확인을 구할 수 있는 것이라고 봐야 할 것이다(헌재 1994.6.30. 92헌바23).

10 ③

③ (×) 상대방 있는 행정처분은 특별한 규정이 없는 한 의사표시에 관한 일반법리에 따라 상대방에게 고지되어야 효력이 발생하고, 상대방 있는 행정처분이 **상대방에게 고지되지 아니한 경우에는 상대방이 다른 경로를 통해 행정처분의 내용을 알게 되었다고 하더라도 행정처분의 효력이 발생한다고 볼 수 없다**(대판 2019.8.9. 2019두38656).

① (○)

> 행정절차법 제14조(송달) ② 교부에 의한 송달은 수령확인서를 받고 문서를 교부함으로써 하며, 송달하는 장소에서 송달받을 자를 만나지 못한 경우에는 그 사무원·피용자(被傭者) 또는 동거인으로서 사리를 분별할 지능이 있는 사람(이하 이 조에서 "사무원등"이라 한다)에게 문서를 교부할 수 있다. 다만, **문서를 송달받을 자 또는 그 사무원등이 정당한 사유 없이 송달받기를 거부하는 때에는 그 사실을 수령확인서에 적고, 문서를 송달할 장소에 놓아둘 수 있다**.

② (○) 일반적으로 행정처분이 주체·내용·절차와 형식이라는 내부적 성립요건과 외부에 대한 표시라는 외부적 성립요건을 모두 갖춘 경우에는 행정처분이 존재한다고 할 수 있다. 행정처분의 외부적 성립은 행정의사가 외부에 표시되어 행정청이 자유롭게 취소·철회할 수 없는 구속을 받게 되는 시점을 확정하는 의미를 가지므로, 어떠한 **처분의 외부적 성립 여부는 행정청에 의해 행정의사가 공식적인 방법으로 외부에 표시되었는지를 기준으로 판단**하여야 한다(대판 2017.7.11. 2016두35120).

④ (○) 통상 고시 또는 공고에 의하여 행정처분을 하는 경우에는 그 처분의 상대방이 불특정 다수인이고, 그 처분의 효력이 불특정 다수인에게 일률적으로 적용되는 것이므로, 그 **행정처분에 이해관계를 갖는 자는 고시 또는 공고가 있었다는 사실을 현실적으로 알았는지 여부에 관계없이 고시가 효력을 발생하는 날에 행정처분이 있음을 알았다고 보아야 하고**, 따라서 그에 대한 취소소송은 그 날로부터 90일 이내에 제기하여야 한다(대판 2006.4.14. 2004두3847).

11 ③

> 행정기본법 제14조(법 적용의 기준)
> ① 새로운 법령등은 법령등에 특별한 규정이 있는 경우를 제외하고는 그 **법령등의 효력 발생 전에 완성되거나 종결된 사실관계 또는 법률관계에 대해서는 적용되지 아니한다**.
> ② 당사자의 신청에 따른 처분은 법령등에 특별한 규정이 있거나 처분 당시의 법령등을 적용하기 곤란한 특별한 사정이 있는 경우를 제외하고는 **처분 당시의 법령등에 따른다**.
> ③ **법령등을 위반한 행위의 성립과 이에 대한 제재처분은 법령등에 특별한 규정이 있는 경우를 제외하고는 법령등을 위반한 행위 당시의 법령등에 따른다**. 다만, 법령등을 위반한 행위 후 법령등의 변경에 의하여 그 행위가 법령등을 위반한 행위에 해당하지 아니하거나 제재처분 기준이 가벼워진 경우로서 해당 법령등에 특별한 규정이 없는 경우에는 **변경된 법령**등을 적용한다.

12 ③

③ (✗) 중소기업기술정보진흥원장이 갑 주식회사와 중소기업 정보화지원사업 지원대상인 사업의 지원에 관한 협약을 체결하였는데, 협약이 갑 회사에 책임이 있는 사업실패로 해지되었다는 이유로 협약에서 정한 대로 지급받은 정부지원금을 반환할 것을 통보한 사안에서, 중소기업 정보화지원사업에 따른 지원금 출연을 위하여 중소기업청장이 체결하는 협약은 공법상 대등한 당사자 사이의 의사표시의 합치로 성립하는 공법상 계약에 해당하는 점, 구 중소기업 기술혁신 촉진법 제32조 제1항은 제10조가 정한 기술혁신사업과 제11조가 정한 산학협력 지원사업에 관하여 출연한 사업비의 환수에 적용될 수 있을 뿐 이와 근거 규정을 달리하는 중소기업 정보화지원사업에 관하여 출연한 지원금에 대하여는 적용될 수 없고 달리 지원금 환수에 관한 구체적인 법령상 근거가 없는 점 등을 종합하면, **협약의 해지 및 그에 따른 환수통보는 공법상 계약에 따라 행정청이 대등한 당사자의 지위에서 하는 의사표시로 보아야 하고, 이를 행정청이 우월한 지위에서 행하는 공권력의 행사로서 행정처분에 해당한다고 볼 수는 없다**(대판 2015.8.27. 2015두41449).

① (○) 광주광역시문화예술회관장의 단원 위촉은 **광주광역시문화예술회관장이 행정청으로서 공권력을 행사하여 행하는 행정처분이 아니라 공법상의 근무관계의 설정을 목적으로 하여 광주광역시와 단원이 되고자 하는 자 사이에 대등한 지위에서 의사가 합치되어 성립하는 공법상 근로계약에 해당한다**고 보아야 할 것이므로, 광주광역시립합창단원으로서 위촉기간이 만료되는 자들의 재위촉 신청에 대하여 광주광역시문화예술회관장이 실기와 근무성적에 대한 평정을 실시하여 재위촉을 하지 아니한 것을 항고소송의 대상이 되는 불합격처분이라고 할 수는 없다(대판 2001.12.11. 2001두7794).

② (○) 현행 실정법이 지방전문직공무원 채용계약 해지의 의사표시를 일반공무원에 대한 징계처분과는 달리 항고소송의 대상이 되는 처분 등의 성격을 가진 것으로 인정하지 아니하고, 지방전문직공무원규정 제7조 각 호의 1에 해당하는 사유가 있을 때 지방자치단체가 채용계약관계의 한쪽 당사자로서 대등한 지위에서 행하는 의사표시로 취급하고 있는 것으로 이해되므로, **지방전문직공무원 채용계약 해지의 의사표시에 대하여는 대등한 당사자간의 소송형식인 공법상 당사자소송으로 그 의사표시의 무효확인을 청구할 수 있다**(대판 1993.9.14. 92누4611).

④ (○) 수익적 행정처분에 있어서는 법령에 특별한 근거규정이 없다고 하더라도 그 부관으로서 부담을 붙일 수 있고, 그와 같은 부담은 행정청이 행정처분을 하면서 일방적으로 부가할 수도 있지만 **부담을 부가하기 이전에 상대방과 협의하여 부담의 내용을 협약의 형식으로 미리 정한 다음 행정처분을 하면서 이를 부가할 수도 있다**(대판 2009.2.12. 2005다65500).

13 ①

① (✗) **직위해제처분**은 구 행정절차법 제3조 제2항 제9호, 동법 시행령 제2조 제3호에 의하여 **당해 행정작용의 성질상 행정절차를 거치기 곤란하거나 불필요하다고 인정되는 사항 또는 행정절차에 준하는 절차를 거친 사항에 해당**하므로, 처분의 사전통지 및 의견청취 등에 관한 행정절차법의 규정이 별도로 적용되지 아니한다(대판 2014.5.16. 2012두26180).

② (○) 행정절차법 제23조 제1항은 행정청이 처분을 하는 때에는 당사자에게 그 근거와 이유를 제시하도록 규정하고 있는데, 이는 행정청의 자의적 결정을 배제하고 당사자로 하여금 행정구제절차에서 적절히 대처할 수 있도록 하는 데 그 취지가 있다. 따라서 처분서에 기재된 내용과 관계 법령 및 당해 처분에 이르기까지의 **전체적인 과정 등을 종합적으로 고려하여, 처분 당시 당사자가 어떠한 근거와 이유로 처분이 이루어진 것인지를 충분히 알 수 있어서 그에 불복하여 행정구제절차로 나아가는 데에 별다른 지장이 없었던 것으로 인정되는 경우에는 처분서에 처분의 근거와 이유가 구체적으로 명시되어 있지 않았다 하더라도 그로 말미암아 그 처분이 위법한 것으로 된다고 할 수는 없다**(대판 2022.3.31. 2021두49888).

③ (O)

> **행정절차법 38조의2(온라인공청회)**
> ① 행정청은 제38조에 따른 공청회와 병행하여서만 정보통신망을 이용한 공청회(이하 "온라인공청회"라 한다)를 실시할 수 있다.
> ② 제1항에도 불구하고 다음 각 호의 어느 하나에 해당하는 경우에는 **온라인공청회를 단독으로 개최할 수 있다.**
>   1. 국민의 생명·신체·재산의 보호 등 국민의 안전 또는 권익보호 등의 이유로 제38조에 따른 공청회를 개최하기 어려운 경우
>   2. 제38조에 따른 **공청회가 행정청이 책임질 수 없는 사유로 개최되지 못하거나 개최는 되었으나 정상적으로 진행되지 못하고 무산된 횟수가 3회 이상**인 경우
>   3. 행정청이 널리 의견을 수렴하기 위하여 온라인공청회를 단독으로 개최할 필요가 있다고 인정하는 경우. 다만, 제22조 제2항 제1호 또는 제3호에 따라 공청회를 실시하는 경우는 제외한다.

④ (O) 행정절차법 제2조 제4호에 의하면, '당사자 등'이란 행정청의 처분에 대하여 직접 그 상대가 되는 당사자와 행정청이 직권 또는 신청에 의하여 행정절차에 참여하게 한 이해관계인을 의미하는데, 같은 법 제9조에서는 자연인, 법인, 법인 아닌 사단 또는 재단 외에 '다른 법령 등에 따라 권리·의무의 주체가 될 수 있는 자' 역시 '당사자 등'이 될 수 있다고 규정하고 있을 뿐, 국가를 '당사자 등'에서 제외하지 않고 있다. 또한 행정절차법 제3조 제2항에서 행정절차법이 적용되지 아니하는 사항을 열거하고 있는데, '국가를 상대로 하는 행정행위'는 그 예외사유에 해당하지 않는다. 위와 같은 행정절차법의 규정과 행정의 공정성·투명성 및 신뢰성 확보라는 행정절차법의 입법 취지 등을 고려해 보면, **행정기관의 처분에 의하여 불이익을 입게 되는 국가를 일반 국민과 달리 취급할 이유가 없다. 따라서 국가에 대한 행정처분을 함에 있어서도 앞서 본 사전 통지, 의견청취, 이유 제시와 관련한 행정절차법이 그대로 적용된다**고 보아야 한다(대판 2023.9.21. 2023두39724).

14 ④

> **공공기관의 정보공개에 관한 법률 제12조(정보공개심의회)**
> ① 국가기관, 지방자치단체, 「공공기관의 운영에 관한 법률」 제5조에 따른 공기업 및 준정부기관, 「지방공기업법」에 따른 **지방공사 및 지방공단**(이하 "국가기관등"이라 한다)은 제11조에 따른 정보공개 여부 등을 심의하기 위하여 정보공개심의회(이하 "심의회"라 한다)를 설치·운영한다. 이 경우 국가기관등의 규모와 업무성격, 지리적 여건, 청구인의 편의 등을 고려하여 소속 상급기관(지방공사·지방공단의 경우에는 해당 지방공사·지방공단을 설립한 지방자치단체를 말한다)에서 협의를 거쳐 심의회를 통합하여 설치·운영할 수 있다.
> ② 심의회는 **위원장 1명을 포함하여 5명 이상 7명 이하의 위원**으로 구성한다.
> ③ 심의회의 위원은 **소속 공무원, 임직원 또는 외부 전문가**로 지명하거나 위촉하되, 그 중 **3분의 2는 해당 국가기관등의 업무 또는 정보공개의 업무에 관한 지식을 가진 외부 전문가**로 위촉하여야 한다. 다만, 제9조 제1항 제2호 및 제4호에 해당하는 업무를 주로 하는 국가기관은 그 국가기관의 장이 외부 전문가의 위촉 비율을 따로 정하되, 최소한 3분의 1 이상은 외부 전문가로 위촉하여야 한다.
> ④ 심의회의 **위원장은 위원 중에서** 국가기관등의 장이 지명하거나 위촉한다.

15 ②

① (×)

> **질서위반행위규제법 제10조(심신장애)**
> ① 심신(心神)장애로 인하여 행위의 옳고 그름을 판단할 능력이 없거나 그 판단에 따른 행위를 할 능력이 없는 자의 질서위반행위는 과태료를 부과하지 아니한다.
> ② 심신장애로 인하여 제1항에 따른 능력이 미약한 자의 질서위반행위는 과태료를 감경한다.
> ③ **스스로 심신장애 상태를 일으켜 질서위반행위를 한 자**에 대하여는 **제1항 및 제2항을 적용하지 아니한다.**

② (○) **통고처분은 상대방의 임의의 승복을 그 발효요건으로 하기 때문에 그 자체만으로는 통고이행을 강제하거나 상대방에게 아무런 권리의무를 형성하지 않으므로** 행정심판이나 행정소송의 대상으로서의 처분성을 부여할 수 없고, 통고처분에 대하여 이의가 있으면 통고내용을 이행하지 않음으로써 고발되어 형사재판절차에서 통고처분의 위법·부당함을 얼마든지 다툴 수 있기 때문에 관세법 제38조 제3항 제2호가 법관에 의한 재판받을 권리를 침해한다든가 적법절차의 원칙에 저촉된다고 볼 수 없다(헌재 1998.5.28. 96헌바4).

③ (×) 질서위반행위규제법 제3조(법 적용의 시간적 범위) ② 질서위반행위 후 법률이 변경되어 그 행위가 질서위반행위에 해당하지 아니하게 되거나 과태료가 변경되기 전의 법률보다 가볍게 된 때에는 법률에 특별한 규정이 없는 한 **변경된 법률**을 적용한다.

④ (×) 지방자치단체가 그 고유의 자치사무를 처리하는 경우 지방자치단체는 **국가기관의 일부가 아니라 국가기관과는 별도의 독립한 공법인으로서 양벌규정에 의한 처벌대상이 되는 법인에 해당**한다(대판 2009.6.11. 2008도6530등).

16 ③

③ (×) 관계 법령상 행정대집행의 절차가 인정되어 행정청이 행정대집행의 방법으로 건물의 철거 등 대체적 작위의무의 이행을 실현할 수 있는 경우에는 따로 민사소송의 방법으로 그 의무의 이행을 구할 수 없다. 한편 **건물의 점유자가 철거의무자일 때에는 건물철거의무에 퇴거의무도 포함되어 있는 것이어서 별도로 퇴거를 명하는 집행권원이 필요하지 않다**(대판 2017.4.28. 2016다213916).

① (○) 계고서라는 명칭의 1장의 문서로서 일정기간 내에 위법건축물의 자진철거를 명함과 동시에 그 소정기한 내에 자진철거를 하지 아니할 때에는 대집행할 뜻을 미리 계고한 경우라도 **건축법에 의한 철거명령과 행정대집행법에 의한 계고처분은 독립하여 있는 것으로서 각 그 요건이 충족되었다**고 볼 것이다(대판 1992.6.12. 91누13564).

② (○) 피고들이 아무런 권원 없이 이 사건 시설물을 설치함으로써 이 사건 토지를 불법점유 하고 있는 이상, 특별한 사정이 없는 한, 국가로서는 소유권에 기한 방해배제청구권을 행사하여 피고들에 대하여 이 사건 시설물의 철거 및 이 사건 토지의 인도를 구할 수 있다고 할 것이나, 이 사건 토지는 잡종재산인 국유재산으로서, 국유재산법 제52조는 "정당한 사유 없이 국유재산을 점유하거나 이에 시설물을 설치한 때에는 행정대집행법을 준용하여 철거 기타 필요한 조치를 할 수 있다."고 규정하고 있으므로, 관리권자인 보령시장으로서는 행정대집행의 방법으로 이 사건 시설물을 철거할 수 있고, 이러한 행정대집행의 절차가 인정되는 경우에는 따로 민사소송의 방법으로 피고들에 대하여 이 사건 시설물의 철거를 구하는 것은 허용되지 않는다고 할 것이다. 다만, **관리권자인 보령시장이 행정대집행을 실시하지 아니하는 경우 국가에 대하여 이 사건 토지 사용청구권을 가지는 원고로서는 위 청구권을 보전하기 위하여 국가를 대위하여 피고들을 상대로 민사소송의 방법으로 이 사건 시설물의 철거를 구하는 이외에는 이를 실현할 수 있는 다른 절차와 방법이 없어 그 보전의 필요성이 인정되므로, 원고는 국가를 대위하여 피고들을 상대로 민사소송의 방법으로 이 사건 시설물의 철거를 구할 수 있다**고 보아야 할 것이고, 한편 이 사건 청구 중 이 사건 토지 인도청구 부분에 대하여는 관리권자인 보령시장으로서도 행정대집행의 방법으로 이를 실현할 수 없으므로, 원고는 당연히 국가를 대위하여 피

고들을 상대로 민사소송의 방법으로 이 사건 토지의 인도를 구할 수 있다고 할 것이다(대판 2009.6.11. 2009다1122).
④ (○) 행정대집행법상 대집행의 대상이 되는 대체적 작위의무는 공법상 의무이어야 할 것인데, 구 공공용지의 취득 및 손실보상에 관한 특례법에 따른 토지 등의 **협의취득은 공공사업에 필요한 토지 등을 그 소유자와의 협의에 의하여 취득하는 것으로서 공공기관이 사경제주체로서 행하는 사법상 매매 내지 사법상 계약의 실질을 가지는 것**이므로, 그 협의취득시 건물소유자가 매매대상 건물에 대한 철거의무를 부담하겠다는 취지의 약정을 하였다고 하더라도 이러한 철거의무는 공법상의 의무가 될 수 없고, 이 경우에도 행정대집행법을 준용하여 대집행을 허용하는 별도의 규정이 없는 한 위와 같은 철거의무는 행정대집행법에 의한 대집행의 대상이 되지 않는다(대판 2006.10.13. 2006두7096).

17 ①

① (×) 판례는 **사전영장주의가 원칙적으로 적용되어야 한다고 하면서도 급박한 상황에 대처하기 위한 것으로서 그 불가피성과 정당성이 충분히 인정되는 경우에는 예외를 인정**한다. ☞ 이 사건 법률조항은 앞에서 본 바와 같이 급박한 상황에 대처하기 위한 것으로서 그 불가피성과 정당성이 충분히 인정되는 경우이므로, 이 사건 법률조항이 영장 없는 수거를 인정한다고 하더라도 이를 두고 헌법상 영장주의에 위배되는 것으로는 볼 수 없고, 위 구 음반·비디오물및게임물에관한법률 제24조 제4항에서 관계공무원이 당해 게임물 등을 수거한 때에는 그 소유자 또는 점유자에게 수거증을 교부하도록 하고 있고, 동조 제6항에서 수거 등 처분을 하는 관계공무원이나 협회 또는 단체의 임·직원은 그 권한을 표시하는 증표를 지니고 관계인에게 이를 제시하도록 하는 등의 절차적 요건을 규정하고 있으므로, 이 사건 법률조항이 적법절차의 원칙에 위배되는 것으로 보기도 어렵다(헌재 2002.10.31. 2000헌가12).

② (○)

> **행정기본법 제33조(즉시강제)** ① 즉시강제는 **다른 수단으로는 행정목적을 달성할 수 없는 경우에만 허용**되며, 이 경우에도 **최소한으로만 실시**하여야 한다.

③ (○) 이 사건 법률조항의 입법목적은 등급분류를 받지 아니하거나 등급분류를 받은 게임물과 다른 내용의 게임물(이하 "불법게임물"이라 한다)의 유통을 방지함으로써 게임물의 등급분류제를 정착시키고, 나아가 불법게임물로 인한 사행성의 조장을 억제하여 건전한 사회기풍을 조성하기 위한 것으로서 그 입법목적의 정당성이 인정되고, 이 사건 법률조항에서 **불법게임물을 즉시 수거·폐기할 수 있도록 하는 행정상 즉시강제**의 근거를 규정한 것은 위와 같은 입법목적을 달성하기 위한 적절한 수단의 하나가 될 수 있다(헌재 2002.10.31. 2000헌가12).

④ (○) **행정상 즉시강제**는 개별·구체적인 의무부과행위와 의무의 불이행을 전제로 하지 않고 이루어지는 실력행사이나, **강제집행**은 선행의 구체적 의무의 불이행을 전제로 한다. 다만 양자는 국민의 신체 또는 재산에 직접 실력을 행사하는 사실행위인 점에서는 동일하다.

18 ④

④ (×) 도로의 유지·관리에 관한 상위 지방자치단체의 행정권한이 행정권한 위임조례로 하위 지방자치단체장에게 위임되었다면 그것은 기관위임이지 단순한 내부위임이 아니다. **기관위임의 경우 위임받은 하위 지방자치단체장은 상위 지방자치단체 산하 행정기관의 지위에서 그 사무를 처리하는 것이므로 사무귀속의 주체가 달라진다고 할 수 없다.** 따라서 **하위 지방자치단체장을 보조하는 그 지방자치단체 소속 공무원이 위임사무를 처리하면서 고의 또는 과실로 타인에게 손해를 가하거나 위임사무로 설치·관리하는 영조물의 하자로 타인에게 손해를 발생하게 한 경우에는 권한을 위임한 상위 지방자치단체가 그 손해배상책임을 진다**(대판 2017.9.21. 2017다223538).

① (O)

> 국가배상법 제3조(배상기준) ④ 생명·신체에 대한 침해와 물건의 멸실·훼손으로 인한 손해 외의 손해는 불법행위와 상당한 인과관계가 있는 범위에서 배상한다.

② (O)

> 국가배상법 제10조(배상심의회) ① 국가나 지방자치단체에 대한 배상신청사건을 심의하기 위하여 법무부에 본부심의회를 둔다. 다만, 군인이나 군무원이 타인에게 입힌 손해에 대한 배상신청사건을 심의하기 위하여 국방부에 특별심의회를 둔다.

③ (O)

> 국가배상법 제2조(배상책임) ① 국가나 지방자치단체는 공무원 또는 공무를 위탁받은 사인(이하 "공무원"이라 한다)이 직무를 집행하면서 고의 또는 과실로 법령을 위반하여 타인에게 손해를 입히거나, 「자동차손해배상 보장법」에 따라 손해배상의 책임이 있을 때에는 이 법에 따라 그 손해를 배상하여야 한다. 다만, 군인·군무원·경찰공무원 또는 예비군대원이 전투·훈련 등 직무 집행과 관련하여 전사(戰死)·순직(殉職)하거나 공상(公傷)을 입은 경우에 본인이나 그 유족이 다른 법령에 따라 재해보상금·유족연금·상이연금 등의 보상을 지급받을 수 있을 때에는 이 법 및 「민법」에 따른 손해배상을 청구할 수 없다.

19 ③

① (✕) 직접효력설은 헌법 제23조 제3항이 국민에 대하여 직접효력을 가지므로 헌법에 직접 근거하여 손실보상청구가 가능하다는 견해이므로, 같은 조항의 재산권의 수용·사용·제한규정과 보상규정을 불가분조항(결부조항)으로 보지 않는다.

② (✕) 여기서의 재산권이란 소유권은 물론이고, 그밖에 법에 의해 보호되는 모든 재산적 가치 있는 권리를 말한다. 이러한 재산권에는 물권·채권·유가증권·무체재산권을 포함하며, 공법상 권리·사법상 권리인가를 가리지 않는다(대판 1989.6.13. 88누5495).

③ (O) 헌법 제23조 제3항에서 규정하고 있는 '공공필요'는 국민의 재산권을 그 의사에 반하여 강제적으로라도 취득해야 할 공익적 필요성을 의미하고, 따라서 '공공필요'의 개념은 '공익성'과 '필요성'이라는 요소로 구성되어 있다. 그 중 '공익성'은 추상적인 공익 일반 또는 국가의 이익 이상의 중대한 공익을 요구하므로 기본권 일반의 제한사유인 '공공복리'보다 좁게 보는 것이 타당하다(헌재 2014.10.30. 2011헌바172).

④ (✕) 특별희생설에 의하면 사인의 재산권에 발생한 특별한 희생을 재산권보장과 사회적 공평부담의 관점에서 조절적으로 행하는 보상을 하는 것이므로 재산권 행사의 제약정도가 재산권의 사회적 제약에 해당하는 경우에는 손실보상을 요하지 않게 된다. 따라서 공공복지와 개인의 권리 사이에 충돌이 있는 경우, 개인의 권리보다 공공복지가 우선하게 된다.

20 ③

③ (✕) 재결에 판결에서와 같은 기판력이 인정되는 것은 아니어서 재결이 확정된 경우에도 처분의 기초가 된 사실관계나 법률적 판단이 확정되고 당사자들이나 법원이 이에 기속되어 모순되는 주장이나 판단을 할 수 없게 되는 것은 아니다(대판 2015.11.27. 2013다6759).

① (O) 헌법 제107조 제3항은, 행정심판의 심리절차에서 대심구조적 사법절차가 준용되어야 한다는 취지일 뿐, 심급제에 따른 불복할 권리까지 준용되어야 한다는 의미는 아니다. 또한 기본권의 수범자 사이의 의견충돌에

대하여도 사법부가 최종적으로 판단할 권한을 가져야 한다거나 국민에 대한 공권력 행사자에게까지 사법부의 판단을 받을 권리를 보장해야 한다고 볼 수도 없다. 따라서 심판대상조항이 정보공개에 있어 **기본권 수범자의 지위에 있는 서울대학교 등 국립대학법인으로 하여금 행정심판의 인용재결에 기속되도록 정한 것이 헌법 제107조 제3항에 위반된다고 볼 수는 없다.** 이 사건에서 서울대학교는 국민의 알 권리를 보장해야 할 기본권 수범자의 지위에 있다는 점에서 국가나 지방자치단체 등 다른 공공기관과 본질적으로 다른 집단이라고 보기 어려우므로, 평등원칙 위반 주장은 이유 없다. 이상과 같은 이유로 심판대상조항은 헌법에 위반되지 아니한다(헌재 2023.3.23. 2018헌바385).

② (O) 당사자의 신청을 받아들이지 않은 **거부처분이 재결에서 취소된 경우에 행정청은 종전 거부처분 또는 재결 후에 발생한 새로운 사유를 내세워 다시 거부처분을 할 수 있다.** 그 재결의 취지에 따라 이전의 신청에 대하여 다시 어떠한 처분을 하여야 할지는 처분을 할 때의 법령과 사실을 기준으로 판단하여야 하기 때문이다(대판 2017.10.31. 2015두45045).

④ (O) 행정심판법 제49조(재결의 기속력 등) ② 재결에 의하여 **취소되거나 무효 또는 부존재로 확인되는 처분이 당사자의 신청을 거부하는 것을 내용으로 하는 경우**에는 그 처분을 한 행정청은 **재결의 취지에 따라 다시 이전의 신청에 대한 처분**을 하여야 한다.

21 ②

> 행정소송법 제18조(행정심판과의 관계) ③ 제1항 단서의 경우에 다음 각호의 1에 해당하는 사유가 있는 때에는 **행정심판을 제기함이 없이 취소소송을 제기**할 수 있다.
> 1. 동종사건에 관하여 이미 행정심판의 기각재결이 있은 때
> 2. 서로 내용상 관련되는 처분 또는 같은 목적을 위하여 단계적으로 진행되는 처분중 어느 하나가 이미 행정심판의 재결을 거친 때
> 3. **행정청이 사실심의 변론종결후 소송의 대상인 처분을 변경하여 당해 변경된 처분에 관하여 소를 제기하는 때**
> 4. 처분을 행한 행정청이 행정심판을 거칠 필요가 없다고 잘못 알린 때

22 ①

① (×) **한의사 면허는 경찰금지를 해제하는 명령적 행위(강학상 허가)**에 해당하고, **한약조제시험을 통하여 약사에게 한약조제권을 인정함으로써 한의사들의 영업상 이익이 감소되었다고 하더라도 이러한 이익은 사실상의 이익에 불과**하고 약사법이나 의료법 등의 법률에 의하여 보호되는 이익이라고는 볼 수 없으므로, 한의사들이 한약조제시험을 통하여 한약조제권을 인정받은 약사들에 대한 합격처분의 무효확인을 구하는 당해 소는 원고적격이 없는 자들이 제기한 소로서 부적법하다(대판 1998.3.10. 97누4289).

② (O) **사단법인 대한의사협회**는 의료법에 의하여 의사들을 회원으로 하여 설립된 사단법인으로서, **국민건강보험법상 요양급여행위, 요양급여비용의 청구 및 지급과 관련하여 직접적인 법률관계를 갖지 않고 있으므로, 보건복지부 고시인 '건강보험요양급여행위 및 그 상대가치점수 개정'으로 인하여 자신의 법률상 이익을 침해당하였다고 할 수 없으므로** 위 고시의 취소를 구할 원고적격이 없다(대판 2006.5.25. 2003두11988).

③ (O) 조성면적 10만㎡ 이상이어서 환경영향평가대상사업에 해당하는 당해 국립공원 집단시설지구개발사업에 관하여 당해 변경승인 및 허가처분을 함에 있어서는 반드시 자연공원법령 및 환경영향평가법령 소정의 환경영향평가를 거쳐서 그 환경영향평가의 협의내용을 사업계획에 반영시키도록 하여야 하는 것이니 만큼 **자연공원법령뿐 아니라 환경영향평가법령도 당해 변경승인 및 허가처분에 직접적인 영향을 미치는 근거 법률**이 된다(대판 1998.4.24. 97누3286).

④ (O) 제3자효를 수반하는 행정행위에 대한 행정심판청구에 있어서 그 청구를 인용하는 내용의 재결로 인하

여 비로소 권리이익을 침해받게 되는 자(예컨대, 제3자가 행정심판청구인인 경우의 행정처분 상대방 또는 행정처분 상대방이 행정심판청구인인 경우의 제3자)는 **재결의 당사자가 아니라고 하더라도 그 인용재결의 취소를 구하는 소를 제기할 수 있으나**, 그 인용재결로 인하여 새로이 어떠한 권리이익도 침해받지 아니하는 자인 경우에는 그 재결의 취소를 구할 소의 이익이 없다(대판 1995.6.13. 94누15592).

23 ②

① (×) 행정소송법 제3조와 제4조가 <u>행정청의 부작위가 위법하다는 것을 확인하는 소송을 규정하고 있을 뿐 행정청의 부작위에 대하여 일정한 처분을 하도록 하는 의무이행소송에 관하여는 규정하고 있지 아니하여</u>, 행정청의 위법 또는 부당한 부작위에 대하여 일정한 처분을 하도록 청구하는 소송을 허용하지 아니한 것이, 국민의 재산권을 보장한 헌법 제23조에 위배된다고 볼 수 없다(대판 1992.12.22. 92누13929).

② (○)

> **행정소송법 제16조(제3자의 소송참가)**
> ① 법원은 소송의 결과에 따라 권리 또는 이익의 침해를 받을 제3자가 있는 경우에는 당사자 또는 **제3자의 신청 또는 직권**에 의하여 결정으로써 그 제3자를 소송에 참가시킬 수 있다.
> ② 법원이 제1항의 규정에 의한 결정을 하고자 할 때에는 미리 당사자 및 제3자의 의견을 들어야 한다.

③ (×)

> **행정소송법 제6조(명령·규칙의 위헌판결등 공고)**
> ① 행정소송에 대한 대법원판결에 의하여 명령·규칙이 헌법 또는 법률에 위반된다는 것이 확정된 경우에는 대법원은 지체 없이 그 사유를 행정안전부장관에게 통보하여야 한다.
> ② 제1항의 규정에 의한 통보를 받은 행정안전부장관은 **지체 없이** 이를 관보에 게재하여야 한다.

④ (×)

> **행정소송법 제25조(행정심판기록의 제출명령)**
> ① 법원은 당사자의 신청이 있는 때에는 결정으로써 재결을 행한 행정청에 대하여 행정심판에 관한 기록의 제출을 **명할 수 있다**.
> ② 제1항의 규정에 의한 제출명령을 받은 행정청은 지체 없이 당해 행정심판에 관한 기록을 법원에 제출하여야 한다.

24 ①

① (×) 지방자치법 제138조에 따른 분담금 제도의 취지와 균등분 주민세 제도와의 관계 등을 고려하면, 지방자치법 제138조에 따른 분담금 납부의무자인 '주민'은 균등분 주민세의 납부의무자인 '주민'과 기본적으로 동일하되, 다만 '지방자치단체의 재산 또는 공공시설의 설치로 주민의 일부가 특히 이익을 받은 경우'로 한정된다는 차이점이 있을 뿐이다. 따라서 법인의 경우 해당 지방자치단체의 구역 안에 주된 사무소 또는 본점을 두고 있지 않더라도 '사업소'를 두고 있다면 지방자치법 제138조에 따른 분담금 납부의무자인 '주민'에 해당한다(대판 2021.4.29. 2016두45240).

② (○) 지방자치단체의 구역에 주소를 가진 자는 그 지방자치단체의 주민이 된다(지방자치법 제16조).

③ (○) 주민은 법령으로 정하는 바에 따라 소속 지방자치단체의 재산과 공공시설을 이용할 권리와 그 지방자치단체로부터 균등하게 행정의 혜택을 받을 권리를 가진다(지방자치법 제17조 제2항).

④ (○) 주민은 지방자치단체의 조례를 제정하거나 개정하거나 폐지할 것을 청구할 수 있다(지방자치법 제19조 제1항).

25 ③

① (✗) 직위해제는 징계의 종류가 아니다.
② (✗) 공무원징계령 제7조 제6항 제3호에 의하면, 공무원에 대한 징계의결을 요구할 때는 징계사유의 증명에 필요한 관계 자료뿐 아니라 '감경대상 공적 유무' 등이 기재된 확인서를 징계위원회에 함께 제출하여야 하고, 경찰 공무원 징계양정 등에 관한 규칙 제9조 제1항 제2호 및 [별표 10]에 의하면 경찰청장의 표창을 받은 공적은 징계양정에서 감경할 수 있는 사유의 하나로 규정되어 있다. 위와 같은 관계 법령의 규정 및 기록에 비추어 보면, **징계위원회의 심의과정에 반드시 제출되어야 하는 공적 사항이 제시되지 않은 상태에서 결정한 징계처분은 징계양정이 결과적으로 적정한지 그렇지 않은지와 상관없이 법령이 정한 징계절차를 지키지 않은 것으로서 위법**하다(대판 2012.6.28. 2011두20505).
③ (○) 국가공무원법 제70조 제1항 제3호는 직제와 정원의 개폐 또는 예산의 감소 등에 의하여 폐직 또는 과원이 되었을 때에는 임용권자는 공무원을 직권에 의하여 면직시킬 수 있다고 규정하는 한편, 같은 조 제3항에서 임용권자는 임용형태·업무실적·직무수행능력·징계처분사실 등을 고려하여 면직기준을 정하도록 규정하고 있는바, 이는 합리적인 면직기준을 구체적으로 법률로 규정하여 객관적이고 공정한 기준에 의하지 아니한 자의적인 직권면직을 제한함으로써 직업공무원의 신분을 두텁게 보장하려는 데 그 취지가 있다고 할 것이므로, 위 법조항에 정해진 기준인 **'임용형태·업무실적·직무수행능력·징계처분사실'을 고려하지 아니한 채 이와는 다른 기준을 정하여 한 면직처분은 이를 정당화할 만한 특별한 사정이 없는 한 위법하다**고 보아야 한다. 국립대학교총장이 기능직공무원을 단지 '휴직자와 정년이 가까운 자'를 면직 우선 대상자로 한다는 기준만을 정하여 면직처분을 한 경우, 이는 국가공무원법 제70조 제3항의 규정에 반하는 위법한 처분이다(대판 2002.9.27. 2002두3775).
④ (✗) 지방공무원의 징계와 관련된 규정을 종합해 보면, 징계권자이자 임용권자인 지방자치단체장은 소속 공무원의 구체적인 행위가 과연 지방공무원법 제69조 제1항에 규정된 **징계사유에 해당하는지 여부에 관하여 판단할 재량은 있지만, 징계사유에 해당하는 것이 명백한 경우에는 관할 인사위원회에 징계를 요구할 의무**가 있다(대판 2007.7.12. 2006도1390).

제3회 소방승진 행정법 최종모의고사 정답 및 해설

01	02	03	04	05	06	07	08	09	10
③	③	④	②	③	③	①	④	②	②
11	12	13	14	15	16	17	18	19	20
④	①	③	②	②	③	④	④	③	③
21	22	23	24	25					
②	①	③	①	②					

01 ③

③ (✗) 행정지도도 행정작용의 일종이므로 행정청의 일반적인 존립과 활동의 근거가 되는 조직법적 근거는 있어야 하나, **행정지도는 비권력적 사실행위이므로 원칙적으로 법률의 근거(작용법적 근거)를 요하지 아니한다**.

① (○) **토지등소유자가 도시환경정비사업을 시행하는 경우 사업시행인가 신청시 필요한 토지등소유자의 동의**는, 개발사업의 주체 및 정비구역 내 토지등소유자를 상대로 수용권을 행사하고 각종 행정처분을 발할 수 있는 행정주체로서의 지위를 가지는 사업시행자를 지정하는 문제로서, 그 **동의요건을 정하는 것은 국민의 권리와 의무의 형성에 관한 기본적이고 본질적인 사항**이므로 국회가 스스로 행하여야 하는 사항에 속하는 것임에도 불구하고, 사업시행인가 신청에 필요한 동의정족수를 토지등소유자가 자치적으로 정하여 운영하는 규약에 정하도록 한 것은 법률유보원칙에 위반된다(헌재 2012.4.24. 2010헌바1).

② (○) 갑 광역시의회가 '상임(특별)위원회 행정업무보조 기간제근로자 42명에 대한 보수 예산안'을 포함한 2012년도 광역시 예산안을 재의결하여 확정한 사안에서, 위 근로자의 담당 업무, 채용규모 등을 종합해 보면, 지방의회에서 위 근로자를 두어 의정활동을 지원하는 것은 **실질적으로 유급보좌인력을 두는 것과 마찬가지여서 개별 지방의회에서 정할 사항이 아니라 국회의 법률로 규정하여야 할 입법사항에 해당**하는데, 지방자치법이나 다른 법령에 위 근로자를 지방의회에 둘 수 있는 법적 근거가 없으므로, 위 예산안 중 '상임(특별)위원회 운영 기간제근로자 등 보수' 부분은 법령 및 조례로 정하는 범위에서 지방자치단체의 경비를 산정하여 예산에 계상하도록 한 지방재정법 제36조 제1항의 규정에 반하고, 이에 관하여 한 재의결은 효력이 없다(대판 2013.1.16. 2012추84).

④ (○) 법률유보의 원칙은 '법률에 의한' 규율만을 뜻하는 것이 아니라 '법률에 근거한' 규율을 요청하는 것이므로 **기본권 제한의 형식이 반드시 법률의 형식일 필요는 없고 법률에 근거를 두면서 헌법 제75조가 요구하는 위임의 구체성과 명확성을 구비**하기만 하면 위임입법에 의하여도 기본권을 제한할 수 있다(헌재 2016.4.28. 2012헌마549).

02 ③

③ (✗) 신뢰보호원칙은 행정법의 일반원칙으로서, 신뢰보호원칙의 적용대상이 되는 선행조치에는 법령·행정규칙·합의·확약·행정계획·행정지도 기타 **국가의 모든 행정작용이 포함**된다.

① (○) 실효의 원칙이 적용되기 위하여 필요한 요건으로서의 실효기간의 길이와 의무자인 상대방이 권리가 행사되지 아니하리라고 신뢰할 만한 정당한 사유가 있었는지의 여부는 일률적으로 판단할 수 있는 것이 아니라 **구체적인 경우마다 권리를 행사하지 아니한 기간의 장단과 함께 권리자측과 상대방측 쌍방의 사정 및 객관적으로 존재한 사정 등을 모두 고려하여 사회통념에 따라 합리적으로 판단**하여야 할 것이다. 근로자가 사직원의 작성·제출이 자신이 아닌 그의 형에 의하여 이루어졌음을 이유로 의원면직의 무효확인을 구하는 사안에서, 근로자의 형이 사직원을 제출하게 된 경위 및 근로자가 아무런 이의 없이 퇴직금을 수령한 점 등 제

반 사정에 비추어 볼 때, 의원면직일로부터 5년 여가 경과한 후에 위와 같은 소를 제기하는 것은 신의칙 내지 금반언의 원칙에 반하는 것으로서 부적법하다(대판 2005.10.28. 2005다45827).
② (O) 행정규칙이 법령의 규정에 의하여 행정관청에 법령의 구체적 내용을 보충할 권한을 부여한 경우, 또는 **재량권행사의 준칙인 규칙이 그 정한 바에 따라 되풀이 시행되어 행정관행이 이룩되게 되면, 평등의 원칙이나 신뢰보호의 원칙에 따라** 행정기관은 그 상대방에 대한 관계에서 그 규칙에 따라야할 자기구속을 당하게 되고, 그러한 경우에는 대외적인 구속력을 가지게 된다 할 것이다(헌재 1990.9.3. 90헌마13).
④ (O) **필요성 원칙**은 목적달성에 적합한 수단 가운데 국민의 권리나 이익침해가 가장 적은 수단을 선택해야 함을 의미한다. **최소침해의 원칙**이라고도 한다.

03 ④

① (O)

> 행정기본법 제14조(법 적용의 기준) ③ **법령등을 위반한 행위의 성립과 이에 대한 제재처분은 법령등에 특별한 규정이 있는 경우를 제외하고는 법령등을 위반한 행위 당시의 법령등에 따른다.** 다만, 법령등을 위반한 행위 후 법령등의 변경에 의하여 그 행위가 법령등을 위반한 행위에 해당하지 아니하거나 제재처분 기준이 가벼워진 경우로서 해당 법령등에 특별한 규정이 없는 경우에는 변경된 법령등을 적용한다.

② (O)

> 행정기본법 제7조(법령등 시행일의 기간 계산) 법령등(훈령 · 예규 · 고시 · 지침 등을 포함한다. 이하 이 조에서 같다)의 시행일을 정하거나 계산할 때에는 다음 각 호의 기준에 따른다.
> 1. 법령등을 공포한 날부터 시행하는 경우에는 공포한 날을 시행일로 한다.
> 2. 법령등을 공포한 날부터 일정 기간이 경과한 날부터 시행하는 경우 법령등을 공포한 날을 첫날에 산입하지 아니한다.
> 3. **법령등을 공포한 날부터 일정 기간이 경과한 날부터 시행하는 경우 그 기간의 말일이 토요일 또는 공휴일인 때에는 그 말일로 기간이 만료**한다.

③ (O), ④ (X)

> 법령 등 공포에 관한 법률 제11조(공포 및 공고의 절차)
> ① 헌법개정·법률·조약·대통령령·총리령 및 부령의 공포와 헌법개정안·예산 및 예산 외 국고부담계약의 공고는 관보(관보)에 게재함으로써 한다.
> ② 「국회법」 제98조 제3항 전단에 따라 하는 **국회의장의 법률 공포는 서울특별시에서 발행되는 둘 이상의 일간신문에 게재함**으로써 한다.
> ③ 제1항에 따른 관보는 종이로 발행되는 관보(이하 "종이관보"라 한다)와 전자적인 형태로 발행되는 관보(이하 "전자관보"라 한다)로 운영한다.
> ④ **관보의 내용 해석 및 적용 시기 등에 대하여 종이관보와 전자관보는 동일한 효력을 가진다.**

04 ②

② (X) 행정청이 구 식품위생법 규정에 의하여 영업자지위승계신고를 수리하는 처분은 종전의 영업자의 권익을 제한하는 처분이라 할 것이고 따라서 종전의 영업자는 그 처분에 대하여 직접 그 상대가 되는 자에 해당

한다고 봄이 상당하므로, 행정청으로서는 위 신고를 수리하는 처분을 함에 있어서 **행정절차법 규정 소정의 당사자에 해당하는 종전의 영업자에 대하여 위 규정 소정의 행정절차를 실시하고 처분을 하여야 한다**(대판 2001.2.9. 2000도2050).

① (○) 석유사업법 제12조 제3항, 제9조 제1항, 제12조 제4항 등을 종합하면 석유판매업(주유소)허가는 소위 대물적 허가의 성질을 갖는 것이어서 그 사업의 양도도 가능하고 이 경우 양수인은 양도인의 지위를 승계하게 됨에 따라 양도인의 위 허가에 따른 권리의무가 양수인에게 이전되는 것이므로 만약 **양도인에게 그 허가를 취소할 위법사유가 있다면 허가관청은 이를 이유로 양수인에게 응분의 제재조치를 취할 수 있다** 할 것이고, 양수인이 그 양수후 허가관청으로부터 석유판매업허가를 다시 받았다 하더라도 이는 석유판매업의 양수도를 전제로 한 것이어서 이로써 양도인의 지위승계가 부정되는 것은 아니므로 양도인의 귀책사유는 양수인에게 그 효력이 미친다(대판 1986.7.22. 86누203).

③ (○) 산림법 제90조의2 제1항, 제118조 제1항, 같은법시행규칙 제95조의2 등 산림법령이 수허가자의 명의변경제도를 두고 있는 취지는, 채석허가가 일반적·상대적 금지를 해제하여 줌으로써 채석행위를 자유롭게 할 수 있는 자유를 회복시켜 주는 것일 뿐 권리를 설정하는 것이 아니어서 관할 행정청과의 관계에서 수허가자의 지위의 승계를 직접 주장할 수는 없다 하더라도, 채석허가가 대물적 허가의 성질을 아울러 가지고 있고 수허가자의 지위가 사실상 양도·양수되는 점을 고려하여 수허가자의 지위를 사실상 양수한 양수인의 이익을 보호하고자 하는 데 있는 것으로 해석되므로, 수허가자의 지위를 양수받아 명의변경신고를 할 수 있는 양수인의 지위는 단순한 반사적 이익이나 사실상의 이익이 아니라 산림법령에 의하여 보호되는 직접적이고 구체적인 이익으로서 법률상 이익이라고 할 것이며, **채석허가가 유효하게 존속하고 있다는 것이 양수인의 명의변경신고의 전제가 된다는 의미에서 관할 행정청이 양도인에 대하여 채석허가를 취소하는 처분을 하였다면 이는 양수인의 지위에 대한 직접적 침해가 된다**고 할 것이므로 양수인은 채석허가를 취소하는 처분의 취소를 구할 법률상 이익을 가진다(대판 2003.7.11. 2001두6289).

④ (○) 식품위생법 제25조 제3항에 의한 영업양도에 따른 지위승계신고를 수리하는 허가관청의 행위는 단순히 양도·양수인 사이에 이미 발생한 사법상의 사업양도의 법률효과에 의하여 **양수인이 그 영업을 승계하였다는 사실의 신고를 접수하는 행위에 그치는 것이 아니라, 영업허가자의 변경이라는 법률효과를 발생시키는 행위**라고 할 것이다(대판 1995.2.24. 94누9146).

05 ③

③ (×) 전결과 같은 행정권한의 내부위임은 법령상 처분권자인 행정관청이 내부적인 사무처리의 편의를 도모하기 위하여 그의 보조기관 또는 하급 행정관청으로 하여금 그의 권한을 사실상 행사하게 하는 것으로서 법률이 위임을 허용하지 않는 경우에도 인정되는 것이므로, 설사 **행정관청 내부의 사무처리규정에 불과한 전결규정에 위반하여 원래의 전결권자 아닌 보조기관 등이 처분권자인 행정관청의 이름으로 행정처분을 하였다고 하더라도 그 처분이 권한 없는 자에 의하여 행하여진 무효의 처분이라고는 할 수 없다**(대판 1998.2.27. 97누1105).

① (○) 어떠한 **고시**가 일반적·추상적 성격을 가질 때에는 법규명령 또는 행정규칙에 해당할 것이지만, **다른 집행행위의 매개 없이 그 자체로서 직접 국민의 구체적인 권리의무나 법률관계를 규율하는 성격을 가질 때에는 행정처분**에 해당한다. - 보건복지부 고시인 약제급여·비급여목록 및 급여상한금액표(보건복지부 고시 제2002-46호로 개정된 것)는 다른 집행행위의 매개 없이 그 자체로서 국민건강보험가입자, 국민건강보험공단, 요양기관 등의 법률관계를 직접 규율하는 성격을 가지므로 항고소송의 대상이 되는 행정처분에 해당한다고 한 사례(대판 2006.9.22. 2005두2506).

② (○) **검찰보존사무규칙이 검찰청법 제11조에 기하여 제정된 법무부령이기는 하지만, 그 사실만으로 같은 규칙 내의 모든 규정이 법규적 효력을 가지는 것은 아니다.** 기록의 열람·등사의 제한을 정하고 있는 같은 규칙 제22조는 법률상의 위임근거가 없어 행정기관 내부의 사무처리준칙으로서 행정규칙에 불과하므로, 위 규칙상의 열람·등사의 제한을 공공기관의 정보공개에 관한 법률 제9조 제1항 제1호의 '다른 법률 또는 법률에 의한 명령에 의하여 비공개사항으로 규정된 경우'에 해당한다고 볼 수 없다(대판 2006.5.25. 2006두3049).

④ (O) 법령의 규정이 특정 행정기관에게 법령 내용의 구체적 사항을 정할 수 있는 권한을 부여하면서 권한행사의 절차나 방법을 특정하지 아니한 경우에는 수임 행정기관은 행정규칙이나 규정 형식으로 법령 내용이 될 사항을 구체적으로 정할 수 있다. 이 경우 행정규칙 등은 당해 법령의 위임한계를 벗어나지 않는 한 대외적 구속력이 있는 법규명령으로서 효력을 가지게 되지만, 이는 행정규칙이 갖는 일반적 효력이 아니라 행정기관에 법령의 구체적 내용을 보충할 권한을 부여한 법령 규정의 효력에 근거하여 예외적으로 인정되는 것이다. 따라서 그 **행정규칙이나 규정이 상위법령의 위임범위를 벗어난 경우에는 법규명령으로서 대외적 구속력을 인정할 여지는 없다.** 이는 행정규칙이나 규정 '내용'이 위임범위를 벗어난 경우뿐 아니라 상위법령의 위임규정에서 특정하여 정한 권한행사의 '절차'나 '방식'에 위배되는 경우도 마찬가지이므로, **상위법령에서 세부사항 등을 시행규칙으로 정하도록 위임하였음에도 이를 고시 등 행정규칙으로 정하였다면 그 역시 대외적 구속력을 가지는 법규명령으로서 효력이 인정될 수 없다**(대판 2012.7.5. 2010다72076).

06 ③

① (×)

> **행정절차법 제40조의2(확약)**
> ① 법령등에서 당사자가 신청할 수 있는 처분을 규정하고 있는 경우 행정청은 당사자의 신청에 따라 장래에 어떤 처분을 하거나 하지 아니할 것을 내용으로 하는 의사표시(이하 "확약"이라 한다)를 할 수 있다.
> ② 확약은 **문서**로 하여야 한다.

② (×) **본행정처분을 할 수 있는 권한을 가진 행정청**은 명문의 규정 없이도 확약을 할 수 있다(본처분권한내재설).

③ (O)

> **행정절차법 제40조의2(확약)**
> ④ 행정청은 다음 각 호의 어느 하나에 해당하는 경우에는 **확약에 기속되지 아니한다.**
>   1. 확약을 한 후에 **확약의 내용을 이행할 수 없을 정도로 법령등이나 사정이 변경된 경우**
>   2. 확약이 위법한 경우
> ⑤ 행정청은 확약이 제4항 각 호의 어느 하나에 해당하여 확약을 이행할 수 없는 경우에는 **지체 없이 당사자에게 그 사실을 통지**하여야 한다.

④ (×) 확약은 처분성이 부정되므로 취소소송의 대상이 되지 않는다. 따라서, 행정청의 확약에 대해 이해관계가 있는 제3자라도 취소소송으로 다툴 수 없다.

07 ①

① (×) 행정행위를 기속행위와 재량행위로 구분하는 경우 양자에 대한 사법심사는, **기속행위**의 경우 그 법규에 대한 원칙적인 기속성으로 인하여 **법원이 사실인정과 관련 법규의 해석·적용을 통하여 일정한 결론을 도출한 후 그 결론에 비추어 행정청이 한 판단의 적법 여부를 독자의 입장에서 판정**하는 방식에 의하게 되나, **재량행위**의 경우 행정청의 재량에 기한 공익판단의 여지를 감안하여 **법원은 독자의 결론을 도출함이 없이 당해 행위에 재량권의 일탈·남용이 있는지 여부만을 심사**하게 되고 이러한 재량권의 일탈·남용 여부에 대한 심사는 사실오인, 비례·평등의 원칙 위배 등을 그 판단 대상으로 한다(대판 2007.5.31. 2005두1329).

② (O) 구 교육공무원법 제44조 제1항 제7호는 '만 6세 이하의 초등학교 취학 전 자녀'를 양육대상으로 하여 '교육공무원이 그 자녀를 양육하기 위하여 필요한 경우'를 육아휴직의 사유로 규정하고 있으므로, 육아휴직 중 그 사유가 소멸하였는지는 해당 자녀가 사망하거나 초등학교에 취학하는 등으로 양육대상에 관한 요건이 소멸한 경우뿐만 아니라 육아휴직 중인 교육공무원에게 해당 자녀를 더 이상 양육할 수 없거나, 양육을 위하

여 휴직할 필요가 없는 사유가 발생하였는지 여부도 함께 고려하여야 하고, 국가공무원법 제73조 제2항의 문언에 비추어 **복직명령은 기속행위이므로 휴직사유가 소멸하였음을 이유로 신청하는 경우 임용권자는 지체 없이 복직명령을 하여야 한다**(대판 2014.6.12. 2012두4852).

③ (○) 국토계획법 제56조 제1항에 의한 개발행위허가는 허가기준 및 금지요건이 불확정개념으로 규정된 부분이 많아 그 요건에 해당하는지 여부는 행정청의 재량판단의 영역에 속한다. 특히 환경의 훼손이나 오염을 발생시킬 우려가 있는 개발행위에 대한 행정청의 허가와 관련하여 재량권의 일탈·남용 여부를 심사할 때에는, 해당 지역 주민들의 토지이용실태와 생활환경 등 구체적 지역 상황과 상반되는 이익을 가진 이해관계자들 사이의 권익 균형 및 환경권의 보호에 관한 각종 규정의 입법 취지 등을 종합하여 신중하게 판단하여야 한다. **'환경오염 발생 우려'와 같이 장래에 발생할 불확실한 상황과 파급효과에 대한 예측이 필요한 요건에 관한 행정청의 재량적 판단은 그 내용이 현저히 합리성을 결여하였다거나 상반되는 이익이나 가치를 대비해 볼 때 형평이나 비례의 원칙에 뚜렷하게 배치되는 등의 사정이 없는 한 법원은 이를 존중하는 것이 바람직**하다(대판 2020.8.27. 2019두60776).

④ (○)

> **행정소송법 제27조(재량처분의 취소)** 행정청의 재량에 속하는 처분이라도 재량권의 한계를 넘거나 그 남용이 있는 때에는 법원은 이를 취소할 수 있다.

08 ④

④ (×) **인가의 대상이 되는 법률행위(기본행위)가 불성립·무효 또는 취소인 경우에는 인가가 있다 하여 그 법률행위가 유효로 되는 것이 아니다**(대판 1994.10.14. 93누22753). 예컨대 학교법인의 임원선임행위가 불성립 또는 무효인 경우에는 비록 그에 대한 감독청의 취임승인이 있었다 하여도 이로써 무효인 그 선임행위가 유효한 것으로 될 수는 없다(대판 1987.8.18. 86누152).

① (○), ② (○) 인가는 제3자의 법률행위를 보충하여 그 법적 효력을 완성시켜주는 행정행위이다(예 사업양도의 인가, 비영리법인·공공조합설립인가, 재단법인정관변경허가, 사립대학설립인가, 지방채기채승인, 특허기업의 운임·요금의 인가, 학교법인임원 취임승인처분, 사립대학에서 공립대학으로의 설립자변경인가, 토지거래허가, 주택건설사업계획승인, 전통사찰재산처분행위허가, 자동차운수사업양도인가).

③ (○) 인가의 대상인 법률행위는 공법행위일 때(예 공공조합의 정관변경, 공공조합의 설립)도 있고 사법행위일 때(예 특허기업의 요금, 사업양도, 비영리법인설립)도 있다.

09 ②

② (×)

> **행정기본법 제17조(부관)** ③ 행정청은 부관을 붙일 수 있는 처분이 다음 각 호의 어느 하나에 해당하는 경우에는 그 **처분을 한 후에도 부관을 새로 붙이거나 종전의 부관을 변경할 수 있다.**
> 1. 법률에 근거가 있는 경우
> 2. 당사자의 동의가 있는 경우
> 3. **사정이 변경되어 부관을 새로 붙이거나 종전의 부관을 변경하지 아니하면 해당 처분의 목적을 달성할 수 없다고 인정되는 경우**

① (○) 농수산물유통및가격안정에관한법률에 의한 도매시장의 지정도매인지정처분은 도매시장 개설자인 피고의 **재량행위**에 속하는 행정처분이라 할 것이므로 **법규에 특별한 규정이 없더라도 그 처분에 조건, 기한, 부담, 철회권유보 등의 부관을 붙일 수 있다**(대판 1990.10.16. 90누2253). ☞ **행정기본법 제17조(부관)** ① 행정

③ (O) 공무원이 인·허가 등 수익적 행정처분을 하면서 상대방에게 그 처분과 관련하여 이른바 부관으로서 부담을 붙일 수 있다 하더라도, 그러한 부담은 법치주의와 사유재산 존중, 조세법률주의 등 헌법의 기본원리에 비추어 비례의 원칙이나 부당결부금지의 원칙에 위배되지 않아야만 적법한 것인바, 행정처분과 부관 사이에 실제적 관련성이 있다고 볼 수 없는 경우 공무원이 위와 같은 **공법상의 제한을 회피할 목적으로 행정처분의 상대방과 사이에 사법상 계약을 체결하는 형식을 취하였다면 이는 법치행정의 원리에 반하는 것**으로서 위법하다고 보지 않을 수 없다(대판 2010.1.28. 2007도9331).

④ (O) 행정처분의 상대방이 수익적 행정처분을 얻기 위하여 행정청과 사이에 행정처분에 부가할 부담에 관한 협약을 체결하고 행정청이 수익적 행정처분을 하면서 협약상의 의무를 부담으로 부가하였으나 **부담의 전제가 된 주된 행정처분의 근거 법령이 개정됨으로써 행정청이 더 이상 부관을 붙일 수 없게 된 경우에도 곧바로 협약의 효력이 소멸하는 것은 아니다**(대판 2009.2.12. 2005다65500).

10 ②

② (X) 행정처분이나 행정심판 재결이 불복기간의 경과로 인하여 확정될 경우 확정력은 **처분으로 인하여 법률상 이익을 침해받은 자가 처분이나 재결의 효력을 더 이상 다툴 수 없다**는 의미일 뿐 판결에 있어서와 같은 기판력이 인정되는 것은 아니어서 처분의 기초가 된 사실관계나 법률적 판단이 확정되고 당사자들이나 법원이 이에 기속되어 **모순되는 주장이나 판단을 할 수 없게 되는 것은 아니다**(대판 1993.4.13. 92누17181).

① (O) 불가쟁력에 관한 설명으로 타당하다.

③ (O) 민사소송에 있어서 어느 행정처분의 **당연무효 여부가 선결문제로 되는 때에는 이를 판단하여 당연무효임을 전제로 판결할 수 있고** 반드시 행정소송 등의 절차에 의하여 그 취소나 무효확인을 받아야 하는 것은 아니다(대판 1972.10.10. 71다2279).

④ (O) 원자로 및 관계 시설의 부지사전승인처분은 **그 자체로서 건설부지를 확정하고 사전공사를 허용하는 법률효과를 지닌 독립한 행정처분이기는 하지만**, 건설허가 전에 신청자의 편의를 위하여 미리 그 건설허가의 일부 요건을 심사하여 행하는 사전적 부분 건설허가처분의 성격을 갖고 있는 것이어서 나중에 건설허가처분이 있게 되면 그 건설허가처분에 흡수되어 독립된 존재가치를 상실함으로써 그 건설허가처분만이 쟁송의 대상이 되는 것이므로, **부지사전승인처분의 취소를 구하는 소는 소의 이익을 잃게 되고**, 따라서 부지사전승인처분의 위법성은 나중에 내려진 건설허가처분의 취소를 구하는 소송에서 이를 다투면 된다(대판 1998.9.4. 97누19588).

11 ④

④ (X) 택지개발촉진법 제3조에 의한 건설교통부장관의 택지개발예정지구의 지정은 그 처분의 고시에 의하여 개발할 토지의 위치, 면적과 그 행사가 제한되는 권리내용 등이 특정되는 처분인 반면에, 같은 법 제8조에 의한 건설교통부장관의 택지개발사업 시행자에 대한 **택지개발계획의 승인은 당해 사업이 택지개발촉진법상의 택지개발사업에 해당함을 인정하여 시행자가 그 후 일정한 절차를 거칠 것을 조건으로 하여 일정한 내용의 수용권을 설정하여 주는 처분**으로서 그 승인고시에 의하여 수용할 목적물의 범위가 확정되는 것이므로, 위 두 처분은 후자가 전자의 처분을 전제로 한 것이기는 하나 각각 단계적으로 별개의 법률효과를 발생하는 독립한 행정처분이다(대판 1996.3.22. 95누10075).

① (O) **비구속적 행정계획안이나 행정지침이라도 국민의 기본권에 직접적으로 영향을 끼치고, 앞으로 법령의 뒷받침에 의하여 그대로 실시될 것이 틀림없을 것으로 예상될 수 있을 때**에는, 공권력행위로서 예외적으로 헌법소원의 대상이 될 수 있다(헌재 2000. 6. 1. 99헌마538등).

② (O) 행정계획에 관련되는 자들의 이익을 공익과 사익 사이에서는 물론이고 공익 상호간과 사익 상호간에도 정당하게 비교교량하여야 한다는 제한이 있으므로, 행정주체가 행정계획을 입안·결정함에 있어서 이익형량을 전혀 행하지 아니하거나 이익형량의 고려 대상에 마땅히 포함시켜야 할 사항을 누락한 경우 또는 이익형량을 하였으나 정당성과 객관성이 결여된 경우에는 그 행정계획결정은 **형량에 하자가 있어 위법**하게 된다

(대판 2007.4.12. 2005두1893).

③ (O) 토지의 이용은 그 지상 건축물의 용도와 밀접하게 관련되어 있고 택지개발촉진법령이 용지를 분류하면서 그 지상 건축물의 종류를 명시하고 있어 택지개발촉진법령상 토지의 이용분류에 의해 그 지상 건축물의 용도도 제한을 받는다고 할 것이어서,…(중략)…**승인된 상세계획을 변경 승인하는 절차를 거치지 아니하는 이상 임의로 상세계획에 반하는 토지 및 그 지상 건축물의 용도를 변경할 수는 없으므로**, 판매시설인 이 사건 건물을 일반목욕장의 용도로 변경하기 위하여 필요한 이 사건 상세계획 승인권자의 변경 승인이 있었음을 인정할 아무런 증거가 없는 이 사건에서, 피고가 원고의 영업신고를 수리하지 아니하고 영업소를 폐쇄한 이 사건 처분은 적법하다(대판 2008.3.27. 2006두3742등).

12 ①

① (×) 교육부장관의 대학총장들에 대한 이 사건 학칙시정요구는 고등교육법 제6조 제2항, 동법시행령 제4조 제3항에 따른 것으로서 그 법적 성격은 대학총장의 임의적인 협력을 통하여 사실상의 효과를 발생시키는 행정지도의 일종이지만, **그에 따르지 않을 경우 일정한 불이익조치를 예정하고 있어 사실상 상대방에게 그에 따를 의무를 부과하는 것과 다를 바 없으므로 단순한 행정지도로서의 한계를 넘어 규제적·구속적 성격을 상당히 강하게 갖는 것**으로서 헌법소원의 대상이 되는 공권력의 행사라고 볼 수 있다(헌재 2003.6.26. 2002헌마337).

② (O) 행정지도가 **강제성을 띠지 않은 비권력적 작용으로서 행정지도의 한계를 일탈하지 아니하였다면**, 그로 인하여 상대방에게 어떤 손해가 발생하였다 하더라도 행정기관은 그에 대한 손해배상책임이 없다 (2008.9.25. 2006다18228).

③ (O)

> 행정절차법 제48조(행정지도의 원칙) ② 행정기관은 행정지도의 상대방이 행정지도에 따르지 아니하였다는 것을 이유로 불이익한 조치를 하여서는 아니 된다.

④ (O) 권고적 성격의 행위에 불과한 것으로서 **전기·전화공급자나 특정인의 법률상 지위에 직접적인 변동을 가져오는 것은 아니므로** 이를 항고소송의 대상이 되는 행정처분이라고 볼 수 없다(대판 1996.3.22. 96누433).

13 ③

③ (×) **관련 법령에 따라 당연히 환수금액이 정하여지는 것**이므로 퇴직연금의 환수결정에 앞서 당사자에게 의견진술의 기회를 주지 아니하여도 「행정절차법」 제22조 제3항이나 신의칙에 어긋나지 아니한다(대판 2000.11.28. 99두5443).

① (O)

> 행정절차법 제40조의3(위반사실 등의 공표)
> ③ 행정청은 **위반사실등의 공표를 할 때에는 미리 당사자에게 그 사실을 통지하고 의견제출의 기회를 주어야 한다**. 다만, 다음 각 호의 어느 하나에 해당하는 경우에는 그러하지 아니하다.
> 1. 공공의 안전 또는 복리를 위하여 긴급히 공표를 할 필요가 있는 경우
> 2. 해당 공표의 성질상 의견청취가 현저히 곤란하거나 명백히 불필요하다고 인정될 만한 타당한 이유가 있는 경우
> 3. 당사자가 의견진술의 기회를 포기한다는 뜻을 명백히 밝힌 경우
> ④ 제3항에 따라 의견제출의 기회를 받은 당사자는 **공표 전에 관할 행정청에 서면이나 말 또는 정보통신망을 이용하여 의견을 제출할 수 있다**.

② (○)

> **행정절차법 22조(의견청취)** ④ 제1항부터 제3항까지의 규정에도 불구하고 제21조 제4항 각 호의 어느 하나에 해당하는 경우(註: 1. 공공의 안전 또는 복리를 위하여 긴급히 처분을 할 필요가 있는 경우, 2. **법령등에서 요구된 자격이 없거나 없어지게 되면 반드시 일정한 처분을 하여야 하는 경우에 그 자격이 없거나 없어지게 된 사실이 법원의 재판 등에 의하여 객관적으로 증명된 경우**, 3. 해당 처분의 성질상 의견청취가 현저히 곤란하거나 명백히 불필요하다고 인정될 만한 상당한 이유가 있는 경우)와 당사자가 의견진술의 기회를 포기한다는 뜻을 명백히 표시한 경우에는 **의견청취를 하지 아니할 수 있다**.

④ (○) 납세고지서에 과세연도, 세목, 세액 및 그 산출근거, 납부기한과 납부장소 등의 명시를 요구한 국세징수법 제9조과 과세표준과 세액계산명세서의 첨부를 명한 구 법인세법 제37조, 제59조의5, 구 법인세법시행령 제99조 등의 규정이 단순한 세무행정상의 편의를 위한 훈시규정이 아니라, 헌법과 국세기본법에 규정된 조세법률주의의 원칙에 따라 과세관청의 자의를 배제하고 신중하고도 합리적인 과세처분을 하게 함으로써 조세행정의 공정을 기함과 아울러 납세의무자에게 부과처분의 내용을 자세히 알려주어 이에 대한 불복 여부의 결정과 불복신청의 편의를 주려는데 그 근본취지가 있으므로, 이 규정들은 **강행규정으로 보아야 하고, 따라서 납세고지서에 세액산출근거 등의 기재사항이 누락되었거나 과세표준과 세액의 계산명세서가 첨부되지 않았다면 적법한 납세의 고지라고 볼 수 없으며**, 위와 같은 납세고지의 하자는 납세의무자가 그 나름대로 **산출근거를 알고 있다거나 사실상 이를 알고서 쟁송에 이르렀다 하더라도 치유되지 않는다**(대판 2002.11.13. 2001두1543).

14 ②

② (×) 옥외집회·시위에 대한 경찰의 촬영행위는 증거보전의 필요성 및 긴급성, 방법의 상당성이 인정되는 때에는 헌법에 위반된다고 할 수 없으나, **경찰이 옥외집회 및 시위 현장을 촬영하여 수집한 자료의 보관·사용 등은 엄격하게 제한하여, 옥외집회·시위 참가자 등의 기본권 제한을 최소화해야 한다. 옥외집회·시위에 대한 경찰의 촬영행위에 의해 취득한 자료는 '개인정보'의 보호에 관한 일반법인 '개인정보 보호법'이 적용될 수 있다**(헌재 2018.8.30. 2014헌마843).

① (○) 개인정보자기결정권은 자신에 관한 정보가 언제 누구에게 어느 범위까지 알려지고 또 이용되도록 할 것인지를 그 정보주체가 스스로 결정할 수 있는 권리, 즉 정보주체가 개인정보의 공개와 이용에 관하여 스스로 결정할 권리를 말하는바, 개인의 고유성, 동일성을 나타내는 지문은 그 정보주체를 타인으로부터 식별가능하게 하는 개인정보이므로, **시장·군수 또는 구청장이 개인의 지문정보를 수집하고, 경찰청장이 이를 보관·전산화하여 범죄수사목적에 이용하는 것은 모두 개인정보자기결정권을 제한하는 것**이다(헌재 2005.5.26. 99헌마513등).

③ (○) 개인정보의 '제3자 제공'은 본래의 개인정보 수집·이용 목적의 범위를 넘어 그 정보를 제공받는 자의 업무처리와 이익을 위하여 개인정보의 지배·관리권이 이전되는 것으로, 개인정보처리자가 개인정보의 지배·관리권을 그대로 유지하면서 개인정보처리자의 업무처리와 이익을 위하여 내부적으로 개인정보를 이용하는 것과 구별된다. 개인정보처리자는 다른 사람을 통하여 개인정보를 처리하는 것도 가능하므로 **개인정보처리자의 의사에 따라 개인정보처리 업무를 직접 수행하는 개인정보취급자가 개인정보처리자로부터 정보주체의 개인정보를 이전받더라도 이와 같은 이전은 '제3자 제공'에 해당한다고 볼 수 없다**(대판 2025.2.13. 2020도147130.

④ (○) 분쟁조정위원회는 신청된 조정사건에 대한 처리절차를 진행하던 중에 **한 쪽 당사자가 소를 제기하면 그 조정의 처리를 중지하고 이를 당사자에게 알려야 한다**(개인정보 보호법 제48조 제2항).

15 ②

② (×)

> **질서위반행위규제법 제13조(수개의 질서위반행위의 처리)**
> ① <u>하나의 행위가 2 이상의 질서위반행위에 해당하는 경우</u>에는 각 질서위반행위에 대하여 정한 과태료 중 **가장 중한 과태료**를 부과한다.
> ② 제1항의 경우를 제외하고 2 이상의 질서위반행위가 경합하는 경우에는 각 질서위반행위에 대하여 정한 과태료를 각각 부과한다. 다만, 다른 법령(지방자치단체의 조례를 포함한다. 이하 같다)에 특별한 규정이 있는 경우에는 그 법령으로 정하는 바에 따른다.

① (○) **질서위반행위규제법 제20조(이의제기)** ① 행정청의 과태료 부과에 불복하는 당사자는 제17조제1항에 따른 과태료 부과 통지를 받은 날부터 <u>60일 이내</u>에 해당 행정청에 서면으로 이의제기를 할 수 있다.
③ (○) **질서위반행위규제법 제16조(사전통지 및 의견 제출 등)** ① 행정청이 질서위반행위에 대하여 과태료를 부과하고자 하는 때에는 미리 당사자(제11조제2항에 따른 고용주등을 포함한다. 이하 같다)에게 대통령령으로 정하는 사항을 통지하고, <u>10일 이상의 기간</u>을 정하여 의견을 제출할 기회를 주어야 한다. 이 경우 지정된 기일까지 의견 제출이 없는 경우에는 의견이 없는 것으로 본다.
④ (○) **질서위반행위규제법 제15조(과태료의 시효)** ① 과태료는 행정청의 과태료 부과처분이나 법원의 과태료 재판이 확정된 후 <u>5년간</u> 징수하지 아니하거나 집행하지 아니하면 시효로 인하여 소멸한다.

16 ③

③ (×) 단순한 부작위의무의 위반, 즉 관계 법령에 정하고 있는 절대적 금지나 허가를 유보한 상대적 금지를 위반한 경우에는 당해 법령에서 그 위반자에 대하여 위반에 의하여 생긴 유형적 결과의 시정을 명하는 행정처분의 권한을 인정하는 규정을 두고 있지 아니한 이상, 법치주의의 원리에 비추어 볼 때 위와 같은 **부작위의무로부터 그 의무를 위반함으로써 생긴 결과를 시정하기 위한 작위의무를 당연히 끌어낼 수는 없으며**, 또 위 금지규정(특히 허가를 유보한 상대적 금지규정)으로부터 작위의무, 즉 위반결과의 시정을 명하는 권한이 당연히 추론되는 것도 아니다(대판 1996.6.28. 96누4374).
① (○) **행정대집행법 제4조(대집행의 실행 등)** ② 행정청은 대집행을 할 때 대집행 과정에서의 안전 확보를 위하여 필요하다고 인정하는 경우 현장에 <u>긴급 의료장비나 시설</u>을 갖추는 등 필요한 조치를 하여야 한다.
② (○) 행정청이 행정대집행법 제3조 제1항에 의한 대집행계고를 함에 있어서는 의무자가 스스로 이행하지 아니하는 경우에 대집행할 행위의 내용 및 범위가 구체적으로 특정되어야 하나, 그 행위의 내용 및 범위는 반드시 대집행계고서에 의하여서만 특정되어야 하는 것이 아니고 <u>계고처분 전후에 송달된 문서나 기타 사정을 종합하여 행위의 내용이 특정되면 족하다</u>(대판 1994.10.28. 94누5144).
④ (○) 건물의 소유자에게 위법건축물을 일정기간까지 철거할 것을 명함과 아울러 불이행할 때에는 대집행한다는 내용의 철거대집행 계고처분을 고지한 후 이에 불응하자 다시 제2차, 제3차 계고서를 발송하여 일정기간까지의 자진철거를 촉구하고 불이행하면 대집행을 한다는 뜻을 고지하였다면 행정대집행법상의 <u>건물철거의무는 제1차 철거명령 및 계고처분으로서 발생</u>하였고 <u>제2차, 제3차의 계고처분은 새로운 철거의무를 부과한 것이 아니고 다만 대집행기한의 연기통지</u>에 불과하므로 행정처분이 아니다(대판 1994.10.28. 94누5144).

17 ④

④ (×) 전통적으로 행정대집행은 대체적 작위의무에 대한 강제집행수단으로, 이행강제금은 부작위의무나 비대체적 작위의무에 대한 강제집행수단으로 이해되어 왔으나, 이는 이행강제금제도의 본질에서 오는 제약은 아니며, **이행강제금은 대체적 작위의무의 위반에 대하여도 부과될 수 있다**. 현행 건축법상 위법건축물에 대한

이행강제수단으로 대집행과 이행강제금(제83조 제1항)이 인정되고 있는데, 양 제도는 각각의 장·단점이 있으므로 행정청은 개별사건에 있어서 위반내용, 위반자의 시정의지 등을 감안하여 대집행과 이행강제금을 선택적으로 활용할 수 있으며, 이처럼 그 합리적인 재량에 의해 선택하여 활용하는 이상 중첩적인 제재에 해당한다고 볼 수 없다(헌재 2004.02.26. 2001헌바80).

① (O) 건축법상의 이행강제금은 구 건축법의 위반행위에 대하여 시정명령을 받은 후 시정기간 내에 당해 시정명령을 이행하지 아니한 건축주 등에 대하여 부과되는 간접강제의 일종으로서 그 **이행강제금 납부의무는 상속인 기타의 사람에게 승계될 수 없는 일신전속적인 성질의 것**이므로 이미 사망한 사람에게 이행강제금을 부과하는 내용의 처분이나 결정은 당연무효이고, 이행강제금을 부과받은 사람의 이의에 의하여 비송사건절차법에 의한 재판절차가 개시된 후에 그 이의한 사람이 사망한 때에는 사건 자체가 목적을 잃고 절차가 종료한다(대결 2006.12.8. 2006마470).

② (O)

> **행정기본법 제31조(이행강제금의 부과)** ② 행정청은 다음 각 호의 사항을 고려하여 이행강제금의 **부과 금액을 가중하거나 감경**할 수 있다.
> 1. **의무 불이행의 동기, 목적 및 결과**
> 2. **의무 불이행의 정도 및 상습성**
> 3. 그 밖에 행정목적을 달성하는 데 필요하다고 인정되는 사유

③ (O) 구 건축법 제80조 제1항, 제4항에 의하면 문언상 최초의 시정명령이 있었던 날을 기준으로 1년 단위별로 2회에 한하여 이행강제금을 부과할 수 있고, 이 경우에도 매 1회 부과 시마다 구 건축법 제80조 제1항 단서에서 정한 1회분 상당액의 이행강제금을 부과한 다음 다시 시정명령의 이행에 필요한 상당한 이행기한을 정하여 그 기한까지 시정명령을 이행할 수 있는 기회(이하 '시정명령의 이행 기회'라 한다)를 준 후 비로소 다음 1회분 이행강제금을 부과할 수 있다. 따라서 비록 건축주 등이 장기간 시정명령을 이행하지 아니하였더라도, 그 기간 중에는 시정명령의 이행 기회가 제공되지 아니하였다가 뒤늦게 시정명령의 이행 기회가 제공된 경우라면, 시정명령의 이행 기회 제공을 전제로 한 1회분의 이행강제금만을 부과할 수 있고, **시정명령의 이행 기회가 제공되지 아니한 과거의 기간에 대한 이행강제금까지 한꺼번에 부과할 수는 없다**(대판 2016.7.14. 2015두46598).

18 ④

④ (X) 행정절차법은 행정조사에 관한 명문의 규정을 두고 있지 않지만 **행정조사가 처분에 해당하는 경우에는 행정절차법상 처분절차에 관한 규정이 적용**된다.

① (O)

> **행정조사기본법 제14조(공동조사)**
> ① 행정기관의 장은 다음 각 호의 어느 하나에 해당하는 행정조사를 하는 경우에는 공동조사를 하여야 한다.
> 1. 당해 행정기관 내의 2 이상의 부서가 동일하거나 유사한 업무분야에 대하여 동일한 조사대상자에게 행정조사를 실시하는 경우
> 2. 서로 다른 행정기관이 대통령령으로 정하는 분야에 대하여 동일한 조사대상자에게 행정조사를 실시하는 경우
> ② 제1항 각 호에 따른 사항에 대하여 **행정조사의 사전통지를 받은 조사대상자는 관계 행정기관의 장에게 공동조사를 실시하여 줄 것을 신청할 수 있다**. 이 경우 조사대상자는 신청인의 성명·조사일시·신청이유 등이 기재된 공동조사신청서를 관계 행정기관의 장에게 제출하여야 한다.

② (O) 관세법 제246조 제1항, 제2항, 제257조, '국제우편물 수입통관 사무처리' 제1-2조 제2항, 제1-3조, 제

3-6조, 구 '수출입물품 등의 분석사무 처리에 관한 시행세칙' 등과 관세법이 관세의 부과·징수와 아울러 수출입물품의 통관을 적정하게 함을 목적으로 한다는 점(관세법 제1조)에 비추어 보면, **우편물 통관검사절차에서 이루어지는 우편물의 개봉, 시료채취, 성분분석 등의 검사는 수출입물품에 대한 적정한 통관 등을 목적으로 한 행정조사의 성격을 가지는 것**으로서 수사기관의 강제처분이라고 할 수 없으므로, **압수·수색영장 없이** 우편물의 개봉, 시료채취, 성분분석 등 검사가 진행되었다 하더라도 특별한 사정이 없는 한 위법하다고 볼 수 없다(대판 2013.9.26. 2013도7718).

③ (O) 이 사건 부가가치세부과처분은 이미 피고(註: 남인천세무서장)가 1998. 11.경에 한 세무조사(부가가치세 경정조사)와 **같은 세목 및 같은 과세기간에 대하여 중복하여 실시한 서울지방국세청장의 위법한 중복조사에 기초하여 이루어진 것이므로 위법**하다(대판 2006.6.2. 2004두12070).

19 ③

③ (×) 어떠한 행정처분이 후에 **항고소송에서 취소되었다고 할지라도 그 기판력에 의하여 당해 행정처분이 곧바로 공무원의 고의 또는 과실로 인한 것으로서 불법행위를 구성한다고 단정할 수는 없는 것**이고, 그 행정처분의 담당공무원이 보통 일반의 공무원을 표준으로 하여 볼 때 객관적 주의의무를 결하여 그 행정처분이 객관적 정당성을 상실하였다고 인정될 정도에 이른 경우에 국가배상법 제2조 소정의 국가배상책임의 요건을 충족하였다고 봄이 상당할 것이다(대판 2000.5.12. 99다70600).

① (O)

> 국가배상법 제9조(소송과 배상신청의 관계) 이 법에 따른 **손해배상의 소송은 배상심의회에 배상신청을 하지 아니하고도 제기**할 수 있다.

② (O)

> 국가배상법 제4조(양도 등 금지) **생명·신체의 침해로 인한 국가배상을 받을 권리는 양도하거나 압류하지 못한다.**

☞ 이는 국가배상법이 사회보장적 견지에서 생명·신체의 침해를 받은 자나 그의 유족을 보호하기 위하여 특별히 규정한 것이다.

④ (O) 지방자치단체장이 교통신호기를 설치하여 그 관리권한이 도로교통법 제71조의2 제1항의 규정에 의하여 관할 지방경찰청장에게 위임되어 지방자치단체 소속 공무원과 지방경찰청 소속 공무원이 합동근무하는 교통종합관제센터에서 그 관리업무를 담당하던 중 위 신호기가 고장난 채 방치되어 교통사고가 발생한 경우, 국가배상법 제2조 또는 제5조에 의한 배상책임을 부담하는 것은 지방경찰청장이 소속된 국가가 아니라, 그 권한을 위임한 지방자치단체장이 소속된 지방자치단체라고 할 것이나, 한편 국가배상법 제6조 제1항은 같은 법 제2조, 제3조 및 제5조의 규정에 의하여 국가 또는 지방자치단체가 손해를 배상할 책임이 있는 경우에 **공무원의 선임·감독 또는 영조물의 설치·관리를 맡은 자와 공무원의 봉급·급여 기타의 비용 또는 영조물의 설치·관리의 비용을 부담하는 자가 동일하지 아니한 경우에는 그 비용을 부담하는 자도 손해를 배상하여야 한다**고 규정하고 있으므로 교통신호기를 관리하는 지방경찰청장 산하 경찰관들에 대한 봉급을 부담하는 국가도 국가배상법 제6조 제1항에 의한 배상책임을 부담한다(대판 1999.6.25. 99다11120).

20 ③

① (×) 환매권은 일종의 형성권으로서 그 존속기간은 제척기간으로 보아야 할 것이며, 위 환매권은 재판상이든 재판외이든 그 기간 내에 행사하면 이로써 매매의 효력이 생기고, 위 매매는 같은 조 제1항에 적힌 **환매권자와 국가 간의 사법상의 매매**라 할 것이다(대판 1992.4.24. 92다4673).

② (×), ③ (O)

> **공익사업을 위한 토지 등의 취득 및 보상에 관한 법률 제91조(환매권)**
> ① 공익사업의 폐지·변경 또는 그 밖의 사유로 취득한 **토지의 전부 또는 일부**가 필요 없게 된 경우 토지의 협의취득일 또는 수용의 개시일(이하 이 조에서 "취득일"이라 한다) 당시의 토지소유자 또는 그 포괄승계인(이하 "환매권자"라 한다)은 다음 각 호의 구분에 따른 날부터 10년 이내에 그 토지에 대하여 받은 보상금에 상당하는 금액을 사업시행자에게 지급하고 그 토지를 환매할 수 있다. (이하 생략) ☞ 환매권의 **대상은 토지이며 건물은 아니다.**
> ⑤ 제1항부터 제3항까지의 규정에 따른 환매권은 「부동산등기법」에서 정하는 바에 따라 공익사업에 필요한 **토지의 협의취득 또는 수용의 등기가 되었을 때에는 제3자에게 대항할 수 있다.**

④ (×) 토지의 가격이 취득일 당시에 비하여 현저히 변동된 경우 사업시행자와 환매권자는 환매금액에 대하여 서로 협의하되, **협의가 성립되지 아니하면 그 금액의 증감을 법원에 청구**할 수 있다(공익사업을 위한 토지 등의 취득 및 보상에 관한 법률 제91조 제4항). 구 공익사업을 위한 토지 등의 취득 및 보상에 관한 법률 제91조에 규정된 환매권은 상대방에 대한 의사표시를 요하는 형성권의 일종으로서 **재판상이든 재판 외이든 위 규정에 따른 기간 내에 행사하면 매매의 효력이 생기는 바, 이러한 환매권의 존부에 관한 확인을 구하는 소송 및 구 공익사업법 제91조 제4항에 따라 환매금액의 증감을 구하는 소송 역시 민사소송**에 해당한다(대판 2013.2.28. 2010두22368).

21 ②

② (×) **사정재결은 취소심판 및 의무이행심판에서만 인정**되고 무효등확인심판에는 인정되지 않는다. 행정청의 부작위에 대한 의무이행심판은 심판청구기간 규정의 적용을 받지 않는다.

① (○) 헌법 제107조 제3항은 '재판의 전심절차로서 행정심판을 할 수 있다. 행정심판의 절차는 법률로 정하되, 사법절차가 준용되어야 한다'고 규정하고 있으므로, 입법자가 **행정심판을 전심절차가 아니라 종심절차로 규정함으로써 정식재판의 기회를 배제하거나, 어떤 행정심판을 필요적 전심절차로 규정하면서도 그 절차에 사법절차가 준용되지 않는다면 이는 헌법 제107조 제3항, 나아가 재판청구권을 보장하고 있는 헌법 제27조에도 위반**된다. 여기서 말하는 '사법절차'를 특징지우는 요소로는 **판단기관의 독립성·공정성, 대심적 심리구조, 당사자의 절차적 권리보장** 등을 들 수 있으나, 위 헌법조항은 행정심판에 사법절차가 '준용'될 것임을 요구하고 있으므로 위와 같은 사법절차적 요소를 엄격히 갖춰야 할 필요는 없다고 할지라도, 적어도 사법절차의 본질적 요소를 전혀 구비하지 아니하고 있다면 '준용'의 요구에마저 위반된다(헌재 2000.6.1. 98헌바8).

③ (○)
> **행정심판법 제51조(행정심판 재청구의 금지)** 심판청구에 대한 재결이 있으면 그 **재결 및 같은 처분 또는 부작위에 대하여 다시 행정심판을 청구할 수 없다.**

④ (○) **재결에 판결에서와 같은 기판력이 인정되는 것은 아니어서** 재결이 확정된 경우에도 처분의 기초가 된 사실관계나 법률적 판단이 확정되고 당사자들이나 법원이 이에 기속되어 모순되는 주장이나 판단을 할 수 없게 되는 것은 아니다(대판 2015.11.27. 2013다6759).

22 ①

① (×)

> **행정소송법 제10조(관련청구소송의 이송 및 병합)** ② 취소소송에는 **사실심의 변론종결시까지** 관련청구소송을 병합하거나 피고외의 자를 상대로 한 관련청구소송을 취소소송이 계속된 법원에 병합하여 제기할 수 있다.

② (O) 입찰참가자격을 제한시킨 당초의 처분 사유인 **정당한 이유 없이 계약을 이행하지 않은 사실**과 항고소송에서 새로 주장한 **계약의 이행과 관련하여 관계 공무원에게 뇌물을 준 사실**은 기본적 사실관계의 동일성이 없다(대판 1999.3.9. 98두18565).

③ (O)

> **행정소송법 제9조(재판관할)** ③ 토지의 수용 기타 부동산 또는 특정의 장소에 관계되는 처분등에 대한 취소소송은 그 **부동산 또는 장소의 소재지를 관할하는 행정법원**에 이를 제기할 수 있다.

④ (O)

> **행정소송법 제22조(처분변경으로 인한 소의 변경)**
> ① 법원은 행정청이 소송의 대상인 처분을 소가 제기된 후 변경한 때에는 원고의 신청에 의하여 결정으로써 청구의 취지 또는 원인의 변경을 허가할 수 있다.
> ② 제1항의 규정에 의한 신청은 **처분의 변경이 있음을 안 날로부터 60일 이내**에 하여야 한다.

23 ③

① (X) 거부처분의 처분성을 인정하기 위한 전제조건인 신청권의 존부는 구체적 사건에서 신청인이 누구인가를 고려하지 않고 **관계 법규의 해석에 의하여 일반 국민에게 그러한 신청권을 인정할 수 있는가에 따라 추상적으로 결정되는 것**이고, 신청인이 그 신청에 따른 단순한 응답을 받을 권리를 넘어서 **신청의 인용이라는 만족적 결과를 얻을 권리가 있는지 여부에 따라 결정되는 것은 아니다**(대판 2009.9.10. 2007두20638).

② (X)

> **행정소송법 제31조(제3자에 의한 재심청구)**
> ① 처분등을 취소하는 판결에 의하여 권리 또는 이익의 침해를 받은 제3자는 자기에게 책임없는 사유로 소송에 참가하지 못함으로써 판결의 결과에 영향을 미칠 공격 또는 방어방법을 제출하지 못한 때에는 이를 이유로 확정된 종국판결에 대하여 재심의 청구를 할 수 있다.
> ② 제1항의 규정에 의한 청구는 **확정판결이 있음을 안 날로부터 30일** 이내, **판결이 확정된 날로부터 1년** 이내에 제기하여야 한다.

③ (O) 원고가 고의 또는 중대한 과실 없이 행정소송으로 제기하여야 할 사건을 민사소송으로 잘못 제기한 경우, **수소법원으로서는 만약 그 행정소송에 대한 관할도 동시에 가지고 있다면 이를 행정소송으로 심리·판단**하여야 하고, 그 **행정소송에 대한 관할을 가지고 있지 아니하다면 당해 소송이 이미 행정소송으로서의 전심절차 및 제소기간을 도과하였거나 행정소송의 대상이 되는 처분 등이 존재하지도 아니한 상태에 있는 등 행정소송으로서의 소송요건을 결하고 있음이 명백하여 행정소송으로 제기되었더라도 어차피 부적법하게 되는 경우가 아닌 이상 이를 부적법한 소라고 하여 각하할 것이 아니라 관할 법원에 이송**하여야 한다(대판 1997.5.30. 95다28960).

④ (X) 항고소송에서 행정처분의 위법여부는 행정처분이 있을 때의 법령과 사실 상태를 기준으로 판단하여야

하며, 법원은 행정처분 당시 행정청이 알고 있었던 자료뿐만 아니라 **사실심변론종결 당시까지 제출된 모든 자료를 종합하여 처분 당시 존재하였던 객관적 사실을 확정하고 그 사실에 기초하여 처분의 위법여부를 판단**할 수 있다(대판 2010.1.14. 2009두11843).

24 ①

① (×) 협의의 법정대리란 **법정사실이 발생하면 법상 당연히 특정한 자에게 대리권이 부여**되어 대리관계가 성립되는 경우이다(예 헌법 제71조·정부조직법 제7조 제2항). 지문은 지정대리를 말한다.
② (○) 항고소송은 원칙적으로 소송의 대상인 행정처분 등을 외부적으로 그의 명의로 행한 행정청을 피고로 하여야 하는 것으로서, 그 행정처분을 하게 된 연유가 상급행정청이나 타행정청의 지시나 통보에 의한 것이라 하여 다르지 않으며, 권한의 위임이나 위탁을 받아 수임행정청이 정당한 권한에 기하여 수임행정청 명의로 한 처분에 대하여는 말할 것도 없고, 내부위임이나 대리권을 수여받은 데 불과하여 **원행정청 명의나 대리관계를 밝히지 아니하고는 그의 명의로 처분 등을 할 권한이 없는 행정청이 권한 없이 그의 명의로 한 처분에 대하여도 처분명의자인 행정청이 피고**가 되어야 한다(대판 1994.6.14. 94누1197).
③ (○)

> **정부조직법 제11조(대통령의 행정감독권)**
> ① 대통령은 정부의 수반으로서 법령에 따라 모든 중앙행정기관의 장을 지휘·감독한다.
> ② **대통령은 국무총리와 중앙행정기관의 장의 명령이나 처분이 위법 또는 부당하다고 인정하면 이를 중지 또는 취소할 수 있다.**

④ (○) **임의대리의 수권은 권한의 일부에 대해서만 인정**될 수 있다. 법정대리의 대리권은 피대리관청의 권한의 전부에 미친다는 점에서 이와 다르다.

25 ②

① (×) 공공용물의 **일반사용은 사용료를 징수하지 않는 것이 원칙**이나, 예외적으로 재정적 목적이나 관리상 필요에 의하여 법률·조례 등에 의해 사용료를 징수할 수 있다.
② (○) 공용폐지의 의사표시는 명시적이든 묵시적이든 상관이 없으나 적법한 의사표시가 있어야 하고, 행정재산이 사실상 본래의 용도에 사용되지 않고 있다는 사실만으로 용도폐지의 의사표시가 있었다고 볼 수는 없으며, 원래의 **행정재산이 공용폐지되어 취득시효의 대상이 된다는 사실에 대한 입증책임은 시효취득을 주장하는 자**에게 있다(대판 1994.3.22. 93다56220).
③ (×) 공물의 부근에 거주하는 인접주민은 일반에게 인정되지 아니하는 특별한 공권을 갖기도 한다. 이러한 공권을 '인접주민의 강화된 일반사용권(이용권)'이라 부른다. 이는 인접주민 가운데 구체적으로 공물을 사용하는 경우에 인정된다.
④ (×) 중앙관서의 장은 제3항 외의 국유재산을 행정재산으로 사용하려는 경우에는 대통령령으로 정하는 바에 따라 **총괄청의 승인**을 받아야 한다(국유재산법 제8조 제4항).

제4회 소방승진 행정법 최종모의고사 정답 및 해설

01	02	03	04	05	06	07	08	09	10
③	③	①	④	③	①	④	①	④	④
11	12	13	14	15	16	17	18	19	20
④	④	④	①	②	②	④	①	①	②
21	22	23	24	25					
④	③	④	②	③					

01 ③

① (✕) 당초 정구장 시설을 설치한다는 도시계획결정을 하였다가 정구장 대신 청소년 수련시설을 설치한다는 도시계획 변경결정 및 지적승인을 한 경우, **당초의 도시계획결정만으로는 도시계획사업의 시행자 지정을 받게 된다는 공적인 견해를 표명하였다고 할 수 없다**는 이유로 그 후의 도시계획 변경결정 및 지적승인이 도시계획사업의 시행자로 지정받을 것을 예상하고 정구장 설계 비용 등을 지출한 자의 신뢰이익을 침해한 것으로 볼 수 없다고 한 사례(대판 2000.11.10. 2000두727).

② (✕) 실권 또는 실효의 법리는 신의성실의 원칙에서 파생한 법원칙으로서, 본래 권리행사의 기회가 있는데도 불구하고 권리자가 장기간에 걸쳐 권리를 행사하지 않았기 때문에 의무자인 상대방이 이미 그의 권리를 행사하지 않을 것으로 믿을 만한 정당한 사유가 있게 됨으로써 새삼스럽게 권리를 행사하는 것이 신의성실의 원칙에 위반되는 결과가 될 때 권리행사를 허용하지 않는 것이다. 어떤 **행정처분이 실효의 법리를 위반하여 위법한 것이라고 하더라도, 이러한 하자의 존부는 개별·구체적인 사정을 심리한 후에야 판단할 수 있는 사항이어서 객관적으로 명백한 것이라고 할 수 없으므로, 이는 행정처분의 취소사유에 해당할 뿐 당연무효사유는 아니다**(대판 2021.12.30. 2018다241458).

③ (○) 일반적으로 **국민이 소급입법을 예상할 수 있었거나 법적 상태가 불확실하고 혼란스러워 보호할 만한 신뢰이익이 적은 경우**와 소급입법에 의한 당사자의 손실이 없거나 아주 경미한 경우, 또는 **신뢰보호의 요청에 우선하는 심히 중대한 공익상의 사유가 소급입법을 정당화하는 경우** 등에는 예외적으로 진정소급입법이 허용된다(헌재 1998.9.30. 97헌바38).

④ (✕) 한 사람이 여러 종류의 자동차운전면허를 취득하는 경우뿐 아니라 이를 취소 또는 정지하는 경우에 있어서도 서로 별개의 것으로 취급하는 것이 원칙이기는 하나, 자동차운전면허는 그 성질이 대인적 면허일뿐만 아니라 도로교통법시행규칙 제26조 별표 14에 의하면, 제1종 대형면허 소지자는 제1종 보통면허로 운전할 수 있는 자동차와 원동기장치자전거를, 제1종 보통면허 소지자는 원동기장치자전거까지 운전할 수 있도록 규정하고 있어서 **제1종 보통면허로 운전할 수 있는 차량의 음주운전은 당해 운전면허뿐만 아니라 제1종 대형면허로도 가능**하고, 또한 **제1종 대형면허나 제1종 보통면허의 취소에는 당연히 원동기장치자전거의 운전까지 금지하는 취지가 포함된 것**이어서 이들 세 종류의 운전면허는 서로 관련된 것이라고 할 것이므로 **제1종 보통면허로 운전할 수 있는 차량을 음주운전한 경우에 이와 관련된 면허인 제1종 대형면허와 원동기장치자전거면허까지 취소할 수 있는 것**으로 보아야 한다(대판 1994.11.25. 94누9672).

02 ③

③ (✕) '1994년 관세 및 무역에 관한 일반협정'은 국가와 국가 사이의 권리·의무관계를 설정하는 국제협정으로, 그 내용 및 성질에 비추어 이와 관련한 법적 분쟁은 위 WTO 분쟁해결기구에서 해결하는 것이 원칙이고, 사인에 대하여는 위 협정의 직접 효력이 미치지 아니한다고 보아야 할 것이므로, 위 협정에 따른 회원국 정부의

반덤핑부과처분이 WTO 협정위반이라는 이유만으로 **사인이 직접 국내 법원에 회원국 정부를 상대로 그 처분의 취소를 구하는 소를 제기하거나 위 협정위반을 처분의 독립된 취소사유로 주장할 수는 없다**(대판 2009.1.30. 2008두17936).

① (O) 지방자치단체 등의 행정기관이 수산업법상의 어업허가 내지 어업면허, 어업단속행위, 공유수면관리법상의 공유수면에 대한 점용 내지 사용허가 등 개별법률들에 의한 행정권한을 행사함에 있어서 국립지리원이 간행한 지형도상의 해상경계선을 행정구역 경계선으로 인정해온 행정관행이 존재하고, 이러한 행정관행이 오랜 기간동안 존재하여 왔고, 지형도상 해상경계선이 해상에서의 행정구역 경계선이라는 점에 대한 지방자치단체들과 일반국민들의 법적확신이 존재한다고 할 것이므로, **국립지리원이 간행한 지형도상의 해상경계선은 행정관습법상 해상경계선으로 인정될 뿐만 아니라 행정판례법상으로도 인정되고 있기 때문에, 불문법상의 해상경계**가 된다(헌재 2004.9.23. 2000헌라2).

② (O) 원심이 들고 있는 사정만으로 원고가 임용권자에게 **임용신청 당시 호적상 출생연월일을 기준으로 정년을 산정하기로 하는 신의를 공여하였다거나, 객관적으로 보아 임용권자가 위와 같은 신의를 가짐이 정당한 상태에 있다거나, 이러한 임용권자의 신의에 반하여 권리를 행사하는 것이 정의관념에 비추어 용인될 수 없는 정도의 상태에 이르렀다고 볼 수 없다**(대판 2009.3.26. 2008두21300).

④ (O) '1994년 관세 및 무역에 관한 일반협정'(General Agreement on Tariffs and Trade 1994)은 1994. 12. 16. 국회의 동의를 얻어 같은 달 23. 대통령의 비준을 거쳐 같은 달 30. 공포되고 1995. 1. 1. 시행된 조약인 '세계무역기구(WTO) 설립을 위한 마라케쉬협정'(Agreement Establishing the WTO)(조약 126제5호)의 부속 협정(다자간 무역협정)이고, '정부조달에 관한 협정'(Agreement on Government Procurement)은 1994. 12. 16. 국회의 동의를 얻어 1997. 1. 3. 공포시행된 조약(조약 136제3호, 복수국가간 무역협정)으로서 각 헌법 제6조 제1항에 의하여 국내법령과 동일한 효력을 가지므로 **지방자치단체가 제정한 조례가 GATT나 AGP에 위반되는 경우에는 그 효력이 없다**. - 학교급식을 위해 국내 우수농산물을 사용하는 자에게 식재료나 구입비의 일부를 지원하는 것 등을 내용으로 하는 지방자치단체의 조례안이 '1994년 관세 및 무역에 관한 일반협정'에 위반되어 그 효력이 없다고 한 사례(대판 2005.9.9. 2004추10).

03 ①

① (X) 행정청이 그 신고를 수리하였다고 하더라도, **신고서 위조 등의 사유가 있어 신고행위 자체가 효력이 없다면, 그 수리행위는 유효한 대상이 없는 것**으로서, 수리행위 자체에 중대·명백한 하자가 있는지를 따질 것도 없이 당연히 무효이다(대판 2018.6.12. 2018두33593).

② (O) 허가대상 건축물의 양수인이 구 건축법시행규칙에 규정되어 있는 **형식적 요건을 갖추어 시장·군수에게 적법하게 건축주의 명의변경을 신고한 때에는 시장·군수는 그 신고를 수리하여야지 실체적인 이유를 내세워 신고의 수리를 거부할 수 없다**(대판 1993.10.12. 93누883).

③ (O) 구 체육시설의 설치·이용에 관한 법률 제19조 제1항, 구 체육시설의 설치·이용에 관한 법률 시행령 제18조 제2항 제1호 (가)목, 제18조의2 제1항 등의 규정에 의하면, 위 법 제19조의 규정에 의하여 체육시설의 회원을 모집하고자 하는 자는 시·도지사 등으로부터 회원모집계획서에 대한 검토결과 통보를 받은 후에 회원을 모집할 수 있다고 보아야 하고, 따라서 체육시설의 회원을 모집하고자 하는 자의 **시·도지사 등에 대한 회원모집계획서 제출은 수리를 요하는 신고에서의 신고**에 해당하며, 시·도지사 등의 검토결과 통보는 수리행위로서 행정처분에 해당한다(대판 2009.2.26. 2006두16243).

④ (O) 부가가치세법상의 사업자등록은 과세관청으로 하여금 부가가치세의 납세의무자를 파악하고 그 과세자료를 확보하게 하려는 데 제도의 취지가 있는바, 이는 **단순한 사업사실의 신고로서 사업자가 관할세무서장에게 소정의 사업자등록신청서를 제출함으로써 성립**하는 것이고, 사업자등록증의 교부는 이와 같은 등록사실을 증명하는 증서의 교부행위에 불과한 것이다(대판 2011.1.27. 2008두2200).

04 ④

④ (X) 교육부장관이 내신성적 산정기준의 통일을 기하기 위해 대학입시기본계획의 내용에서 **내신성적 산정기**

준에 관한 시행지침을 마련하여 시·도 교육감에서 통보한 것은 **행정조직 내부에서 내신성적 평가에 관한 내부적 심사기준을 시달한 것에 불과**하며, 각 고등학교에서 위 지침에 일률적으로 기속되어 내신성적을 산정할 수밖에 없고 또 대학에서도 이를 그대로 내신성적으로 인정하여 입학생을 선발할 수밖에 없는 관계로 장차 일부 수험생들이 위 지침으로 인해 어떤 불이익을 입을 개연성이 없지는 아니하나, 그러한 사정만으로서 위 지침에 의하여 곧바로 개별적이고 구체적인 권리의 침해를 받은 것으로는 도저히 인정할 수 없으므로, 그것만으로는 현실적으로 특정인의 구체적인 권리의무에 직접적으로 변동을 초래케 하는 것은 아니라 할 것이어서 내신성적 산정지침을 항고소송의 대상이 되는 행정처분으로 볼 수 없다(대판 1994.9.10. 94두33).

① (O) 판례는 행정규칙인 고시가 법령의 수권에 의하여 법령을 보충하는 사항을 정하는 경우에 그 근거 법령 규정과 결합하여 대외적 효력을 발생하는 것으로 본다. 그리고 법령보충적 행정규칙의 제정에는 **법률의 구체적 수권이라는 한계**가 있다.

② (O) 행정소송은 구체적 사건에 대한 법률상 분쟁을 법에 의하여 해결함으로써 법적 안정을 기하자는 것이므로 부작위위법확인소송의 대상이 될 수 있는 것은 구체적 권리의무에 관한 분쟁이어야 하고 **추상적인 법령에 관하여 제정의 여부 등은 그 자체로서 국민의 구체적인 권리의무에 직접적 변동을 초래하는 것이 아니어서 그 소송의 대상이 될 수 없다**(대판 1992.5.8. 91누11261).

③ (O) **집행명령은 근거법령인 상위법령이 폐지되면 특별한 규정이 없는 이상 실효**되는 것이나, 상위법령이 개정됨에 그친 경우에는 개정법령과 성질상 모순, 저촉되지 아니하고 개정된 상위법령의 시행에 필요한 사항을 규정하고 있는 이상 그 집행명령은 상위법령의 개정에도 불구하고 당연히 실효되지 아니하고 개정법령의 시행을 위한 집행명령이 제정, 발효될 때까지는 여전히 그 효력을 유지한다(대판 1989.9.12. 88누6962).

05 ③

③ (X) 행정처분의 권한을 <u>내부적으로 위임받은 수임기관이 그 권한을 행사함에 있어서는 행정처분의 내부적 성립과정은 스스로 결정</u>하여 행하고 그 외부적 성립요건인 <u>상대방에의 표시만 위임기관의 명의로</u> 하면 된다(대판 1984.12.11. 80누344).

① (O) 일반적으로 **처분이 주체·내용·절차와 형식의 요건을 모두 갖추고 외부에 표시된 경우에는 처분의 존재가 인정된다**. 행정의사가 외부에 표시되어 행정청이 자유롭게 취소·철회할 수 없는 구속을 받게 되는 시점에 처분이 성립하고, 그 성립 여부는 행정청이 행정의사를 공식적인 방법으로 외부에 표시하였는지를 기준으로 판단해야 한다(대판 2021.12.16. 2019두45944).

② (O) 통상 고시 또는 공고에 의하여 행정처분을 하는 경우에는 그 처분의 상대방이 불특정 다수인이고, 그 처분의 효력이 불특정 다수인에게 일률적으로 적용되는 것이므로, 그 행정처분에 이해관계를 갖는 자는 고시 또는 공고가 있었다는 사실을 현실적으로 알았는지 여부에 관계없이 **고시가 효력을 발생하는 날에 행정처분이 있음을 알았다고 보아야 한다**(대판 2007.6.14. 2004두619).

④ (O) 상대방 있는 행정처분은 특별한 규정이 없는 한 의사표시에 관한 일반법리에 따라 상대방에게 고지되어야 효력이 발생하고, **상대방 있는 행정처분이 상대방에게 고지되지 아니한 경우에는 상대방이 다른 경로를 통해 행정처분의 내용을 알게 되었다고 하더라도 행정처분의 효력이 발생한다고 볼 수 없다**(대판 2019.8.9. 2019두38656).

06 ①

① (X) 판단여지를 긍정하는 학설은 **판단여지는 구성요건과 관련된 개념이지만 재량은 법적 효과와 관련된 개념**이고, 행정법규에 있어서 요건사실의 인정은 인식의 문제로서 법원의 전속적 권한에 속하는 법해석의 문제이인 반면, 재량은 입법자에 의하여 부여되는 것으로 보아 구별한다.

② (O) 재외동포에 대한 사증발급은 행정청의 재량행위에 속하는 것으로서, **재외동포가 사증발급을 신청한 경우에 「출입국관리법 시행령」[별표 1의2]에서 정한 재외동포체류자격의 요건을 갖추었다고 해서 무조건 사증을 발급해야 하는 것은 아니다**. 재외동포에게 「출입국관리법」 제11조 제1항 각호에서 정한 입국금지사유 또는 「재외동포법」 제5조 제2항에서 정한 재외동포체류자격 부여 제외사유(예컨대 '대한민국 남자가 병역을

기피할 목적으로 외국국적을 취득하고 대한민국 국적을 상실하여 외국인이 된 경우')가 있어 그의 국내 체류를 허용하지 않음으로써 달성하고자 하는 공익이 그로 말미암아 발생하는 불이익보다 큰 경우에는 행정청이 재외동포체류자격의 사증을 발급하지 않을 재량을 가진다(대판 2019.7.11. 2017두38874).

③ (O) 처분을 할 것인지 여부와 처분의 정도에 관하여 재량이 인정되는 과징금 납부명령에 대하여 그 명령이 재량권을 일탈하였을 경우, 법원으로서는 재량권의 일탈 여부만 판단할 수 있을 뿐이지 재량권의 범위 내에서 어느 정도가 적정한 것인지에 관하여는 판단할 수 없어 그 전부를 취소할 수밖에 없고, **법원이 적정하다고 인정하는 부분을 초과한 부분만 취소할 수는 없다**(대판 2009.6.23. 2007두18062).

④ (O) 행정행위를 기속행위와 재량행위로 구분하는 경우 양자에 대한 사법심사는, 기속행위의 경우 그 법규에 대한 원칙적인 기속성으로 인하여 법원이 사실인정과 관련 법규의 해석·적용을 통하여 일정한 결론을 도출한 후 그 결론에 비추어 행정청이 한 판단의 적법 여부를 독자의 입장에서 판정하는 방식에 의하게 되나, 재량행위의 경우 **행정청의 재량에 기한 공익판단의 여지를 감안하여 법원은 독자의 결론을 도출함이 없이 당해 행위에 재량권의 일탈·남용이 있는지 여부만을 심사**하게 되고 이러한 재량권의 일탈·남용 여부에 대한 심사는 사실오인, 비례·평등의 원칙 위배 등을 그 판단 대상으로 한다(대판 2007.5.31. 2005두1329).

07 ④

④ (×) **허가는 위험의 방지를 목적**으로 금지하였던 바를 해제하는 행위이다. **예외적 승인은 행위 그 자체가 사회적으로 유해하기 때문에** 법령에 의하여 일반적으로 금지된 행위를 예외적으로 적법하게 행사할 수 있도록 한다.

① (O) 위법한 하명에 대한 권리구제 방법으로 항고소송(취소소송 또는 무효등확인소송), 국가배상청구소송 등이 있다.

② (O) 허가란 법규에 의한 상대적·일반적 금지(부작위하명)를 특정한 경우에 해제하여 적법하게 사실행위 또는 법률행위를 할 수 있게 하는 행정행위를 말한다. 면제란 법규에 의한 작위·급부·수인하명을 특정한 경우에 해제하는 행정행위를 말한다.

③ (O) 국토의 계획 및 이용에 관한 법률 제135조 제2항이 국토계획법에 의한 처분, 그 절차 및 그 밖의 행위에 대하여 그 행위와 관련된 토지 또는 건축물의 소유권이나 그 밖의 권리를 가진 자의 승계인에게 그 효력을 미치도록 규정하고 있는 점, 국토계획법에 의한 개발행위허가는 대물적 허가의 성질을 가지고 있는 점 등을 종합하여 볼 때, **개발행위허가를 받은 자가 사망한 경우 특별한 사정이 없는 한 상속인이 개발행위허가를 받은 자의 지위를 승계**하고, 이러한 지위를 승계한 상속인은 국토계획법 제133조 제1항 제5의2호에서 정한 개발행위허가기간의 만료에 따른 원상회복명령의 수범자가 된다(대판 2014.7.24. 2013도10605).

08 ①

① (×) 행정청이 도시 및 주거환경정비법 등 관련 법령에 근거하여 행하는 **조합설립인가처분은 법령상 요건을 갖출 경우 도시 및 주거환경정비법상 주택재건축사업을 시행할 수 있는 권한을 갖는 행정주체(공법인)로서의 지위를 부여하는 일종의 설권적 처분의 성격**을 갖는다고 보아야 한다. 그리고 그와 같이 보는 이상 조합설립결의는 조합설립인가처분이라는 행정처분을 하는 데 필요한 요건 중 하나에 불과한 것이어서, **조합설립결의에 하자가 있다면 그 하자를 이유로 직접 항고소송의 방법으로 조합설립인가처분의 취소 또는 무효확인**을 구하여야 한다(대판 2009.9.24. 2008다60568).

② (O) 당초 관리처분계획의 경미한 사항을 변경하는 경우와는 달리 **당초 관리처분계획의 주요 부분을 실질적으로 변경하는 내용으로 새로운 관리처분계획을 수립하여 시장·군수의 인가를 받은 경우에는 당초 관리처분계획은 달리 특별한 사정이 없는 한 효력을 상실**한다. 이때 당초 관리처분계획이 효력을 상실한다는 것은 당초 관리처분계획이 유효하게 존속하다가 변경 시점을 기준으로 장래를 향하여 실효된다는 의미이지 소급적으로 무효가 된다는 의미가 아니다. 그리고 이러한 법리는 변경된 관리처분계획이 당초 관리처분계획의 주요 부분을 실질적으로 변경하는 정도에 이르지 않는 경우에도 동일하게 적용되므로, 이와 같은 경우 당초 관리처분계획 중 변경되는 부분은 장래를 향하여 실효된다(대판 2016.6.23. 2014다16500).

③ (O) 사회복지사업에 관한 기본적 사항을 규정하여 그 운영의 공정·적절을 기함으로써 사회복지의 증진에 이바지함을 목적으로 하는 구 사회복지사업법의 입법 취지와 같은 법 제12조, 제25조 등의 규정에 사회복지법인의 설립이나 설립 후의 정관변경의 허가에 관한 구체적인 기준이 정하여져 있지 아니한 점 등에 비추어 보면, **사회복지법인의 정관변경을 허가할 것인지의 여부는 주무관청의 정책적 판단에 따른 재량**에 맡겨져 있다고 할 것이고, 주무관청이 정관변경허가를 함에 있어서는 비례의 원칙 및 평등의 원칙에 적합하고 행정처분의 본질적 효력을 해하지 않는 한도 내에서 부관을 붙일 수 있다(대판 2002.9.24. 2000두5661O).

④ (O) 행정주체인 재건축조합을 상대로 **관리처분계획안에 대한 조합 총회결의의 효력 등을 다투는 소송은 행정처분에 이르는 절차적 요건의 존부나 효력 유무에 관한 소송**으로서 그 소송결과에 따라 행정처분의 위법 여부에 직접 영향을 미치는 공법상 법률관계에 관한 것이므로, 이는 행정소송법상의 당사자소송에 해당한다(대판 2009.10.15. 2008다93001).

09 ④

① (×) 일반적으로 **행정처분이나 행정심판 재결이 불복기간의 경과로 확정될 경우 그 확정력은, 처분으로 법률상 이익을 침해받은 자가 당해 처분이나 재결의 효력을 더 이상 다툴 수 없다는 의미일 뿐**. 더 나아가 판결과 같은 기판력이 인정되는 것은 아니어서 그 처분의 기초가 된 사실관계나 법률적 판단이 확정되고 당사자들이나 법원이 이에 기속되어 모순되는 주장이나 판단을 할 수 없게 되는 것은 아니다(대판 2008.7.24. 2006두20808).

② (×) 국민의 권리와 이익을 옹호하고 법적안정을 도모하기 위하여 특정한 행위에 대하여는 행정청이라 하여도 이것을 자유로이 취소, 변경 및 철회할 수 없다는 **행정행위의 불가변력은 당해 행정행위에 대하여서만 인정되는 것이고, 동종의 행정행위라 하더라도 그 대상을 달리할 때에는 이를 인정할 수 없다**(대판 1974.12.10. 73누129).

③ (×) 집합건물 중 일부 구분건물의 소유자인 피고인이 관할 소방서장으로부터 소방시설 불량사항에 관한 시정보완명령을 받고도 따르지 아니하였다는 내용으로 기소된 사안에서, 담당 소방공무원이 **행정처분인 위 명령을 구술로 고지한 것은 행정절차법 제24조를 위반한 것으로 하자가 중대하고 명백하여 당연 무효**이고, 무효인 명령에 따른 의무위반이 생기지 아니하는 이상 피고인에게 명령 위반을 이유로 소방시설 설치유지 및 안전관리에 관한 법률 제48조의2 제1호에 따른 행정형벌을 부과할 수 없다(대판 2011.11.10. 2011도11109).

④ (O) 조세의 과오납이 **부당이득이 되기 위하여는 납세 또는 조세의 징수가 실체법적으로나 절차법적으로 전혀 법률상의 근거가 없거나 과세처분의 하자가 중대하고 명백하여 당연무효이어야 하고, 과세처분의 하자가 단지 취소할 수 있는 정도에 불과할 때에는 과세관청이 이를 스스로 취소하거나 항고소송절차에 의하여 취소되지 않는 한 그로 인한 조세의 납부가 부당이득이 된다고 할 수 없다**(대판 1994.11.11. 94다28000).

10 ④

④ (×) **철회는 후발적인 새로운 사유(성립 당시의 하자가 아님)에 의해 그 효력을 장래를 향해 소멸시킨다**는 점에서 **성립 당시의 하자를 이유로 소급하여 효력을 소멸시키는 취소**와 구별된다.

① (O) 행정처분에 하자가 있는 경우에는 **법령에 특별히 취소사유를 규정하고 있지 아니하여도** 행정청은 그가 행한 위법한 행정처분을 취소할 수 있다(대판 1982.7.27. 81누271).

② (O)

> 행정기본법 제18조(위법 또는 부당한 처분의 취소) ② 행정청은 제1항에 따라 당사자에게 권리나 이익을 부여하는 처분을 취소하려는 경우에는 취소로 인하여 **당사자가 입게 될 불이익을 취소로 달성되는 공익과 비교·형량(衡量)**하여야 한다. 다만, 다음 각 호의 어느 하나에 해당하는 경우에는 **그러하지 아니하다**.
> 1. 거짓이나 그 밖의 부정한 방법으로 처분을 받은 경우
> 2. **당사자가 처분의 위법성을 알고 있었거나 중대한 과실로 알지 못한 경우**

③ (O) 도로점용허가는 도로의 일부에 대한 특정사용을 허가하는 것으로서 도로의 일반사용을 저해할 가능성이 있으므로 그 범위는 점용목적 달성에 필요한 한도로 제한되어야 한다. 도로관리청이 **도로점용허가를 하면서 특별사용의 필요가 없는 부분을 점용장소 및 점용면적에 포함하는 것은 그 재량권 행사의 기초가 되는 사실인정에 잘못이 있는 경우에 해당하므로 그 도로점용허가 중 특별사용의 필요가 없는 부분은 위법**하다. 이러한 경우 도로점용허가를 한 도로관리청은 위와 같은 흠이 있다는 이유로 유효하게 성립한 도로점용허가 중 **특별사용의 필요가 없는 부분을 직권취소할 수 있음**이 원칙이다. 다만 이 경우 행정청이 소급적 직권취소를 하려면 이를 취소하여야 할 공익상 필요와 그 취소로 당사자가 입을 기득권 및 신뢰보호와 법률생활 안정의 침해 등 불이익을 비교 교량한 후 공익상 필요가 당사자의 기득권 침해 등 불이익을 정당화할 수 있을 만큼 강한 경우여야 한다. 이에 따라 도로관리청이 도로점용허가 중 특별사용의 필요가 없는 부분을 소급적으로 직권취소하였다면, **도로관리청은 이미 징수한 점용료 중 취소된 부분의 점용면적에 해당하는 점용료를 반환하여야 한다**(대판 2019.1.17. 2016두56721등).

11 ④

④ (×) 구 주택법 제17조 제1항에 따르면, 주택건설사업계획 승인권자가 관계 행정청의 장과 미리 협의한 사항에 한하여 승인처분을 할 때에 인허가 등이 의제될 뿐이고, 각호에 열거된 모든 인허가 등에 관하여 일괄하여 사전협의를 거칠 것을 주택건설사업계획 승인처분의 요건으로 규정하고 있지 않다. 따라서 인허가 의제 대상이 되는 처분에 어떤 하자가 있더라도, 그로써 해당 인허가 의제의 효과가 발생하지 않을 여지가 있게 될 뿐이고, 그러한 사정이 주택건설사업계획 승인처분 자체의 위법사유가 될 수는 없다. 또한 의제된 인허가는 통상적인 인허가와 동일한 효력을 가지므로, 적어도 '부분 인허가 의제'가 허용되는 경우에는 그 효력을 제거하기 위한 법적 수단으로 의제된 인허가의 취소나 철회가 허용될 수 있고, 이러한 직권 취소·철회가 가능한 이상 그 의제된 인허가에 대한 쟁송취소 역시 허용된다. 따라서 **주택건설사업계획 승인처분에 따라 의제된 인허가가 위법함을 다투고자 하는 이해관계인은, 주택건설사업계획 승인처분의 취소를 구할 것이 아니라 의제된 인허가의 취소를 구하여야 하며**, 의제된 인허가는 주택건설사업계획 승인처분과 별도로 항고소송의 대상이 되는 처분에 해당한다(대판 2018.11.29. 2016두38792).

① (O) 국토의 계획 및 이용에 관한 법률 제56조 제1항, 제57조 제1항, 제58조 제1항 제4호, 국토의 계획 및 이용에 관한 법률 시행령 제51조 제1항 제1호, 제56조 제1항 [별표 1의2] 제1호 (라)목, 제2호 (가)목, 건축법 제11조 제1항, 제5항 제3호, 제12조 제1항의 규정 체제 및 내용 등을 종합해 보면, 건축물의 건축이 국토계획법상 개발행위에 해당할 경우 그에 대한 건축허가를 하는 허가권자는 건축허가에 배치·저촉되는 관계 법령상 제한 사유의 하나로 국토계획법령의 개발행위허가기준을 확인하여야 하므로, **국토계획법상 건축물의 건축에 관한 개발행위허가가 의제되는 건축허가신청이 국토계획법령이 정한 개발행위허가기준에 부합하지 아니하면 허가권자로서는 이를 거부할 수 있고**, 이는 건축법 제16조 제3항에 의하여 개발행위허가의 변경이 의제되는 건축허가사항의 변경허가에서도 마찬가지이다(대판 2016.8.24. 2016두35762).

② (O) 인허가의제 제도는 관련 인허가 행정청의 권한을 제한하거나 박탈하는 효과를 가진다는 점에서 법률 또는 법률의 위임에 따른 법규명령의 근거가 있어야 한다(대판 2022.9.7. 2020두40327).

③ (O) 건축법에서 관련 인·허가 의제 제도를 둔 취지는 인·허가 의제사항과 관련하여 건축행정청으로 그 창구를 단일화하고 절차를 간소화하며 비용과 시간을 절감함으로써 국민의 권익을 보호하려는 것이지, **인·허가 의제사항 관련 법률에 따른 각각의 인·허가 요건에 관한 일체의 심사를 배제하려는 것이 아니다**(대판 2011.1.20. 2010두14954).

12 ④

④ (×) **계약직공무원 채용계약해지의 의사표시는 일반공무원에 대한 징계처분과는 달라서 항고소송의 대상이 되는 처분 등의 성격을 가진 것으로 인정되지 아니하고**, 일정한 사유가 있을 때에 국가 또는 지방자치단체가 채용계약 관계의 한쪽 당사자로서 대등한 지위에서 행하는 의사표시로 취급되는 것으로 이해되므로, 이를 징계해고 등에서와 같이 그 징계사유에 한하여 효력 유무를 판단하여야 하거나, 행정처분과 같이 행정절차법에

의하여 근거와 이유를 제시하여야 하는 것은 아니다(대판 2002.11.26. 2002두5948).

① (O) 지방공무원법과 지방전문직공무원규정등 관계법령의 규정내용에 비추어 보면, **지방전문직공무원 채용계약에서 정한 채용기간이 만료한 경우 채용계약을 갱신하거나 채용기간을 연장할 것인지 여부는 지방자치단체장의 재량**에 맡겨져 있는 것으로 보아야 할 것이므로 지방전문직공무원 채용계약에서 정한 기간이 형식적인 것에 불과하고 그 채용계약은 기간의 약정이 없는 것이라고 볼 수 없다(대판 1993.9.14. 92누4611).

② (O) 중소기업 정보화지원사업에 따른 지원금 출연을 위하여 중소기업청장이 체결하는 협약은 공법상 대등한 당사자 사이의 의사표시의 합치로 성립하는 공법상 계약에 해당하는 점, 구 중소기업 기술혁신 촉진법 제32조 제1항은 제10조가 정한 기술혁신사업과 제11조가 정한 산학협력 지원사업에 관하여 출연한 사업비의 환수에 적용될 수 있을 뿐 이와 근거 규정을 달리하는 중소기업 정보화지원사업에 관하여 출연한 지원금에 대하여는 적용될 수 없고 달리 지원금 환수에 관한 구체적인 법령상 근거가 없는 점 등을 종합하면, 협약의 해지 및 그에 따른 환수통보는 **공법상 계약에 따라 행정청이 대등한 당사자의 지위에서 하는 의사표시**로 보아야 하고, 이를 행정청이 우월한 지위에서 행하는 공권력의 행사로서 행정처분에 해당한다고 볼 수는 없다(대판 2015.8.27. 2015두41449).

③ (O) **도시계획사업의 시행자가 그 사업에 필요한 토지를 협의취득하는 행위는 사경제주체로서 행하는 사법상의 법률행위**에 지나지 않으며 공권력의 주체로서 우월한 지위에서 행하는 공법상의 행정처분이 아니므로 이는 행정소송의 대상이 되지 않는다. 같은 취지에서 원심이 이 사건 토지에 관한 협의취득의 존재확인을 항고소송으로 구하는 피고 서울특별시장에 대한 소를 부적법하다고 본 것은 정당하다(대판 1992.10.27. 91누3871).

13 ④

④ (×) 「행정절차법」 제21조 제1항은 행정청은 당사자에게 의무를 과하거나 권익을 제한하는 처분을 하는 경우에는 미리 처분의 제목 등을 당사자 등에게 통지하도록 하고 있는바, **신청에 따른 처분이 이루어지지 아니한 경우에는 아직 당사자에게 권익이 부과되지 아니하였으므로 특별한 사정이 없는 한 신청에 대한 거부처분이라고 하더라도 직접 당사자의 권익을 제한하는 것은 아니어서** 신청에 대한 거부처분을 여기에서 말하는 '당사자의 권익을 제한하는 처분'에 해당한다고 할 수 없는 것이어서 처분의 사전통지대상이 된다고 할 수 없다(대판 2003.11.28. 2003두674).

① (O) 산업기능요원에 대하여 한 산업기능요원 편입취소처분은 '**당사자의 권익을 제한하는 처분**'에 해당하는 한편, **행정절차법의 적용이 배제되는 '병역법에 의한 소집에 관한 사항'에는 해당하지 아니하므로**, 행정절차법상의 '처분의 사전통지'와 '의견제출 기회의 부여'등의 절차를 거쳐야 한다(대판 2002.9.6. 2002두554).

② (O) 별정직 공무원인 대통령기록관장이 대통령 기록유출 혐의에 관하여 수사를 받으면서 비위행위에 관하여 해명할 기회를 가졌다거나 위 수사에 관하여 국민적 관심이 높았고 유출행위가 적법한지 여부 등에 관한 법리적 공방이 언론 등을 통하여 치열하게 이루어졌던 사정만으로 이 사건 처분이 원고에게 사전통지를 하지 않거나 의견제출의 기회를 주지 아니하여도 되는 예외적인 경우에 해당한다고 할 수 없다(대판 2013.1.16. 2011두30687).

③ (O) 대법원은 설문과 같은 사건에서 의견제출에 필요한 상당한 기간을 고려하여 의견제출기한이 부여되었다고 보기 어려우므로 당해 시정명령은 위법하다고 하였다(대판 2016.10.27. 2016두41811).

14 ①

① (×)

> 공공기관의 정보공개에 관한 법률 제11조(정보공개 여부의 결정) ③ 공공기관은 공개 청구된 공개 대상 정보의 전부 또는 일부가 제3자와 관련이 있다고 인정할 때에는 그 사실을 제3자에게 **지체 없이** 통지하여야 하며, 필요한 경우에는 그의 의견을 들을 수 있다.

② (○) 법원이 행정청의 정보공개거부처분의 위법 여부를 심리한 결과 공개를 거부한 정보에 비공개대상정보에 해당하는 부분과 공개가 가능한 부분이 혼합되어 있고 공개청구의 취지에 어긋나지 아니하는 범위 안에서 두 부분을 분리할 수 있음을 인정할 수 있을 때에는, 위 정보 중 공개가 가능한 부분을 특정하고 **판결의 주문에 행정청의 위 거부처분 중 공개가 가능한 정보에 관한 부분만을 취소한다고 표시하여야 한다**(대판 2003.3.11. 2001두6425).

③ (○) '한국증권업협회'는 증권회사 상호간의 업무질서를 유지하고 유가증권의 공정한 매매거래 및 투자자보호를 위하여 일정 규모 이상인 증권회사 등으로 구성된 회원조직으로서, 증권거래법 또는 그 법에 의한 명령에 대하여 특별한 규정이 있는 것을 제외하고는 민법 중 사단법인에 관한 규정을 준용 받는 점, 그 업무가 국가기관 등에 준할 정도로 공동체 전체의 이익에 중요한 역할이나 기능에 해당하는 공공성을 갖는다고 볼 수 없는 점 등에 비추어, 공공기관의 정보공개에 관한 법률 시행령 제2조 제4호의 '특별법에 의하여 설립된 특수법인'에 해당한다고 보기 어렵다(대판 2010.4.29. 2008두5643).

④ (○)

> **공공기관의 정보공개에 관한 법률 제18조(이의신청)** ① 청구인이 정보공개와 관련한 공공기관의 **비공개 결정 또는 부분 공개 결정에 대하여 불복이 있거나 정보공개 청구 후 20일이 경과하도록 정보공개 결정이 없는 때**에는 공공기관으로부터 정보공개 여부의 **결정 통지를 받은 날 또는 정보공개 청구 후 20일이 경과한 날부터 30일 이내**에 해당 공공기관에 문서로 이의신청을 할 수 있다.

15 ②

① (✕) 양벌규정에 의한 영업주의 처벌은 금지위반행위자인 종업원의 처벌에 종속하는 것이 아니라 독립하여 그 자신의 종업원에 대한 선임감독상의 과실로 인하여 처벌되는 것이므로 **종업원의 범죄성립이나 처벌이 영업주 처벌의 전제조건이 될 필요는 없다**(대판 2006.2.24. 2005도7673).

② (○) 양벌규정은 종업원 등의 범죄행위에 관하여 비난할 근거가 되는 법인의 의사결정 및 행위구조, 즉 종업원 등이 저지른 행위의 결과에 대한 법인의 독자적인 책임에 관하여 전혀 규정하지 않은 채, 단순히 법인이 고용한 종업원 등이 업무에 관하여 범죄행위를 하였다는 이유만으로 법인에 대하여 형사처벌을 과하고 있는데, 이는 **다른 사람의 범죄에 대하여 그 책임 유무를 묻지 않고 형벌을 부과하는 것으로서, 법치국가의 원리 및 죄형법정주의로부터 도출되는 책임주의원칙에 위배된다**(헌재 2013. 7. 25. 2011헌가26등).

③ (✕) 행정법상의 질서벌인 과태료의 부과처분과 형사처벌은 그 성질이나 목적을 달리하는 별개의 것이므로 **행정법상의 질서벌인 과태료를 납부한 후에 형사처벌을 한다고 하여 이를 일사부재리의 원칙에 반하는 것이라고 할 수는 없다**(대판 1996.4.2. 96도158).

④ (✕)

> **질서위반행위규제법 제8조(위법성의 착오)** 자신의 행위가 위법하지 아니한 것으로 오인하고 행한 질서위반행위는 그 **오인에 정당한 이유가 있는 때**에 한하여 과태료를 부과하지 아니한다.

16 ②

② (✕) 체납자 등에 대한 공매통지는 국가의 강제력에 의하여 진행되는 공매에서 체납자 등의 권리 내지 재산상의 이익을 보호하기 위하여 법률로 규정한 절차적 요건이라고 보아야 하며, 공매처분을 하면서 체납자 등에게 **공매통지를 하지 않았거나 공매통지를 하였더라도 그것이 적법하지 아니한 경우에는 절차상의 흠이 있어 그 공매처분이 위법**하게 되는 것이다(대판 2011.3.24. 2010두25527).

① (○) 행정청이 행정대집행의 방법으로 건물철거의무의 이행을 실현할 수 있는 경우에는 건물철거 대집행 과정에서 부수적으로 건물의 점유자들에 대한 퇴거 조치를 할 수 있고, 점유자들이 **적법한 행정대집행을 위력**

을 행사하여 방해하는 경우 형법상 공무집행방해죄가 성립하므로, 필요한 경우에는 '경찰관 직무집행법'에 근거한 위험발생 방지조치 또는 형법상 공무집행방해죄의 범행방지 내지 현행범체포의 차원에서 경찰의 도움을 받을 수도 있다(대판 2017.4.28. 2016다213916).

③ (O) 건축법상의 이행강제금은 구 건축법의 위반행위에 대하여 시정명령을 받은 후 시정기간 내에 당해 시정명령을 이행하지 아니한 건축주 등에 대하여 부과되는 간접강제의 일종으로서 그 **이행강제금 납부의무는 상속인 기타의 사람에게 승계될 수 없는 일신전속적인 성질의 것**이므로 이미 사망한 사람에게 이행강제금을 부과하는 내용의 처분이나 결정은 당연무효이고, 이행강제금을 부과받은 사람의 이의에 의하여 비송사건절차법에 의한 재판절차가 개시된 후에 그 이의한 사람이 사망한 때에는 사건 자체가 목적을 잃고 절차가 종료한다(대결 2006.12.8. 2006마470).

④ (O) 관계 법령상 행정대집행의 절차가 인정되어 행정청이 **행정대집행의 방법으로 건물의 철거 등 대체적 작위의무의 이행을 실현할 수 있는 경우에는 따로 민사소송의 방법으로 그 의무의 이행을 구할 수 없다.** 한편 건물의 점유자가 철거의무자일 때에는 건물철거의무에 퇴거의무도 포함되어 있는 것이어서 별도로 퇴거를 명하는 집행권원이 필요하지 않다(대판 2017.4.28. 2016다213916).

17 ④

④ (×) 하나의 공사에 관하여 공구별로 입찰이 실시되는 경우에 사전에 공구별 낙찰예정자를 선정함으로써 상품이나 용역의 거래 등을 제한하는 행위를 할 것을 합의(이하 '공구배분 합의'라고 한다)한 경우에는 독점규제 및 공정거래에 관한 법률(이하 '공정거래법'이라 한다) 제19조 제1항 제3호에서 정하는 공동행위가 성립하는 외에 같은 항 제8호에서 정하는 공동행위 역시 함께 성립한다고 보아야 한다. 또한 공구배분 합의에 따라 특정 공구의 낙찰예정자로 선정되었다고 하더라도, 해당 공구에서 경쟁입찰의 외형을 만들어 유찰을 방지하는 한편 실질적인 경쟁 없이 1개 업체만이 입찰에 참가하여 낙찰되는 것과 같은 효과를 발생시키기 위해서는 다른 사업자가 형식적으로 입찰에 참여할 필요가 있으므로 이를 위한 별도의 참가 합의(이하 '들러리 합의'라고 한다)는 독자적인 경쟁제한성 및 고유한 위법성이 있다. 위와 같은 사정들과 부당한 공동행위의 유형과 이에 대한 과징금 부과 근거에 관한 공정거래법 제22조, 독점규제 및 공정거래에 관한 법률 시행령 제9조 제1항의 형식 및 내용과 체계 등을 종합하여 보면, **공구배분 합의에 가담한 사업자가 합의에 참여한 다른 사업자가 배분받기로 한 공구입찰에 형식적으로 참가하기로 하는 들러리 합의를 한 경우, 그 들러리 합의는 특별한 사정이 없는 한 공구배분 합의와는 별개로 독립된 부당한 공동행위에 해당**하고, 그에 대하여 별개의 과징금을 부과할 수 있다(대판 2017.4.26. 2016두32688).

① (O) 구 독점규제및공정거래에관한법률 제23조 제1항의 규정에 위반하여 불공정거래행위를 한 사업자에 대하여 같은 법 제24조의2 제1항의 규정에 의하여 부과되는 과징금은 행정법상의 의무를 위반한 자에 대하여 당해 위반행위로 얻게 된 경제적 이익을 박탈하기 위한 목적으로 부과하는 금전적인 제재로서, 같은 법이 규정한 범위 내에서 그 부과처분 당시까지 부과관청이 확인한 사실을 기초로 일의적으로 확정되어야 할 것이고, 그렇지 아니하고 **부과관청이 과징금을 부과하면서 추후에 부과금 산정 기준이 되는 새로운 자료가 나올 경우에는 과징금액이 변경될 수도 있다고 유보한다든지, 실제로 추후에 새로운 자료가 나왔다고 하여 새로운 부과처분을 할 수는 없다** 할 것인바, 왜냐하면 과징금의 부과와 같이 재산권의 직접적인 침해를 가져오는 처분을 변경하려면 법령에 그 요건 및 절차가 명백히 규정되어 있어야 할 것인데, 위와 같은 변경처분에 대한 법령상의 근거규정이 없고, 이를 인정하여야 할 합리적인 이유 또한 찾아 볼 수 없기 때문이다(대판 1999.5.28. 99두1571).

② (O) 부동산실권리자명의등기에관한법률 제5조에 의하여 부과된 **과징금 채무는 대체적 급부가 가능한 의무**이므로 위 과징금을 부과받은 자가 사망한 경우 그 상속인에게 포괄승계된다(대판 1999.5.14. 99두35).

③ (O)

행정기본법 제28조(과징금의 기준) ② 과징금의 근거가 되는 법률에는 과징금에 관한 다음 각 호의 사항을 명확하게 규정하여야 한다.
1. 부과·징수 주체
2. 부과 사유
3. 상한액
4. 가산금을 징수하려는 경우 그 사항
5. 과징금 또는 가산금 체납 시 강제징수를 하려는 경우 그 사항

18 ①

① (×) 「국가배상법」 제5조 제1항에 규정된 '영조물 설치·관리상의 하자'는 공공의 목적에 공여된 영조물이 그 용도에 따라 통상 갖추어야 할 안전성을 갖추지 못한 상태에 있음을 말한다. 그리고 위와 같은 안전성의 구비 여부는 영조물의 설치자 또는 관리자가 그 영조물의 위험성에 비례하여 사회통념상 일반적으로 요구되는 정도의 방호조치의무를 다하였는지를 기준으로 판단하여야 하고, 아울러 그 **설치자 또는 관리자의 재정적·인적·물적 제약 등도 고려하여야 한다**. 따라서 영조물인 도로의 경우도 그 설치 및 관리에 있어 완전무결한 상태를 유지할 정도의 고도의 안전성을 갖추지 아니하였다고 하여 하자가 있다고 단정할 수는 없고, 그것을 이용하는 자의 상식적이고 질서 있는 이용 방법을 기대한 상대적인 안전성을 갖추는 것으로 족하다(대판 2013.10.24. 2013다208074).

② (○) **국가의 철도운행사업은 국가가 공권력의 행사로서 하는 것이 아니고 사경제적 작용**이라 할 것이므로, 이로 인한 사고에 공무원이 간여하였다고 하더라도 국가배상법을 적용할 것이 아니고 일반 민법의 규정에 따라야 하나, 공공의 영조물인 **철도시설물의 설치 또는 관리의 하자로 인한 불법행위를 원인으로 하여 국가에 대하여 손해배상청구**를 하는 경우에는 국가배상법이 적용된다(대판 1999.6.22. 99다7008).

③ (○) **재판에 대하여 불복절차 내지 시정절차 자체가 없는 경우**에는 부당한 재판으로 인하여 불이익 내지 손해를 입은 사람은 국가배상 이외의 방법으로는 자신의 권리 내지 이익을 회복할 방법이 없으므로, 이와 같은 경우에는 배상책임의 요건이 충족되는 한 국가배상책임을 인정하지 않을 수 없다(대판 2003.7.11. 99다24218).

④ (○) 영업허가취소처분이 나중에 행정심판에 의하여 재량권을 일탈한 위법한 처분임이 판명되어 취소되었다고 하더라도 그 **처분이 당시 시행되던 공중위생법시행규칙에 정하여진 행정처분의 기준에 따른 것인 이상** 그 영업허가취소처분을 한 행정청 공무원에게 그와 같은 위법한 처분을 한 데 있어 어떤 직무집행상의 과실이 있다고 할 수는 없다(대판 1994.11.8. 94다26141).

19 ①

① (○)

행정심판법 43조의2(조정)
① 위원회는 당사자의 권리 및 권한의 범위에서 당사자의 동의를 받아 심판청구의 신속하고 공정한 해결을 위하여 조정을 할 수 있다. 다만, 그 조정이 공공복리에 적합하지 아니하거나 해당 처분의 성질에 반하는 경우에는 그러하지 아니하다.
③ 조정은 당사자가 합의한 사항을 조정서에 기재한 후 당사자가 서명 또는 날인하고 위원회가 이를 확인함으로써 성립한다.
④ 제3항에 따른 **조정에 대하여는 제48조부터 제50조까지, 제50조의2, 제51조의 규정을 준용**한다.
※ 제49조(재결의 기속력), 제50조의2(위원회의 간접강제)

② (×)

> **행정심판법 제27조(심판청구의 기간)**
> ① 행정심판은 처분이 있음을 알게 된 날부터 90일 이내에 청구하여야 한다.
> ③ 행정심판은 **처분이 있었던 날부터 180일이 지나면 청구하지 못한다. 다만, 정당한 사유가 있는 경우에는 그러하지 아니하다.**

③ (×)

> **행정심판법 제23조(심판청구서의 제출)** ① 행정심판을 청구하려는 자는 제28조에 따라 심판청구서를 작성하여 **피청구인이나 위원회에 제출**하여야 한다. 이 경우 피청구인의 수만큼 심판청구서 부본을 함께 제출하여야 한다.

④ (×)

> **행정심판법 제17조(피청구인의 적격 및 경정)**
> ② 청구인이 피청구인을 잘못 지정한 경우에는 위원회는 직권으로 또는 당사자의 신청에 의하여 결정으로써 피청구인을 경정(更正)할 수 있다.
> ④ 제2항에 따른 결정이 있으면 종전의 피청구인에 대한 심판청구는 취하되고 **종전의 피청구인에 대한 행정심판이 청구된 때에 새로운 피청구인에 대한 행정심판이 청구된 것**으로 본다.

20 ②

② (×) 항고소송에 있어서 원고는 전심절차에서 주장하지 아니한 공격방어방법을 소송절차에서 주장할 수 있고 법원은 이를 심리하여 행정처분의 적법 여부를 판단할 수 있는 것이므로, 원고가 **전심절차에서 주장하지 아니한 처분의 위법사유를 소송절차에서 새롭게 주장하였다고 하여 다시 그 처분에 대하여 별도의 전심절차를 거쳐야 하는 것은 아니다**(대판 1996.6.14. 96누754).
① (○) 행정소송법 제19조(취소소송의 대상) 취소소송은 처분등을 대상으로 한다. 다만, 재결취소소송의 경우에는 **재결 자체에 고유한 위법**이 있음을 이유로 하는 경우에 한한다.
③ (○), ④ (○)

> **행정소송법 제18조(행정심판과의 관계)**
> ② 제1항 단서의 경우에도 다음 각호의 1에 해당하는 사유가 있는 때에는 행정심판의 **재결을 거치지 아니하고 취소소송을 제기**할 수 있다.
>   1. 행정심판청구가 있은 날로부터 60일이 지나도 재결이 없는 때
>   2. **처분의 집행 또는 절차의 속행으로 생길 중대한 손해를 예방하여야 할 긴급한 필요가 있는 때**
>   3. 법령의 규정에 의한 행정심판기관이 의결 또는 재결을 하지 못할 사유가 있는 때
>   4. 그 밖의 정당한 사유가 있는 때
> ③ 제1항 단서의 경우에 다음 각호의 1에 해당하는 사유가 있는 때에는 **행정심판을 제기함이 없이 취소소송을 제기**할 수 있다.
>   1. **동종사건에 관하여 이미 행정심판의 기각재결이 있은 때**

2. 서로 내용상 관련되는 처분 또는 같은 목적을 위하여 단계적으로 진행되는 처분중 어느 하나가 이미 행정심판의 재결을 거친 때
3. 행정청이 사실심의 변론종결후 소송의 대상인 처분을 변경하여 당해 변경된 처분에 관하여 소를 제기하는 때
4. 처분을 행한 행정청이 행정심판을 거칠 필요가 없다고 잘못 알린 때

21 ④

2025. 3. 25.에 이 처분이 있음을 알았다면 **초일불산입 원칙**에 따라 3월 26일부터 기산하여 90일(6일+30일+31일+23일)째가 되는 2025. 6. 23.까지 제기 가능하다.

22 ③

① (×) 행정처분취소소송에 있어서는 실질적 법치주의와 행정처분의 상대방인 국민에 대한 신뢰보호라는 견지에서 처분청은 **당초의 처분사유와 기본적 사실관계에 있어서 동일성이 인정되는 한도내에서만 새로운 처분사유를 추가하거나 변경**할 수 있고 기본적 사실관계와 동일성이 전혀 없는 별개의 사실을 들어 처분사유로서 주장함은 허용되지 아니하며 법원으로서도 당초 처분사유와 기본적 사실관계의 동일성이 없는 사실은 처분사유로 인정 할 수 없다(대판1987.7.21. 85누694).

② (×) 주택신축을 위한 산림형질변경허가신청에 대하여 행정청이 거부처분을 하면서 당초 거부처분의 근거로 삼은 준농림지역에서의 행위제한이라는 사유와 나중에 거부처분의 근거로 추가한 자연경관 및 생태계의 교란, 국토 및 자연의 유지와 환경보전 등 중대한 공익상의 필요라는 사유는 **기본적 사실관계에 있어서 동일성이 인정**된다(대판 2004.11.26. 2004두4482).

③ (○) 피고는 이 사건 허가신청에 대하여 이 사건 토지는 군사보호시설구역 내에 위치하고 있는 관할 군부대장의 동의를 얻지 못하였다는 이유로 이를 불허가하였음이 분명하고 피고가 이 사건 소송에서 위 불허가사유로 새로이 추가하는 처분사유는 이 사건 토지는 군사특수시설인 탄약창에 근접한 지점에 위치하고 있어 그곳에 인화성이 강한 유류저장시설을 할 경우와 유류수송을 하느라고 접지도로를 이용하는 과정에서 공공의 안전과 군사시설의 보호라는 공익에 미치는 영향이 지대하므로 피고가 이와 같은 공익적인 측면에서 보아 이 사건 허가신청을 불허한 것은 적법하다는 것인바, 이는 피고가 **당초 위 불허가처분의 근거로 삼은 사유와는 그 기본적 사실관계에 있어서 동일성이 인정되지 아니하는 별개의 사유**라고 할 것이므로 피고는 이와 같은 사유를 이 사건 불허가처분의 근거로 추가할 수 없다고 보아야 할 것이다(대판 1991.11.8. 91누70).

④ (×) 행정처분의 취소를 구하는 항고소송에서 처분청은 당초 처분의 근거로 삼은 사유와 기본적 사실관계가 동일성이 있다고 인정되는 한도 내에서만 다른 사유를 추가 또는 변경할 수 있고, 이러한 기본적 사실관계의 동일성 유무는 처분사유를 법률적으로 평가하기 이전의 구체적 사실에 착안하여 그 **기초인 사회적 사실관계가 기본적인 점에서 동일한지에 따라 결정되므로, 추가 또는 변경된 사유가 처분 당시에 이미 존재하고 있었다거나 당사자가 그 사실을 알고 있었다고 하여 당초의 처분사유와 동일성이 있다고 할 수 없다**(대판 2011.11.24. 2009두19021).

23 ④

④ (×) 부작위위법확인소송은 적극적인 **처분이 없기 때문에 처분변경으로 인한 소의 변경이 준용되지 않는다**.
※ **행정소송법 제22조(처분변경으로 인한 소의 변경)** ① 법원은 행정청이 소송의 대상인 처분을 소가 제기된 후 변경한 때에는 원고의 신청에 의하여 결정으로써 청구의 취지 또는 원인의 변경을 허가할 수 있다.

① (○) 부작위위법확인소송은 판결시에 있어 부작위의 위법성이 확인대상으로 문제되는 것이고, 사실심의 변론종결시까지 작위의무가 이행되는 한, 위법성이 없다고 보아야 하기 때문이다.

② (O) 국민의 신청에 대하여 한 행정청의 거부행위가 취소소송의 대상이 되기 위하여는 국민이 그 신청에 따른 행정행위를 하여 줄 것을 요구할 수 있는 법규상 또는 조리상의 권리가 있어야 하는 것인데, 피고가 원고에 대하여 이 사건 신축공사와 관련하여 인근 청암빌라트에 공사로 인한 피해를 주지 않는 공법을 선정하고 이에 대하여 안전하다는 전문가의 검토의견서를 제출할 때까지 신축공사를 중지하라는 이 사건 **공사중지명령에 있어서는 그 명령의 내용 자체로 또는 그 성질상으로 명령 이후에 그 원인사유가 해소되는 경우에는 잠정적으로 내린 이 사건 공사중지명령의 해제를 요구할 수 있는 권리를 위 명령의 상대방에게 인정하고 있다**고 할 것이므로 원고에게는 조리상으로 그 해제를 요구할 수 있는 권리가 인정된다(대판 1997.12.26. 96누17745).

③ (O) 행정소송법상 취소소송이나 부작위법확인소송에 있어서는 당해 행정처분 또는 부작위의 직접상대방이 아닌 **제3자라 하더라도 그 처분의 취소 또는 부작위법확인을 받을 법률상의 이익이 있는 경우에는 원고적격이 인정**되나 여기서 말하는 법률상의 이익은 그 처분 또는 부작위의 근거법률에 의하여 보호되는 직접적이고 구체적인 이익을 말하고, 간접적이거나 사실적, 경제적 관계를 가지는데 불과한 경우는 포함되지 않는다(대판 1989.5.23. 88누81350).

24 ②

② (×)

> **지방자치법 제20조(규칙의 제정과 개정·폐지 의견 제출)**
> ① 주민은 제29조에 따른 규칙(**권리·의무와 직접 관련되는 사항으로 한정**한다)의 제정, 개정 또는 폐지와 관련된 의견을 해당 지방자치단체의 장에게 제출할 수 있다.
> ② 법령이나 조례를 위반하거나 법령이나 조례에서 위임한 범위를 벗어나는 사항은 제1항에 따른 의견 제출 대상에서 제외한다.
> ③ 지방자치단체의 장은 제1항에 따라 제출된 의견에 대하여 의견이 제출된 날부터 30일 이내에 검토 결과를 그 의견을 제출한 주민에게 통보하여야 한다.
> ④ 제1항에 따른 의견 제출, 제3항에 따른 의견의 검토와 결과 통보의 방법 및 절차는 해당 **지방자치단체의 조례**로 정한다.

① (O) 지방자치법상의 의회대표제하에서 의회의원과 주민은 엄연히 다른 지위를 지니는 것으로서 의원과는 달리 정치적, 법적으로 아무런 책임을 지지 아니하는 **주민이 본회의 또는 위원회의 안건 심의중 안건에 관하여 발언한다는 것은 선거제도를 통한 대표제원리에 정면으로 위반되는 것으로서 허용될 수 없고**, 다만 간접민주제를 보완하기 위하여 의회대표제의 본질을 해하지 않고 의회의 기능수행을 저해하지 아니하는 범위 내에서 주민이 의회의 기능수행에 참여하는 것(예컨대 공청회에서 발언하거나 본회의, 위원회에서 참고인, 증인, 청원인의 자격으로 발언하는 것)은 허용된다(대판 1993.2.26. 92추109).

③ (O) 지방의회가 선임한 검사위원이 결산에 대한 검사 결과, 필요한 경우 결산검사의견서에 추징, 환수, 변상 및 책임공무원에 대한 징계 등의 시정조치에 관한 의견을 담을 수 있고, 그 의견에 대하여 시장이 시정조치 결과나 시정조치 계획을 의회에 알리도록 하는 내용의 개정조례안은, 사실상 지방의회가 단체장에 대하여 직접 추징 등이나 책임공무원에 대한 징계 등을 요구하는 것으로서 **지방의회가 법령에 의하여 주어진 권한의 범위를 넘어서 집행기관에 대하여 새로운 견제장치를 만드는 것에 해당하여 위법**하다(대판 2009.4.9. 2007추103).

④ (O) 직무이행명령 및 이에 대한 이의소송 제도의 취지는 국가위임사무의 관리·집행에서 주무부장관과 해당 지방자치단체의 장 사이의 지위와 권한, 상호 관계 등을 고려하여, 지방자치단체의 장이 해당 국가위임사무에 관한 사실관계의 인식이나 법령의 해석·적용에서 주무부장관과 견해를 달리하여 해당 사무의 관리·집행을 하지 아니할 때, 주무부장관에게는 그 사무집행의 실효성을 확보하기 위하여 지방자치단체의 장에 대한 직무이행명령과 그 불이행에 따른 후속 조치를 할 권한을 부여하는 한편, 해당 지방자치단체의 장에게는 직

무이행명령에 대한 이의의 소를 제기할 수 있도록 함으로써, 국가위임사무의 관리·집행에 관한 두 기관 사이의 분쟁을 대법원의 재판을 통하여 합리적으로 해결함으로써 그 사무집행의 적법성과 실효성을 보장하려는 데 있다. 따라서 **직무이행명령의 요건 중 '법령의 규정에 따라 지방자치단체의 장에게 특정 국가위임사무를 관리·집행할 의무가 있는지' 여부의 판단대상은 문언대로 그 법령상 의무의 존부이지, 지방자치단체의 장이 그 사무의 관리·집행을 하지 아니한 데 합리적 이유가 있는지 여부가 아니다.** 그 법령상 의무의 존부는 원칙적으로 직무이행명령 당시의 사실관계에 관련 법령을 해석·적용하여 판단하되, 직무이행명령 이후의 정황도 고려할 수 있다(대판 2013.6.27. 2009추206).

25 ③

③ (×) 형법 제127조는 공무원 또는 공무원이었던 자가 법령에 의한 직무상 비밀을 누설하는 것을 구성요건으로 하고 있고, 동 조에서 법령에 의한 직무상 비밀이란 반드시 법령에 의하여 비밀로 규정되었거나 비밀로 분류 명시된 사항에 한하지 아니하고 정치, 군사, 외교, 경제, 사회적 필요에 따라 비밀로 된 사항은 물론 정부나 공무소 또는 국민이 객관적, 일반적인 입장에서 외부에 알려지지 않는 것에 상당한 이익이 있는 사항도 포함하는 것이나, **동 조에서 말하는 비밀이란 실질적으로 그것을 비밀로서 보호할 가치가 있다고 인정할 수 있는 것이어야 할 것**이다. 그리고 본죄는 기밀 그 자체를 보호하는 것이 아니라 공무원의 비밀엄수의무의 침해에 의하여 위험하게 되는 이익, 즉 비밀의 누설에 의하여 위협받는 국가의 기능을 보호하기 위한 것이다(대판 1996.5.10. 95도780).

① (○) 공무원들의 어느 행위가 국가공무원법 제66조 제1항에 규정된 '집단행위'에 해당하려면, 그 행위가 반드시 같은 시간, 장소에서 행하여져야 하는 것은 아니지만, 공익에 반하는 어떤 목적을 위한 다수인의 행위로서 집단성이라는 표지를 갖추어야만 한다고 해석함이 타당하다. 따라서 **여럿이 같은 시간에 한 장소에 모여 집단의 위세를 과시하는 방법으로 의사를 표현하거나 여럿이 단체를 결성하여 그 단체 명의로 의사를 표현하는 경우, 실제 여럿이 모이는 형태로 의사표현을 하는 것은 아니지만 발표문에 서명날인을 하는 등의 수단으로 여럿이 가담한 행위임을 표명하는 경우** 또는 일제 휴가나 집단적인 조퇴, 초과근무 거부 등과 같이 정부활동의 능률을 저해하기 위한 집단적 태업 행위로 볼 수 있는 경우에 속하거나 이에 준할 정도로 행위의 집단성이 인정되어야 국가공무원법 제66조 제1항에 해당한다고 볼 수 있다(대판 2017.4.13. 2014두8469).

② (○) 공무원은 종교에 따른 차별 없이 직무를 수행하여야 한다(국가공무원법 제59조의2 제1항). 공무원은 소속 상관이 제1항에 위배되는 직무상 명령을 한 경우에는 이에 따르지 아니할 수 있다(제2항).

④ (○) 공무원이 그 직무를 수행함에 있어 상관은 하관에 대하여 범죄행위 등 위법한 행위를 하도록 명령할 직권이 없는 것이고, 하관은 소속상관의 적법한 명령에 복종할 의무는 있으나 그 **명령이 참고인으로 소환된 사람에게 가혹행위를 가하라는 등과 같이 명백한 위법 내지 불법한 명령인 때에는 이는 벌써 직무상의 지시명령이라 할 수 없으므로 이에 따라야 할 의무는 없다**(대판 1988.2.23. 87도2358).

제5회 소방승진 행정법 최종모의고사 정답 및 해설

2025 소방승진 행정법 최종모의고사

01	02	03	04	05	06	07	08	09	10
①	④	③	②	①	④	②	③	③	④
11	12	13	14	15	16	17	18	19	20
②	②	④	③	②	③	③	①	④	③
21	22	23	24	25					
③	④	④	④	①					

01 ①

① (O) 산림청장이나 그로부터 권한을 위임받은 행정청이 산림법 등이 정하는 바에 따라 국유임야를 대부하거나 매각하는 행위는 사경제적 주체로서 상대방과 대등한 입장에서 하는 사법상의 계약이지 행정청이 공권력의 주체로서 상대방의 의사 여하에 불구하고 일방적으로 행하는 행정처분이라고 볼 수 없으며 이 **대부계약에 의한 대부료부과조치 역시 사법상의 채무이행을 구하는 것으로 보아야지 이를 행정처분이라고 할 수는 없다.** 이는 대부료 산정방법이 법정되어 있고 대부료를 체납할 경우 국세징수의 예에 의하여 강제징수하도록 규정되어 있다 하여 달리 볼 수 없다 할 것이다(대판 1993.12.7. 91누11612).

② (×) 공유재산의 관리청이 **행정재산의 사용·수익에 대한 허가는 순전히 사경제주체로서 행하는 사법상의 행위가 아니라 관리청이 공권력을 가진 우월적 지위에서 행하는 행정처분**이다(대판 1998.2.27. 97누1105).

③ (×) 행정주체인 재건축조합을 상대로 **관리처분계획안에 대한 조합 총회결의의 효력 등을 다투는 소송은 행정처분에 이르는 절차적 요건의 존부나 효력 유무에 관한 소송**으로서 그 소송결과에 따라 행정처분의 위법 여부에 직접 영향을 미치는 공법상 법률관계에 관한 것이므로, 이는 행정소송법상의 당사자소송에 해당한다(대판 2009.10.29. 2008다97737).

④ (×) **입찰보증금의 국고귀속조치는 국가가 사법상의 재산권의 주체로서 행위하는 것**이지 공권력을 행사하는 것이거나 공권력작용과 일체성을 가진 것이 아니라 할 것이므로 이에 관한 분쟁은 행정소송이 아닌 민사소송의 대상이 될 수밖에 없다(대판 1983.12.27. 81누366).

02 ④

④ (×) 행정처분은 그 근거 법령이 개정된 경우에도 경과 규정에서 달리 정함이 없는 한 처분 당시 시행되는 개정 법령과 그에서 정한 기준에 의하는 것이 원칙이고, 그 개정 법령이 기존의 사실 또는 법률관계를 적용대상으로 하면서 종전보다 불리한 법률효과를 규정하고 있는 경우에도 그러한 **사실 또는 법률관계가 개정 법률이 시행되기 이전에 이미 종결된 것이 아니라면 이를 헌법상 금지되는 소급입법이라고 할 수는 없으며**, 그러한 개정 법률의 적용과 관련하여서는 개정 전 법령의 존속에 대한 국민의 신뢰가 개정 법령의 적용에 관한 공익상의 요구보다 더 보호가치가 있다고 인정되는 경우에 그러한 국민의 신뢰보호를 보호하기 위하여 그 적용이 제한될 수 있는 여지가 있을 따름이다(대판 2010.3.11. 2008두15169).

① (O) 헌법상 평등원칙은 본질적으로 같은 것을 자의적으로 다르게 취급함을 금지하는 것으로서, 일체의 차별적 대우를 부정하는 절대적 평등을 뜻하는 것이 아니라 **입법을 하고 법을 적용할 때에 합리적인 근거가 없는 차별을 하여서는 아니 된다는 상대적 평등**을 뜻하므로, 합리적 근거가 있는 차별 또는 불평등은 평등의 원칙에 반하지 아니한다(대판 2018.10.25. 2018두44302).

② (O)

> **행정소송법 제8조(법적용예)** ② 행정소송에 관하여 이 법에 특별한 규정이 없는 사항에 대하여는 법원조직법과 민사소송법 및 민사집행법의 규정을 준용한다.

③ (O)

> **법령 등 공포에 관한 법률 제11조(공포 및 공고의 절차)** ② 「국회법」 제98조 제3항 전단에 따라 하는 국회의 장의 법률 공포는 서울특별시에서 발행되는 둘 이상의 일간신문에 게재함으로써 한다.

03 ③

③ (×) 운전교육 및 기능검정의 내실화 및 이를 통한 교통사고 예방은 이 사건 조항이 아니더라도 운전전문학원의 지정 요건과 교육내용, 기능검정 등에 관하여 마련되어 있는 도로교통법과 동법시행령·시행규칙의 구체적이고 자세한 규정들이 제대로 집행된다면 가능하다. 이 사건 조항은 **입법목적을 달성하기 위한 수단으로서 부적절**하며, 운전전문학원의 영업 내지 직업의 자유를 필요 이상으로 제약하는 것이다(헌재 2005.7.21. 2004헌가30).

① (O) 상당성의 원칙은 어떤 행정조치가 설정된 행정목적을 위하여 필요한 경우일지라도 그 행정조치를 취함으로 인한 불이익이 그것에 의해 초래되는 이익보다 큰 경우에는 당해 행정조치를 취해서는 안 된다는 것을 말한다. 따라서 당사자에 대한 불이익이 더 크다고 평가되는 경우 더 완화된 수단을 선택하도록 요청받게 된다. 이러한 상당성의 원칙에 상응한 재량권 행사라야 적법하다.

② (O) 비례원칙은 행정법의 일반원칙으로서 침해행정뿐만 아니라 급부행정에도 적용된다. 급부행정에서는 비례의 원칙이 과잉급부금지의 원칙으로서 적용되는바, 행정청은 그 목적달성에 적합한 정도의 급부만을 해야 한다는 원칙이다.

④ (O) 도로교통법 제148조의2 제1항 제1호는 도로교통법 제44조 제1항을 2회 이상 위반한 사람으로서 다시 같은 조 제1항을 위반하여 술에 취한 상태에서 자동차 등을 운전한 사람에 대해 1년 이상 3년 이하의 징역이나 500만 원 이상 1,000만 원 이하의 벌금에 처하도록 규정하고 있는데, 도로교통법 제148조의2 제1항 제1호에서 정하고 있는 '도로교통법 제44조 제1항을 2회 이상 위반한' 것에 **개정된 도로교통법이 시행된 2011. 12. 9. 이전에 구 도로교통법 제44조 제1항을 위반한 음주운전 전과까지 포함되는 것으로 해석하는 것이 형벌불소급의 원칙이나 일사부재리의 원칙 또는 비례의 원칙에 위배된다고 할 수 없다**(대판 2012.11.29. 2012도10269).

04 ②

② (×) 행정절차법 제17조 제5항은 신청인이 신청할 때 관계 법령에서 필수적으로 첨부하여 제출하도록 규정한 서류를 첨부하지 않은 경우와 같이 쉽게 보완이 가능한 사항을 누락하는 등의 흠이 있을 때 행정청이 곧바로 거부처분을 하는 것보다는 신청인에게 보완할 기회를 주도록 함으로써 행정의 공정성·투명성 및 신뢰성을 확보하고 국민의 권익을 보호하려는 행정절차법의 입법 목적을 달성하고자 함이지, 행정청으로 하여금 신청에 대하여 거부처분을 하기 전에 반드시 신청인에게 신청의 내용이나 처분의 **실체적 발급요건**에 관한 사항까지 보완할 기회를 부여하여야 할 의무를 정한 것은 아니라고 보아야 한다(대판 2020.7.23. 2020두36007).

① (O) 구 식품위생법 제25조 제2항, 제3항의 각 규정에 의하면, 지방세법에 의한 압류재산 매각절차에 따라 영업시설의 전부를 인수함으로써 그 영업자의 지위를 승계한 자가 관계 행정청에 이를 신고하여 행정청이 이를 수리하는 경우에는 종전의 영업자에 대한 영업허가 등은 그 효력을 잃는다 할 것인데, 위 규정들을 종합하면 위 행정청이 구 **식품위생법 규정에 의하여 영업자지위승계신고를 수리하는 처분은 종전의 영업자의 권익을 제한하는 처분**이라 할 것이고 따라서 종전의 영업자는 그 처분에 대하여 직접 그 상대가 되는 자에 해당한다고 봄이 상당하므로, 행정청으로서는 위 신고를 수리하는 처분을 함에 있어서 **행정절차법 규정 소정의**

당사자에 해당하는 종전의 영업자에 대하여 위 규정 소정의 행정절차를 실시하고 **처분**을 하여야 한다(대판 2003.2.14. 2001두70150).

③ (O) 건축신고를 하려는 자는 인·허가의제사항 관련 법령에서 제출하도록 의무화하고 있는 신청서와 구비서류를 제출하여야 하는데, 이는 건축신고를 수리하는 행정청으로 하여금 인·허가의제사항 관련 법률에 규정된 요건에 관하여도 심사를 하도록 하기 위한 것으로 볼 수밖에 없다. 따라서 **인·허가의제 효과를 수반하는 건축신고는 일반적인 건축신고와는 달리, 특별한 사정이 없는 한 행정청이 그 실체적 요건에 관한 심사를 한 후 수리하여야 하는 이른바 '수리를 요하는 신고'**로 보는 것이 옳다(대판 2011.1.20. 2010두14954).

④ (O) 사인의 공법상 행위는 명문으로 금지되거나 성질상 불가능한 경우가 아닌 한 그에 따른 행정행위가 행하여질 때까지 자유로이 철회하거나 보정할 수 있으므로 **사업시행자 지정 처분이 행하여질 때까지 토지 소유자는 새로이 동의를 하거나 동의를 철회할 수 있다**고 보아야 한다(대판 2014.7.10. 2013두7025).

05 ①

① (X) 미얀마 국적의 甲이 위명(僞名)인 '乙' 명의의 여권으로 대한민국에 입국한 뒤 乙 명의로 난민 신청을 하였으나 법무부장관이 乙 명의를 사용한 甲을 직접 면담하여 조사한 후 갑에 대하여 난민불인정 처분을 한 사안에서, **처분의 상대방은 허무인이 아니라 '을'이라는 위명을 사용한 甲**이라는 이유로, 甲이 처분의 취소를 구할 법률상 이익이 있다(대판 2017.3.9. 2013두16852).

② (O) 행정처분에 있어서 불이익처분의 상대방은 직접 개인적 이익의 침해를 받은 자로서 원고적격이 인정되지만 **수익처분의 상대방은 그의 권리나 법률상 보호되는 이익이 침해되었다고 볼 수 없으므로** 달리 특별한 사정이 없는 한 취소를 구할 이익이 없다(대판 1995.8.22. 94누8129).

③ (O) 상수원보호구역 설정의 근거가 되는 수도법 제5조 제1항 및 동 시행령 제7조 제1항이 보호하고자 하는 것은 상수원의 확보와 수질보전일 뿐이고, 그 **상수원에서 급수를 받고 있는 지역주민들이 가지는 상수원의 오염을 막아 양질의 급수를 받을 이익은 직접적이고 구체적으로는 보호하고 있지 않음**이 명백하여 위 지역주민들이 가지는 이익은 상수원의 확보와 수질보호라는 공공의 이익이 달성됨에 따라 반사적으로 얻게 되는 이익에 불과하므로 지역주민들에 불과한 원고들에게는 위 상수원보호구역변경처분의 취소를 구할 법률상의 이익이 없다(대판 1995.9.26. 94누14544).

④ (O) 오늘날 **재량행사를 하자 없이 행사해 줄 것을 청구할 수 있는 권리**인 무하자재량행사청구권을 인정하고 재량이 0으로 수축되는 경우에 행정개입청구권을 행사할 수 있다.

06 ④

④ (X) (구)청소년보호법 시행령 제40조 [별표 6]의 위반행위의 종별에 따른 과징금처분 기준은 법규명령이기는 하나 모법의 위임규정의 내용과 취지 및 헌법상의 과잉금지의 원칙과 평등의 원칙 등에 비추어 사안에 따라 적정한 과징금의 액수를 정하여야 할 것이므로 그 수액은 **정액이 아니라 최고한도액**이다(대판 2001.3.9. 99두5207).

① (O) **재량준칙이 정한 바에 따라 되풀이 시행되어 행정관행이 이루어지게 되면 평등의 원칙이나 신뢰보호의 원칙에 따라 행정청은 상대방에 대한 관계에서 그 규칙에 따라야 할 자기구속**을 받게 되므로, 이러한 경우에는 특별한 사정이 없는 한 그에 반하는 처분은 평등의 원칙이나 신뢰보호의 원칙에 어긋나 재량권을 일탈·남용한 위법한 처분이 된다(대판 2014.11.27. 2013두18964).

② (O) 공공기관의 운영에 관한 법률(이하 '공공기관법'이라 한다) 제39조 제2항, 제3항 및 그 위임에 따라 기획재정부령으로 제정된 '공기업·준정부기관 계약사무규칙' 제15조 제1항(이하 '이 사건 규칙 조항'이라 한다)의 내용을 대비해 보면, 입찰참가자격 제한의 요건을 공공기관법에서는 '공정한 경쟁이나 계약의 적정한 이행을 해칠 것이 명백할 것'을 규정하고 있는 반면, 이 사건 규칙 조항에서는 '경쟁의 공정한 집행이나 계약의 적정한 이행을 해칠 우려가 있거나 입찰에 참가시키는 것이 부적합하다고 인정되는 자'라고 규정함으로써, 이 사건 규칙 조항이 법률에 규정된 것보다 한층 완화된 처분요건을 규정하여 그 처분대상을 확대하고 있다. 그러나 공공기관법 제39조 제3항에서 부령에 위임한 것은 '입찰참가자격의 제한기준 등에 관하여 필요한 사항'

일 뿐이고, 이는 그 규정의 문언상 입찰참가자격을 제한하면서 그 기간의 정도와 가중·감경 등에 관한 사항을 의미하는 것이지 처분의 요건까지를 위임한 것이라고 볼 수는 없다. 따라서 이 사건 규칙 조항에서 위와 같이 **처분의 요건을 완화하여 정한 것은 상위법령의 위임 없이 규정한 것이므로 이는 행정기관 내부의 사무처리준칙을 정한 것에 지나지 않는다**(대판 2013.9.12. 2011두10584).

③ (O) 여객자동차 운수사업법에 의한 개인택시운송사업면허는 특정인에게 권리나 이익을 부여하는 행정행위로서 법령에 특별한 규정이 없는 한 재량행위이고, 위 법과 그 시행규칙의 범위 내에서 면허를 위하여 필요한 기준을 정하는 것 역시 행정청의 재량에 속하는 것이므로, 그 **설정된 기준이 객관적으로 보아 합리적이 아니라거나 타당하지 않다고 볼 만한 다른 특별한 사정이 없는 이상 행정청의 의사는 가능한 한 존중되어야 할 것**이다(대판 2009.7.9. 2008두11099).

07 ②

① (×) 법률에서 위임받은 사항을 전혀 규정하지 않고 재위임하는 것은 이위임금지의 법리에 반할 뿐 아니라 수권법의 내용변경을 초래하는 것이 되고, 부령의 제정·개정절차가 대통령령)에 비하여 보다 용이한 점을 고려할 때 재위임에 의한 부령의 경우에도 위임에 의한 대통령령에 가해지는 헌법상)의 제한이 당연히 적용되어야 할 것이므로 법률에서 위임받은 사항을 전혀 규정하지 아니하고 그대로 재위임하는 것은 허용되지 않으며 **위임받은 사항에 관하여 대강을 정하고 그 중의 특정사항을 범위를 정하여 하위법령에 다시 위임하는 경우에만 재위임이 허용된다**(헌재 1996.2.29. 94헌마213).

② (O) 법규명령의 **위임근거가 되는 법률에 대하여 위헌결정이 선고되면 그 위임에 근거하여 제정된 법규명령도 원칙적으로 효력을 상실**하나…(대판 2001.6.12. 2000다18547).

③ (×), ④ (×) 일반적으로 법률의 위임에 의하여 효력을 갖는 법규명령의 경우, 구법에 **위임의 근거가 없어 무효였더라도 사후에 법개정으로 위임의 근거가 부여되면 그 때부터는 유효한 법규명령**이 되나, 반대로 구법의 **위임에 의한 유효한 법규명령이 법개정으로 위임의 근거가 없어지게 되면 그 때부터 무효인 법규명령**이 되므로, 어떤 법령의 위임 근거 유무에 따른 유효 여부를 심사하려면 법개정의 전·후에 걸쳐 모두 심사하여야만 그 법규명령의 시기에 따른 유효·무효를 판단할 수 있다(대판 1995.6.30. 93추83).

08 ③

③ (×) 행정청이 개인택시사업면허를 받을 수 없는 자가 제출한 허위의 무사고증명 기재내용을 그대로 믿고 동인의 순위를 오인하여 개인택시사업면허를 발급한 경우 동 면허처분은 결국 면허를 받을 요건을 구비하지 못한 자에 대하여 면허를 발급한 하자있는 행정처분이므로 처분청은 그 하자를 이유로 스스로 이를 취소할 수 있고 이 경우 **허위의 무사고 증명을 제출하여 사위의 방법으로 면허를 받은 사람은 그 이익이 위법하게 취득되었음을 알고 있어 그 취소가능성도 예상하고 있었을 것이므로 그 자신이 위 행정행위에 대한 신뢰이익을 원용할 수 없음**은 물론 행정청이 이를 고려하지 아니하였다 하더라도 재량권의 남용이 논의될 여지가 없다고 봄이 신의칙과 공평의 원칙에 합당하다(대판 1986.8.19. 85누291).

① (O) 징계처분이 사회통념상 현저하게 타당성을 잃어 재량권의 범위를 벗어난 위법한 처분이라고 할 수 있으려면 구체적인 사례에 따라 징계의 원인이 된 비위사실의 내용과 성질, 징계에 의하여 달성하려고 하는 목적, 징계양정의 기준 등 여러 요소를 종합하여 판단할 때에 그 징계 내용이 객관적으로 명백히 부당하다고 인정할 수 있는 경우라야 한다. – **명예퇴직 합의 후 명예퇴직 예정일 사이에 허위로 병가를 받아 다른 회사에 근무하였음을 사유로 한 징계해임처분이 징계재량권의 일탈·남용으로 볼 수 없다**고 한 사례(대판 2002.8.23. 2000다60890등).

② (O) 피고 행정자치부장관으로서는 북한어린이를 위한 의약품 지원을 위하여 성금 및 의약품 등을 모금하는 원고의 행위가 법 제4조 제2항 제1호의 '국제적으로 행하여지는 구제사업'에 해당하는 이상 그 **모집행위를 금지할 만한 다른 특별한 사정이 없는 한 이를 허가하여야 할 것**임에도 단순히 '준조세 폐해 근절 및 경제난 극복'이라는 이유를 내세워 이를 불허한 것은 재량권을 일탈하거나 남용한 것으로서 위법하다(대판 1999.7.23. 99두3690).

④ (O) 문화재청장이, 국가지정문화재의 보호구역에 인접한 나대지에 건물을 신축하기 위한 국가지정문화재 현상변경신청을 허가하지 않은 경우, **상당한 규모의 건물이 나대지에 들어서는 경우 보호구역을 포함한 국가지정문화재의 경관을 저해할 가능성이 상당히 클 뿐만 아니라, 위 국가지정문화재 현상변경신청 불허가처분이 취소되는 경우 향후 주변의 나대지에 대한 현상변경허가를 거부하기 어려워질 것으로 예상**되는 점 등에 비추어, 위 국가지정문화재 현상변경신청에 대한 불허가처분이 재량권을 일탈·남용한 위법한 처분이라고 단정하기 어렵다고 한 사례(대판 2006.5.12. 2004두9920).

09 ③

③ (X) 연금지급결정을 취소하는 처분과 그 처분에 기초하여 잘못 지급된 급여액에 해당하는 금액을 환수하는 처분이 적법한지를 판단하는 경우 비교·교량할 각 사정이 동일하다고는 할 수 없으므로, **연금지급결정을 취소하는 처분이 적법하다고 하여 환수처분도 반드시 적법하다고 판단하여야 하는 것은 아니다**(대판 2017.3.30. 2015두43971).

① (O) 행정소송의 대상이 되는 행정처분은, 행정청 또는 그 소속기관이나 법령에 의하여 행정권한의 위임 또는 위탁을 받은 공공기관이 국민의 권리의무에 관계되는 사항에 관하여 공권력을 발동하여 행하는 공법상의 행위를 말하며, 그것이 상대방의 권리를 제한하는 행위라 하더라도 **행정청 또는 그 소속기관이나 권한을 위임받은 공공기관**의 행위가 아닌 한 이를 행정처분이라고 할 수 없다(대결 2010.11.26. 2010무137).

② (O) 건축허가권자가 건축불허가처분을 하면서 그 처분사유로 건축불허가 사유뿐만 아니라 구 소방법 제8조 제1항에 따른 소방서장의 건축부동의 사유를 들고 있다고 하여 그 건축불허가처분 외에 별개로 건축부동의 처분이 존재하는 것이 아니므로, 그 **건축불허가처분을 받은 사람은 그 건축불허가처분에 관한 쟁송에서 건축법상의 건축불허가 사유뿐만 아니라 소방서장의 부동의 사유에 관하여도 다툴 수 있다**(대판 2004.10.15. 2003두6573).

④ (O) 국세기본법 및 국세기본법 시행령이 과세전적부심사를 거치지 않고 곧바로 과세처분을 할 수 있거나 과세전적부심사에 대한 결정이 있기 전이라도 과세처분을 할 수 있는 예외사유로 정하고 있다는 등의 특별한 사정이 없는 한, 과세예고 통지 후 과세전적부심사 청구나 그에 대한 결정이 있기도 전에 과세처분을 하는 것은 원칙적으로 **과세전적부심사 이후에 이루어져야 하는 과세처분을 그보다 앞서 함으로써 과세전적부심사 제도 자체를 형해화**시킬 뿐만 아니라 과세전적부심사 결정과 과세처분 사이의 관계 및 불복절차를 불분명하게 할 우려가 있으므로, 그와 같은 과세처분은 납세자의 절차적 권리를 침해하는 것으로서 절차상 하자가 중대하고도 명백하여 무효이다(대판 2016.12.27. 2016두492280).

10 ④

④ (X) 행정청이 수익적 행정처분을 하면서 부가한 부담의 위법 여부는 처분 당시 법령을 기준으로 판단하여야 하고, 부담이 처분 당시 법령을 기준으로 적법하다면 처분 후 **부담의 전제가 된 주된 행정처분의 근거 법령이 개정됨으로써 행정청이 더 이상 부관을 붙일 수 없게 되었다 하더라도 곧바로 위법하게 되거나 그 효력이 소멸하게 되는 것은 아니다**(대판 2009.2.12. 2005다65500).

① (O) 행정처분에 부담인 부관을 붙인 경우 부관의 무효화에 의하여 본체인 행정처분 자체의 효력에도 영향이 있게 될 수는 있지만, 그 처분을 받은 사람이 **부담의 이행으로 사법상 매매 등의 법률행위를 한 경우에는 그 부관은 특별한 사정이 없는 한 법률행위를 하게 된 동기 내지 연유로 작용하였을 뿐**이므로 이는 법률행위의 취소사유가 될 수 있음은 별론으로 하고 그 법률행위 자체를 당연히 무효화하는 것은 아니다(대판 2009.6.25. 2006다18174).

② (O) 행정행위의 부관은 부담인 경우를 제외하고는 독립하여 행정소송의 대상이 될 수 없는바, 기부채납받은 행정재산에 대한 사용·수익허가에서 공유재산의 관리청이 정한 사용·수익허가의 기간은 그 허가의 효력을 제한하기 위한 행정행위의 부관으로서 이러한 **사용·수익허가의 기간에 대해서는 독립하여 행정소송을 제기할 수 없다**(대판 2001.6.15. 99두509).

③ (O) 수익적 행정처분에 있어서는 법령에 특별한 근거규정이 없다고 하더라도 그 부관으로서 부담을 붙일 수

있고, 그와 같은 부담은 행정청이 행정처분을 하면서 일방적으로 부가할 수도 있지만 부담을 부가하기 이전에 **상대방과 협의하여 부담의 내용을 협약의 형식으로 미리 정한 다음 행정처분을 하면서 이를 부가할 수도 있다**(대판 2009.2.12. 2005다65500).

11 ②

② (×) 구 도시계획법 제78조 제1항에 정한 처분이나 조치명령을 받은 자가 이에 위반한 경우로 인하여 같은 법 제92조에 정한 처벌을 하기 위하여는 그 처분이나 조치명령이 적법한 것이라야 하고, 그 처분이 당연무효가 아니라 하더라도 그것이 **위법한 처분으로 인정되는 한 같은 법 제92조 위반죄가 성립될 수 없다**(대판 1992.8.18. 90도1709).

① (○) 행정처분이 아무리 위법하다고 하여도 그 하자가 중대하고 명백하여 당연무효라고 보아야 할 사유가 있는 경우를 제외하고는 아무도 그 하자를 이유로 무단히 그 효과를 부정하지 못하는 것으로, 이러한 행정행위의 공정력은 판결의 기판력과 같은 효력은 아니지만 그 **공정력의 객관적 범위에 속하는 행정행위의 하자가 취소사유에 불과한 때에는 그 처분이 취소되지 않는 한 처분의 효력을 부정하여 그로 인한 이득을 법률상 원인 없는 이득이라고 말할 수 없는 것**이다(대판 1994.11.11. 94다28000).

③ (○) 위법한 행정대집행이 완료되면 그 처분의 무효확인 또는 취소를 구할 소의 이익은 없다 하더라도, **미리 그 행정처분의 취소판결이 있어야만, 그 행정처분의 위법임을 이유로 한 손해배상 청구를 할 수 있는 것은 아니다**(대판 1972.4.28. 72다337).

④ (○) 연령미달의 결격자인 피고인이 소외인의 이름으로 운전면허시험에 응시, 합격하여 교부받은 운전면허는 당연무효가 아니고 도로교통법 제65조 제3호의 사유에 해당함에 불과하여 **취소되지 않는 한 유효**하므로 피고인의 운전행위는 무면허운전에 해당하지 아니한다(대판 1982.6.8. 80도2646).

12 ②

② (×) 관리처분계획에 대한 관할 행정청의 인가·고시까지 있게 되면 관리처분계획은 행정처분으로서 효력이 발생하게 되므로, 총회결의의 하자를 이유로 하여 행정처분의 효력을 다투는 항고소송의 방법으로 관리처분계획의 취소 또는 무효확인을 구하여야 하고, 그와 별도로 **행정처분에 이르는 절차적 요건 중 하나에 불과한 총회결의 부분만을 따로 떼어내어 효력 유무를 다투는 확인의 소를 제기하는 것은 특별한 사정이 없는 한 허용되지 않는다**고 보아야 한다(대판 2009.11.26. 2008다41383).

① (○) 관할 관청이 개인택시운송사업의 양도·양수에 대한 인가를 하였을 경우 거기에는 **양도인과 양수인 간의 양도행위를 보충하여 그 법률효과를 완성**시키는 의미에서의 인가처분뿐만 아니라 **양수인에 대해 양도인이 가지고 있던 면허와 동일한 내용의 면허를 부여하는 처분**이 포함되어 있다(대판 2010.11.11. 2009두14934).

③ (○) 구 도시 및 주거환경정비법 제16조 제2항의 가중된 의결 정족수에 의한 찬성결의로 결정된 재건축결의 사항은 대통령령이 정하는 경미한 사항의 변경에 해당하지 않는 한 위 법 제16조 제2항의 가중된 의결 정족수에 의한 찬성결의에 의하지 아니하고는 변경될 수 없고, 따라서 조합의 사업시행계획도 원칙적으로 재건축결의에서 결정된 내용에 따라 작성되어야 하지만, **조합이 사업시행계획을 재건축결의에서 결정된 내용과 달리 작성한 경우 이러한 하자는 기본행위인 사업시행계획 작성행위의 하자이고, 이에 대한 보충행위인 행정청의 인가처분이 그 근거 조항인 위 법 제28조의 적법요건을 갖추고 있는 이상은 그 인가처분 자체에 하자가 있는 것이라 할 수 없다**(대판 2008.1.10. 2007두16691).

④ (○) 인가는 기본행위인 재단법인의 정관변경에 대한 법률상의 효력을 완성시키는 보충행위로서, 그 **기본이 되는 정관변경 결의에 하자가 있을 때에는 그에 대한 인가가 있었다 하여도 기본행위인 정관변경 결의가 유효한 것으로 될 수 없으므로** 기본행위인 정관변경 결의가 적법 유효하고 보충행위인 인가처분 자체에만 하자가 있다면 그 인가처분의 무효나 취소를 주장할 수 있지만, 인가처분에 하자가 없다면 기본행위에 하자가 있다 하더라도 따로 그 기본행위의 하자를 다투는 것은 별론으로 하고 기본행위의 무효를 내세워 바로 그에 대한 행정청의 인가처분의 취소 또는 무효확인을 소구할 법률상의 이익이 없다(대판 1996.5.16. 95누4810).

13 ④

④ (X) 전문직공무원인 공중보건의사의 채용계약 해지의 의사표시는 일반공무원에 대한 징계처분과는 달라서 항고소송의 대상이 되는 처분 등의 성격을 가진 것으로 인정되지 아니하고, **일정한 사유가 있을 때에 관할 도지사가 채용계약 관계의 한쪽 당사자로서 대등한 지위에서 행하는 의사표시로 취급하고 있는 것**으로 이해되므로, 공중보건의사 채용계약 해지의 의사표시에 대하여는 대등한 당사자간의 소송형식인 **공법상의 당사자소송**으로 그 의사표시의 무효확인을 청구할 수 있는 것이지, 이를 항고소송의 대상이 되는 행정처분이라는 전제하에서 그 취소를 구하는 항고소송을 제기할 수는 없다(대판 1996.5.31. 95누10617).

① (O)

> 민원사무처리에 관한 법률 제17조(법정민원의 처리기간 설정·공표) ① 행정기관의 장은 법정민원을 신속히 처리하기 위하여 행정기관에 법정민원의 신청이 접수된 때부터 처리가 완료될 때까지 소요되는 처리기간을 법정민원의 종류별로 미리 정하여 공표하여야 한다.

② (O) 행정절차법 제49조(행정지도의 방식)

> ① 행정지도를 하는 자는 그 상대방에게 그 행정지도의 취지 및 내용과 신분을 밝혀야 한다.
> ② 행정지도가 **말로 이루어지는 경우**에 상대방이 제1항의 사항을 적은 서면의 교부를 요구하면 그 행정지도를 하는 자는 직무 수행에 특별한 지장이 없으면 이를 교부하여야 한다.

③ (O) 공법상 합동행위는 각 당사자의 의사표시의 방향이 같고 그 효과도 각 당사자에 대하여 동일한 의미를 가지는 점에서 공법상 계약과 차이가 있다. 여기에는 지방자치단체의 협의로 **지방자치단체조합을 설립하는 행위**(지방자치법 제159조), **지역조합·전문조합의 합의로 산림조합중앙회를 설립하는 행위**(산림조합법 제3장), **정관작성행위** 등이 있다.

14 ③

③ (X) 처분이나 민원의 처리기간을 정하는 것은 신청에 따른 사무를 가능한 한 조속히 처리하도록 하기 위한 것이다. **처리기간에 관한 규정은 훈시규정에 불과할 뿐 강행규정이라고 볼 수 없다.** 행정청이 처리기간이 지나 처분을 하였더라도 이를 처분을 취소할 절차상 하자로 볼 수 없다. 「민원처리법 시행령」 제23조에 따른 민원처리진행상황 통지도 민원인의 편의를 위한 부가적인 제도일 뿐, 그 통지를 하지 않았더라도 이를 처분을 취소할 절차상 하자로 볼 수 없다(대판 2019.12.13. 2018두41907).

① (O)

> 행정절차법 제28조(청문 주재자) ② 행정청은 다음 각 호의 어느 하나에 해당하는 처분을 하려는 경우에는 **청문 주재자를 2명 이상으로 선정**할 수 있다. 이 경우 선정된 청문 주재자 중 1명이 청문 주재자를 대표한다.
> 1. **다수 국민의 이해가 상충되는 처분**
> 2. **다수 국민에게 불편이나 부담을 주는 처분**
> 3. 그 밖에 전문적이고 공정한 청문을 위하여 행정청이 청문 주재자를 2명 이상으로 선정할 필요가 있다고 인정하는 처분

② (O) **금지행위 및 시설의 해제 여부에 관한 행정처분을 하면서 절차상 위와 같은 심의를 누락한 흠**이 있다면 그와 같은 흠을 가리켜 위 행정처분의 효력에 아무런 영향을 주지 않는다거나 경미한 정도에 불과하다고 볼 수는 없으므로, 특별한 사정이 없는 한 이는 행정처분을 위법하게 하는 **취소사유**가 된다(대판 2007.3.15. 2006두15806).

④ (O) 행정절차법 제21조 제4항 제3호는 침해적 행정처분을 할 경우 청문을 실시하지 않을 수 있는 사유로서 '

당해 처분의 성질상 의견청취가 현저히 곤란하거나 명백히 불필요하다고 인정될 만한 상당한 이유가 있는 경우'를 규정하고 있으나, 여기에서 말하는 '의견청취가 현저히 곤란하거나 명백히 불필요하다고 인정될 만한 상당한 이유가 있는지 여부'는 당해 행정처분의 성질에 비추어 판단하여야 하는 것이지, 청문통지서의 반송 여부, 청문통지의 방법 등에 의하여 판단할 것은 아니며, 또한 행정처분의 상대방이 통지된 청문일시에 불출석하였다는 이유만으로 행정청이 관계 법령상 그 실시가 요구되는 청문을 실시하지 아니한 채 침해적 행정처분을 할 수는 없을 것이므로, 행정처분의 상대방에 대한 **청문통지서가 반송되었다거나, 행정처분의 상대방이 청문일시에 불출석하였다는 이유로 청문을 실시하지 아니하고 한 침해적 행정처분은 위법**하다(대판 2001.4.13. 2000두3337).

15 ②

① (×)

> **개인정보 보호법 제2조(정의)** 이 법에서 사용하는 용어의 뜻은 다음과 같다.
> 1. **"개인정보"란 살아 있는 개인에 관한 정보**로서 다음 각 목의 어느 하나에 해당하는 정보를 말한다.
>   가. **성명, 주민등록번호 및 영상 등을 통하여 개인을 알아볼 수 있는 정보**
>   나. 해당 정보만으로는 특정 개인을 알아볼 수 없더라도 다른 정보와 쉽게 결합하여 알아볼 수 있는 정보. 이 경우 쉽게 결합할 수 있는지 여부는 다른 정보의 입수 가능성 등 개인을 알아보는 데 소요되는 시간, 비용, 기술 등을 합리적으로 고려하여야 한다.
>   다. 가목 또는 나목을 제1호의2에 따라 가명처리함으로써 원래의 상태로 복원하기 위한 추가 정보의 사용·결합 없이는 특정 개인을 알아볼 수 없는 정보(이하 "가명정보"라 한다)

② (○)

> **개인정보 보호법 제28조의8(개인정보의 국외 이전)** ① 개인정보처리자는 개인정보를 국외로 제공(조회되는 경우를 포함한다)·처리위탁·보관(이하 이 절에서 "이전"이라 한다)하여서는 아니 된다. 다만, 다음 각 호의 어느 하나에 해당하는 경우에는 개인정보를 국외로 이전할 수 있다.
> 1. 정보주체로부터 국외 이전에 관한 별도의 동의를 받은 경우
> 2. **법률, 대한민국을 당사자로 하는 조약 또는 그 밖의 국제협정에 개인정보의 국외 이전에 관한 특별한 규정이 있는 경우**
> 3. 정보주체와의 계약의 체결 및 이행을 위하여 개인정보의 처리위탁·보관이 필요한 경우로서 다음 각 목의 어느 하나에 해당하는 경우 (각 목 생략)
> 4. 개인정보를 이전받는 자가 제32조의2에 따른 개인정보 보호 인증 등 보호위원회가 정하여 고시하는 인증을 받은 경우로서 다음 각 목의 조치를 모두 한 경우 (각 목 생략)
> 5. 개인정보가 이전되는 국가 또는 국제기구의 개인정보 보호체계, 정보주체 권리보장 범위, 피해구제 절차 등이 이 법에 따른 개인정보 보호 수준과 실질적으로 동등한 수준을 갖추었다고 보호위원회가 인정하는 경우

③ (×)

> **개인정보 보호법 제2조(정의)** 이 법에서 사용하는 용어의 뜻은 다음과 같다.
> 5. "개인정보처리자"란 업무를 목적으로 개인정보파일을 운용하기 위하여 스스로 또는 다른 사람을 통하여 개인정보를 처리하는 **공공기관, 법인, 단체 및 개인** 등을 말한다.

④ (×)

> **개인정보 보호법 제34조(개인정보 유출 등의 통지·신고)** ③ 개인정보처리자는 개인정보의 유출등이 있음을 알게 되었을 때에는 개인정보의 유형, 유출등의 경로 및 규모 등을 고려하여 대통령령으로 정하는 바에 따라 제1항 각 호의 사항을 지체 없이 **보호위원회 또는 대통령령으로 정하는 전문기관(註: 한국인터넷진흥원)**에 신고하여야 한다. 이 경우 보호위원회 또는 대통령령으로 정하는 전문기관은 피해 확산방지, 피해 복구 등을 위한 기술을 지원할 수 있다

16 ③

③ (×), ④ (○) 지방국세청장 또는 세무서장이 조세범 처벌절차법 제17조 제1항에 따라 통고처분을 거치지 아니하고 즉시 고발하였다면 이로써 조세범칙사건에 대한 조사 및 처분 절차는 종료되고 **형사사건 절차로 이행되어 지방국세청장 또는 세무서장으로서는 동일한 조세범칙행위에 대하여 더 이상 통고처분을 할 권한이 없다**(대판 2016.9.28. 2014도10748). ☞ 조세범칙행위에 대한 고발이 효력을 상실하는 것이 아니다.

① (○) 도로교통법 제118조에서 규정하는 **경찰서장의 통고처분은 행정소송의 대상이 되는 행정처분이 아니므로 그 처분의 취소를 구하는 소송은 부적법**하고, 도로교통법상의 통고처분을 받은 자가 그 처분에 대하여 이의가 있는 경우에는 통고처분에 따른 범칙금의 납부를 이행하지 아니함으로써 경찰서장의 즉결심판청구에 의하여 법원의 심판을 받을 수 있게 될 뿐이다(대판 1995.6.29. 95누4674).

② (○) 도로교통법 제119조 제3항은 그 법 제118조에 의하여 범칙금 납부통고서를 받은 사람이 그 범칙금을 납부한 경우 그 범칙행위에 대하여 다시 벌받지 아니한다고 규정하고 있는바, 이는 **범칙금의 납부에 확정재판의 효력에 준하는 효력을 인정**하는 취지로 해석하여야 한다(대판 2002.11.22. 2001도849).

17 ③

① (×) 대집행의 요건이 충족된 경우에도 **대집행을 실시할 것인지 여부는 행정청의 재량**에 속한다(대판 1996.10.11. 96누8086).

② (×) 부작위의무를 위반하여 금지된 건축물·광고물·도로장애물 등을 시설한 경우 그 시설에 대하여 곧바로 대집행을 할 수는 없고, **법령의 근거에 따라 작위의무를 부과**(예컨대 철거명령)하여 그 부작위의무를 작위의무로 전환한 후에 그 작위의무의 불이행에 대해 대집행을 할 수가 있다(대판 1996.6.28. 96누4374).

③ (○)

> **행정대집행법 제7조(행정심판)** 대집행에 대하여는 행정심판을 제기할 수 있다.

④ (×) 불가쟁력이란 제소기간의 도과 등으로 상대방이 더 이상 행정행위의 효력을 다툴 수 없다는 행정행위의 효력이다. 불가쟁력의 발생 여부는 대집행의 요건과는 관계가 없다.

18 ①

① (×) 수질오염물질을 측정하는 경우 시료채취의 방법, 오염물질 측정의 방법 등을 정한 구 수질오염공정시험기준은 형식 및 내용에 비추어 행정기관 내부의 사무처리준칙에 불과하므로 일반 국민이나 법원을 구속하는 대외적 구속력은 없다. 따라서 **시료채취의 방법 등이 위 고시에서 정한 절차에 위반된다고 하여 그러한 사정만으로 곧바로 그에 기초하여 내려진 행정처분이 위법하다고 볼 수는 없고, 관계 법령의 규정 내용과 취지 등에 비추어 절차상 하자가 채취된 시료를 객관적인 자료로 활용할 수 없을 정도로 중대한지에 따라 판단되어야 한다**. 다만 이때에도 시료의 채취와 보존, 검사방법의 적법성 또는 적절성이 담보되어 시료를 객관적인

자료로 활용할 수 있고 그에 따른 실험결과를 믿을 수 있다는 사정은 행정청이 증명책임을 부담하는 것이 원칙이다(대판 2022.9.16. 2021두58912).

② (O) 부과처분을 위한 과세관청의 질문조사권이 행해지는 세무조사결정이 있는 경우 납세의무자는 세무공무원의 과세자료 수집을 위한 질문에 대답하고 검사를 수인하여야 할 법적 의무를 부담하게 되는 점, 세무조사는 기본적으로 적정하고 공평한 과세의 실현을 위하여 필요한 최소한의 범위 안에서 행하여져야 하고, 더욱이 동일한 세목 및 과세기간에 대한 재조사는 납세자의 영업의 자유 등 권익을 심각하게 침해할 뿐만 아니라 과세관청에 의한 자의적인 세무조사의 위험마저 있으므로 조세공평의 원칙에 현저히 반하는 예외적인 경우를 제외하고는 금지될 필요가 있는 점, 납세의무자로 하여금 개개의 과태료 처분에 대하여 불복하거나 조사종료 후의 과세처분에 대하여만 다툴 수 있도록 하는 것보다는 그에 앞서 세무조사결정에 대하여 다툼으로써 분쟁을 조기에 근본적으로 해결할 수 있는 점 등을 종합하면, **세무조사결정은 납세의무자의 권리·의무에 직접 영향을 미치는 공권력의 행사에 따른 행정작용으로서 항고소송의 대상**이 된다(대판 2011.3.10. 2009두23617,23624).

③ (O) 세무조사가 과세자료의 수집 또는 신고내용의 정확성 검증이라는 본연의 목적이 아니라 부정한 목적을 위하여 행하여진 것이라면 이는 **세무조사에 중대한 위법사유가 있는 경우에 해당하고 이러한 세무조사에 의하여 수집된 과세자료를 기초로 한 과세처분 역시 위법**하다(대판 2016.12.15. 2016두47659).

④ (O) 세관공무원이 수출입물품을 검사하는 과정에서 마약류가 감추어져 있다고 밝혀지거나 그러한 의심이 드는 경우, 검사는 마약류의 분산을 방지하기 위하여 충분한 감시체제를 확보하고 있어 수사를 위하여 이를 외국으로 반출하거나 대한민국으로 반입할 필요가 있다는 요청을 세관장에게 할 수 있고, 세관장은 그 요청에 응하기 위하여 필요한 조치를 할 수 있다(마약류 불법거래 방지에 관한 특례법 제4조 제1항). 그러나 이러한 조치가 **수사기관에 의한 압수·수색에 해당하는 경우에는 영장주의 원칙이 적용된**다.…(중략)…마약류 불법거래 방지에 관한 특례법 제4조 제1항에 따른 조치의 일환으로 특정한 수출입물품을 개봉하여 검사하고 그 내용물의 점유를 취득한 행위는 위에서 본 수출입물품에 대한 적정한 통관 등을 목적으로 조사를 하는 경우와는 달리, 범죄수사인 압수 또는 수색에 해당하여 사전 또는 사후에 영장을 받아야 한다(대판 2017.7.18. 2014도8719).

19 ④

④ (×) 지문과 같은 종래 규정은 개정 건축법에서 삭제되었다.

① (O) 부당지원행위에 대한 과징금은 부당지원행위 억지라는 행정목적을 실현하기 위한 행정상 제재금으로서의 기본적 성격에 부당이득환수적 요소도 부가되어 있는 것으로서, 이중처벌금지원칙에 위반된다거나 무죄추정의 원칙에 위반된다고 할 수 없다(대판 2004.3.12. 2001두7220).

② (O) 과세관청이 체납처분으로서 행하는 **공매는 우월한 공권력의 행사로서 행정소송의 대상이 되는 공법상의 행정처분**이며 공매에 의하여 재산을 매수한 자는 그 공매처분이 취소된 경우에 그 취소처분의 위법을 주장하여 행정소송을 제기할 법률상 이익이 있다(대판 1984.9.25. 84누201).

③ (O) 세법상 가산세는 과세권의 행사 및 조세채권의 실현을 용이하게 하기 위하여 납세자가 정당한 이유 없이 법에 규정된 신고, 납세 등 각종 의무를 위반한 경우에 개별세법이 정하는 바에 따라 부과되는 행정상의 제재로서 **납세자의 고의, 과실은 고려되지 않는 것**이고, 다만 납세의무자가 그 의무를 알지 못한 것이 무리가 아니었다거나 그 의무의 이행을 당사자에게 기대하는 것이 무리라고 하는 사정이 있을 때 등 그 **의무해태를 탓할 수 없는 정당한 사유가 있는 경우에는 이를 부과할 수 없다**(대판 2003.9.5. 2001두403).

20 ③

① (O) 구 산업기술혁신 촉진법 제1조, 제3조, 제16조 제1항, 제17조 제1항 본문 및 구 산업기술혁신 촉진법 시행령 제23조, 제24조, 제25조, 제27조의 목적과 내용 등을 종합하여 보면, 위 법령이 공공기관에 부과한 신제품 인증을 받은 제품(이하 '인증신제품'이라 한다) 구매의무는 기업에 신기술개발제품의 판로를 확보하여 줌으로써 산업기술개발을 촉진하기 위한 국가적 지원책의 하나로 국민경제의 지속적인 발전과 국민의 삶의 질

향상이라는 공공 일반의 이익을 도모하기 위한 것이고, **공공기관이 구매의무를 이행한 결과 신제품 인증을 받은 자가 재산상 이익을 얻게 되더라도 이는 반사적 이익에 불과할 뿐** 위 법령이 보호하고자 하는 이익으로 보기는 어렵다. 따라서 공공기관이 위 법령에서 정한 **인증신제품 구매의무를 위반하였다고 하더라도, 이를 이유로 신제품 인증을 받은 자에 대하여 국가배상법 제2조가 정한 배상책임이나 불법행위를 이유로 한 손해배상책임을 지는 것은 아니다**(대판 2015.5.28. 2013다41431).

② (○) 국가배상법 제7조는 우리나라만이 입을 수 있는 불이익을 방지하고 국제관계에서 형평을 도모하기 위하여 외국인의 국가배상청구권의 발생요건으로 '외국인이 피해자인 경우에는 해당 국가와 상호보증이 있을 것'을 요구하고 있는데, 해당 국가에서 외국인에 대한 국가배상청구권의 발생요건이 우리나라의 그것과 동일하거나 오히려 관대할 것을 요구하는 것은 지나치게 외국인의 국가배상청구권을 제한하는 결과가 되어 국제적인 교류가 빈번한 오늘날의 현실에 맞지 아니할 뿐만 아니라 외국에서 우리나라 국민에 대한 보호를 거부하게 하는 불합리한 결과를 가져올 수 있는 점을 고려할 때, **우리나라와 외국 사이에 국가배상청구권의 발생요건이 현저히 균형을 상실하지 아니하고 외국에서 정한 요건이 우리나라에서 정한 그것보다 전체로서 과중하지 아니하여 중요한 점에서 실질적으로 거의 차이가 없는 정도라면 국가배상법 제7조가 정하는 상호보증의 요건을 구비하였다고 봄이 타당**하다. 그리고 **상호보증은 외국의 법령, 판례 및 관례 등에 의하여 발생요건을 비교하여 인정되면 충분하고 반드시 당사국과의 조약이 체결되어 있을 필요는 없으며, 당해 외국에서 구체적으로 우리나라 국민에게 국가배상청구를 인정한 사례가 없더라도 실제로 인정될 것이라고 기대할 수 있는 상태이면 충분**하다(대판 2015.6.11. 2013다208388).

③ (×)

> **국가배상법 제2조(배상책임)**
> ① 국가나 지방자치단체는 공무원 또는 공무를 위탁받은 사인(이하 "공무원"이라 한다)이 직무를 집행하면서 고의 또는 과실로 법령을 위반하여 타인에게 손해를 입히거나, 「자동차손해배상 보장법」에 따라 손해배상의 책임이 있을 때에는 이 법에 따라 그 손해를 배상하여야 한다. 다만, 군인·군무원·경찰공무원 또는 예비군대원이 전투·훈련 등 직무 집행과 관련하여 전사(戰死)·순직(殉職)하거나 공상(公傷)을 입은 경우에 본인이나 그 유족이 다른 법령에 따라 재해보상금·유족연금·상이연금 등의 보상을 지급받을 수 있을 때에는 이 법 및 「민법」에 따른 손해배상을 청구할 수 없다.
> ② 제1항 본문의 경우에 **공무원에게 고의 또는 중대한 과실이 있으면 국가나 지방자치단체는 그 공무원에게 구상(求償)할 수 있다.**

④ (○) 공법인이 국가로부터 위탁받은 공행정사무를 집행하는 과정에서 공법인의 임직원이나 피용인이 고의 또는 과실로 법령을 위반하여 타인에게 손해를 입힌 경우에는, 공법인은 위탁받은 공행정사무에 관한 행정주체의 지위에서 배상책임을 부담하여야 하지만, **공법인의 임직원이나 피용인은 실질적인 의미에서 공무를 수행한 사람으로서 국가배상법 제2조에서 정한 공무원에 해당하므로 고의 또는 중과실이 있는 경우에만 배상책임을 부담**하고 경과실이 있는 경우에는 배상책임을 면한다(대판 2021.1.28. 2019다260197).

21 ③

① (×)

> **행정심판법 제29조(청구의 변경)** ② 행정심판이 청구된 후에 피청구인이 새로운 처분을 하거나 심판청구의 대상인 처분을 변경한 경우에는 청구인은 새로운 처분이나 변경된 처분에 맞추어 청구의 취지나 이유를 **변경할 수 있다.**

② (×) 구 행정심판법 제37조(註: 현행 제50조) 제2항, 같은법 시행령 제27조의2(註: 현행 제33조) 제1항의 규정에 따라 재결청이 직접 처분을 하기 위하여는 **처분의 이행을 명하는 재결이 있었음에도 당해 행정청이 아무**

런 처분을 하지 아니하였어야 하므로, 당해 행정청이 어떠한 처분을 하였다면 그 처분이 재결의 내용에 따르지 아니하였다고 하더라도 재결청이 직접 처분을 할 수는 없다(대판 2002.7.23. 2000두9151).
③ (O) 자동차운수사업법 제31조 등의 규정에 의한 사업면허의 취소 등의 처분에 관한 규칙(교통부령) 제7조 제3항의 **고지절차에 관한 규정은 행정처분의 상대방이 그 처분에 대한 행정심판의 절차를 밟는데 있어 편의를 제공하려는데 있으며 처분청이 위 규정에 따른 고지의무를 이행하지 아니하였다고 하더라도 경우에 따라서는 행정심판의 제기기간이 연장될 수 있는 것에 그치고 이로 인하여 심판의 대상이 되는 행정처분에 어떤 하자가 수반된다고 할 수 없다**(대판 1987.11.24. 87누529).
④ (×)

> **행정심판법 제31조(임시처분)** ③ 제1항에 따른 임시처분은 제30조 제2항에 따른 **집행정지로 목적을 달성할 수 있는 경우에는 허용되지 아니한다.**

22 ④

④ (×) 제3자는 소송의 결과에 따라 권리 또는 이익의 침해를 받게 될 자이어야 한다. 여기서 제3자란 당해 소송당사자 이외의 자를 말하며 국가·공공단체도 그에 포함될 수 있다. 그리고 이익이란 단순한 사실상 이익 내지 경제상의 이익이 아니라 법률상 이익을 의미한다. 소송의 결과에 따라 권리 또는 이익의 침해를 받는다라는 것은 **판결의 형성력에 의해 권리 또는 이익을 박탈당하는 경우뿐만 아니라 판결의 행정청에 대한 기속력에 따른 행정청의 새로운 처분에 의해 권리 또는 이익의 침해를 받는 경우를 포함**한다.
① (O) 소송사건에서 당사자의 일방을 보조하기 위하여 보조참가를 하려면 당해 소송의 결과에 대하여 이해관계가 있어야 할 것인바, 여기에서 말하는 이해관계라 함은 **소송의 결과에 대하여 이해관계**가 있어야 할 것인바, 여기에서 말하는 이해관계라 함은 **사실상, 경제상 또는 감정상의 이해관계가 아니라 법률상의 이해관계**를 가리킨다(대판 1997.12.26. 96다51714).
② (O) 대구경북과학기술원 총장은 교원에 대한 인사발령을 포함한 각종 업무를 수행하는 등 그 법인과는 별도의 독자적 기능을 수행하고 있는 점, **대구경북과학기술원 총장이 원고가 청구한 소청심사의 피청구인**이었던 점, 대구경북과학기술원 **총장이 국공립학교의 인사권자나 사립학교의 장과 마찬가지로 교원소청심사위원회의 결정에 기속**되는 지위에 있는 점, 국공립학교의 인사권자나 사립학교의 장과 달리 공공단체의 성격을 가지는 대구경북과학기술원의 인사권자인 총장에게만 소청심사 기각결정에 뒤따르는 행정소송에 어떠한 지위로도 참여할 수 없게 하는 것은 **절차적 방어권 보장**과 관련하여 현저하게 불합리한 결과를 초래하고 형평에도 어긋나는 점 등을 살펴보면, 대구경북과학기술원의 교원이 자신에게 불리한 교원소청심사위원회의 결정에 대하여 행정소송을 제기한 경우에는 대구경북과학기술원의 인사 관련 업무에 대해 독자적 업무를 수행하는 기관인 총장에게 예외적으로 피고 측에 행정소송법 제16조에 의한 소송참가 또는 행정소송법 제8조 제2항, 민사소송법 제71조, 제78조에 의한 보조참가를 할 수 있는 당사자능력을 인정할 수 있다(대판 2023.10.26. 2018두55272).
③ (O) 행정소송법 제38조, 제44조 제1항

23 ④

④ (×) **행정처분의 당연무효를 선언하는 의미에서 그 취소를 구하는 행정소송을 제기하는 경우에는 전치절차와 그 제소기간의 준수 등 취소소송의 제소요건을 갖추어야 한다.** 과세처분의 취소를 구하는 행정소송은 반드시 그 전치요건으로서 국세기본법 소정의 심사청구 및 심판청구 절차를 모두 경유하지 아니하면 이를 제기할 수 없다(대판 1987.6.9. 87누219).
① (O) 행정처분의 당연무효를 주장하여 그 무효확인을 구하는 행정소송에 있어서는 원고에게 그 행정처분이 무효인 사유를 주장, 입증할 책임이 있다(대판 1992.3.10. 91누6030).
② (O) 일반적으로 **행정처분의 무효확인을 구하는 소에는 원고가 그 처분의 취소를 구하지 아니한다고 밝히지**

아니한 이상 그 처분이 만약 당연무효가 아니라면 그 취소를 구하는 취지도 포함되어 있는 것으로 보아야 한다는 것이 대법원의 견해(대법원 1986.9.23. 선고 85누838 판결; 1987.4.28. 선고 86누887 판결 등)임은 상고이유에서 지적한 바와 같다 할 것이므로, 원심으로서는 이 사건 수료처분의 무효확인청구에 그 취소를 구하는 취지도 포함된 것으로 보아 위 수료처분에 취소사유가 있는지 여부에 관하여 심리판단하였어야 할 것이다(대판 1994.12.23. 94누477).

③ (O) 하자 있는 행정처분을 놓고 이를 무효로 볼 것인지 아니면 단순히 취소할 수 있는 처분으로 볼 것인지는 동일한 사실관계를 토대로 한 법률적 평가의 문제에 불과하고, 행정처분의 무효확인을 구하는 소에는 특단의 사정이 없는 한 그 취소를 구하는 취지도 포함되어 있다고 보아야 하는 점 등에 비추어 볼 때, **동일한 행정처분에 대하여 무효확인의 소를 제기하였다가 그 후 그 처분의 취소를 구하는 소를 추가적으로 병합한 경우, 주된 청구인 무효확인의 소가 적법한 제소기간 내에 제기되었다면 추가로 병합된 취소청구의 소도 적법하게 제기된 것으로 봄**이 상당하다(대판 2005.12.23. 2005두3554).

24 ④

ㄱ. (×), ㄷ. (O)

> 행정소송법 제23조(집행정지) ② 취소소송이 제기된 경우에 처분등이나 그 집행 또는 절차의 속행으로 인하여 생길 회복하기 어려운 손해를 예방하기 위하여 긴급한 필요가 있다고 인정할 때에는 본안이 계속되고 있는 법원은 당사자의 신청 또는 직권에 의하여 처분등의 효력이나 그 집행 또는 절차의 속행의 **전부 또는 일부의 정지**를 결정할 수 있다. 다만, **처분의 효력정지는 처분등의 집행 또는 절차의 속행을 정지함으로써 목적을 달성할 수 있는 경우에는 허용되지 아니한다.**

ㄴ. (O) **집행정지결정의 효력은 결정 주문에서 정한 기간까지 존속하다가 그 기간이 만료되면 장래에 향하여 소멸한다.** 집행정지결정은 처분의 집행으로 회복하기 어려운 손해를 예방하기 위하여 긴급한 필요가 있고 달리 공공복리에 중대한 영향을 미치지 않을 것을 요건으로 하여 본안판결이 있을 때까지 해당 처분의 집행을 잠정적으로 정지함으로써 위와 같은 손해를 예방하는 데 취지가 있으므로, **항고소송을 제기한 원고가 본안소송에서 패소확정판결을 받았더라도 집행정지결정의 효력이 소급하여 소멸하지 않는다**(대판 2020.9.3. 2020두34070).

ㄹ. (O)

> 행정소송법 제23조(집행정지) ⑤ 제2항의 규정에 의한 **집행정지의 결정 또는 기각의 결정에 대하여는 즉시항고**할 수 있다. 이 경우 **집행정지의 결정에 대한 즉시항고에는 결정의 집행을 정지하는 효력이 없다.**

25 ①

① (O) 행정기관은 법령으로 정하는 바에 따라 그 **소관사무의 일부**를 보조기관 또는 하급행정기관에 위임하거나 다른 행정기관·지방자치단체 또는 그 기관에 위탁 또는 위임할 수 있다(정부조직법 제6조 제1항).

② (×) 특별시장·광역시장·특별자치시장·도지사 또는 특별자치도지사(특별시·광역시·특별자치시·도 또는 특별자치도의 교육감을 포함한다. 이하 같다)나 시장·군수 또는 구청장(자치구의 구청장을 말한다. 이하 같다)은 행정의 능률향상과 주민의 편의를 위하여 필요하다고 인정될 때에는 수임사무의 일부를 그 위임기관의 장의 승인을 받아 **규칙으로 정하는 바에 따라** 시장·군수·구청장(교육장을 포함한다) 또는 읍·면·동장, 그 밖의 소속기관의 장에게 다시 위임할 수 있다(행정권한의 위임 및 위탁에 관한 규정 제4조).

③ (×) 수임 및 수탁사무의 처리에 관하여 위임 및 위탁기관은 수임 및 수탁기관에 대하여 **사전승인을 받거나 협의를 할 것을 요구할 수 없다**(행정권한의 위임 및 위탁에 관한 규정 제7조).

④ (×) 행정관청이 특정한 권한을 법률에 따라 다른 행정관청에 이관한 경우와 달리 내부적인 사무처리의 편의를 도모하기 위하여 그의 보조기관 또는 하급행정관청으로 하여금 그의 권한을 사실상 행하도록 하는 **내부위임의 경우에는 수임관청이 그 위임된 바에 따라 위임관청의 이름으로 권한을 행사하였다면 그 처분청은 위임관청**이므로 그 처분의 취소나 무효확인을 구하는 소송의 **피고는 위임관청**으로 삼아야 한다(대판 1991.10.8. 91누520).

제6회 소방승진 행정법 최종모의고사 정답 및 해설

2025 소방승진 행정법 최종모의고사

01	02	03	04	05	06	07	08	09	10
④	②	②	③	②	④	③	③	④	③
11	12	13	14	15	16	17	18	19	20
④	②	③	④	④	④	②	①	③	③
21	22	23	24	25					
③	④	④	①	①					

01 ④

- ④ (×) 재량권의 범위 내의 행위는 부당의 문제에 그치는 것이나, 행정의 자기구속의 법리를 위반한 법령이나 행정권 행사는 **위법한 것**이 된다. 처분이라면 항고소송의 대상이 되고, 그 밖에 국가배상청구권, 불평등배제청구권, 동종의 급부청구권, 무하자재량행사청구권이 생길 수 있다.
- ① (○). ② (○) 행정규칙이 법령의 규정에 의하여 행정관청에 법령의 구체적 내용을 보충할 권한을 부여한 경우, 또는 **재량권행사의 준칙인 규칙이 그 정한 바에 따라 되풀이 시행되어 행정관행**이 이룩되게 되면, 평등의 원칙이나 신뢰보호의 원칙에 따라 행정기관은 그 상대방에 대한 관계에서 그 규칙에 따라야할 자기구속을 당하게 되고, 그러한 경우에는 대외적인 구속력을 가지게 된다 할 것이다(헌재 1990.9.3. 90헌마13).
- ③ (○) 행정의 자기구속의 법리는 재량행위 영역에서 행정권의 자의를 방지하고 행정의 재량권행사에 대한 사후적 사법통제를 확대하여 국민의 권익을 보호하는 기능이 있다.

02 ②

- ② (×) 남북정상회담의 개최과정에서 (구)재정경제부장관에게 신고하지 아니하거나 통일부장관의 협력사업 승인을 얻지 아니한 채 **북한측에 사업권의 대가 명목으로 송금한 행위 자체는 헌법상 법치국가의 원리와 법 앞에 평등원칙 등에 비추어 볼 때 사법심사의 대상**이 된다(대판 2004.3.26. 2003도7878).
- ① (○) 고도의 정치성을 띤 국가행위에 대하여는 이른바 통치행위라 하여 법원 스스로 사법심사권의 행사를 억제하여 그 심사대상에서 제외하는 영역이 있으나, 이와 같이 통치행위의 개념을 인정한다고 하더라도 과도한 사법심사의 자제가 기본권을 보장하고 법치주의 이념을 구현하여야 할 법원의 책무를 태만히 하거나 포기하는 것이 되지 않도록 **그 인정을 지극히 신중하게 하여야 하며, 그 판단은 오로지 사법부만에 의하여 이루어져야 한다**(대판 2004.3.26. 2003도7878).
- ③ (○) **외국에의 국군의 파견결정**은 파견군인의 생명과 신체의 안전뿐만 아니라 국제사회에서의 우리나라의 지위와 역할, 동맹국과의 관계, 국가안보문제 등 궁극적으로 국민 내지 국익에 영향을 미치는 복잡하고도 중요한 문제로서 국내 및 국제정치관계 등 제반상황을 고려하여 미래를 예측하고 목표를 설정하는 등 고도의 정치적 결단이 요구되는 사안이다. 따라서 그와 같은 결정은 그 문제에 대해 정치적 책임을 질 수 있는 국민의 대의기관이 관계분야의 전문가들과 광범위하고 심도 있는 논의를 거쳐 신중히 결정하는 것이 바람직하며 우리 헌법도 그 권한을 국민으로부터 직접 선출되고 국민에게 직접 책임을 지는 대통령에게 부여하고 그 권한행사에 신중을 기하도록 하기 위해 국회로 하여금 파병에 대한 동의여부를 결정할 수 있도록 하고 있는바, 현행 헌법이 채택하고 있는 대의민주제 통치구조 하에서 **대의기관인 대통령과 국회의 그와 같은 고도의 정치적 결단은 가급적 존중되어야 한다**(헌재 2004.4.29. 2003헌마814).
- ④ (○) 긴급재정경제명령(註: 금융실명거래에 관한 긴급재정경제명령)은 국가긴급권의 일종으로서 고도의 정치적 결단에 의하여 발동되는 행위이고 그 결단을 존중하여야 할 필요성이 있는 행위라는 의미에서 이른바

통치행위에 속한다고 할 수 있으나, 통치행위를 포함하여 모든 국가작용은 국민의 기본권적 가치를 실현하기 위한 수단이라는 한계를 반드시 지켜야 하는 것이고, 헌법재판소는 헌법의 수호와 국민의 기본권보장을 사명으로 하는 국가기관이므로 비록 고도의 정치적 결단에 의하여 행해지는 국가작용이라고 할지라도 그것이 **국민의 기본권 침해와 직접 관련되는 경우에는 당연히 헌법재판소의 심판대상**이 된다(헌재 1996.2.29. 93헌마186).

03 ②

② (×) 소멸시효는 권리를 행사할 수 있는 때를 기산점으로 하지만, 제척기간은 권리가 발생한 때를 기산점으로 한다.
① (○) **제척기간**은 권리자로 하여금 권리를 신속하게 행사하도록 함으로써 그 권리를 중심으로 하는 법률관계를 조속하게 확정하려는 데에 그 제도의 취지가 있는 것으로서, 소멸시효가 일정한 기간의 경과와 권리의 불행사라는 사정에 의하여 그 효과가 발생하는 것과는 달리 **관계 법령에 따라 정당한 사유가 인정되는 등 특별한 사정이 없는 한 그 기간의 경과 자체만으로 곧 권리 소멸의 효과를 발생시킨다**. 따라서 추상적 권리행사에 관한 제척기간은 권리자의 권리행사 태만 여부를 고려하지 않으며, 또 당사자의 신청만으로 추상적 권리가 실현되므로 기간 진행의 중단·정지를 상정하기 어렵다. 이러한 점에서 제척기간은 소멸시효와 근본적인 차이가 있다(대판 2021.3.18. 2018두47264).
③ (○) **일정한 권리에 관하여 법률이 규정한 존속기간을 뜻하는 제척기간은 권리관계를 조속히 확정시키기 위하여 권리의 행사에 중대한 제한을 가하는 것이어서 모법인 법률에 의한 위임이 없는 한 시행령이 함부로 제척기간을 규정할 수는 없다**고 할 것이므로, 구 근로기준법 제38조가 그 단서에서 사용자가 노동위원회의 승인을 받아 휴업수당을 지급하지 않을 수 있는 예외를 규정하고 있을 뿐 그 승인을 받을 수 있는 기간을 제한하는 데 관하여 직접 규정하지 않고 있음은 물론 시행령에 위임하지도 아니하였음에도 불구하고, 같은법시행령 제21조가 정하고 있는 사용자의 노동위원회에 대한 휴업수당지급의 예외 승인신청기간은 제척기간으로 볼 수는 없고 훈시규정으로 보아야 한다(대판 1990.9.28. 89누2493).
④ (○) 채권자가 동일한 목적을 달성하기 위하여 복수의 채권을 갖고 있는 경우, 어느 **하나의 청구권을 행사하는 것이 다른 채권에 대한 소멸시효 중단의 효력이 있다고 할 수 없다**(대판 2002.5.10. 2000다39735).

04 ③

> **행정기본법 제24조(인허가의제의 기준)**
> ① 이 절에서 "인허가의제"란 하나의 인허가(이하 "주된 인허가"라 한다)를 받으면 법률로 정하는 바에 따라 그와 관련된 여러 인허가(이하 "관련 인허가"라 한다)를 받은 것으로 보는 것을 말한다.
> ② 인허가의제를 받으려면 주된 인허가를 신청할 때 **관련 인허가에 필요한 서류를 함께 제출**하여야 한다. 다만, 불가피한 사유로 함께 제출할 수 없는 경우에는 주된 인허가 행정청이 별도로 정하는 기한까지 제출할 수 있다.
> ③ 주된 인허가 행정청은 주된 인허가를 하기 전에 관련 인허가에 관하여 **미리 관련 인허가 행정청과 협의**하여야 한다.
> ④ 관련 인허가 행정청은 제3항에 따른 협의를 요청받으면 그 **요청을 받은 날부터 20일 이내**(제5항 단서에 따른 절차에 걸리는 기간은 제외한다)에 **의견을 제출**하여야 한다. 이 경우 전단에서 정한 기간(민원 처리 관련 법령에 따라 의견을 제출하여야 하는 기간을 연장한 경우에는 그 연장한 기간을 말한다) 내에 협의 여부에 관하여 의견을 제출하지 아니하면 협의가 된 것으로 본다.
> ⑤ 제3항에 따라 협의를 요청받은 관련 인허가 행정청은 해당 법령을 위반하여 협의에 응해서는 아니 된다.

다만, 관련 인허가에 필요한 **심의, 의견 청취 등 절차에 관하여는 법률에 인허가의제 시에도 해당 절차를 거친다는 명시적인 규정이 있는 경우에만 이를 거친다.**
행정기본법 제26조(인허가의제의 사후관리 등) ① 인허가의제의 경우 관련 **인허가 행정청은 관련 인허가를 직접 한 것으로 보아 관계 법령에 따른 관리·감독 등 필요한 조치**를 하여야 한다.

05 ②

② (×) 생태·자연도의 작성 및 등급변경의 근거가 되는 구 자연환경보전법 제34조 제1항 및 그 시행령 제27조 제1항, 제2항에 의하면, **생태·자연도는 토지이용 및 개발계획의 수립이나 시행에 활용하여 자연환경을 체계적으로 보전·관리하기 위한 것일 뿐, 1등급 권역의 인근 주민들이 가지는 생활상 이익을 직접적이고 구체적으로 보호하기 위한 것이 아님**이 명백하고, 1등급 권역의 인근 주민들이 가지는 이익은 **환경보호라는 공공의 이익이 달성됨에 따라 반사적으로 얻게 되는 이익에 불과**하므로, 인근 주민에 불과한 갑은 생태·자연도 등급 권역을 1등급에서 일부는 2등급으로, 일부는 3등급으로 변경한 결정의 무효 확인을 구할 원고적격이 없다고 본 원심판단을 수긍한 사례(대판 2014.2.21. 2011두29052).

① (○) 환경영향평가 대상지역 밖의 주민이라 할지라도 공유수면매립면허처분 등으로 인하여 그 처분 전과 비교하여 수인한도를 넘는 환경피해를 받거나 받을 우려가 있는 경우에는, 공유수면매립면허처분 등으로 인하여 **환경상 이익에 대한 침해 또는 침해우려가 있다는 것을 입증**함으로써 그 처분 등의 무효확인을 구할 원고적격을 인정받을 수 있다(대판 2006.3.16. 2006두330).

③ (○) 대법원은 당해 처분의 근거법률뿐만 아니라 관계법규범까지 법의 범위를 확장하여 법률상 이익을 확장하고, 헌법재판소는 기본권에 근거하기도 한다.

④ (○) 제소기간이 이미 도과하여 불가쟁력이 생긴 행정처분에 대하여는 **개별 법규에서 그 변경을 요구할 신청권을 규정하고 있거나 관계 법령의 해석상 그러한 신청권이 인정될 수 있는 등 특별한 사정이 없는 한** 국민에게 그 행정처분의 변경을 구할 신청권이 있다 할 수 없다(대판 2007.4.26. 2005두11104).

06 ④

④ (×) 일반적으로 법률의 위임에 따라 효력을 갖는 법규명령의 경우에 위임의 근거가 없어 무효였더라도 나중에 법 개정으로 위임의 근거가 부여되면 **그때부터**는 유효한 법규명령으로 볼 수 있다(대판 2017.4.20. 2015두45700).

① (○) 법원이 **구체적 규범통제를 통해 위헌·위법으로 선언할 심판대상**은, 해당 규정의 전부가 불가분적으로 결합되어 있어 그 일부를 무효로 하는 경우 나머지 부분이 유지될 수 없는 결과를 가져오는 특별한 사정이 없는 한, 원칙적으로 해당 규정 중 **재판의 전제성이 인정되는 조항에 한정**된다(대판 2019.6.13. 2017두33985).

② (○) 법률의 시행령이나 시행규칙은 그 법률에 의한 위임이 없으면 개인의 권리·의무에 관한 내용을 변경·보충하거나 법률에 규정되지 아니한 새로운 내용을 정할 수는 없지만, 법률의 시행령이나 시행규칙의 내용이 **모법의 입법 취지 및 관련 조항 전체를 유기적·체계적으로 살펴 보아 모법의 해석상 가능한 것을 명시한 것에 지나지 아니하거나 모법 조항의 취지에 근거하여 이를 구체화하기 위한 것인 때**에는 모법의 규율 범위를 벗어난 것으로 볼 수 없으므로, 모법에 이에 관하여 직접 위임하는 규정을 두지 않았다고 하더라도 이를 무효라고 볼 수는 없다(대판 2009.6.11. 2008두13637).

③ (○) 어떠한 고시가 일반적·추상적 성격을 가질 때에는 법규명령 또는 행정규칙에 해당할 것이지만, **다른 집행행위의 매개 없이 그 자체로서 직접 국민의 구체적인 권리의무나 법률관계를 규율하는 성격을 가질 때에는 행정처분**에 해당한다. 보건복지부 고시인 약제급여·비급여목록 및 급여상한금액표는 다른 집행행위의 매개 없이 그 자체로서 국민건강보험가입자, 국민건강보험공단, 요양기관 등의 법률관계를 직접 규율하는 성격을 가지므로 항고소송의 대상이 되는 행정처분에 해당한다(대판 2006.9.22. 2005두2506).

07 ③

③ (✕) 구 교육공무원법 제44조 제1항 제7호는 '만 6세 이하의 초등학교 취학 전 자녀'를 양육대상으로 하여 '교육공무원이 그 자녀를 양육하기 위하여 필요한 경우'를 육아휴직의 사유로 규정하고 있으므로, 육아휴직 중 그 사유가 소멸하였는지는 해당 자녀가 사망하거나 초등학교에 취학하는 등으로 양육대상에 관한 요건이 소멸한 경우뿐만 아니라 육아휴직 중인 교육공무원에게 해당 자녀를 더 이상 양육할 수 없거나, 양육을 위하여 휴직할 필요가 없는 사유가 발생하였는지 여부도 함께 고려하여야 하고, **국가공무원법 제73조 제2항의 문언에 비추어 복직명령은 기속행위이므로 휴직사유가 소멸하였음을 이유로 신청하는 경우 임용권자는 지체 없이 복직명령을 하여야 한다**(대판 2014.6.12. 2012두4852).

① (○) 체류자격 변경허가는 신청인에게 당초의 체류자격과 다른 체류자격에 해당하는 활동을 할 수 있는 권한을 부여하는 일종의 설권적 처분의 성격을 가지므로, **허가권자는 신청인이 관계 법령에서 정한 요건을 충족하였더라도, 신청인의 적격성, 체류 목적, 공익상의 영향 등을 참작하여 허가 여부를 결정할 수 있는 재량을 가진다**. 다만 재량을 행사할 때 판단의 기초가 된 사실인정에 중대한 오류가 있는 경우 또는 비례·평등의 원칙을 위반하거나 사회통념상 현저하게 타당성을 잃는 등의 사유가 있다면 이는 재량권의 일탈·남용으로서 위법하다(대판 2016.7.14. 2015두48846).

② (○) 야생동·식물보호법 제16조 제3항과 같은 법 시행규칙 제22조 제1항의 체제 또는 문언을 살펴보면 원칙적으로 국제적멸종위기종 및 그 가공품의 수입 또는 반입 목적 외의 용도로의 사용을 금지하면서 용도변경이 불가피한 경우로서 환경부장관의 용도변경승인을 받은 경우에 한하여 용도변경을 허용하도록 하고 있으므로, 위 법 제16조 제3항에 의한 용도변경승인은 **특정인에게만 용도 외의 사용을 허용해주는 권리나 이익을 부여하는 이른바 수익적 행정행위로서 법령에 특별한 규정이 없는 한 재량행위이고,** 위 법 제16조 제3항이 용도변경이 불가피한 경우에만 용도변경을 할 수 있도록 제한하는 규정을 두면서도 시행규칙 제22조에서 용도변경 신청을 할 수 있는 경우에 대하여만 확정적 규정을 두고 있을 뿐 용도변경이 불가피한 경우에 대하여는 아무런 규정을 두지 아니하여 용도변경 승인을 할 수 있는 용도변경의 불가피성에 대한 판단에 있어 재량의 여지를 남겨 두고 있는 이상, 용도변경을 승인하기 위한 요건으로서의 용도변경의 불가피성에 관한 판단에 필요한 기준을 정하는 것도 역시 행정청의 재량에 속하는 것이므로, 그 설정된 기준이 객관적으로 합리적이 아니라거나 타당하지 않다고 볼 만한 다른 특별한 사정이 없는 이상 행정청의 의사는 가능한 한 존중되어야 한다(대판 2011.1.27. 2010두23033).

④ (○) 가축분뇨법에 따른 처리방법 변경허가는 허가권자의 재량행위에 해당한다. 허가권자는 변경허가 신청 내용이 가축분뇨법에서 정한 처리시설의 설치기준(제12조의2 제1항)과 정화시설의 방류수 수질기준(제13조)을 충족하는 경우에도 반드시 이를 허가하여야 하는 것은 아니고, 자연과 주변 환경에 미칠 수 있는 영향 등을 고려하여 허가 여부를 결정할 수 있다. **가축분뇨 처리방법 변경 불허가처분에 대한 사법심사는 법원이 허가권자의 재량권을 대신 행사하는 것이 아니라 허가권자의 공익판단에 관한 재량의 여지를 감안하여 원칙적으로 재량권의 일탈·남용이 있는지 여부만을 판단**하여야 하고, 사실오인과 비례·평등원칙 위반 여부 등이 판단 기준이 된다(대판 2021.6.30. 2021두35681).

08 ③

③ (✕) 수취인이나 그 가족이 **주민등록지에 실제로 거주하고 있지 아니하면서 전입신고**만을 해 두었고, 그 밖에 주민등록지 거주자에게 송달수령의 권한을 위임하였다고 보기 어려운 사정이 인정된다면, 등기우편으로 발송된 납세고지서가 반송된 사실이 인정되지 아니한다 하여 납세의무자에게 송달된 것이라고 볼 수는 없다(대판 1998.2.13. 97누8977).

① (○)

> **행정절차법 제15조(송달의 효력 발생)** ② 제14조 제3항에 따라 정보통신망을 이용하여 전자문서로 송달하는 경우에는 송달받을 자가 지정한 **컴퓨터 등에 입력된 때**에 도달된 것으로 본다.

② (○) 우편법 등 관계 규정의 취지에 비추어 볼 때 우편물이 등기취급의 방법으로 발송된 경우 반송되는 등의 특별한 사정이 없는 한 그 무렵 수취인에게 배달되었다고 보아야 한다(대판 1992.3.27. 91누3819).

④ (○)

> **행정절차법 제14조(송달)** ④ 다음 각 호의 어느 하나에 해당하는 경우에는 송달받을 자가 알기 쉽도록 관보, 공보, 게시판, 일간신문 중 하나 이상에 공고하고 인터넷에도 공고하여야 한다.
> 1. 송달받을 자의 **주소등을 통상적인 방법으로 확인할 수 없는 경우**
> 2. **송달이 불가능한 경우**

09 ④

④ (×) 국가공무원법 제74조에 의하면 공무원이 소정의 정년에 달하면 그 사실에 대한 효과로서 공무담임권이 소멸되어 당연히 퇴직되고 따로 그에 대한 행정처분이 행하여져야 비로소 퇴직되는 것은 아니라 할 것이며 피고(영주지방철도청장)의 원고에 대한 **정년퇴직 발령은 정년퇴직 사실을 알리는 이른바 관념의 통지에 불과하므로 행정소송의 대상이 되지 아니한다**(대판 1983.2.8. 81누263).

① (○) 관할 관청이 개인택시운송사업의 양도·양수에 대한 인가를 하였을 경우 거기에는 양도인과 양수인 간의 양도행위를 보충하여 그 법률효과를 완성시키는 의미에서의 인가처분뿐만 아니라 양수인에 대해 양도인이 가지고 있던 면허와 동일한 내용의 면허를 부여하는 처분이 포함되어 있다. 또한 구 여객자동차 운수사업법 제14조 제4항에 의하면 개인택시운송사업을 양수한 사람은 양도인의 운송사업자로서의 지위를 승계하므로, **관할 관청은 개인택시 운송사업의 양도·양수에 대한 인가를 한 후에도 그 양도·양수 이전에 있었던 양도인에 대한 운송사업면허 취소사유를 들어 양수인의 사업면허를 취소할 수 있다**(대판 2010.11.11. 2009두14934).

② (○) 재단법인의 임원취임이 사법인인 재단법인의 정관에 근거한다 할지라도 이에 대한 행정청의 승인(인가) 행위는 법인에 대한 주무관청의 감독권에 연유하는 이상 그 인가행위 또는 인가거부행위는 공법상의 행정처분으로서, 그 **임원취임을 인가 또는 거부할 것인지 여부는 주무관청의 권한에 속하는 사항이라고 할 것이고, 재단법인의 임원취임승인 신청에 대하여 주무관청이 이에 기속되어 이를 당연히 승인(인가)하여야 하는 것은 아니다**(대판 2000.1.28. 98두16996).

③ (○) **기부금품모집규제법상의 기부금품모집허가는 공익목적을 위하여 일반적·상대적으로 제한된 기본권적 자유를 다시 회복시켜주는 강학상의 허가**에 해당하는 만큼 그에 대한 허가절차는 기부금품을 자유로이 모집할 수 있는 권리(이는 헌법상의 행복추구권에서 파생되는 일반적 행동자유권에 속한다) 자체를 제거해서는 아니되고, 허가절차에 규정된 법률요건을 충족하는 경우에는 국민에게 기본권 행사의 형식적 제한을 다시 해제할 것을 요구할 수 있는 법적 권리를 부여하여야 하므로, 같은 법이 비록 기부금품의 모집허가 대상사업을 같은 법 제4조 제2항 각 호에 규정된 사업에 국한시킴으로써 위 규정에 열거한 사항에 해당하지 아니한 경우에는 허가할 수 없다는 것을 소극적으로 규정하고 있다 하더라도 기부금품모집허가의 법적 성질이 강학상의 허가라는 점을 고려하면, **기부금품 모집행위가 같은 법 제4조 제2항의 각 호의 사업에 해당하는 경우에는 특별한 사정이 없는 한 그 모집행위를 허가하여야 하는 것**으로 풀이하여야 한다(대판 1999.7.23. 99두3690).

10 ③

③ (×) 건축허가서는 허가된 건물에 관한 실체적 권리의 득실변경의 공시방법이 아니며 추정력도 없으므로 건축허가서에 건축주로 기재된 자가 건물의 소유권을 취득하는 것은 아니므로, **자기 비용과 노력으로 건물을 신축한 자는 그 건축허가가 타인의 명의로 된 여부에 관계없이 그 소유권을 원시취득**한다(대판 2002.4.26. 2000다16350). 건축허가서는 허가된 건물에 관한 실체적 권리의 득실변경의 공시방법이 아니며 그 추정력도 없으므로 건축허가서에 건축주로 기재된 자가 그 소유권을 취득하는 것은 아니며, **건축중인 건물의 소유자와 건축허가의 건축주가 반드시 일치하여야 하는 것도 아니다**(대판 2009.3.12. 2006다28454).

① (○) 주류판매업 면허는 설권적 행위가 아니라 주류판매의 질서유지, 주세 보전의 행정목적 등을 달성하기

위하여 개인의 자연적 자유에 속하는 영업행위를 일반적으로 제한하였다가 특정한 경우에 이를 회복하도록 **그 제한을 해제하는 강학상의 허가**로 해석되므로 주세법 제10조 제1호 내지 제11호에 열거된 면허제한사유에 해당하지 아니하는 한 면허관청으로서는 임의로 그 면허를 거부할 수 없다(대판 1995.11.10. 95누5714).

② (○) **프로판가스충전업 허가는 행정법상의 이른바 허가로서 일반적 금지를 특정한 경우에 해제하는 것**이고 그 행정행위의 본질상 금지의 해제나 그 해제를 다시 철회하는 것은 공익성과 합목적성에 따른 당해 행정청의 **재량행위**라 할 것이다(대판 1987.11.10. 87누462).

④ (○) 여객자동차 운수사업법에 의한 **개인택시운송사업의 면허는 특정인에게 권리나 이익을 부여하는 행정청의 재량행위**이고 위 법과 그 시행규칙의 범위 내에서 면허를 위하여 필요한 기준을 정하는 것 역시 행정청의 재량에 속하는 것이므로, 그 설정된 기준이 객관적으로 합리적이 아니라거나 타당하지 않다고 볼 만한 다른 특별한 사정이 없는 이상 행정청의 의사는 가능한 한 존중되어야 한다(대판 2007.6.1. 2006두17987).

11 ④

④ (×) 징계처분이 **중대하고 명백한 흠 때문에 당연무효의 것이라면 징계처분을 받은 자가 이를 용인하였다 하여 그 흠이 치료되는 것은 아니다**(대판 1989.12.12. 88누8869).

① (○) 하자있는 행정행위의 치유나 전환은 행정행위의 성질이나 법치주의의 관점에서 볼 때 원칙적으로 허용될 수 없는 것이지만, **행정행위의 무용한 반복을 피하고 당사자의 법적 안정성을 위해 이를 허용하는 때에도 국민의 권리와 이익을 침해하지 않는 범위에서** 구체적 사정에 따라 합목적적으로 인정해야 할 것이다(대판 1983.7.26. 82누420).

② (○) 치유를 허용하더라도 하자의 치유가 어느 시점까지 가능한지가 문제된다. 여기에는 행정쟁송제기 이전시설, 행정소송제기 이전시설, 쟁송종결시설, 절충설 등이 대립하는데, 판례는 '불복 여부의 결정 및 불복신청에 편의를 줄 수 있는 상당한 기간 내에 하여야 할 것'이라고 하여 **행정쟁송제기 이전시설**의 입장으로 해석된다.

③ (○) 공매절차에서 매수인이 매각결정에 따른 매수대금을 완납한 이후에는 매수 부동산의 소유권을 취득한 것으로 신뢰한 매수인의 권리·이익을 보호하여 거래의 안전을 도모하여야 할 필요성이 있는 점, 체납처분의 전제요건으로서의 독촉은 체납자로 하여금 당해 체납세액을 납부하여 체납처분을 당하는 것을 피할 수 있는 기회를 제공하기 위한 것인데, 설사 **독촉장의 송달이 흠결되었다고 하더라도 그 이후에 이루어진 공매절차에서 공매통지서가 체납자에게 적법하게 송달된 경우에는 실질적으로 체납자의 절차상의 권리나 이익이 침해되었다고 보기 어려운 점** 등에 비추어 보면, 비록 압류처분의 단계에서 독촉의 흠결과 같은 절차상의 하자가 있었다고 하더라도 그 이후에 이루어진 공매절차에서 공매통지서가 적법하게 송달된 바가 있다면 매수인이 매각결정에 따른 매수대금을 납부한 이후에는 다른 특별한 사정이 없는 한, 당해 공매처분을 취소할 수 없다(대판 2006.5.12. 2004두14717).

12 ②

① (×) 문화재보호법은 문화재를 보존하여 이를 활용함으로써 국민의 문화적 생활의 향상을 도모함과 아울러 인류문화의 발전에 기여함을 목적으로 하면서도, 문화재보호구역의 지정에 따른 재산권행사의 제한을 줄이기 위하여, 행정청에게 보호구역을 지정한 경우에 일정한 기간마다 적정성 여부를 검토할 의무를 부과하고, 그 검토사항 등에 관한 사항은 문화관광부령으로 정하도록 위임하였으며, 검토 결과 보호구역의 지정이 적정하지 아니하거나 기타 특별한 사유가 있는 때에는 보호구역의 지정을 해제하거나 그 범위를 조정하여야 한다고 규정하고 있는 점, 같은 법 제8조 제3항의 위임에 의한 같은법시행규칙 제3조의2 제1항은 그 적정성 여부의 검토에 있어서 당해 문화재의 보존 가치 외에도 보호구역의 지정이 재산권 행사에 미치는 영향 등을 고려하도록 규정하고 있는 점 등과 헌법상 개인의 재산권 보장의 취지에 비추어 보면, **문화재보호구역 내에 있는 토지소유자 등으로서는 위 보호구역의 지정해제를 요구할 수 있는 법규상 또는 조리상의 신청권이 있다고 할 것이고, 이러한 신청에 대한 거부행위는 항고소송의 대상이 되는 행정처분에 해당**한다(대판 2004.4.27. 2003두8821).

② (○) 도시계획의 수립에 있어서 도시계획법 제16조의2 소정의 공청회를 열지 아니하고 공공용지의취득및손실보상에관한특례법 제8조 소정의 이주대책을 수립하지 아니하였더라도 이는 절차상의 위법으로서 취소사유에 불과하고 그 하자가 도시계획결정 또는 도시계획사업시행인가를 무효라고 할 수 있을 정도로 중대하고 **명백하다고는 할 수 없으므로** 이러한 위법을 선행처분인 도시계획결정이나 사업시행인가 단계에서 다투지 아니하였다면 그 쟁소기간이 이미 도과한 후인 수용재결단계에 있어서는 도시계획수립 행위의 위와 같은 위법을 들어 재결처분의 취소를 구할 수는 없다고 할 것이다(대판 1990.1.23. 87누947).

③ (×) 구 도시계획법 제7조가 도시계획결정등 처분의 고시를 도시계획구역, 도시계획결정등의 효력발생요건으로 규정하였다고 볼 것이어서 건설부장관 또는 그의 권한의 일부를 위임받은 **서울특별시장, 도지사등 지방장관이 기안, 결재등의 과정을 거쳐 정당하게 도시계획결정등의 처분을 하였다고 하더라도 이를 관보에 게재하여 고시하지 아니한 이상 대외적으로는 아무런 효력도 발생하지 아니한다**(대판 1985.12.10. 85누186).

④ (×) 장래 일정한 기간 내에 관계 법령이 규정하는 시설 등을 갖추어 일정한 행정처분을 구하는 신청을 할 수 있는 법률상 지위에 있는 자의 국토이용계획변경신청을 거부하는 것이 **실질적으로 당해 행정처분 자체를 거부하는 결과가 되는 경우**에는 예외적으로 그 신청인에게 국토이용계획변경을 신청할 권리가 인정된다고 봄이 상당하므로, 이러한 신청에 대한 거부행위는 항고소송의 대상이 되는 행정처분에 해당한다(대판 2003.9.23. 2001두10936).

13 ③

③ (×) **징계처분에 대한 재심절차는 원래의 징계절차와 함께 전부가 하나의 징계처분 절차를 이루는 것**으로서 **그 절차의 정당성도 징계 과정 전부에 관하여 판단**되어야 할 것이므로, 원래의 징계 과정에 절차 위반의 하자가 있더라도 재심 과정에서 보완되었다면 그 절차 위반의 하자는 치유된다(대판 1999.3.26. 98두4672).

① (○)

> 행정절차법 제22조(의견청취) ① 행정청이 처분을 할 때 다음 각 호의 어느 하나에 해당하는 경우에는 **청문을 한다**.
> 1. 다른 법령등에서 청문을 하도록 규정하고 있는 경우
> 2. 행정청이 필요하다고 인정하는 경우
> 3. 다음 각 목의 처분을 하는 경우
>   가. 인허가 등의 취소
>   나. 신분·자격의 박탈
>   다. **법인이나 조합 등의 설립허가의 취소**

② (○) **법무부장관의 일방적 명령에 의하여 변호사 업무를 정지시키는 것**은 당해 변호사가 자기에게 유리한 사실을 진술하거나 필요한 증거를 제출할 수 있는 **청문의 기회가 보장되지 아니하여** 적법절차를 존중하지 아니한 것이 된다(헌재 1990.11.19. 90헌가48).

④ (○) 환경영향평가를 거쳐야 할 대상사업에 대하여 그러한 환경영향평가를 거치지 아니하였음에도 승인 등 처분을 하였다면 그 처분은 위법하다 할 것이나, 그러한 절차를 거쳤다면, 비록 그 **환경영향평가의 내용이 다소 부실하다 하더라도, 그 부실의 정도가 환경영향평가제도를 둔 입법 취지를 달성할 수 없을 정도이어서 환경영향평가를 하지 아니한 것과 다를 바 없는 정도의 것이 아닌 이상** 그 부실은 당해 승인 등 처분에 재량권 일탈·남용의 위법이 있는지 여부를 판단하는 하나의 요소로 됨에 그칠 뿐, 그 부실로 인하여 당연히 당해 승인 등 처분이 위법하게 되는 것이 아니다(대판 2001.6.29. 99두9902).

14 ④

① (O)

> 개인정보 보호법 제35조(개인정보의 열람) ① 정보주체는 개인정보처리자가 처리하는 **자신의 개인정보에 대한 열람을 해당 개인정보처리자에게 요구**할 수 있다.

② (O)

> 개인정보 보호법 제61조(의견제시 및 개선권고) ② 보호위원회는 개인정보 보호를 위하여 필요하다고 인정하면 **개인정보처리자에게 개인정보 처리 실태의 개선을 권고**할 수 있다. 이 경우 권고를 받은 개인정보처리자는 이를 이행하기 위하여 성실하게 노력하여야 하며, 그 조치 결과를 보호위원회에 알려야 한다.

③ (O)

> 개인정보 보호법 제25조의2(이동형 영상정보처리기기의 운영 제한) ③ 제1항 각 호에 해당하여 이동형 영상정보처리기기로 사람 또는 그 사람과 관련된 사물의 영상을 촬영하는 경우에는 **불빛, 소리, 안내판 등 대통령령으로 정하는 바에 따라 촬영 사실을 표시하고 알려야 한다**.

④ (×)

> 개인정보 보호법 시행령 제16조(개인정보의 파기방법) ① 개인정보처리자는 법 제21조에 따라 개인정보를 파기할 때에는 다음 각 호의 구분에 따른 방법으로 해야 한다.
> 1. **전자적 파일 형태인 경우** : **복원이 불가능한 방법으로 영구 삭제**. 다만, 기술적 특성으로 영구 삭제가 현저히 곤란한 경우에는 법 제58조의2에 해당하는 정보로 처리하여 복원이 불가능하도록 조치해야 한다.
> 2. 제1호 외의 **기록물, 인쇄물, 서면, 그 밖의 기록매체인 경우** : **파쇄 또는 소각**

15 ④

④ (×) 구 개인정보 보호법 제71조 제2호는 같은 법 제18조 제1항을 위반하여 이용 범위를 초과하여 개인정보를 이용한 개인정보처리자를 처벌하도록 규정하고 있고, 같은 법 제74조 제2항에서는 법인의 대표자나 법인 또는 개인의 대리인, 사용인, 그 밖의 종업원이 그 법인 또는 개인의 업무에 관하여 같은 법 제71조에 해당하는 위반행위를 하면 그 행위자를 벌하는 외에 그 법인 또는 개인에게도 해당 조문의 벌금형을 과하도록 하는 양벌규정을 두고 있다. 위 법 제71조 제2호, 제18조 제1항에서 벌칙규정의 적용대상자를 개인정보처리자로 한정하고 있기는 하나, **위 양벌규정은 벌칙규정의 적용대상인 개인정보처리자가 아니면서 그러한 업무를 실제로 처리하는 자가 있을 때 벌칙규정의 실효성을 확보하기 위하여 적용대상자를 해당 업무를 실제로 처리하는 행위자까지 확장하여 그 행위자나 개인정보처리자인 법인 또는 개인을 모두 처벌하려는 데 그 취지가 있으므로, 위 양벌규정에 의하여 개인정보처리자 아닌 행위자도 위 벌칙규정의 적용대상이 된다.** 그러나 구 개인정보 보호법은 제2조 제5호, 제6호에서 공공기관 중 법인격이 없는 '중앙행정기관 및 그 소속 기관' 등을 개인정보처리자 중 하나로 규정하고 있으면서도, 양벌규정에 의하여 처벌되는 개인정보처리자로는 같은 법 제74조 제2항에서 '법인 또는 개인'만을 규정하고 있을 뿐이고, **법인격 없는 공공기관에 대하여도 위 양벌규정을 적용할 것인지 여부에 대하여는 명문의 규정을 두고 있지 않으므로, 죄형법정주의의 원칙상 '법인격 없는 공공기관'을 위 양벌규정에 의하여 처벌할 수 없고, 그 경우 행위자 역시 위 양벌규정으로 처벌할 수 없다**고 봄이 타당하다.

① (O) 고의 또는 과실이 없는 질서위반행위는 과태료를 부과하지 아니한다(질서위반행위규제법 제7조).
② (O) 과태료 부과에 관한 일반법인 질서위반행위규제법에 의하면, **질서위반행위의 성립과 과태료 처분은 원칙적으로 행위 시의 법률에 따르지만(제3조 제1항), 질서위반행위 후 법률이 변경되어 그 행위가 질서위반행위에 해당하지 아니하게 되거나 과태료가 변경되기 전의 법률보다 가볍게 된 때에는 법률에 특별한 규정이 없는 한 변경된 법률을 적용하여야 한다(제3조 제2항)**. 따라서 질서위반행위에 대하여 과태료 부과의 근거 법률이 개정되어 행위 시의 법률에 의하면 과태료 부과대상이었지만 재판 시의 법률에 의하면 과태료 부과대상이 아니게 된 때에는, 개정 법률의 부칙에서 종전 법률 시행 당시에 행해진 질서위반행위에 대해서는 행위 시의 법률을 적용하도록 특별한 규정을 두지 않은 이상 재판 시의 법률을 적용하여야 하므로 과태료를 부과할 수 없다(대결 2020.12.18. 2020마6912).
③ (O) 헌법 제117조, 지방자치법 제3조 제1항, 제9조, 제93조, 도로법 제54조, 제83조, 제86조의 각 규정을 종합하여 보면, 국가가 본래 그의 사무의 일부를 지방자치단체의 장에게 위임하여 그 사무를 처리하게 하는 기관위임사무의 경우에는 지방자치단체는 국가기관의 일부로 볼 수 있는 것이지만, **지방자치단체가 그 고유의 자치사무를 처리하는 경우에는 지방자치단체는 국가기관의 일부가 아니라 국가기관과는 별도의 독립한 공법인**이므로, **지방자치단체 소속 공무원이 지방자치단체 고유의 자치사무를 수행하던 중 도로법 제81조 내지 제85조의 규정에 의한 위반행위를 한 경우에는 지방자치단체는 도로법 제86조의 양벌규정에 따라 처벌대상이 되는 법인에 해당**한다고 할 것이다(대판 2005.11.10. 2004도2657).

16 ④

④ (O)

> **경찰관 직무집행법 제11조의2(손실보상)** ① 국가는 경찰관의 적법한 직무집행으로 인하여 다음 각 호의 어느 하나에 해당하는 손실을 입은 자에 대하여 정당한 보상을 하여야 한다.
> 1. 손실발생의 원인에 대하여 책임이 없는 자가 재산상의 손실을 입은 경우(손실발생의 원인에 대하여 책임이 없는 자가 **경찰관의 직무집행에 자발적으로 협조하거나 물건을 제공하여 재산상의 손실을 입은 경우를 포함**한다)
> 2. 손실발생의 원인에 대하여 책임이 있는 자가 자신의 책임에 상응하는 정도를 초과하는 재산상의 손실을 입은 경우

① (×) 직접강제에 해당한다.
② (×) 사전영장주의를 규정한 헌법규정에 반한다고 볼 수는 없다(대판 1997.6.13. 96다56115).
③ (×) 헌법상 영장주의에 위배되는 것으로는 볼 수 없고, 적법절차의 원칙에 위배되는 것으로 보기도 어렵다(헌재 2002.10.31. 2000헌가12).

17 ②

① (×)

> **행정조사기본법 제12조(시료채취)**
> ① 조사원이 조사목적의 달성을 위하여 시료채취를 하는 경우에는 그 시료의 소유자 및 관리자의 정상적인 경제활동을 방해하지 아니하는 범위 안에서 최소한도로 하여야 한다.
> ② 행정기관의 장은 제1항에 따른 시료채취로 조사대상자에게 손실을 입힌 때에는 대통령령으로 정하는 절차와 방법에 따라 그 손실을 **보상하여야 한다**.

② (○)

> **행정조사기본법 제2조(정의)** 이 법에서 사용하는 용어의 정의는 다음과 같다.
> 2. "**행정기관**"이란 법령 및 조례·규칙(이하 "법령등"이라 한다)에 따라 **행정권한이 있는 기관과 그 권한을 위임 또는 위탁받은 법인·단체 또는 그 기관이나 개인**을 말한다.

③ (×)

> **행정조사기본법 제8조(조사대상의 선정)** ③ 행정기관의 장이 제2항에 따라 열람신청을 받은 때에는 다음 각 호의 어느 하나에 해당하는 경우를 제외하고 신청인이 조사대상 선정기준을 열람할 수 있도록 하여야 한다.
> 1. **행정기관이 당해 행정조사업무를 수행할 수 없을 정도로 조사활동에 지장을 초래하는 경우**
> 2. 내부고발자 등 제3자에 대한 보호가 필요한 경우

④ (×)

> **행정조사기본법 제5조(행정조사의 근거)** 행정기관은 **법령등에서 행정조사를 규정하고 있는 경우에 한하여** 행정조사를 실시할 수 있다. 다만, 조사대상자의 자발적인 협조를 얻어 실시하는 행정조사의 경우에는 그러하지 아니하다.

18 ①

① (×) 공무원에게 부과된 직무상 의무의 내용이 **단순히 공공일반의 이익을 위한 것이거나 행정기관의 내부의 질서를 규율하기 위한 것이 아니고, 전적으로 또는 부수적으로 사회구성원 개인의 안전과 이익을 보호하기 위하여 설정된 것**인 이상, 공무원이 그와 같은 직무상 의무를 위반함으로 인하여 피해자가 입은 손해에 대하여는 상당인과관계가 인정되는 범위내에서 공무원이 소속한 국가나 지방자치단체가 배상책임을 지는 것이고, 이 때 상당인과관계의 유무를 판단함에 있어서는 일반적으로 결과 발생의 개연성은 물론 직무상의 의무를 부과하는 행동규범의 목적이나 가해행위의 태양 및 피해의 정도 등을 종합적으로 고려하여야 한다(대판 1999.12.21. 98다29797).

② (○) **어린이가 '미니컵 젤리'를 먹다가 질식하여 사망**한 사안에서, 그 사고 발생 전에 미니컵 젤리에 대한 세계 각국의 규제 내용이 주로 곤약 등 미니컵 젤리의 성분과 용기의 규격에 대한 규제에 머물러 있었고, 대한민국 정부도 그 수준에 맞추어 미니컵 젤리의 기준과 규격, 표시 등을 규제하는 조치를 취하여 위 사고 발생 전까지 미니컵 젤리와 관련한 질식사고가 발생하지 않았던 점 등에 비추어, 비록 당시의 과학수준상 미니컵 젤리의 성분에 대하여 허위신고를 하더라도 그 진위를 가려내기 어려웠고, 위 사고 발생 후 시험 등을 통하여 그러한 허위신고의 가능성이 확인되고 곤약 등을 제외한 다른 성분을 함유한 미니컵 젤리로 인한 질식의 위험성이 드러났다고 하더라도, 위 사고 발생 무렵 식품의약품안전청장 및 관계 공무원이 그러한 위험성을 인식하거나 예견하기 어려웠던 점 등 여러 사정을 고려하여 보면, 식품의약품안전청장 및 관계 공무원이 위 사고 발생 시까지 구 식품위생법상의 규제 권한을 행사하여 **미니컵 젤리의 수입·유통 등을 금지하거나 그 기준과 규격, 표시 등을 강화하고 그에 필요한 검사 등을 실시하는 조치를 취하지 않은 것**이 현저하게 합리성을 잃어 사회적 타당성이 없다거나 객관적 정당성을 상실하여 위법하다고 할 수 있을 정도까지 이르렀다고 보기 어렵고, 그 권한 불행사에 과실이 있다고 할 수도 없다(대판 2010.9.9. 2008다77795).

③ (○) 공무원이 직무수행 중 불법행위로 타인에게 손해를 입힌 경우에 국가 등이 국가배상책임을 부담하는 외에 공무원 개인도 고의 또는 중과실이 있는 경우에는 불법행위로 인한 손해배상책임을 진다고 할 것이지만, 공무원에게 **경과실뿐인 경우에는 공무원 개인은 손해배상책임을 부담하지 아니한다고 해석**하는 것이 헌법 제29조 제1항 본문과 단서 및 국가배상법 제2조의 입법취지에 조화되는 올바른 해석이다(대판 1996.2.15. 95다38677).

④ (○)

> **국가배상법 제6조(비용부담자 등의 책임)**
> ① 제2조·제3조 및 제5조에 따라 국가나 지방자치단체가 손해를 배상할 책임이 있는 경우에 **공무원의 선임·감독 또는 영조물의 설치·관리를 맡은 자와 공무원의 봉급·급여, 그 밖의 비용 또는 영조물의 설치·관리 비용을 부담하는 자가 동일하지 아니하면 그 비용을 부담하는 자도 손해를 배상**하여야 한다.
> ② 제1항의 경우에 손해를 배상한 자는 **내부관계에서 그 손해를 배상할 책임이 있는 자에게 구상**할 수 있다.

19 ③

③ (×) 수용재결이 아니라 **이의재결**이 행정심판의 재결의 성질을 갖는다.
① (○) 토지수용법 제14조에 따른 **사업인정은 그후 일정한 절차를 거칠 것을 조건으로 하여 일정한 내용의 수용권을 설정해 주는 행정처분**의 성격을 띠는 것으로서 그 사업인정을 받음으로써 수용할 목적물의 범위가 확정되고 수용권으로 하여금 목적물에 관한 현재 및 장래의 권리자에게 대항할 수 있는 일종의 공법상의 권리로서의 효력을 발생시킨다고 할 것이므로 위 **사업인정단계에서의 하자를 다투지 아니하여 이미 쟁송기간이 도과한 수용재결단계에 있어서는 위 사업인정처분에 중대하고 명백한 하자가 있어 당연무효라고 볼만한 특단의 사정이 없다면 그 처분의 불가쟁력에 의하여 사업인정처분의 위법, 부당함을 이유로 수용재결처분의 취소를 구할 수 없다**(대판 1987.9.8. 87누395).
② (○) 국토교통부장관은 제20조에 따른 사업인정을 하였을 때에는 지체 없이 그 뜻을 사업시행자, 토지소유자 및 관계인, 관계 시·도지사에게 통지하고 사업시행자의 성명이나 명칭, 사업의 종류, 사업지역 및 수용하거나 사용할 토지의 세목을 관보에 고시하여야 한다(공익사업을 위한 토지 등의 취득 및 보상에 관한 법률 제22조 제1항). 사업인정은 제1항에 따라 **고시한 날부터 그 효력이 발생**한다(제3항).
④ (○) 토지수용법에 의한 수용재결의 효과로서 수용에 의한 기업자의 토지소유권취득은 토지소유자와 수용자와의 법률행위에 의하여 승계취득하는 것이 아니라, **법률의 규정에 의하여 원시취득하는 것**이므로, 토지소유자가 토지수용법 제63조의 규정에 의하여 부담하는 토지의 인도의무에는 수용목적물에 숨은 하자가 있는 경우에도 하자담보책임이 포함되지 아니하여 토지소유자는 수용시기까지 수용 대상 토지를 현존 상태 그대로 기업자에게 인도할 의무가 있을 뿐이다(대판 2001.1.16. 98다58511).

20 ③

① (×) 직접 처분 제도는 의무이행심판에서 **처분명령재결**인 경우에만 적용된다.

> **행정심판법**
> **제49조(재결의 기속력 등)** ③ 당사자의 신청을 거부하거나 부작위로 방치한 **처분의 이행을 명하는 재결**이 있으면 행정청은 지체 없이 이전의 신청에 대하여 재결의 취지에 따라 처분을 하여야 한다.
>
> **제50조(위원회의 직접 처분)** ① 위원회는 피청구인이 **제49조 제3항**에도 불구하고 처분을 하지 아니하는 경우에는 당사자가 신청하면 기간을 정하여 서면으로 시정을 명하고 그 기간에 이행하지 아니하면 **직접 처분**을 할 수 있다.

② (×), ③ (○), ④ (×)

> **행정심판법 제50조의2(위원회의 간접강제)**

② 위원회는 사정의 변경이 있는 경우에는 당사자의 신청에 의하여 제1항에 따른 **결정의 내용을 변경**할 수 있다.
④ 청구인은 제1항 또는 제2항에 따른 결정에 불복하는 경우 그 결정에 대하여 **행정소송을 제기**할 수 있다.
⑥ 간접강제 결정에 기초한 강제집행에 관하여 이 법에 특별한 규정이 없는 사항에 대하여는 「**민사집행법**」의 규정을 준용한다

21 ③

① (×) 항고소송은 다른 법률에 특별한 규정이 없는 한 원칙적으로 소송의 대상인 행정처분을 외부적으로 행한 행정청을 피고로 하여야 하고(행정소송법 제13조 제1항 본문). 다만 **대리기관이 대리관계를 표시하고 피대리 행정청을 대리하여 행정처분을 한 때에는 피대리 행정청이 피고**로 되어야 한다(대판 2018.10.25. 2018두43095).

② (×) 원심은, 원고가 전주시 완산구청장으로부터 이 사건 주민세부과처분을 받았으면 그 부과처분의 취소를 구하는 소송은 그 처분청인 전주시 완산구청장을 상대로 제기하여야 하는데도 피고 적격이 없는 전주시장을 피고로 한 이 사건 소는 부적법하다고 하여 이를 각하하였다. 그런데 **원고가 피고를 잘못 지정하였다면 원심으로서는 당연히 석명권을 행사하여 원고로 하여금 피고를 처분청인 전주시 완산구청장으로 경정하게 하여 소송을 진행케 하였어야 할 것임에도 불구하고, 이러한 조치를 취하지 아니한 채 피고의 지정이 잘못되었다는 이유로 피고 전주시장에 대한 이 사건 소를 각하한 원심판결에는 심리를 다하지 아니하여 판결 결과에 영향을 미친 위법**이 있다(대판 2004.7.8. 2002두7852).

③ (○) **제75조에 따른 처분**(註: 징계처분, 강임·휴직·직위해제 또는 면직처분), **그 밖에 본인의 의사에 반한 불리한 처분이나 부작위에 관한 행정소송**은 소청심사위원회의 심사·결정을 거치지 아니하면 제기할 수 없다(국가공무원법 제16조 제1항). 제1항에 따른 행정소송을 제기할 때에는 대통령의 처분 또는 부작위의 경우에는 **소속 장관**(대통령령으로 정하는 기관의 장을 포함한다)을, 중앙선거관리위원회위원장의 처분 또는 부작위의 경우에는 중앙선거관리위원회사무총장을 각각 피고로 한다(제2항).

④ (×) 취소소송은 다른 법률에 특별한 규정이 없는 한 그 처분 등을 행한 행정청을 피고로 한다(행정소송법 제13조 제1항). 여기서 '행정청'이라 함은 국가 또는 공공단체의 기관으로서 국가나 공공단체의 의견을 결정하여 외부에 표시할 수 있는 권한, 즉 처분권한을 가진 기관을 말하고, **대외적으로 의사를 표시할 수 있는 기관이 아닌 내부기관은 실질적인 의사가 그 기관에 의하여 결정되더라도 피고적격을 갖지 못한다**(대판 2014.5.16. 2014두274).

22 ④

④ (×) 규칙이 정한 바에 따라 선행처분을 가중사유 또는 전제요건으로 하는 **후행처분을 받을 우려가 현실적으로 존재하는 경우**에는, 선행처분을 받은 상대방은 비록 그 처분에서 정한 제재기간이 경과하였다 하더라도 그 **처분의 취소소송을 통하여 그러한 불이익을 제거할 권리보호의 필요성이 충분히 인정된다**고 할 것이므로, 선행처분의 취소를 구할 법률상 이익이 있다고 보아야 한다(대판 2006.6.22. 2003두1684).

① (○) 절차상 또는 형식상 하자로 무효인 행정처분에 대하여 행정청이 적법한 절차 또는 형식을 갖추어 다시 동일한 행정처분을 하였다면, **종전의 무효인 행정처분에 대한 무효확인 청구는 과거의 법률관계의 효력을 다투는 것에 불과**하므로 무효확인을 구할 법률상 이익이 없다(대판 2010.4.29. 2009두16879).

② (○) 행정소송은 행정청의 위법한 처분 등을 취소·변경하거나 그 효력 유무 또는 존재 여부를 확인함으로써 국민의 권리 또는 이익의 침해를 구제하고 공법상의 권리관계 또는 법 적용에 관한 다툼을 적정하게 해결함을 목적으로 하므로, 대등한 주체 사이의 사법상 생활관계에 관한 분쟁을 심판대상으로 하는 민사소송과는 목적, 취지 및 기능 등을 달리한다. 또한 「행정소송법」 제4조에서는 무효확인소송을 항고소송의 일종으로 규정하고 있고, 「행정소송법」 제38조 제1항에서는 처분 등을 취소하는 확정판결의 기속력 및 행정청의 재처분

의무에 관한 「행정소송법」 제30조를 무효확인소송에도 준용하고 있으므로 무효확인판결 자체만으로도 실효성을 확보할 수 있다. 그리고 무효확인소송의 보충성을 규정하고 있는 외국의 일부 입법례와는 달리 우리나라 「행정소송법」에는 명문의 규정이 없어 이로 인한 명시적 제한이 존재하지 않는다. 이와 같은 사정을 비롯하여 행정에 대한 사법통제, 권익구제의 확대와 같은 행정소송의 기능 등을 종합하여 보면, **행정처분의 근거법률에 의하여 보호되는 직접적이고 구체적인 이익이 있는 경우에는 「행정소송법」 제35조에 규정된 '무효확인을 구할 법률상 이익'이 있다고 보아야 하고, 이와 별도로 무효확인소송의 보충성이 요구되는 것은 아니므로 행정처분의 무효를 전제로 한 이행소송 등과 같은 직접적인 구제수단이 있는지 여부를 따질 필요가 없다**(대판 2008.3.20. 2007두6342).
- ③ (O) 공익근무요원 소집해제신청을 거부한 후에 원고가 계속하여 공익근무요원으로 복무함에 따라 복무기간 만료를 이유로 소집해제처분을 한 경우, **원고가 입게 되는 권리와 이익의 침해는 소집해제처분으로 해소되었으므로** 위 거부처분의 취소를 구할 소의 이익이 없다(대판 2005.5.13. 2004두4369).

23 ④

- ④ (✕) 기속력은 인용판결에만 발생하는데, 사정판결은 기각판결이므로 기속력이 발생하지 않는다. 다만 주문에서 명시된 처분의 위법성에 대하여 기판력이 발생한다.
- ① (O) 사정판결에 관하여는 당사자의 명백한 주장이 없는 경우에도 기록에 나타난 여러 사정을 기초로 직권으로 판단할 수 있다(대판 2001.1.19. 99두9674).
- ② (O) 당연무효의 행정처분을 소송목적물로 하는 행정소송에서는 존치시킬 효력이 있는 행정행위가 없기 때문에 행정소송법 제28조 소정의 사정판결을 할 수 없다(대판 1996.3.22. 95누5509).
- ③ (O) 사정판결의 대상이 되는 처분의 위법여부는 처분시를 기준으로 판단하나, 사정판결의 필요성은 판결시점(변론종결시)을 기준으로 판단한다. 사정판결은 처분시부터 위법하였으나 사후변경된 사정을 고려하는 제도이기 때문이다.

24 ①

- ① (✕) 행정소송법 제43조는 "국가를 상대로 하는 당사자소송의 경우에는 가집행선고를 할 수 없다."고 하였으나, 헌법재판소가 위헌결정(2022.2.24. 2020헌가12)을 하여 행정소송에도 가집행이 가능하다.
- ② (O) 부가가치세법령의 내용, 형식 및 입법 취지 등에 비추어 보면, 납세의무자에 대한 국가의 부가가치세 환급세액 지급의무는 그 납세의무자로부터 어느 과세기간에 과다하게 거래징수된 세액 상당을 국가가 실제로 납부받았는지와 관계없이 부가가치세법령의 규정에 의하여 직접 발생하는 것으로서, 그 법적 성질은 정의와 공평의 관념에서 **수익자와 손실자 사이의 재산상태 조정을 위해 인정되는 부당이득 반환의무가 아니라 부가가치세법령에 의하여 그 존부나 범위가 구체적으로 확정되고 조세 정책적 관점에서 특별히 인정되는 공법상 의무**라고 봄이 타당하다. 그렇다면 납세의무자에 대한 국가의 부가가치세 환급세액 지급의무에 대응하는 국가에 대한 납세의무자의 부가가치세 환급세액 지급청구는 민사소송이 아니라 행정소송법 제3조 제2호에 규정된 당사자소송의 절차에 따라야 한다(대판 2013.3.21. 2011다95564).
- ③ (O) 행정소송법 제44조, 제10조에 의한 관련청구소송 병합은 본래의 당사자소송이 적법할 것을 요건으로 하는 것이어서 본래의 당사자소송이 부적법하여 각하되면 그에 병합된 관련청구소송도 소송요건을 흠결하여 부적합하므로 각하되어야 한다(대판 2011.9.29. 2009두10963).
- ④ (O)

> **행정소송법**
> **제25조(행정심판기록의 제출명령)** ① 법원은 당사자의 신청이 있는 때에는 결정으로써 재결을 행한 행정청에 대하여 **행정심판에 관한 기록의 제출을 명**할 수 있다.

제44조(준용규정) ① 제14조 내지 제17조, 제22조, **제25조**, 제26조, 제30조 제1항, 제32조 및 제33조의 규정은 **당사자소송의 경우에 준용**한다.

25 ①

① (✗) 직위해제처분은 근로자로서의 지위를 그대로 존속시키면서 다만 그 직위만을 부여하지 아니하는 처분이므로 만일 어떤 사유에 기하여 근로자를 직위해제한 후 그 직위해제 사유와 동일한 사유를 이유로 징계처분을 하였다면 뒤에 이루어진 징계처분에 의하여 그 전에 있었던 직위해제처분은 그 효력을 상실한다. 여기서 직위해제처분이 효력을 상실한다는 것은 직위해제처분이 소급적으로 소멸하여 처음부터 직위해제처분이 없었던 것과 같은 상태로 되는 것이 아니라 **사후적으로 그 효력이 소멸한다**는 의미이다(대판 2010.7.29. 2007두18406).

② (○) **임용 당시 공무원 임용 결격사유**가 있었다면 비록 국가의 과실에 의하여 임용 결격자임을 밝혀내지 못하였다고 하더라도 그 **임용행위는 당연무효**로 보아야 하고, 당연무효인 임용행위에 의하여 공무원의 신분을 취득할 수는 없다(대판 1998.1.23. 97누16985).

③ (○) 당연퇴직의 인사발령은 법률상 당연히 발생하는 **퇴직사유를 공적으로 확인하여 알려주는 이른바 관념의 통지**에 불과하다(대판 1995.11.14. 95누2036).

④ (○) 직위해제처분과 면직처분은 후자가 전자의 처분을 전제로 한 것이기는 하나 **각각 단계적으로 별개의 법률효과를 발생하는 행정처분이어서 선행직위 해제처분의 위법사유가 면직처분에는 승계되지 아니한다** 할 것이므로 선행된 직위해제 처분의 위법사유를 들어 면직처분의 효력을 다툴 수는 없다(대판 1984.9.11. 84누191).

제7회 소방승진 행정법 최종모의고사 정답 및 해설

2025 소방승진 행정법 최종모의고사

01	02	03	04	05	06	07	08	09	10
②	③	③	①	③	③	④	③	④	①
11	12	13	14	15	16	17	18	19	20
③	④	④	④	①	③	②	②	④	②
21	22	23	24	25					
②	④	③	③	①					

01 ②

② (✕) 재량행위가 확대되는 것은 맞으나 재량행위를 확대하면 법치주의에 반할 염려가 있으므로 그에 대한 통제차원에서 **법률유보의 범위가 확대되고 있다**.

① (○) **기준시가는 토초세의 과세대상 및 과세표준이 되는 토지초과이득의 존부 및 범위를 결정하는 지표**가 된다는 점에서 국민의 납세의무의 성부 및 범위와 직접적인 관계를 가지고 있는 중요한 사항이므로, 기준시가의 산정기준이나 방법 등을 하위법규에 백지위임하지 아니하고 그 대강이라도 토초세법 자체에서 직접 규정해 두는 것이 국민생활의 법적 안정성과 예측가능성을 도모한다는 측면에서 보아 보다 더 합리적이고도 신중한 입법태도일 것이다. 그럼에도 불구하고 토초세법 제11조 제2항이 지가를 산정하는 기준과 방법을 직접 규정하지 아니하고 이를 **전적으로 대통령령에 위임하고 있는 것은 헌법 제38조 및 제59조가 천명하고 있는 조세법률주의 혹은 위임입법의 범위를 구체적으로 정할 것을 지시하고 있는 헌법 제75조에 반하는 것**이다(헌재 1994.7.29. 92헌바49등).

③ (○) 텔레비전방송수신료는 대다수 국민의 재산권 보장의 측면이나 한국방송공사에게 보장된 방송자유의 측면에서 국민의 기본권실현에 관련된 영역에 속하고, **수신료금액의 결정은 납부의무자의 범위 등과 함께 수신료에 관한 본질적인 중요한 사항이므로 국회가 스스로 행하여야 하는 사항에 속하는 것**임에도 불구하고 한국방송공사법 제36조 제1항에서 국회의 결정이나 관여를 배제한 채 한국방송공사로 하여금 수신료금액을 결정해서 문화관광부장관의 승인을 얻도록 한 것은 법률유보원칙에 위반된다(헌재 1999.5.27. 98헌바70).

④ (○) 국민주권주의, 권력분립주의 및 법치주의를 기본원리로 채택하고 있는 우리 **헌법상 국민의 헌법상 기본권 및 기본의무와 관련된 중요한 사항 내지 본질적인 내용에 대한 정책형성기능은 원칙적으로 주권자인 국민에 의하여 선출된 대표자들로 구성되는 입법부가 담당**하여 법률의 형식으로써 이를 수행하여야 하고, 이와 같이 입법화된 정책을 집행하거나 적용함을 임무로 하는 행정부나 사법부에 그 기능을 넘겨서는 아니된다(헌재 1999.1.28. 97헌가8).

02 ③

③ (✕) 건축허가기준에 관한 관계 법령의 규정이 개정된 경우, 새로이 개정된 법령의 경과규정에서 달리 정함이 없는 한 처분 당시에 시행되는 **개정 법령에서 정한 기준**에 의하여 건축허가 여부를 결정하는 것이 원칙이다(대판 2007.11.16. 2005두8092).

① (○) **귀책사유의 유무는 상대방과 그로부터 신청행위를 위임받은 수임인 등 관계자 모두를 기준으로 판단**하여야 한다. 건축주와 그로부터 건축설계를 위임받은 건축사가 상세계획지침에 의한 건축한계선의 제한이 있다는 사실을 간과한 채 건축설계를 하고 이를 토대로 건축물의 신축 및 증축허가를 받은 경우, 그 신축 및 증축허가가 정당하다고 신뢰한 데에 귀책사유가 있다(대판 2002.11.8. 2001두1512).

② (○) 행정청은 법령등의 해석 또는 행정청의 관행이 일반적으로 국민들에게 받아들여 졌을 때에는 공익 또는

제3자의 정당한 이익을 현저히 해칠 우려가 있는 경우를 제외하고는 새로운 해석 또는 관행에 따라 소급하여 불리하게 처리하여서는 아니 된다(행정절차법 제4조 제2항). 세법의 해석이나 국세행정의 관행이 일반적으로 납세자에게 받아들여진 후에는 그 해석이나 관행에 의한 행위 또는 계산은 정당한 것으로 보며, 새로운 해석이나 관행에 의하여 소급하여 과세되지 아니한다(국세기본법 제18조 제3항).

④ (O) 병무청 담당부서의 담당공무원에게 공적 견해의 표명을 구하는 정식의 서면질의 등을 하지 아니한 채 총무과 민원팀장에 불과한 공무원이 **민원봉사차원에서 상담에 응하여 안내한 것을 신뢰한 경우, 신뢰보호 원칙이 적용되지 아니한다**고 한 사례(대판 2003.12.26. 2003두1875).

03 ③

③ (×) 행정청이 그 신고를 수리하였다고 하더라도, **신고서 위조 등의 사유가 있어 신고행위 자체가 효력이 없다면, 그 수리행위는 유효한 대상이 없는 것**으로서, 수리행위 자체에 중대·명백한 하자가 있는지를 따질 것도 없이 당연히 무효이다(대판 2005.12.23. 2005다3554).

① (O) 인·허가의제사항 관련 법률에 규정된 요건 중 상당수는 공익에 관한 것으로서 행정청의 전문적이고 종합적인 심사가 요구되는데, 만약 건축신고만으로 인·허가의제사항에 관한 일체의 요건 심사가 배제된다고 한다면, 중대한 공익상의 침해나 이해관계인의 피해를 야기하고 관련 법률에서 인·허가 제도를 통하여 사인의 행위를 사전에 감독하고자 하는 규율체계 전반을 무너뜨릴 우려가 있다. 또한 무엇보다도 건축신고를 하려는 자는 인·허가의제사항 관련 법령에서 제출하도록 의무화하고 있는 신청서와 구비서류를 제출하여야 하는데, 이는 건축신고를 수리하는 행정청으로 하여금 인·허가의제사항 관련 법률에 규정된 요건에 관하여도 심사를 하도록 하기 위한 것으로 볼 수밖에 없다. 따라서 **인·허가의제 효과를 수반하는 건축신고는 일반적인 건축신고와는 달리, 특별한 사정이 없는 한 행정청이 그 실체적 요건에 관한 심사를 한 후 수리하여야 하는 이른바 '수리를 요하는 신고'**로 보는 것이 옳다(대판 2011.1.20. 2010두14954).

② (O) **가설건축물 존치기간을 연장**하려는 건축주 등이 법령에 규정되어 있는 제반 서류와 요건을 갖추어 행정청에 연장신고를 한 때에는 행정청은 원칙적으로 이를 수리하여 신고필증을 교부하여야 하고, **법령에서 정한 요건 이외의 사유를 들어 수리를 거부할 수는 없다**. 따라서 행정청으로서는 법령에서 요구하고 있지도 아니한 '대지사용승낙서' 등의 서류가 제출되지 아니하였거나, 대지소유권자의 사용승낙이 없다는 등의 사유를 들어 가설건축물 존치기간 연장신고의 수리를 거부하여서는 아니 된다(대판 2018.1.25. 2015두35116).

④ (O) 의료법이 의료기관의 종류에 따라 허가제와 신고제를 구분하여 규정하고 있는 취지는, **신고 대상인 의원급 의료기관 개설**의 경우 행정청이 법령에서 정하고 있는 요건 이외의 사유를 들어 신고 수리를 반려하는 것을 원칙적으로 배제함으로써 개설 주체가 신속하게 해당 의료기관을 개설할 수 있도록 하기 위함이다. 앞서 본 관련 법령의 내용과 이러한 신고제의 취지를 종합하면, **정신과의원을 개설**하려는 자가 법령에 규정되어 있는 요건을 갖추어 개설신고를 한 때에, 행정청은 **원칙적으로 이를 수리하여 신고필증을 교부하여야 하고, 법령에서 정한 요건 이외의 사유를 들어 의원급 의료기관 개설신고의 수리를 거부할 수는 없다**(대판 2018.10.25. 2018두44302).

04 ①

① (×) 법령의 규정이 특정 행정기관에게 법령 내용의 구체적 사항을 정할 수 있는 권한을 부여하면서 권한행사의 절차나 방법을 특정하지 아니한 경우에는 수임 행정기관은 행정규칙이나 규정 형식으로 법령 내용이 될 사항을 구체적으로 정할 수 있다. 이 경우 행정규칙 등은 당해 법령의 위임한계를 벗어나지 않는 한 대외적 구속력이 있는 법규명령으로서 효력을 가지게 되지만, 이는 행정규칙이 갖는 일반적 효력이 아니라 행정기관에 법령의 구체적 내용을 보충할 권한을 부여한 법령 규정의 효력에 근거하여 예외적으로 인정되는 것이다. 따라서 그 **행정규칙이나 규정이 상위법령의 위임범위를 벗어난 경우에는 법규명령으로서 대외적 구속력을 인정할 여지는 없다.** 이는 행정규칙이나 규정 '내용'이 위임범위를 벗어난 경우뿐 아니라 **상위법령의 위임규정에서 특정하여 정한 권한행사의 '절차'나 '방식'에 위배되는 경우도 마찬가지**이므로, 상위법령에서 세부사항 등을 시행규칙으로 정하도록 위임하였음에도 이를 고시 등 행정규칙으로 정하였다면 그 역시 대외적

구속력을 가지는 법규명령으로서 효력이 인정될 수 없다(대판 2012.7.5. 2010다72076).
② (O) 입법부·행정부·사법부에서 제정한 규칙이 **별도의 집행행위를 기다리지 않고 직접(直接) 기본권을 침해하는 것일 때**에는 모두 헌법소원심판의 대상이 될 수 있다(헌재 1990.10.15. 89헌마178).
③ (O) 법률에서 위임받은 사항을 전혀 규정하지 않고 재위임하는 것은 이위임금지의 법리에 반할 뿐 아니라 수권법의 내용변경을 초래하는 것이 되고, 부령의 제정·개정절차가 대통령령에 비하여 보다 용이한 점을 고려할 때 재위임에 의한 부령의 경우에도 위임에 의한 대통령령에 가해지는 헌법상의 제한이 당연히 적용되어야 할 것이므로 법률에서 위임받은 사항을 전혀 규정하지 아니하고 그대로 재위임하는 것은 허용되지 않으며 **위임받은 사항에 관하여 대강을 정하고 그 중의 특정사항을 범위를 정하여 하위법령에 다시 위임하는 경우에만 재위임이 허용된다**(헌재 1996.2.29. 94헌마213).
④ (O) 행정절차법 제20조(처분기준의 설정·공표) ① 행정청은 필요한 처분기준을 해당 처분의 성질에 비추어 되도록 구체적으로 정하여 공표하여야 한다. 처분기준을 변경하는 경우에도 또한 같다.

05 ③

③ (✕) 산림훼손은 국토 및 자연의 유지와 수질 등 환경의 보전에 직접적으로 영향을 미치는 행위이므로, 법령이 규정하는 산림훼손금지 또는 제한지역에 해당하는 경우는 물론 금지 또는 제한지역에 해당하지 않더라도 허가관청은 산림훼손허가신청 대상토지의 현상과 위치 및 주위의 상황 등을 고려하여 **국토 및 자연의 유지와 환경의 보전 등 중대한 공익상 필요가 있다고 인정될 때에는 허가를 거부할 수 있고, 그 경우 법규에 명문의 근거가 없더라도 거부처분을 할 수 있다**(대판 2002.10.25. 2002두6651).
① (O) 식품위생법상 일반음식점영업허가는 성질상 일반적 금지의 해제에 불과하므로 허가권자는 허가신청이 법에서 정한 요건을 구비한 때에는 허가하여야 하고 **관계 법령에서 정하는 제한사유 외에 공공복리 등의 사유를 들어 허가신청을 거부할 수는 없고**, 이러한 법리는 일반음식점 허가사항의 변경허가에 관하여도 마찬가지이다(대판 2000.3.24. 97누12532).
② (O) 행정행위인 허가 또는 특허에 붙인 조항으로서 종료의 기한을 정한 경우 종기인 기한에 관하여는 일률적으로 기한이 왔다고 하여 당연히 그 행정행위의 효력이 상실된다고 할 것이 아니고 그 기한이 그 허가 또는 특허된 사업의 성질상 부당하게 짧은 기한을 정한 경우에 있어서는 그 기한은 그 **허가 또는 특허의 조건의 존속기간을 정한 것이며 그 기한이 도래함으로써 그 조건의 개정을 고려한다는 뜻으로 해석**하여야 할 것이다(대판 1995.11.10. 94누11866).
④ (O) 가령 영업허가를 취득한 공무원이라 하더라도 공무원법상의 영업행위금지가 해제되는 것은 아니다.

06 ③

① (✕) 행정청이 수익적 행정처분을 하면서 부가한 **부담의 위법 여부는 처분 당시 법령을 기준으로 판단**하여야 하고, 부담이 처분 당시 법령을 기준으로 적법하다면 처분 후 부담의 전제가 된 주된 행정처분의 근거법령이 개정됨으로써 행정청이 더 이상 부관을 붙일 수 없게 되었다 하더라도 곧바로 위법하게 되거나 그 효력이 소멸하게 되는 것은 아니다(대판 2009.2.12. 2005다65500).
② (✕) 부담의 불이행으로 해서 주된 행정행위의 효력이 곧바로 상실되지 않는다. 행정청은 부담의 불이행을 이유로 행정행위를 철회할 수 있다.
③ (O) 판례는 부담 이외의 부관의 경우 진정일부취소소송뿐 아니라 부진정일부취소소송도 인정하지 않고 있다. 즉, 지문의 내용과 같은 태도를 취한다.
④ (✕) 지방국토관리청장이 일부 공유수면매립지에 대하여 한 국가 또는 직할시 귀속처분은 매립준공인가를 함에 있어서 매립의 면허를 받은 자의 매립지에 대한 소유권취득을 규정한 **공유수면매립법 제14조의 효과 일부를 배제하는 부관**을 붙인 것이고, 이러한 행정행위의 부관은 위 법리와 같이 **독립하여 행정소송 대상이 될 수 없다**(대판 1993.10.8. 93누2032).

07 ④

④ (×) 위법한 행정대집행이 완료되면 그 처분의 무효확인 또는 취소를 구할 소의 이익은 없다 하더라도, **미리 그 행정처분의 취소판결이 있어야만, 그 행정처분의 위법임을 이유로 한 손해배상 청구를 할 수 있는 것은 아니다**(대판 1972.4.28. 72다337).

① (○) 구 관세법 제137조, 제181조에 의하면 물품을 수출, 수입 또는 반송하고자 하는 자는 세관장에게 신고를 하고 그 면허를 받아야 하는데, 제137조의 면허를 받지 아니하고 물품을 수출, 수입 또는 반송한 자는 무면허수출입죄로 처벌하도록 규정되어 있으므로, 물품을 수입하고자 하는 자가 일단 세관장에게 수입신고를 하여 그 면허를 받고 물품을 통관한 경우에는, 세관장의 수입면허가 **중대하고도 명백한 하자가 있는 행정행위이어서 당연무효가 아닌 한 관세법 제181조 소정의 무면허수입죄가 성립될 수 없다**(대판 1989.3.28. 89도149).

② (○) 조세의 과오납이 부**당이득이 되기 위하여는 납세 또는 조세의 징수가 실체법적으로나 절차법적으로 전혀 법률상의 근거가 없거나 과세처분의 하자가 중대하고 명백하여 당연무효이어야 하고**, 과세처분의 하자가 단지 취소할 수 있는 정도에 불과할 때에는 과세관청이 이를 스스로 취소하거나 항고소송절차에 의하여 취소되지 않는 한 그로 인한 조세의 납부가 부당이득이 된다고 할 수 없다(대판 1994.11.11. 94다28000).

③ (○) 구 도시계획법 제92조 제4호, 제78조 제1호, 제21조 제2항의 각 규정을 종합하면 개발제한구역 안에서 그 구역지정의 목적에 위배되는 건축물의 건축, 공작물의 설치 등을 한 경우 행정청은 그 건축물을 건축하거나 공작물을 설치한 자에 대하여서만 같은 법 제78조 제1호에 의하여 처분이나 원상회복 등의 조치명령을 할 수 있고, 명문의 규정이 없는 한 이러한 위반 건축물을 양수한 자에 대하여는 이를 할 수 없다. 개발제한구역 안에 건축되어 있던 비닐하우스를 매수한 자에게 구청장이 이를 철거하여 토지를 **원상회복하라고 시정지시한 조치는 위법하므로 이러한 시정지시를 따르지 않았다고 하여 구 도시계획법 제92조 제4호에 정한 조치명령 등 위반죄로 처벌할 수는 없다**(대판 2004.5.14. 2001도2841).

08 ③

③ (×) 병무청장이 병역법 제81조의2 제1항에 따라 **병역의무 기피자의 인적사항 등을 인터넷 홈페이지에 게시하는 등의 방법으로 공개한 경우 병무청장의 공개결정을 항고소송의 대상이 되는 행정처분**으로 보아야 한다.…(중략)…관할 지방병무청장의 공개 대상자 결정의 경우 상대방에게 통보하는 등 외부에 표시하는 절차가 관계 법령에 규정되어 있지 않아, 행정실무상으로도 상대방에게 통보되지 않는 경우가 많다. 또한 관할 지방병무청장이 위원회의 심의를 거쳐 공개 대상자를 1차로 결정하기는 하지만, 병무청장에게 최종적으로 공개 여부를 결정할 권한이 있으므로, 관할 지방병무청장의 공개 대상자 결정은 병무청장의 최종적인 결정에 앞서 이루어지는 행정기관 내부의 중간적 결정에 불과하다. 가까운 시일 내에 최종적인 결정과 외부적인 표시가 예정된 상황에서, 외부에 표시되지 않은 행정기관 내부의 결정을 항고소송의 대상인 처분으로 보아야 할 필요성은 크지 않다. **관할 지방병무청장이 1차로 공개 대상자 결정을 하고, 그에 따라 병무청장이 같은 내용으로 최종적 공개결정을 하였다면, 공개 대상자는 병무청장의 최종적 공개결정만을 다투는 것으로 충분**하고, 관할 지방병무청장의 공개 대상자 결정을 별도로 다툴 소의 이익은 없어진다(대판 2019.6.27. 2018두49130).

① (○), ④ (○)

> **행정절차법 제40조의3(위반사실 등의 공표)**
> ⑦ 행정청은 위반사실등의 공표를 하기 전에 **당사자가 공표와 관련된 의무의 이행, 원상회복, 손해배상 등의 조치를 마친 경우에는 위반사실등의 공표를 하지 아니할 수 있다.**
> ⑧ 행정청은 공표된 내용이 사실과 다른 것으로 밝혀지거나 공표에 포함된 처분이 취소된 경우에는 그 내용을 정정하여, 정정한 내용을 지체 없이 해당 공표와 같은 방법으로 공표된 기간 이상 공표하여야 한다. **다만, 당사자가 원하지 아니하면 공표하지 아니할 수 있다.**

② (O) 헌법 제13조 제1항에서 말하는 '처벌'은 원칙적으로 범죄에 대한 국가의 형벌권 실행으로서의 과벌을 의미하는 것이고, 국가가 행하는 일체의 제재나 불이익처분을 모두 그 '처벌'에 포함시킬 수는 없다. 법 제20조 제1항은 "청소년의 성을 사는 행위 등의 범죄방지를 위한 계도"가 신상공개제도의 주된 목적임을 명시하고 있는바, 이 제도가 당사자에게 일종의 수치심과 불명예를 줄 수 있다고 하여도, 이는 어디까지나 신상공개제도가 추구하는 입법목적에 부수적인 것이지 주된 것은 아니다. 또한, 공개되는 신상과 범죄사실은 이미 공개재판에서 확정된 유죄판결의 일부로서, 개인의 신상 내지 사생활에 관한 새로운 내용이 아니고, 공익목적을 위하여 이를 공개하는 과정에서 부수적으로 수치심 등이 발생된다고 하여 이것을 기존의 형벌 외에 또 다른 형벌로서 수치형이나 명예형에 해당한다고 볼 수는 없다. 그렇다면, **신상공개제도는 헌법 제13조의 이중처벌 금지 원칙에 위배되지 않는다**(헌재 2003.6.26. 2002헌가14).

09 ④

> **행정기본법 제19조(적법한 처분의 철회)** ① 행정청은 적법한 처분이 다음 각 호의 어느 하나에 해당하는 경우에는 그 **처분의 전부 또는 일부를 장래를 향하여 철회**할 수 있다.
> 1. 법률에서 정한 철회 사유에 해당하게 된 경우
> 2. **법령등의 변경이나 사정변경으로 처분을 더 이상 존속시킬 필요가 없게 된 경우**
> 3. **중대한 공익을 위하여 필요한 경우**
> ② 행정청은 제1항에 따라 처분을 철회하려는 경우에는 철회로 인하여 당사자가 입게 될 불이익을 철회로 달성되는 공익과 **비교·형량하여야** 한다.

10 ①

① (×) '의견청취가 현저히 곤란하거나 명백히 불필요하다고 인정될 만한 상당한 이유가 있는지 여부'는 **당해 행정처분의 성질에 비추어 판단하여야 하는 것이지, 청문통지서의 반송 여부, 청문통지의 방법 등에 의하여 판단할 것은 아니다**(대판 2001.4.13. 2000두3337).

② (O) 구 행정절차법 제17조 제3항 본문은 "행정청은 신청이 있는 때에는 다른 법령 등에 특별한 규정이 있는 경우를 제외하고는 그 접수를 보류 또는 거부하거나 부당하게 되돌려 보내서는 아니되며, 신청을 접수한 경우에는 신청인에게 접수증을 교부하여야 한다."고 규정하고 있는바, 여기에서의 신청인의 행정청에 대한 **신청의 의사표시는 명시적이고 확정적인 것이어야 한다고 할 것**이므로 신청인이 신청에 앞서 행정청의 허가업무 담당자에게 신청서의 내용에 대한 검토를 요청한 것만으로는 다른 특별한 사정이 없는 한 명시적이고 확정적인 신청의 의사표시가 있었다고 하기 어렵다고 할 것이다(대판 2004.10.15. 2003두13243).

③ (O)

> **행정절차법 시행령 제10조(신청의 종결처리)** 행정청은 신청인의 소재지가 분명하지 아니하여 법 제17조 제5항의 규정에 의한 보완의 요구가 **2회에 걸쳐 반송된 때에는 신청을 취하한 것으로 보아 이를 종결처리**할 수 있다.

④ (O) 어떠한 처분에 법령상 근거가 있는지, 행정절차법에서 정한 **처분절차를 준수하였는지는 본안에서 당해 처분이 적법한가를 판단하는 단계에서 고려할 요소**이지, 소송요건 심사단계에서 고려할 요소가 아니다(대판 2020.1.16. 2019다264700).

11 ③

③ (✗) 법 제2조 제2호는 '공개'라 함은 공공기관이 이 법의 규정에 의하여 정보를 열람하게 하거나 그 사본 또는 복제물을 교부하는 것 등을 말한다고 정의하고 있는데, 정보공개방법에 대하여 법시행령 제14조 제1항은 문서·도면·사진 등은 열람 또는 사본의 교부의 방법 등에 의하도록 하고 있고, 제2항은 공공기관은 정보를 공개함에 있어서 본인 또는 그 정당한 대리인임을 직접 확인할 필요가 없는 경우에는 청구인의 요청에 의하여 사본 등을 우편으로 송부할 수 있도록 하고 있으며, 한편 법 제15조 제1항은 정보의 공개 및 우송 등에 소요되는 비용은 실비의 범위 안에서 청구인의 부담으로 하도록 하고 있는바, 청구인이 정보공개거부처분의 취소를 구하는 소송에서 공공기관이 청구정보를 증거 등으로 법원에 제출하여 법원을 통하여 그 사본을 청구인에게 교부 또는 송달하게 하여 결과적으로 청구인에게 정보를 공개하는 셈이 되었다고 하더라도, **이러한 우회적인 방법은 법이 예정하고 있지 아니한 방법으로서 법에 의한 공개라고 볼 수는 없으므로, 당해 문서의 비공개결정의 취소를 구할 소의 이익은 소멸되지 않는다**고 할 것이다(대판 2004.3.26. 2002두6583).

① (○) 공공기관의 정보공개에 관한 법률에서 말하는 공개대상 정보는 정보 그 자체가 아닌 정보공개법 제2조 제1호에서 예시하고 있는 매체 등에 기록된 사항을 의미하고, 공개대상 정보는 원칙적으로 공개를 청구하는 자가 정보공개법 제10조 제1항 제2호에 따라 작성한 정보공개청구서의 기재내용에 의하여 특정되며, 만일 공개청구자가 특정한 바와 같은 정보를 **공공기관이 보유·관리하고 있지 않은 경우라면 특별한 사정이 없는 한 해당 정보에 대한 공개거부처분에 대하여는 취소를 구할 법률상 이익이 없다**(대판 2013.1.24. 2010두18918).

② (○) 공공기관의 정보공개에 관한 법률 제9조 제1항 제4호는 '수사'에 관한 사항으로서 공개될 경우 그 직무수행을 현저히 곤란하게 한다고 인정할 만한 상당한 이유가 있는 정보를 비공개대상정보의 하나로 규정하고 있다. 그 취지는 수사의 방법 및 절차 등이 공개되어 수사기관의 직무수행에 현저한 곤란을 초래할 위험을 막고자 하는 것으로서, 수사기록 중의 의견서, 보고문서, 메모, 법률검토, 내사자료 등(이하 '의견서 등'이라 한다)이 이에 해당한다고 할 수 있으나, 공개청구대상인 정보가 의견서 등에 해당한다고 하여 곧바로 정보공개법 제9조 제1항 제4호에 규정된 비공개대상정보라고 볼 것은 아니고, 의견서 등의 실질적인 내용을 구체적으로 살펴 수사의 방법 및 절차 등이 공개됨으로써 **수사기관의 직무수행을 현저히 곤란하게 한다고 인정할 만한 상당한 이유가 있어야**만 위 비공개대상정보에 해당한다고 봄이 타당하다(대판 2012.7.12. 2010두70480.

④ (○) 공공기관의 정보공개에 관한 법률 제9조 제1항 제1호에서 '법률이 위임한 명령'에 의하여 비밀 또는 비공개 사항으로 규정된 정보는 공개하지 아니할 수 있다고 할 때의 '법률이 위임한 명령'은 정보의 공개에 관하여 법률의 구체적인 위임 아래 제정된 법규명령(위임명령)을 의미한다. **교육공무원법 제13조, 제14조의 위임에 따라 제정된 교육공무원승진규정은 정보공개에 관한 사항에 관하여 구체적인 법률의 위임에 따라 제정된 명령이라고 할 수 없고**, 따라서 교육공무원승진규정 제26조에서 근무성적평정의 결과를 공개하지 아니한다고 규정하고 있다고 하더라도 위 교육공무원승진규정은 공공기관의 정보공개에 관한 법률 제9조 제1항 제1호에서 말하는 법률이 위임한 명령에 해당하지 아니하므로 위 규정을 근거로 정보공개청구를 거부하는 것은 잘못이다(대판 2006.10.26. 2006두11910).

12 ④

③ (○), ④ (✗)

> **질서위반행위규제법 제3조(법 적용의 시간적 범위)**
> ① 질서위반행위의 성립과 과태료 처분은 행위 시의 법률에 따른다.
> ② 질서위반행위 후 법률이 변경되어 그 행위가 **질서위반행위에 해당하지 아니하게 되거나 과태료가 변경되기 전의 법률보다 가볍게 된 때**에는 법률에 특별한 규정이 없는 한 **변경된 법률을 적용**한다.
> ③ 행정청의 과태료 처분이나 법원의 과태료 재판이 확정된 후 법률이 변경되어 그 행위가 **질서위반행위에 해당하지 아니하게 된 때**에는 변경된 법률에 특별한 규정이 없는 한 과태료의 **징수 또는 집행을 면제**한다.

① (O)

> 질서위반행위규제법 제7조(고의 또는 과실) <u>고의 또는 과실이 없는 질서위반행위는 과태료를 부과하지 아니한다.</u>

② (O)

> 질서위반행위규제법 제12조(다수인의 질서위반행위 가담) ② 신분에 의하여 성립하는 질서위반행위에 신분이 없는 자가 가담한 때에는 <u>신분이 없는 자에 대하여도 질서위반행위가 성립</u>한다.

13 ④

④ (✕) 공매처분을 하면서 체납자 등에게 공매통지를 하지 않았거나 공매통지를 하였더라도 그것이 적법하지 아니한 경우에는 절차상의 흠이 있어 그 공매처분이 위법하게 되는 것이지만, **공매통지 자체가 그 상대방인 체납자 등의 법적 지위나 권리·의무에 직접적인 영향을 주는 행정처분에 해당한다고 할 것은 아니다**(대판 2011.3.24. 2010두25527).

① (O) 사용자가 이행하여야 할 행정법상 의무의 내용을 초과하는 것을 '불이행 내용'으로 기재한 이행강제금 부과 예고서에 의하여 이행강제금 부과 예고를 한 다음 이를 이행하지 않았다는 이유로 이행강제금을 부과하였다면, <u>초과한 정도가 근소하다는 등의 특별한 사정이 없는 한 이행강제금 부과 예고는 이행강제금 제도의 취지에 반하는 것으로서 위법</u>하고, 이에 터 잡은 이행강제금 부과처분 역시 위법하다(대판 2015.6.24. 2011두2170).

② (O) 양벌규정에 의한 영업주의 처벌은 금지위반행위자인 종업원의 처벌에 종속하는 것이 아니라 독립하여 그 자신의 종업원에 대한 선임감독상의 과실로 인하여 처벌되는 것이므로 **종업원의 범죄성립이나 처벌이 영업주 처벌의 전제조건이 될 필요는 없다**. 따라서 영업주인 피고인에 대하여만 공소가 제기된 이 사건 공소사실을 유죄로 인정한 원심판결에는 양벌규정에 관한 법리를 오해하는 등의 위법이 없다(대판 2006.2.24. 2005도7673).

③ (O)

> 행정조사기본법 제15조(중복조사의 제한) ② **행정조사를 실시할 행정기관**의 장은 행정조사를 실시하기 전에 <u>다른 행정기관</u>에서 동일한 조사대상자에게 동일하거나 유사한 사안에 대하여 행정조사를 실시하였는지 여부를 확인할 수 있다.

14 ④

① (✕) 과징금은 행정법상의 의무를 위반한 자에 대하여 당해 위반행위로 얻게 된 경제적 이익을 박탈하기 위한 목적으로 부과하는 금전적 제재로서, 같은 법이 규정한 범위 내에서 그 <u>부과처분 당시까지 부과관청이 확인한 사실을 기초로 일의적으로 확정되어야</u> 할 것이다(대판 1999. 5. 28. 99두1571).

② (✕) 구 청소년보호법 제49조 제1항, 제2항에 따른 같은 법 시행령 제40조 [별표 6]의 위반행위의 종별에 따른 과징금처분기준은 <u>법규명령이기는 하나</u> 모법의 위임규정의 내용과 취지 및 헌법상의 과잉금지의 원칙과 평등의 원칙 등에 비추어 같은 유형의 위반행위라 하더라도 그 규모나 기간·사회적 비난 정도·위반행위로 인하여 다른 법률에 의하여 처벌받은 다른 사정·행위자의 개인적 사정 및 위반행위로 얻은 불법이익의 규모 등 여러 요소를 종합적으로 고려하여 사안에 따라 적정한 과징금의 액수를 정하여야 할 것이므로 그 수액은 정액이 아니라 최고한도액이다(대판 2001.3.9. 99두5207).

③ (✕) 과징금은 반드시 현실적인 행위자가 아니라도 법령상 책임자로 규정된 자에게 부과되고 <u>원칙적으로 위반자의 고의·과실을 요하지 아니하나</u>, 위반자의 의무 해태를 탓할 수 없는 정당한 사유가 있는 등의 특별한

사정이 있는 경우에는 이를 부과할 수 없다(대판 2014.10.15. 2013두5005).
④ (O) 자동차운수사업 면허조건 등에 위반한 사업자에 대하여 행정청이 행정제재수단으로서 사업정지를 명할 것인지, 과징금을 부과할 것인지, 과징금을 부과키로 하였다면 그 금액은 얼마로 할 것인지 등에 관하여 재량권이 부여되어 있다 할 것이고, 과징금 최고한도액 5,000,000원의 부과처분만으로는 적절치 않다고 여길 경우 사업정지쪽을 택할 수도 있다 할 것이므로 **과징금 부과처분이 법이 정한 한도액을 초과하여 위법할 경우 법원으로서는 그 전부를 취소**할 수밖에 없고, 그 한도액을 초과한 부분이나 법원이 적정하다고 인정되는 부분을 초과한 부분만을 취소할 수는 없다(대판 1993.7.27. 93누1077등).

15 ①

① (×) 국가 또는 지방자치단체가 소유권·임차권, 그 밖의 권한에 기하여 관리하고 있는 경우뿐만 아니라 **사실상의 관리를 하고 있는 경우도 포함**한다(대판 1995.1.24. 94다45302).
② (O) 국가배상법 제5조 제1항에 정한 '영조물의 설치나 관리의 하자'란 공공의 목적에 공여된 영조물이 그 용도에 따라 갖추어야 할 안전성을 갖추지 못한 상태에 있음을 말하고, 여기서 안전성을 갖추지 못한 상태, 즉 타인에게 위해를 끼칠 위험성이 있는 상태란 그 영조물을 구성하는 물적 시설 자체에 있는 물리적·외형적 흠결이나 불비로 인하여 그 이용자에게 위해를 끼칠 위험성이 있는 경우뿐만 아니라 그 영조물이 **공공의 목적에 이용됨에 있어 그 이용상태 및 정도가 일정한 한도를 초과하여 제3자에게 사회통념상 수인할 것이 기대되는 한도를 넘는 피해를 입히는 경우까지 포함**한다고 보아야 할 것이다(대판 2015.10.15. 2013다23914).
③ (O) 영조물의 설치·보존의 하자라 함은 영조물이 그 용도에 따라 통상 갖추어야 할 안전성을 갖추지 못한 상태에 있음을 말하는 것이고, 영조물의 설치 및 보존에 있어서 항상 완전무결한 상태를 유지할 정도의 고도의 안전성을 갖추지 아니하였다고 하여 영조물의 설치 또는 관리에 하자가 있는 것으로는 할 수 없는 것이므로, 따라서 영조물의 설치자 또는 관리자에게 부과되는 방호조치의무의 정도는 영조물의 위험성에 비례하여 사회통념상 일반적으로 요구되는 정도의 것을 말한다. - **학교 관리자에게 그와 같은 이례적인 사고가 있을 것을 예상하여 복도나 화장실 창문에 난간으로의 출입을 막기 위하여 출입금지장치나 추락위험을 알리는 경고표지판을 설치할 의무가 있다고 볼 수는 없다**는 이유로 학교시설의 설치·관리상의 하자가 없다고 본 사례(대판 1997.5.16. 96다54102).
④ (O) 도로의 설치 또는 관리·보존상의 하자는 도로의 위치 등 장소적인 조건, 도로의 구조, 교통량, 사고시에 있어서의 교통 사정 등 도로의 이용 상황과 그 본래의 이용 목적 등 제반 사정과 물적 결함의 위치, 형상 등을 종합적으로 고려하여 사회통념에 따라 구체적으로 판단하여야 하는바, 도로의 설치 후 **제3자의 행위에 의하여 그 본래의 목적인 통행상의 안전에 결함이 발생한 경우에는 도로에 그와 같은 결함이 있다는 것만으로 성급하게 도로의 보존상 하자를 인정하여서는 안 되고**, 당해 도로의 구조, 장소적 환경과 이용 상황 등 제반 사정을 종합하여 그와 같은 결함을 제거하여 원상으로 복구할 수 있는데도 이를 방치한 것인지 여부를 개별적·구체적으로 심리하여 하자의 유무를 판단하여야 한다(대판 1998.2.10. 97다32536).

16 ③

① (×) 공익사업을 위한 토지 등의 취득 및 보상에 관한 법률 제64조(개인별 보상) 손실보상은 **토지소유자나 관계인에게 개인별**로 하여야 한다. 다만, 개인별로 보상액을 산정할 수 없을 때에는 그러하지 아니하다.
② (×) 헌법 제23조 제3항에서 규정한 "정당한 보상"이란 원칙적으로 피수용재산의 객관적인 재산가치를 완전하게 보상하여야 한다는 완전보상을 뜻하는 것이지만, 공익사업의 시행으로 인한 **개발이익은 완전보상의 범위에 포함되는 피수용토지의 객관적 가치 내지 피수용자의 손실이라고는 볼 수 없다**(헌재 1990.6.25. 89헌마107).
③ (O) 손실보상은 공공필요에 의한 행정작용에 의하여 사인에게 발생한 특별한 희생에 대한 전보라는 점에서 그 사인에게 특별한 희생이 발생하여야 하는 것은 당연히 요구되는 것이고, 공유수면 매립면허의 고시가 있다고 하여 반드시 그 사업이 시행되고 그로 인하여 손실이 발생한다고 할 수 없으므로, 매립면허 고시 이후 매립공사가 실행되어 관행어업권자에게 **실질적이고 현실적인 피해가 발생한 경우**에만 공유수면매립법에서

정하는 손실보상청구권이 발생하였다고 할 것이다(대판 2010.12.9. 2007두6571).
④ (×) 헌법 제23조 제3항은 정당한 보상을 전제로 하여 재산권의 수용 등에 관한 가능성을 규정하고 있지만, 재산권수용의 주체를 한정하지 않고 있다. 따라서 위 **수용 등의 주체를 국가 등의 공적 기관에 한정하여 해석할 이유가 없다**(헌재 2009.9.24. 2007헌바114).

17 ②

② (×)

> **행정심판법 제4조(특별행정심판 등)** ③ 관계 행정기관의 장이 특별행정심판 또는 이 법에 따른 행정심판 절차에 대한 특례를 신설하거나 변경하는 법령을 제정·개정할 때에는 미리 중앙행정심판위원회와 **협의**하여야 한다.

① (○)

> **행정심판법 제6조(행정심판위원회의 설치)** ① 다음 각 호의 행정청 또는 그 소속 행정청(행정기관의 계층구조와 관계없이 그 감독을 받거나 위탁을 받은 모든 행정청을 말하되, 위탁을 받은 행정청은 그 위탁받은 사무에 관하여는 위탁한 행정청의 소속 행정청으로 본다. 이하 같다)의 처분 또는 부작위에 대한 행정심판의 청구(이하 "심판청구"라 한다)에 대하여는 **다음 각 호의 행정청에 두는 행정심판위원회**에서 심리·재결한다.
> 1. 감사원, 국가정보원장, 그 밖에 대통령령으로 정하는 대통령 소속기관의 장
> 2. 국회사무총장·법원행정처장·헌법재판소사무처장 및 중앙선거관리위원회사무총장
> 3. **국가인권위원회**, 그 밖에 지위·성격의 독립성과 특수성 등이 인정되어 대통령령으로 정하는 행정청

③ (○) 행정심판법 제43조 제3항에 의하면 재결청은 취소심판의 청구가 이유 있다고 인정되는 때에는 처분을 취소 또는 변경하거나 처분청에게 취소 또는 변경할 것을 명한다고 규정하고 있으므로, 행정심판에 있어서 재결청의 재결 내용이 처분청의 취소를 명하는 것이 아니라 **처분청의 처분을 스스로 취소하는 것일 때에는 그 재결의 형성력이 발생하여 당해 행정처분은 별도의 행정처분을 기다릴 것 없이 당연히 취소되어 소멸**되는 것이다(대판 1997.5.30. 96누14678).

④ (○)

> **행정심판법 제3조(행정심판의 대상)** ② **대통령**의 처분 또는 부작위에 대하여는 다른 법률에서 행정심판을 청구할 수 있도록 정한 경우 외에는 행정심판을 청구할 수 없다.

18 ②

② (×) 취소소송을 통하여 무효인 처분을 다투어 무효선언을 구하는 경우에는 **행정심판전치주의나 제소기간의 제한규정이 적용**된다.
① (○) 거부처분은 **취소심판, 무효확인심판, 의무이행심판**의 대상이 된다.
③ (○) **당연무효의 행정처분을 소송목적물로 하는 행정소송에서는 존치시킬 효력이 있는 행정행위가 없기 때문에 행정소송법 제28조 소정의 사정판결을 할 수 없다**(대판 1996.3.22. 95누5509).
④ (○) 행정처분의 당연무효를 주장하여 그 **무효확인을 구하는 행정소송**에 있어서는 **원고**에게 그 행정처분이 무효인 사유를 주장·입증할 책임이 있다(대판 2000.3.23. 99두11851).

19 ④

① (O) 취소 확정판결의 기속력은 판결의 주문 및 전제가 되는 처분 등의 구체적 위법사유에 관한 판단에도 미치나, **종전 처분이 판결에 의하여 취소되었더라도 종전 처분과 다른 사유를 들어서 새로이 처분을 하는 것은 기속력에 저촉되지 않는다**(대판 2016.3.24. 2015두48235).

② (O) 행정처분의 **무효확인판결**은 비록 형식상은 확인판결이라 하여도 그 확인판결의 **효력은 그 취소판결의 경우와 같이 소송의 당사자는 물론 제3자에게도 미친다**(대판 1982.7.27. 82다17).

③ (O) 과세처분을 취소하는 판결이 확정되면 그 과세처분은 처분시에 소급하여 소멸하므로 그 뒤에 과세관청에서 그 과세처분을 경정하는 **경정처분을 하였다면 이는 존재하지 않는 과세처분을 경정한 것으로서 그 하자가 중대하고 명백한 당연무효의 처분**이다(대판 1989.5.9. 88다카16096).

④ (×) 행정소송법 제38조 제1항이 무효확인 판결에 관하여 취소판결에 관한 규정을 준용함에 있어서 같은 법 제30조 제2항을 준용한다고 규정하면서도 같은 법 제34조는 이를 준용한다는 규정을 두지 않고 있으므로, 행정처분에 대하여 **무효확인 판결이 내려진 경우에는 그 행정처분이 거부처분인 경우에도 행정청에 판결의 취지에 따른 재처분의무가 인정될 뿐 그에 대하여 간접강제까지 허용되는 것은 아니라고 할 것**이다(대결 1998.12.24. 98무37).

20 ②

② (×) 부가가치세법상의 사업자등록은 과세관청으로 하여금 부가가치세의 납세의무자를 파악하고 그 과세자료를 확보하게 하려는 데 제도의 취지가 있는바, 이는 **단순한 사업사실의 신고로서 사업자가 관할세무서장에게 소정의 사업자등록신청서를 제출함으로써 성립하는 것이고, 사업자등록증의 교부는 이와 같은 등록사실을 증명하는 증서의 교부행위에 불과한 것**이다. 나아가 구 부가가치세법 제5조 제5항에 의한 **과세관청의 사업자등록 직권말소행위도 폐업사실의 기재일 뿐 그에 의하여 사업자로서의 지위에 변동을 가져오는 것이 아니라는 점에서 항고소송의 대상이 되는 행정처분으로 볼 수 없다**. 이러한 점에 비추어 볼 때, 과세관청이 사업자등록을 관리하는 과정에서 위장사업자의 사업자명의를 직권으로 실사업자의 명의로 정정하는 행위 또한 당해 사업사실 중 주체에 관한 정정기재일 뿐 그에 의하여 사업자로서의 지위에 변동을 가져오는 것이 아니므로 항고소송의 대상이 되는 행정처분으로 볼 수 없다(대판 2011.1.27. 2008두2200).

① (O) 당사자의 신청을 받아들이지 않은 거부처분이 재결에서 취소된 경우에 행정청은 종전 거부처분 또는 재결 후에 발생한 새로운 사유를 내세워 다시 거부처분을 할 수 있다. 그 재결의 취지에 따라 이전의 신청에 대하여 다시 어떠한 처분을 하여야 할지는 처분을 할 때의 법령과 사실을 기준으로 판단하여야 하기 때문이다. 또한 **행정청이 재결에 따라 이전의 신청을 받아들이는 후속처분을 하였더라도 후속처분이 위법한 경우에는 재결에 대한 취소소송을 제기하지 않고도 곧바로 후속처분에 대한 항고소송을 제기하여 다툴 수 있다**. 따라서 거부처분이 재결에서 취소된 경우 재결에 따른 후속처분이 아니라 그 재결의 취소를 구하는 것은 실효적이고 직접적인 권리구제수단이 될 수 없어 분쟁해결의 유효적절한 수단이라고 할 수 없으므로 소의 이익이 없다(대판 2017.10.31. 2015두45045).

③ (O) **행정소송에서 쟁송의 대상이 되는 행정처분의 존부는 소송요건으로서 직권조사사항이고, 자백의 대상이 될 수 없는 것**이므로, 설사 그 존재를 당사자들이 다투지 아니한다 하더라도 그 존부에 관하여 의심이 있는 경우에는 이를 직권으로 밝혀 보아야 할 것이고, 사실심에서 변론종결시까지 당사자가 주장하지 않던 직권조사사항에 해당하는 사항을 상고심에서 비로소 주장하는 경우 그 직권조사사항에 해당하는 사항은 상고심의 심판범위에 해당한다(대판 2004.12.24. 2003두15195).

④ (O) **감사원의 재심의 판결에 대하여는 감사원을 당사자로 하여 행정소송을 제기할 수 있다**. 다만, 그 효력을 정지하는 가처분결정은 할 수 없다(감사원법 제40조 제2항).

21 ②

① (X) 처분이유의 사후제시는 절차의 하자에 관한 문제로서 행정작용법상의 문제이나, 처분사유의 추가·변경은 계쟁처분의 실체법상 적법성의 주장에 관한 소송법상 문제이다.
② (O), ③ (X) 행정처분의 취소를 구하는 항고소송에서, 처분청은 당초 처분의 근거로 삼은 사유와 기본적 사실관계가 동일성이 있다고 인정되는 한도 내에서만 다른 사유를 추가 혹은 변경할 수 있고, 여기서 기본적 사실관계의 동일성 유무는 **처분사유를 법률적으로 평가하기 이전의 구체적인 사실에 착안하여 그 기초인 사회적 사실관계가 기본적인 점에서 동일한지 여부**에 따라 결정되며, 추가 또는 변경된 사유가 **처분 당시에 그 사유를 명기하지 않았을 뿐 이미 존재하고 있었고 당사자도 그 사실을 알고 있었다 하여 당초의 처분사유와 동일성이 있는 것이라고 할 수는 없다**(대판 2009.11.26. 2009두15586). **이러한 법리는 행정심판 단계에서도 그대로 적용된다**(대판 2014.5.16. 2013두26118).
④ (X) 행정청은 행정처분 이후는 물론 소송 도중이라도 **사실심 변론종결시까지** 처분의 동일성이 유지되는 범위 내에서 처분사유를 추가·변경할 수 있다(대판 2001.10.30. 2000두5616). ※ **행정소송규칙 제9조(처분사유의 추가변경)** 행정청은 **사실심 변론을 종결할 때까지** 당초의 처분사유와 기본적 사실관계가 동일한 범위 내에서 처분사유를 추가 또는 변경할 수 있다.

22 ④

④ (X) 부작위위법확인의 소는 부작위상태가 계속되는 한 그 위법의 확인을 구할 이익이 있다고 보아야 하므로 원칙적으로 제소기간의 제한을 받지 않는다. 그러나 「행정소송법」 제38조 제2항이 제소기간을 규정한 같은 법 제20조를 부작위위법확인소송에 준용하고 있는 점에 비추어 보면, **행정심판 등 전심절차를 거친 경우에는 「행정소송법」 제20조가 정한 제소기간 내에 부작위위법확인의 소를 제기**하여야 한다(대판 2009.7.23. 2008두10560).
① (O) 개별법이 필요적 행정심판전치주의를 규정할 경우 부작위위법확인소송을 제기하려면 의무이행심판을 거쳐야 한다.
② (O) 소송은 처분의 신청을 한 자로서 부작위가 위법하다는 확인을 구할 법률상의 이익이 있는 자만이 제기할 수 있는 것이므로, **당사자가 행정청에 대하여 어떠한 행정처분을 하여 줄 것을 요청할 수 있는 법규상 또는 조리상의 권리를 갖고 있지 아니하거나 부작위의 위법확인을 구할 법률상의 이익이 없는 경우에는 항고소송의 대상이 되는 위법한 부작위가 있다고 볼 수 없거나 원고적격이 없어** 그 부작위위법확인의 소는 부적법하다(대판 2000.2.25. 99두11455).
③ (O) 당사자의 신청이 있은 이후 당사자에게 생긴 사정의 변화로 인하여 위 **부작위가 위법하다는 확인을 받는다고 하더라도 종국적으로 침해되거나 방해받은 권리와 이익을 보호·구제받는 것이 불가능하게 되었다면 그 부작위가 위법하다는 확인을 구할 이익은 없다.** – 지방자치단체가 조례를 통하여 노동운동이 허용되는 사실상의 노무에 종사하는 공무원의 구체적 범위를 규정하지 않고 있는 것에 대하여 버스전용차로 통행위반 단속업무에 종사하는 자가 부작위위법확인의 소를 제기하였으나 상고심 계속중에 정년퇴직한 경우, 위 조례를 제정하지 아니한 부작위가 위법하다는 확인을 구할 소의 이익이 상실되었다고 한 사례(대판 2002.6.28. 2000두4750).

23 ③

③ (X) 도로법의 제반 규정에 비추어 보면, 같은 법 제80조의2의 규정에 의한 **변상금 부과권한은 적정한 도로관리를 위하여 도로의 관리청에게 부여된 권한이라 할 것이지 도로부지의 소유권에 기한 권한이라고 할 수 없으므로**, 도로의 관리청은 도로부지에 대한 소유권을 취득하였는지 여부와는 관계없이 도로를 무단점용하는 자에 대하여 변상금을 부과할 수 있다(대판 2005.11.25. 2003두7194).
① (O) 도로법 제40조, 제43조, 제80조의2에 규정된 도로의 점용이라 함은, 일반공중의 교통에 공용되는 도로에 대하여 이러한 일반사용과는 별도로 도로의 특정부분을 유형적, 고정적으로 사용하는 이른바 특별사용을

뜻하는 것이고, 그와 같은 **도로의 특별사용은 반드시 독점적, 배타적인 것이 아니라 그 사용목적에 따라서는 도로의 일반사용과 병존이 가능한 경우도 있고, 이러한 경우에는 도로점용부분이 동시에 일반공중의 교통에 공용되고 있다고 하여 도로점용이 아니라고 말할 수 없는 것**이며, 한편 당해 도로의 점용을 위와 같은 특별사용으로 볼 것인지 아니면 일반사용으로 볼 것인지는 그 도로점용의 주된 용도와 기능이 무엇인지에 따라 가려져야 한다(대판 1995.2.14. 94누5830).

② (O) 공용폐지의 의사표시는 명시적 의사표시뿐 아니라 묵시적 의사표시이어도 무방하나 적법한 의사표시이어야 하고, **행정재산이 본래의 용도에 제공되지 않는 상태에 놓여 있다는 사실만으로 관리청의 이에 대한 공용폐지의 의사표시가 있었다고 볼 수 없으며**, 행정재산에 관하여 체결된 것이기 때문에 무효인 매매계약을 가지고 적법한 공용폐지의 의사표시가 있었다고 볼 수도 없다(대판 1996.5.28. 95다52383).

④ (O) 국유재산법상의 행정재산이란 국가가 소유하는 재산으로서 직접 공용, 공공용, 또는 기업용으로 사용하거나 사용하기로 결정한 재산을 말하는 것이고(국유재산법 제4조 제2항 참조), 그 중 도로와 같은 인공적 공공용 재산은 법령에 의하여 지정되거나 행정처분으로써 공공용으로 사용하기로 결정한 경우, 또는 행정재산으로 실제로 사용하는 경우의 어느 하나에 해당하여야 비로소 행정재산이 되는 것인데, 특히 도로는 **도로로서의 형태를 갖추고, 도로법에 따른 노선의 지정 또는 인정의 공고 및 도로구역 결정·고시를 한 때 또는 도시계획법 또는 도시재개발법 소정의 절차를 거쳐 도로를 설치하였을 때에 공공용물로서 공용개시행위가 있다고 할 것**이므로, 토지의 지목이 도로이고 국유재산대장에 등재되어 있다는 사정만으로 바로 그 토지가 도로로서 행정재산에 해당한다고 할 수는 없다(대판 2009.10.15. 2009다41533).

24 ③

③ (×) 공무원이 외부에 자신의 상사 등을 비판하는 의견을 발표하는 행위는 그것이 비록 **행정조직의 개선과 발전에 도움이 되고, 궁극적으로 행정청의 권한행사의 적정화에 기여하는 면이 있다고 할지라도**, 국민들에게는 그 내용의 진위나 당부와는 상관없이 그 자체로 행정청 내부의 갈등으로 비춰져, 행정에 대한 국민의 신뢰를 실추시키는 요인으로 작용할 수 있고, 특히 발표 내용 중에 진위에 의심이 가는 부분이 있거나 표현이 개인적인 감정에 휩쓸려 지나치게 단정적이고 과장된 부분이 있는 경우에는 그 자체로 국민들로 하여금 공무원 본인은 물론 행정조직 전체의 공정성, 중립성, 신중성 등에 대하여 의문을 갖게 하여 행정에 대한 국민의 신뢰를 실추시킬 위험성이 더욱 크므로, 그러한 발표행위는 **공무원으로서의 체면이나 위신을 손상시키는 행위에 해당**한다(대판 2017.4.13. 2014두8469).

① (O) 당연퇴직 사유를 규정한 국가공무원법 제69조 제1항 중 제33조 제1호에 관한 부분(註: 피성년후견인)은 헌법에 위반된다(헌재 2022.12.22. 2020헌가8).

② (O) 구 「국가공무원법」 제69조는 "공무원이 제33조 각 호의 1에 해당할 때에는 당연히 퇴직한다."고 규정하고, 같은 법 제33조 제1항 제4호는 결격사유 중의 하나로 '금고 이상의 형을 받고 그 집행유예의 기간이 완료된 날로부터 2년을 경과하지 아니한 자'를 들고 있다. 같은 법 제69조에서 규정하고 있는 당연퇴직제도는 같은 법 제33조 제1항 각 호에 규정되어 있는 결격사유가 발생하는 것 자체에 의하여 임용권자의 의사표시 없이 결격사유에 해당하게 된 시점에 당연히 공무원 신분을 상실하게 하는 것이고, **당연퇴직의 효력이 생긴 후에 당연퇴직사유가 소멸한다는 것은 있을 수 없으므로, 국가공무원이 금고 이상의 형의 집행유예를 받은 경우에는 그 이후 「형법」 제65조에 따라 형의 선고가 효력을 잃게 되었다 하더라도 이미 발생한 당연퇴직의 효력에는 영향이 없다**(대판 2011.3.24. 2008다92022).

④ (O) 공무원들의 어느 행위가 국가공무원법 제66조 제1항에 규정된 '집단행위'에 해당하려면, 그 행위가 반드시 같은 시간, 장소에서 행하여져야 하는 것은 아니지만, **공익에 반하는 어떤 목적을 위한 다수인의 행위로서 집단성이라는 표지를 갖추어야만 한다**고 해석함이 타당하다. 따라서 여럿이 같은 시간에 한 장소에 모여 집단의 위세를 과시하는 방법으로 의사를 표현하거나 여럿이 단체를 결성하여 그 단체 명의로 의사를 표현하는 경우, 실제 여럿이 모이는 형태로 의사표현을 하는 것은 아니지만 **발표문에 서명날인을 하는 등의 수단으로 여럿이 가담한 행위임을 표명하는 경우 또는 일제 휴가나 집단적 조퇴, 초과근무 거부 등과 같이 정부활동의 능률을 저해하기 위한 집단적 태업 행위로 볼 수 있는 경우에 속하거나 이에 준할 정도로 행위의 집

단성이 인정되어야 국가공무원법 제66조 제1항에 해당한다고 볼 수 있다(대판 2017.4.13. 2014두8469).

25 ①

① (✕) 상태책임은 물건·동물에 대한 사실상의 지배권을 행사하는 자의 책임으로서 그 지배권의 권원의 적법성 여부는 묻지 않는다.
② (○) 경찰책임은 책임자의 고의·과실을 요하지 아니하며 단지 객관적인 위해의 발생만이 의미를 갖는다. 이 점에서 민사책임과 다르다.
③ (○) 경찰비책임자에게 경찰권을 발동할 수 없음이 원칙이나, 긴급한 필요가 있는 때에는 예외적으로 경찰비책임자에 대해서도 경찰권을 발동할 수 있다. 이 경우에 제3자에게 손실이 발생하면 손실보상의 문제가 발생한다.
④ (○) 행위책임은 특정인의 행위에 대한 일신전속적 책임이므로 승계되지 않으나, 상태책임은 승계된다고 보는 것이 다수의 견해이다.

소방승진 행정법 최종모의고사 정답 및 해설

2025 소방승진 행정법 최종모의고사

01	02	03	04	05	06	07	08	09	10
④	④	③	③	④	②	③	③	②	④
11	12	13	14	15	16	17	18	19	20
①	③	①	④	③	④	③	③	④	③
21	22	23	24	25					
③	①	①	④	①					

01 ④

④ (✕) 예산회계법에 따라 체결되는 계약은 사법상의 계약이라고 할 것이고 동법 제70조의5의 입찰보증금은 낙찰자의 계약체결의무이행의 확보를 목적으로 하여 그 불이행시에 이를 국고에 귀속시켜 국가의 손해를 전보하는 **사법상의 손해배상 예정으로서의 성질을 갖는 것**이라고 할 것이므로 입찰보증금의 국고귀속조치는 국가가 사법상의 재산권의 주체로서 행위하는 것이지 공권력을 행사하는 것이거나 공권력작용과 일체성을 가진 것이 아니라 할 것이므로 이에 관한 분쟁은 행정소송이 아닌 민사소송의 대상이 될 수밖에 없다고 할 것이다(대판 1983.12.27. 81누366).

① (○) 국가나 지방자치단체에 근무하는 청원경찰은 국가공무원법이나 지방공무원법상의 공무원은 아니지만, 다른 청원경찰과는 달리 그 임용권자가 행정기관의 장이고, 국가나 지방자치단체로부터 보수를 받으며, 산업재해보상보험법이나 근로기준법이 아닌 공무원연금법에 따른 재해보상과 퇴직급여를 지급받고, 직무상의 불법행위에 대하여도 민법이 아닌 국가배상법이 적용되는 등의 특질이 있으며 그외 임용자격, 직무, 복무의무 내용 등을 종합하여 볼때, 그 근무관계를 **사법상의 고용계약관계로 보기는 어려우므로 그에 대한 징계처분의 시정을 구하는 소는 행정소송의 대상**이지 민사소송의 대상이 아니다(대판 1993.7.13. 92다47564).

② (○) 원고는 피고 산하의 국립의료원 부설주차장에 관한 이 사건 위탁관리용역운영계약에 대하여 관리청이 순전히 사경제주체로서 행한 사법상 계약임을 전제로, 가산금에 관한 별도의 약정이 없는 이상 원고에게 가산금을 지급할 의무가 없다고 주장하여 그 부존재의 확인을 구한다는 것이다. 그러나 기록에 의하면, 위 운영계약의 실질은 **행정재산인 위 부설주차장에 대한 국유재산법 제24조 제1항에 의한 사용·수익 허가로서 이루어진 것**임을 알 수 있으므로, 이는 위 국립의료원이 원고의 신청에 의하여 공권력을 가진 우월적 지위에서 행한 행정처분으로서 특정인에게 행정재산을 사용할 수 있는 권리를 설정하여 주는 강학상 특허에 해당한다 할 것이고 순전히 사경제주체로서 원고와 대등한 위치에서 행한 사법상의 계약으로 보기 어렵다고 할 것이다(대판 2006.3.9. 2004다31074).

③ (○) 구 공무원연금법 제26조 제1항, 제80조 제1항, 공무원연금법시행령 제19조의2의 각 규정을 종합하면, 같은 법 소정의 급여는 급여를 받을 권리를 가진 자가 당해 공무원이 소속하였던 기관장의 확인을 얻어 신청하는 바에 따라 공무원연금관리공단이 그 지급결정을 함으로써 그 구체적인 권리가 발생하는 것이므로, **공무원연금관리공단의 급여에 관한 결정은 국민의 권리에 직접 영향을 미치는 것이어서 행정처분**에 해당하고, 공무원연금관리공단의 급여결정에 불복하는 자는 공무원연금급여재심위원회의 심사결정을 거쳐 공무원연금관리공단의 급여결정을 대상으로 행정소송을 제기하여야 한다(대판 1996.12.6. 96누6417).

02 ④

④ (✕) 등록세 중과 대상인 부동산등기에 대하여 담당공무원으로부터 통상의 세율을 적용한 등록세 고지서를 교부받은 사유만으로는 과세관청이 위 부동산등기에 대하여 등록세를 중과하지 않겠다는 공적인 견해표명

을 한 것으로 볼 수 없다(대판 2005.8.19. 2004두7634).
① (O)

> **행정기본법 제12조(신뢰보호의 원칙)**
> ① 행정청은 공익 또는 제3자의 이익을 현저히 해칠 우려가 있는 경우를 제외하고는 행정에 대한 국민의 정당하고 합리적인 신뢰를 보호하여야 한다.
> ② 행정청은 권한 행사의 기회가 있음에도 불구하고 장기간 권한을 행사하지 아니하여 국민이 그 권한이 행사되지 아니할 것으로 믿을 만한 정당한 사유가 있는 경우에는 그 권한을 행사해서는 아니 된다. 다만, 공익 또는 제3자의 이익을 현저히 해칠 우려가 있는 경우는 예외로 한다.

② (O) **교통사고가 일어난지 1년 10개월이 지난 뒤 그 교통사고를 일으킨 택시에 대하여 운송사업면허를 취소**하였더라도 처분관할관청이 위반행위를 적발한 날로부터 10일 이내에 처분을 하여야 한다는 교통부령인 자동차운수사업법 제31조등의 규정에 의한 사업면허의취소등의 처분에 관한 규칙 제4조 제2항 본문을 강행규정으로 볼 수 없을 뿐만 아니라 택시운송사업자로서는 **자동차운수사업법의 내용을 잘 알고 있어 교통사고를 낸 택시에 대하여 운송사업면허가 취소될 가능성을 예상할 수도 있었을 터**이니, 자신이 별다른 행정조치가 없을 것으로 믿고 있었다 하여 바로 신뢰의 이익을 주장할 수는 없으므로 그 교통사고가 자동차운수사업법 제31조 제1항 제5호 소정의 "중대한 교통사고로 인하여 많은 사상자를 발생하게 한 때"에 해당한다면 그 운송사업면허의 취소가 행정에 대한 국민의 신뢰를 저버리고 국민의 법생활의 안정을 해치는 것이어서 재량권의 범위를 일탈한 것이라고 보기는 어렵다(대판 1989.6.27. 88누6283).

③ (O) **건축물에 인접한 도로의 개설을 위한 도시계획사업시행허가처분은 건축물에 대한 건축허가처분과는 별개의 행정처분**이므로 사업시행허가를 함에 있어 조건으로 내세운 기부채납의무를 이행하지 않았음을 이유로 한 건축물에 대한 준공거부처분은 「건축법」에 근거 없이 이루어진 것으로서 위법하다(대판 1992.11.27. 92누10364).

03 ③

③ (×) 공무수탁사인은 행정심판법과 행정소송법상 행정청에 포함되므로 공무수탁사인이 발하는 처분에 대하여 **공무수탁사인**을 피고로 항고쟁송을 제기할 수 있다.

① (O) 행정보조인은 공무수탁사인과 달리 개인과 직접적인 법률관계를 맺지 아니하며 행정청과의 계약에 근거하여 행정청의 지시에 따라 행정임무의 단순하고 기술적인 집행만을 담당한다(**예** 도로교통법에 의한 차량견인업자, 폐기물관리법의 생활폐기물 처리대행업자, 표준지의 적정가격의 조사 내지 평가 및 개별공시지가의 타당성여부에 대하여 검증하는 감정평가사).

② (O) 수능시험 실시 직후 문제에 대한 이의가 제기되었는데도 평가원이 이의처리 과정에서 요구되는 주의의무를 다하지 아니한 과실이 있으므로, 평가원의 등급 결정 처분은 갑 등에 대한 불법행위를 구성하고, 이른바 **'공무수탁사인'의 지위에 있는 평가원**은 공무를 수행하는 범위 내에서는 국가배상법 제2조 제1항의 '공무원'이므로, 갑 등이 입은 손해에 대한 전보책임은 국가에게도 부담시키는 것이 상당하다(부산고등법원 2017.5.10. 2016나55042). ☞ 다만 이 사건의 본안 판단 부분에 관해서는 대법원이 원심판결을 파기한 바 있다(대판 2022.4.28. 2017다233061).

④ (O) 원천징수하는 소득세에 있어서는 납세의무자의 신고나 과세관청의 부과결정이 없이 법령이 정하는 바에 따라 그 세액이 자동적으로 확정되고, 원천징수의무자는 소득세법 제142조 및 제143조의 규정에 의하여 이와 같이 자동적으로 확정되는 세액을 수급자로부터 징수하여 과세관청에 납부하여야 할 의무를 부담하고 있으므로, 원천징수의무자가 비록 과세관청과 같은 행정청이더라도 그의 원천징수행위는 **법령에서 규정된 징수 및 납부의무를 이행하기 위한 것에 불과한 것**이지, 공권력의 행사로서의 행정처분을 한 경우에 해당되지 아니한다(대판 1990.3.23. 89누4789).

04 ③

③ (×) 식품위생법과 건축법은 그 입법 목적, 규정사항, 적용범위 등을 서로 달리하고 있어 식품접객업에 관하여 식품위생법이 건축법에 우선하여 배타적으로 적용되는 관계에 있다고는 해석되지 않는다. 그러므로 식품위생법에 따른 식품접객업(일반음식점영업)의 영업신고의 요건을 갖춘 자라고 하더라도, 그 **영업신고를 한 당해 건축물이 건축법 소정의 허가를 받지 아니한 무허가 건물이라면 적법한 신고를 할 수 없다**(대판 2009.4.23. 2008도6829).

① (○) **대규모점포의 개설 등록은 이른바 '수리를 요하는 신고'**로서 행정처분에 해당하고 등록은 구체적 유형 구분에 따라 이루어지므로,…(중략)…영업시간 제한 등 규제 대상이 되는 대형마트에 해당하는지는, 일단 대형마트로 개설 등록되었다면 특별한 사정이 없는 한, 개설 등록된 형식에 따라 대규모점포를 일체로서 판단하여야 하고, 대규모점포를 구성하는 개별 점포의 실질이 대형마트의 요건에 부합하는지를 다시 살필 것은 아니다(대판 2015.11.19. 2015두295).

② (○) 일정한 건축물에 관한 건축신고는 건축법 제14조 제2항, 제11조 제5항 제3호에 의하여 국토의 계획 및 이용에 관한 법률 제56조에 따른 개발행위허가를 받은 것으로 의제되는데, 국토의 계획 및 이용에 관한 법률 제58조 제1항 제4호에서는 개발행위허가의 기준으로 주변 지역의 토지이용실태 또는 토지이용계획, 건축물의 높이, 토지의 경사도, 수목의 상태, 물의 배수, 하천·호소·습지의 배수 등 주변 환경이나 경관과 조화를 이룰 것을 규정하고 있으므로, 국토의 계획 및 이용에 관한 법률상 **개발행위허가로 의제되는 건축신고가 위와 같은 기준을 갖추지 못한 경우 행정청으로서는 이를 이유로 그 수리를 거부할 수 있다**고 보아야 한다(대판 2011.1.20. 2010두14954).

④ (○) 가설건축물은 건축법상 '건축물'이 아니므로 건축허가나 건축신고 없이 설치할 수 있는 것이 원칙이지만 일정한 가설건축물에 대하여는 건축물에 준하여 위험을 통제하여야 할 필요가 있으므로 신고 대상으로 규율하고 있다. 이러한 신고제도의 취지에 비추어 보면, **가설건축물 존치기간을 연장하려는 건축주 등이 법령에 규정되어 있는 제반 서류와 요건을 갖추어 행정청에 연장신고를 한 때에는 행정청은 원칙적으로 이를 수리하여 신고필증을 교부하여야 하고**, 법령에서 정한 요건 이외의 사유를 들어 수리를 거부할 수는 없다. 따라서 행정청으로서는 법령에서 요구하고 있지도 아니한 '대지사용승낙서' 등의 서류가 제출되지 아니하였거나, 대지소유권자의 사용승낙이 없다는 등의 사유를 들어 가설건축물 존치기간 연장신고의 수리를 거부하여서는 아니 된다(대판 2018.1.25. 2015두35116).

05 ④

④ (×) 고시가 일반·추상적 성격을 가질 때는 법규명령 또는 행정규칙에 해당하지만, **고시가 구체적인 규율의 성격을 갖는다면 행정처분**에 해당한다(헌재 1998.4.30. 97헌마141).

① (○), ② (○) 판례는 행정규칙인 고시가 법령의 수권에 의하여 법령을 보충하는 사항을 정하는 경우에 그 근거 법령규정과 결합하여 대외적 효력을 발생하는 것으로 본다. 그리고 법령보충적 행정규칙의 제정에는 법률의 구체적 수권이라는 한계가 있다.

③ (○) 재산권 등과 같은 기본권을 제한하는 작용을 하는 법률이 입법위임을 할 때에는 대통령령, 총리령, 부령 등 법규명령에 위임함이 바람직하고, 고시와 같은 형식으로 입법위임을 할 때에는 적어도 **행정규제기본법 제4조 제2항 단서**에서 정한 바와 같이 법령이 전문적·기술적 사항이나 경미한 사항으로서 업무의 성질상 위임이 불가피한 사항에 한정된다(헌재 2006.12.28. 2005헌바59).

06 ②

② (×) 조세법률주의의 원칙은 과세요건과 징수절차 등 조세권행사의 요건과 절차는 국민의 대표기관인 국회가 제정한 법률로써 규정하여야 한다는 것이나, **과세요건과 징수절차에 관한 사항을 명령·규칙 등 하위법령에 위임하여 규정하게 할 수 없는 것은 아니고**, 이러한 사항을 하위법령에 위임하여 규정하게 하는 경우 구체적·개별적 위임만이 허용되며 포괄적·백지적 위임은 허용되지 아니하고(과세요건법정주의), 이러한 법률 또

는 그 위임에 따른 명령·규칙의 규정은 일의적이고 명확하여야 한다(과세요건명확주의)는 것이다(대결 1994.9.30. 94부18).

① (O) 법률에서 위임받은 사항을 전혀 규정하지 않고 재위임하는 것은 복위임금지 원칙에 반할 뿐 아니라 위임명령의 제정 형식에 관한 수권법의 내용을 변경하는 것이 되므로 허용되지 않으나 **위임받은 사항에 관하여 대강을 정하고 그 중의 특정사항을 범위를 정하여 하위법령에 다시 위임하는 경우에는 재위임이 허용된다.** 이러한 법리는 조례가 지방자치법 제22조 단서에 따라 주민의 권리제한 또는 의무부과에 관한 사항을 법률로부터 위임받은 후, 이를 다시 지방자치단체장이 정하는 '규칙'이나 '고시' 등에 재위임하는 경우에도 마찬가지이다(대판 2015.1.15. 2013두14238).

③ (O) 법률이 **공법적 단체 등의 정관에 자치법적 사항을 위임한 경우에는 헌법 제75조가 정하는 포괄적인 위임입법의 금지는 원칙적으로 적용되지 않는다**고 봄이 상당하고, 그렇다 하더라도 그 사항이 국민의 권리·의무에 관련되는 것일 경우에는 적어도 **국민의 권리·의무에 관한 기본적이고 본질적인 사항은 국회가 정하여야 한다**(대판 2007.10.12. 2006두14476).

④ (O) 법률의 시행령이나 시행규칙은 그 법률에 의한 위임이 없으면 개인의 권리·의무에 관한 내용을 변경·보충하거나 법률에 규정되지 아니한 새로운 내용을 정할 수는 없지만, 법률의 시행령이나 시행규칙의 내용이 모법의 입법 취지 및 관련 조항 전체를 유기적·체계적으로 살펴 보아 모법의 해석상 가능한 것을 명시한 것에 지나지 아니하거나 **모법 조항의 취지에 근거하여 이를 구체화하기 위한 것인 때에는 모법의 규율 범위를 벗어난 것으로 볼 수 없으므로**, 모법에 이에 관하여 직접 위임하는 규정을 두지 않았다고 하더라도 이를 무효라고 볼 수는 없다(대판 2009.6.11. 2008두13637).

07 ③

① (×) 확인행위는 특정 사실관계나 법률관계에 대하여 의문이나 다툼이 있는 경우에 행정청이 공적 권위로서 판단하는 행위이다.

② (×) 자동차운수사업법에 의한 개인택시 운송사업면허는 **특정인에게 권리나 이익을 부여하는 행정행위**로서 법령에 특별한 규정이 없으면 행정청의 재량에 속하는 것이고, 그 면허를 위하여 정하여진 순위 내에서의 운전경력 인정방법에 관한 기준을 설정하는 것 역시 행정청의 재량이다(대판 1995.11.10. 95누8461).

③ (O) 재건축정비사업조합이 이러한 행정주체의 지위에서 위 법에 기초하여 수립한 **사업시행계획은 인가·고시를 통해 확정되면 이해관계인에 대한 구속적 행정계획으로서 독립된 행정처분에 해당**하고, 이와 같은 사업시행계획안에 대한 조합 총회결의는 그 행정처분에 이르는 절차적 요건 중 하나에 불과한 것이다(대판 2009.11.2. 2009마596).

④ (×) 특별법의 시행에 따라 그 취득·증여 등 원인행위시에 소급하여 당연히 국가의 소유로 되고, 위 위원회의 국가 귀속결정은 **당해 재산이 친일재산에 해당한다는 사실을 확인하는 이른바 준법률행위적 행정행위의 성격**을 가진다(대판 2008.11.13. 2008두13491).

08 ③

③ (×) 수익적 행정처분에 있어서는 법령에 특별한 근거규정이 없다고 하더라도 그 부관으로서 부담을 붙일 수 있고, 그와 같은 부담은 행정청이 행정처분을 하면서 일방적으로 부가할 수도 있지만 **부담을 부가하기 이전에 상대방과 협의하여 부담의 내용을 협약의 형식으로 미리 정한 다음 행정처분을 하면서 이를 부가할 수도 있다**(대판 2009.2.12. 2005다65500).

① (O)

> **행정기본법 제17조(부관)**
> ① 행정청은 처분에 **재량이 있는 경우에는 부관(조건, 기한, 부담, 철회권의 유보 등을 말한다)을 붙일 수 있다.**
> ② 행정청은 처분에 **재량이 없는 경우에는 법률에 근거가 있는 경우에 부관을 붙일 수 있다.**

② (O) 철회권이 유보된 경우 상대방은 이후의 철회가능성을 예견하고 있으므로 **행정행위의 계속성에 대한 상대방의 신뢰는 유보된 철회사유에 관하여는 인정되지 않는다**. 즉 행정행위의 상대방은 당해 행정행위의 철회시 신뢰보호의 원칙을 원용할 수 없다.

④ (O) 행정행위의 부관 중에서도 행정행위에 부수하여 그 행정행위의 상대방에게 일정한 의무를 부과하는 행정청의 의사표시인 부담의 경우에는 다른 부관과는 달리 행정행위의 불가분적인 요소가 아니고 그 존속이 본체인 행정행위의 존재를 전제로 하는 것일 뿐이므로 **부담 그 자체로서 행정쟁송의 대상이 될 수 있다**(대판 1992.1.21. 91누1264).

09 ②

② (×)

> 민원 처리에 관한 법률 제22조(민원문서의 보완 · 취하 등) ① 행정기관의 장은 접수한 민원문서에 보완이 필요한 경우에는 **상당한 기간을 정하여** 지체 없이 민원인에게 보완을 요구하여야 한다.

① (O), ③ (O), ④ (O)

> 민원 처리에 관한 법률
> 제10조(불필요한 서류 요구의 금지) ① 행정기관의 장은 민원을 접수 · 처리할 때에 민원인에게 **관계법령등에서 정한 구비서류 외의 서류를 추가로 요구하여서는 아니 된다**.
>
> 제35조(거부처분에 대한 이의신청) ① 법정민원에 대한 행정기관의 장의 거부처분에 불복하는 민원인은 그 **거부처분을 받은 날부터 60일 이내에 그 행정기관의 장에게 문서로 이의신청**을 할 수 있다.
>
> 제23조(반복 및 중복 민원의 처리) ① 행정기관의 장은 민원인이 **동일한 내용의 민원(법정민원을 제외한다)을 정당한 사유 없이 3회 이상 반복하여 제출한 경우**에는 **2회 이상 그 처리결과를 통지**하고, 그 후에 접수되는 민원에 대하여는 종결처리할 수 있다.

10 ④

④ (×) 음주운전 내지 그 제재를 위한 음주측정 요구의 거부 등을 이유로 한 자동차운전면허의 취소에 있어서는 일반의 수익적 행정행위의 취소와는 달리 그 **취소로 인하여 입게 될 당사자의 개인적인 불이익보다는 이를 방지하여야 하는 일반예방적인 측면이 더욱 강조되어야 할 것**이고, 특히 당해 운전자가 영업용 택시를 운전하는 등 자동차 운전을 업으로 삼고 있는 자인 경우에는 더욱 그러하다(대판 1995.9.26. 95누6069).

① (O) 구 여객자동차 운수사업법 제14조 제4항에 의하면 **개인택시운송사업을 양수한 사람은 양도인의 운송사업자로서의 지위를 승계**하므로, 관할 관청은 개인택시 운송사업의 양도·양수에 대한 인가를 한 후에도 그 양도·양수 이전에 있었던 양도인에 대한 운송사업면허 취소사유를 들어 양수인의 사업면허를 취소할 수 있다(대판 2010.11.11. 2009두14934).

② (O) 음주운전 여부에 관한 조사방법 중 혈액 채취(이하 '채혈'이라고 한다)는 상대방의 신체에 대한 직접적인 침해를 수반하는 방법으로서, 이에 관하여 도로교통법은 호흡조사와 달리 운전자에게 조사에 응할 의무를 부과하는 규정을 두지 아니할 뿐만 아니라, 측정에 앞서 운전자의 동의를 받도록 규정하고 있으므로(제44조 제3항), **운전자의 동의 없이 임의로 채혈조사를 하는 것은 허용되지 아니한다**. 그리고 수사기관이 **범죄 증거를 수집할 목적으로 운전자의 동의 없이 혈액을 취득·보관하는 행위는 형사소송법상 '감정에 필요한 처분' 또는 '압수'로서 법원의 감정처분허가장이나 압수영장이 있어야 가능**하고, 다만 음주운전 중 교통사고를 야

기한 후 운전자가 의식불명 상태에 빠져 있는 등으로 호흡조사에 의한 음주측정이 불가능하고 채혈에 대한 동의를 받을 수도 없으며 법원으로부터 감정처분허가장이나 사전 압수영장을 발부받을 시간적 여유도 없는 긴급한 상황이 발생한 경우에는 수사기관은 예외적인 요건하에 음주운전 범죄의 증거 수집을 위하여 운전자의 동의나 사전 영장 없이 혈액을 채취하여 압수할 수 있으나 이 경우에도 형사소송법에 따라 사후에 지체 없이 법원으로부터 압수영장을 받아야 한다(대판 2016.12.27. 2014두46850).

③ (O) 피고인이 행정청으로부터 자동차 운전면허취소처분을 받았으나 나중에 그 행정처분 자체가 행정쟁송절차에 의하여 취소되었다면, 위 **운전면허취소처분은 그 처분시에 소급하여 효력을 잃게 되고**, 피고인은 위 운전면허취소처분에 복종할 의무가 원래부터 없었음이 후에 확정되었다고 봄이 타당할 것이고, 행정행위에 공정력의 효력이 인정된다고 하여 행정소송에 의하여 적법하게 취소된 운전면허취소처분이 단지 장래에 향하여서만 효력을 잃게 된다고 볼 수는 없다(대판 1999.2.5. 98도4239).

11 ①

① (O) 일정한 행정처분으로 국민이 일정한 이익과 권리를 취득하였을 경우에 종전 행정처분에 하자가 있음을 전제로 직권으로 이를 취소하는 행정처분은 이미 취득한 국민의 기존 이익과 권리를 박탈하는 별개의 행정처분으로, 취소될 행정처분에 하자가 있어야 하고, 나아가 행정처분에 하자가 있다고 하더라도 취소해야 할 공익상 필요와 취소로 당사자가 입게 될 기득권과 신뢰보호 및 법률생활안정의 침해 등 불이익을 비교·교량한 후 공익상 필요가 당사자가 입을 불이익을 정당화할 만큼 강한 경우에 한하여 취소할 수 있는 것이며, **하자나 취소해야 할 필요성에 관한 증명책임은 기존 이익과 권리를 침해하는 처분을 한 행정청에 있다**(대판 2014.11.27. 2014두9226).

② (×) 수익적 행정처분에 대한 취소권 등의 행사는 기득권의 침해를 정당화할 만한 중대한 공익상의 필요 또는 제3자의 이익보호의 필요가 있는 때에 한하여 허용될 수 있다는 법리는, **처분청이 수익적 행정처분을 직권으로 취소·철회하는 경우에 적용되는 법리일 뿐 쟁송취소의 경우에는 적용되지 않는다**(대판 2019.10.17. 2018두104).

③ (×) 소멸시효는 객관적으로 권리가 발생하여 그 권리를 행사할 수 있는 때로부터 진행하고 그 권리를 행사할 수 없는 동안만은 진행하지 아니하는데, 여기서 권리를 행사할 수 없는 경우라 함은 그 권리행사에 법률상의 장애사유가 있는 경우를 말하는데, **변상금 부과처분에 대한 취소소송이 진행중이라도 그 부과권자로서는 위법한 처분을 스스로 취소하고 그 하자를 보완하여 다시 적법한 부과처분을 할 수도 있는 것**이어서 그 권리행사에 법률상의 장애사유가 있는 경우에 해당한다고 할 수 없으므로, 그 처분에 대한 취소소송이 진행되는 동안에도 그 부과권의 소멸시효가 진행된다(대판 2006.2.10. 2003두5686).

④ (×) 산림법령에는 채석허가처분을 한 처분청이 산림을 복구한 자에 대하여 복구설계서승인 및 복구준공통보를 한 경우 그 취소신청과 관련하여 아무런 규정을 두고 있지 않고, 원래 행정처분을 한 **처분청은 그 처분에 하자가 있는 경우에는 원칙적으로 별도의 법적 근거가 없더라도 스스로 이를 직권으로 취소할 수 있지만, 그와 같이 직권취소를 할 수 있다는 사정만으로 이해관계인에게 처분청에 대하여 그 취소를 요구할 신청권이 부여된 것으로 볼 수는 없으므로**, 처분청이 위와 같이 법규상 또는 조리상의 신청권이 없이 한 이해관계인의 복구준공통보 등의 취소신청을 거부하더라도, 그 거부행위는 항고소송의 대상이 되는 처분에 해당하지 않는다(대판 2006.6.30. 2004두701).

12 ③

③ (×) 지방자치단체의 장이 공유재산 및 물품관리법에 근거하여 기부채납 및 사용·수익허가 방식으로 민간투자사업을 추진하는 과정에서 사업시행자를 지정하기 위한 전 단계에서 공모제안을 받아 일정한 심사를 거쳐 **우선협상대상자를 선정하는 행위와 이미 선정된 우선협상대상자를 그 지위에서 배제하는 행위는 항고소송의 대상이 되는 행정처분**이다(대판 2020.4.29. 2017두31064).

① (O) 공정거래위원회가 부당한 공동행위를 행한 사업자로서 구 독점규제 및 공정거래에 관한 법률 제22조의2에서 정한 자진신고자나 조사협조자에 대하여 과징금 부과처분(이하 '선행처분'이라 한다)을 한 뒤, 독점규

제 및 공정거래에 관한 법률 시행령 제35조 제3항에 따라 다시 자진신고자 등에 대한 사건을 분리하여 자진신고 등을 이유로 한 과징금 감면처분(이하 '후행처분'이라 한다)을 하였다면, **후행처분은 자진신고 감면까지 포함하여 처분 상대방이 실제로 납부하여야 할 최종적인 과징금액을 결정하는 종국적 처분이고, 선행처분은 이러한 종국적 처분을 예정하고 있는 일종의 잠정적 처분으로서 후행처분이 있을 경우 선행처분은 후행처분에 흡수되어 소멸**한다. 따라서 위와 같은 경우에 선행처분의 취소를 구하는 소는 이미 효력을 잃은 처분의 취소를 구하는 것으로 부적법하다(대판 2015.2.12. 2013두987).

② (O) 원자로 및 관계 시설의 **부지사전승인처분**은 그 자체로서 건설부지를 확정하고 사전공사를 허용하는 법률효과를 지닌 독립한 행정처분이기는 하지만, 건설허가 전에 신청자의 편의를 위하여 미리 그 건설허가의 일부 요건을 심사하여 행하는 **사전적 부분 건설허가처분의 성격을 갖고 있는 것이어서 나중에 건설허가처분이 있게 되면 그 건설허가처분에 흡수되어 독립된 존재가치를 상실**함으로써 그 건설허가처분만이 쟁송의 대상이 되는 것이므로, 부지사전승인처분의 취소를 구하는 소는 소의 이익을 잃게 되고, 따라서 부지사전승인처분의 위법성은 나중에 내려진 건설허가처분의 취소를 구하는 소송에서 이를 다투면 된다(대판 1998.9.4. 97누19588).

④ (O) 내인가의 법적 성질이 행정행위의 일종으로 볼 수 있든 아니든 그것이 행정청의 상대방에 대한 의사표시임이 분명하고, 피고가 위 내인가를 취소함으로써 다시 본인가에 대하여 따로 인가 여부의 처분을 한다는 사정이 보이지 않는다면 위 **내인가취소를 인가신청을 거부하는 처분으로 보아야** 할 것이다(대판 1991.6.28. 90누4402).

13 ①

① (O) 도시계획사업의 시행으로 인한 토지수용에 의하여 이미 이 사건 **토지에 대한 소유권을 상실한 청구인은 도시계획결정과 토지의 수용이 법률에 위반되어 당연 무효라고 볼만한 특별한 사정이 보이지 않는 이상 이 사건 토지에 대한 도시계획결정의 취소를 청구할 법률상의 이익을 흠결**하여 당해소송은 적법한 것이 될 수 없고 나아가 우리 재판소의 위헌 결정에 의하여, 사업이 시행되지 아니한 토지의 소유자에게 취소청구권이나 해제청구권을 부여하는 새로운 입법이 이루어진다고 하더라도, 이미 도시계획시설사업이 시행되어 토지수용까지 이루어진 경우에는 이러한 규정들이 적용될 수 없는 것이므로 심판대상조항들의 위헌 여부는 재판의 전제가 되지 않는다(헌재 2002.05.30. 2000헌바58).

② (×) **개발제한구역의 지정목적에 위배되지 않는다면 허용될 수 있는 것**인바, 도시계획시설인 묘지공원과 화장장 시설의 설치가 위와 같은 개발제한구역의 지정목적에 위배된다고 보이지 않으므로, 시장이 이미 개발제한구역으로 지정되어 있는 부지에 묘지공원과 화장장 시설들을 설치하기로 하는 내용의 도시계획시설결정을 하였다 하더라도 이를 두고 위법하다고 할 수 없다(대판 2007.4.12. 2005두1893).

③ (×) 비구속적 행정계획안이나 행정지침이라도 **국민의 기본권에 직접적으로 영향을 끼치고, 앞으로 법령의 뒷받침에 의하여 그대로 실시될 것이 틀림없을 것으로 예상될 수 있을 때**에는, 공권력행위로서 예외적으로 헌법소원의 대상이 될 수 있다(헌재 2000.6.1. 99헌마538).

④ (×) 장래 일정한 기간 내에 관계 법령이 규정하는 시설 등을 갖추어 일정한 행정처분을 구하는 신청을 할 수 있는 법률상 지위에 있는 자의 국토이용계획변경신청을 거부하는 것이 **실질적으로 당해 행정처분 자체를 거부하는 결과가 되는 경우**에는 예외적으로 그 신청인에게 국토이용계획변경을 신청할 권리가 인정된다고 봄이 상당하므로, 이러한 신청에 대한 거부행위는 항고소송의 대상이 되는 행정처분에 해당한다(대판 2003.9.23. 2001두10936).

14 ④

① (O) 행정청은 공법상 계약의 상대방을 선정하고 계약 내용을 정할 때 **공법상 계약의 공공성과 제3자의 이해관계를 고려**하여야 한다(행정기본법 제27조 제2항).

② (O) 구「공유재산 및 물품 관리법」제14조 제1항, 제28조 제1항 등의 규정에 의하여 특별시장·광역시장 또는 도지사로부터 공유재산 관리의 권한을 위임받은 시장·군수 또는 구청장이 공유재산인 잡종재산을 대부하는

행위는 지방자치단체가 **사경제 주체로서 상대방과 대등한 위치에서 행하는 사법상의 계약**이다(대판 2010.11.11. 2010다59646).
③ (O) 중소기업기술정보진흥원장이 갑 주식회사와 중소기업 정보화지원사업 지원대상인 사업의 지원에 관한 협약을 체결하였는데, 협약이 갑 회사에 책임이 있는 사업실패로 해지되었다는 이유로 협약에서 정한 대로 지급받은 정부지원금을 반환할 것을 통보한 사안에서, 중소기업 정보화지원사업에 따른 지원금 출연을 위하여 중소기업청장이 체결하는 협약은 **공법상 대등한 당사자 사이의 의사표시의 합치로 성립하는 공법상 계약**에 해당하는 점, 구 중소기업 기술혁신 촉진법 제32조 제1항은 제10조가 정한 기술혁신사업과 제11조가 정한 산학협력 지원사업에 관하여 출연한 사업비의 환수에 적용될 수 있을 뿐 이와 근거 규정을 달리하는 중소기업 정보화지원사업에 관하여 출연한 지원금에 대하여는 적용될 수 없고 달리 지원금 환수에 관한 구체적인 법령상 근거가 없는 점 등을 종합하면, **협약의 해지 및 그에 따른 환수통보는 공법상 계약에 따라 행정청이 대등한 당사자의 지위에서 하는 의사표시로 보아야 하고, 이를 행정청이 우월한 지위에서 행하는 공권력의 행사로서 행정처분에 해당한다고 볼 수는 없다**(대판 2015.8.27. 2015두41449).
④ (×) 산업단지관리공단의 지위, 입주계약 및 변경계약의 효력, 입주계약 및 변경계약 체결 의무와 그 의무를 불이행한 경우의 형사적 내지 행정적 제재, 입주계약해지의 절차, 해지통보에 수반되는 법적 의무 및 그 의무를 불이행한 경우의 형사적 내지 행정적 제재 등을 종합적으로 고려하면, **입주변경계약 취소는 행정청인 관리권자로부터 관리업무를 위탁받은 산업단지관리공단이 우월적 지위에서 입주기업체들에게 일정한 법률상 효과를 발생하게 하는 것으로서 항고소송의 대상이 되는 행정처분**에 해당한다(대판 2017.6.15. 2014두46843).

15 ③

③ (×)

> 행정기본법 제5조(다른 법률과의 관계) ② 행정에 관한 다른 법률을 제정하거나 개정하는 경우에는 이 법의 목적과 원칙, 기준 및 취지에 부합되도록 **노력하여야** 한다.

① (O)

> 행정기본법 제33조(즉시강제) ① 즉시강제는 **다른 수단으로는 행정목적을 달성할 수 없는 경우**에만 허용되며, 이 경우에도 **최소한**으로만 실시하여야 한다.

② (O)

> 행정기본법 제12조(신뢰보호의 원칙) ② 행정청은 권한 행사의 기회가 있음에도 불구하고 장기간 권한을 행사하지 아니하여 국민이 그 권한이 행사되지 아니할 것으로 믿을 만한 정당한 사유가 있는 경우에는 그 권한을 행사해서는 아니 된다. 다만, **공익 또는 제3자의 이익을 현저히 해칠 우려가 있는 경우는 예외**로 한다.

④ (O)

> 행정기본법 제20조(자동적 처분) 행정청은 법률로 정하는 바에 따라 완전히 자동화된 시스템(인공지능 기술을 적용한 시스템을 포함한다)으로 처분을 할 수 있다. 다만, **처분에 재량이 있는 경우는 그러하지 아니하다**.

16 ④

① (×), ② (×), ③ (×)

행정절차법 제23조(처분의 이유 제시) ① 행정청은 처분을 할 때에는 다음 각 호의 어느 하나에 해당하는 경우를 제외하고는 당사자에게 그 근거와 이유를 제시하여야 한다.
1. 신청 내용을 모두 그대로 인정하는 처분인 경우
2. **단순·반복적인 처분 또는 경미한 처분으로서 당사자가 그 이유를 명백히 알 수 있는 경우**
3. 긴급히 처분을 할 필요가 있는 경우

제20조(처분기준의 설정·공표) ③ 제1항에 따른 처분기준을 공표하는 것이 해당 **처분의 성질상 현저히 곤란하거나 공공의 안전 또는 복리를 현저히 해치는 것으로 인정될 만한 상당한 이유가 있는 경우에는 처분기준을 공표하지 아니할 수 있다.**

제17조(처분의 신청) ⑦ 행정청은 신청인의 편의를 위하여 **다른 행정청에 신청을 접수하게 할 수 있다.** 이 경우 행정청은 다른 행정청에 접수할 수 있는 신청의 종류를 미리 정하여 공시하여야 한다.

④ (O)

행정절차법 제18조(다수의 행정청이 관여하는 처분) 행정청은 다수의 행정청이 관여하는 처분을 구하는 신청을 접수한 경우에는 **관계 행정청과의 신속한 협조를 통하여 그 처분이 지연되지 아니하도록** 하여야 한다.

17 ③

③ (×)

개인정보 보호법 제39조(손해배상책임) ③ 개인정보처리자의 고의 또는 중대한 과실로 인하여 개인정보가 분실·도난·유출·위조·변조 또는 훼손된 경우로서 정보주체에게 손해가 발생한 때에는 법원은 그 손해액의 **5배**를 넘지 아니하는 범위에서 손해배상액을 정할 수 있다. 다만, 개인정보처리자가 고의 또는 중대한 과실이 없음을 증명한 경우에는 그러하지 아니하다.

① (O)

개인정보 보호법 제34조(개인정보 유출 등의 통지·신고) ① 개인정보처리자는 개인정보가 분실·도난·유출(이하 이 조에서 "유출등"이라 한다)되었음을 알게 되었을 때에는 지체 없이 해당 **정보주체에게 다음 각 호의 사항을 알려야 한다.** 다만, 정보주체의 연락처를 알 수 없는 경우 등 정당한 사유가 있는 경우에는 대통령령으로 정하는 바에 따라 통지를 갈음하는 조치를 취할 수 있다.
1. 유출등이 된 개인정보의 항목
2. **유출등이 된 시점과 그 경위**
3. 유출등으로 인하여 발생할 수 있는 피해를 최소화하기 위하여 정보주체가 할 수 있는 방법 등에 관한 정보
4. 개인정보처리자의 대응조치 및 피해 구제절차
5. 정보주체에게 피해가 발생한 경우 신고 등을 접수할 수 있는 담당부서 및 연락처

② (O)

> 개인정보 보호법 제2조(정의) 이 법에서 사용하는 용어의 뜻은 다음과 같다.
> 5. "개인정보처리자"란 업무를 목적으로 개인정보파일을 운용하기 위하여 스스로 또는 다른 사람을 통하여 개인정보를 처리하는 **공공기관, 법인, 단체 및 개인** 등을 말한다.

④ (O)

> 행정절차법 제37조(문서의 열람 및 비밀유지) ⑥ 누구든지 **의견제출 또는 청문을 통하여 알게 된 사생활이나 경영상 또는 거래상의 비밀을 정당한 이유 없이 누설하거나 다른 목적으로 사용하여서는 아니 된다**.

18 ③

③ (×) 공공기관의 정보공개에 관한 법률상 공개청구의 대상이 되는 정보란 공공기관이 직무상 작성 또는 취득하여 현재 보유·관리하고 있는 문서에 한정되는 것이기는 하나, 그 **문서가 반드시 원본일 필요는 없다**(대판 2006.5.25. 2006두3049).

① (O) 정보공개법 제9조 제1항 제6호 본문의 규정에 따라 비공개대상이 되는 정보에는 구 공공기관의 정보공개에 관한 법률의 이름·주민등록번호 등 정보 형식이나 유형을 기준으로 비공개대상정보에 해당하는지를 판단하는 '개인식별정보'뿐만 아니라 그 외에 정보의 내용을 구체적으로 살펴 '개인에 관한 사항의 공개로 개인의 내밀한 내용의 비밀 등이 알려지게 되고, 그 결과 인격적·정신적 내면생활에 지장을 초래하거나 자유로운 사생활을 영위할 수 없게 될 위험성이 있는 정보'도 포함된다고 새겨야 한다. 따라서 **불기소처분 기록 중 피의자신문조서 등에 기재된 피의자 등의 인적사항 이외의 진술내용 역시 개인의 사생활의 비밀 또는 자유를 침해할 우려가 인정되는 경우 정보공개법 제9조 제1항 제6호 본문 소정의 비공개대상에 해당**한다(대판 2012.6.18. 2011두2361).

② (O)

> 공공기관의 정보공개에 관한 법률 제11조의2(반복 청구 등의 처리) ② 공공기관은 제11조에도 불구하고 제10조 제1항 및 제2항에 따른 정보공개 청구가 다음 각 호의 어느 하나에 해당하는 경우에는 다음 각 호의 구분에 따라 안내하고, **해당 청구를 종결 처리**할 수 있다.
> 1. 제7조 제1항에 따른 **정보 등 공개를 목적으로 작성되어 이미 정보통신망 등을 통하여 공개된 정보를 청구**하는 경우 : **해당 정보의 소재(所在)를 안내**
> 2. 다른 법령이나 사회통념상 청구인의 여건 등에 비추어 수령할 수 없는 방법으로 정보공개 청구를 하는 경우 : 수령이 가능한 방법으로 청구하도록 안내

④ (O) 국민의 알 권리, 특히 국가정보에의 접근의 권리는 우리 헌법상 기본적으로 표현의 자유와 관련하여 인정되는 것으로 그 권리의 내용에는 일반 국민 누구나 국가에 대하여 보유·관리하고 있는 정보의 공개를 청구할 수 있는 이른바 **일반적인 정보공개청구권**이 포함된다(대판 1999.9.21. 97누5114).

19 ④

① (O) 신분에 의하여 성립하는 질서위반행위에 **신분이 없는 자가 가담한 때에는 신분이 없는 자에 대하여도 질서위반행위가 성립**한다(질서위반행위규제법 제12조 제2항).

② (O) 어떤 행정법규 위반행위에 대하여 이를 단지 간접적으로 행정상의 질서에 장해를 줄 위험성이 있음에 불과한 경우로 보아 행정질서벌인 과태료를 과할 것인가 아니면 직접적으로 행정목적과 공익을 침해한 행위로 보아 행정형벌을 과할 것인가, 그리고 행정형벌을 과할 경우 그 법정형의 형종과 형량을 어떻게 정할 것인가는 당해 위반행위가 위의 어느 경우에 해당하는가에 대한 법적 판단을 그르친 것이 아닌한 그 **처벌내용은**

기본적으로 **입법권자가 제반사정을 고려하여 결정할 입법재량**에 속하는 문제라고 할 수 있다(헌재 1994.4.28. 91헌바14).

③ (O) 과태료는 당사자가 과태료 부과처분에 대하여 이의를 제기하지 아니한 채 제20조 제1항에 따른 **기한이 종료한 후 사망한 경우에는 그 상속재산에 대하여 집행**할 수 있다(질서위반행위규제법 제24조의2 제1항).

④ (×)

> **질서위반행위규제법 제24조의3(과태료의 징수유예 등)**
> ① 행정청은 당사자가 다음 각 호의 어느 하나에 해당하여 과태료(체납된 과태료와 가산금, 중가산금 및 체납처분비를 포함한다. 이하 이 조에서 같다)를 납부하기가 곤란하다고 인정되면 1년의 범위에서 대통령령으로 정하는 바에 따라 과태료의 분할납부나 납부기일의 연기(이하 "징수유예등"이라 한다)를 결정할 수 있다.
> 1. 「국민기초생활 보장법」에 따른 수급권자
> 2. 「국민기초생활 보장법」에 따른 차상위계층 중 다음 각 목의 대상자
> 가. 「의료급여법」에 따른 수급권자
> 나. 「한부모가족지원법」에 따른 지원대상자
> 다. 자활사업 참여자
> 3. 「장애인복지법」 제2조제2항에 따른 장애인
> 4. 본인 외에는 가족을 부양할 사람이 없는 사람
> 5. **불의의 재난으로 피해를 당한 사람**
> 6. 납부의무자 또는 그 동거 가족이 질병이나 중상해로 1개월 이상의 장기 치료를 받아야 하는 경우
> 7. 「채무자 회생 및 파산에 관한 법률」에 따른 개인회생절차개시결정자
> 8. 「고용보험법」에 따른 실업급여수급자
> 9. 그 밖에 제1호부터 제8호까지에 준하는 것으로서 대통령령으로 정하는 부득이한 사유가 있는 경우
> ③ 행정청은 제1항에 따라 징수유예등을 하는 경우 그 **유예하는 금액에 상당하는 담보의 제공이나 제공된 담보의 변경을 요구할 수 있고, 그 밖에 담보보전에 필요한 명령을 할 수 있다.**

20 ③

③ (×)

> **행정대집행법 제2조(대집행과 그 비용징수)** **법률**(법률의 위임에 의한 명령, 지방자치단체의 조례를 포함한다)**에 의하여 직접 명령**되었거나 또는 **법률에 의거한 행정청의 명령**에 의한 행위로서 타인이 대신하여 행할 수 있는 행위를 의무자가 이행하지 아니하는 경우 다른 수단으로써 그 이행을 확보하기 곤란하고 또한 그 불이행을 방치함이 심히 공익을 해할 것으로 인정될 때에는 당해 행정청은 스스로 의무자가 하여야 할 행위를 하거나 또는 제삼자로 하여금 이를 하게 하여 그 비용을 의무자로부터 징수할 수 있다.

① (O)

> **행정대집행법 제3조(대집행의 절차)** ② 의무자가 전항의 계고를 받고 지정기한까지 그 의무를 이행하지 아니할 때에는 당해 행정청은 **대집행영장**으로써 대집행을 할 시기, 대집행을 시키기 위하여 파견하는 집행책임자의 성명과 대집행에 요하는 비용의 개산에 의한 견적액을 의무자에게 통지하여야 한다.

② (O) 법치주의의 원리에 비추어 볼 때 위와 같은 **부작위의무로부터 그 의무를 위반함으로써 생긴 결과를 시정하기 위한 작위의무를 당연히 끌어낼 수는 없으며**, 또 위 금지규정(특히 허가를 유보한 상대적 금지규정)으로부터 작위의무, 즉 위반결과의 시정을 명하는 권한이 당연히 추론되는 것도 아니다(대판 1996.6.28. 96누4374).

④ (O) 행정대집행법상 대집행의 대상이 되는 대체적 작위의무는 공법상 의무이어야 할 것인데, 구 공공용지의 취득 및 손실보상에 관한 특례법에 따른 토지 등의 **협의취득은 공공사업에 필요한 토지 등을 그 소유자와의 협의에 의하여 취득하는 것으로서 공공기관이 사경제주체로서 행하는 사법상 매매 내지 사법상 계약의 실질**을 가지는 것이므로, 그 협의취득시 건물소유자가 매매대상 건물에 대한 철거의무를 부담하겠다는 취지의 약정을 하였다고 하더라도 이러한 철거의무는 공법상의 의무가 될 수 없고, 이 경우에도 행정대집행법을 준용하여 대집행을 허용하는 별도의 규정이 없는 한 위와 같은 철거의무는 행정대집행법에 의한 대집행의 대상이 되지 않는다(대판 2006.10.13. 2006두7096).

21 ③

① (X) 금융위원회의 설치 등에 관한 법률의 입법 취지 등에 비추어 볼 때, 피고 금융감독원에 금융기관에 대한 검사·감독의무를 부과한 법령의 목적이 **금융상품에 투자한 투자자 개인의 이익을 직접 보호하기 위한 것이라고 할 수 없다**(대판 2015.12.23. 2015다210194).

② (X) 입법예고를 통해 법령안의 내용을 국민에게 예고한 적이 있다고 하더라도 그것이 **법령으로 확정되지 아니한 이상 국가가 이해관계자들에게 위 법령안에 관련된 사항을 약속하였다고 볼 수 없으며**, 이러한 사정만으로 어떠한 신뢰를 부여하였다고 볼 수도 없다(대판 2008.5.29. 2004다33469).

③ (O) 공무원에게 부과된 직무상 의무의 내용이 단순히 공공 일반의 이익을 위한 것이거나 행정기관 내부의 질서를 규율하기 위한 것이 아니고 **전적으로 또는 부수적으로 사회구성원 개인의 안전과 이익을 보호하기 위하여 설정된 것이라면**, 공무원이 그와 같은 직무상 의무를 위반함으로 인하여 **피해자가 입은 손해에 대하여는 상당인과관계가 인정되는 범위 내에서 국가가 배상책임을 지는 것**이고, 이때 상당인과관계의 유무를 판단함에 있어서는 일반적인 결과 발생의 개연성은 물론 직무상 의무를 부과하는 법령 기타 행동규범의 목적, 그 수행하는 직무의 목적 내지 기능으로부터 예견가능한 행위 후의 사정, 가해행위의 태양 및 피해의 정도 등을 종합적으로 고려하여야 한다(대판 2007.12.27. 2005다62747).

④ (X) 국가가 일정한 사항에 관하여 **헌법에 의하여 부과되는 구체적인 입법의무를 부담하고 있음에도 불구하고 그 입법에 필요한 상당한 기간이 경과하도록 고의 또는 과실로 이러한 입법의무를 이행하지 아니하는 등 극히 예외적인 사정이 인정되는 사안에 한정하여 국가배상법 소정의 배상책임이 인정**될 수 있으며, 위와 같은 구체적인 입법의무 자체가 인정되지 않는 경우에는 애당초 부작위로 인한 불법행위가 성립할 여지가 없다(대판 2008.5.29. 2004다33469).

22 ①

① (X) 취소소송의 **토지관할**은 전속관할이 아닌 임의관할이므로 **합의관할(민사소송법 제29조), 변론관할(제30조)이 적용될 수 있다**.

② (O) 행정소송법 제40조(재판관할) 제9조의 규정은 당사자소송의 경우에 준용한다. 다만, **국가 또는 공공단체가 피고인 경우에는 관계행정청의 소재지를 피고의 소재지**로 본다.

③ (O)

> **국가배상법 제9조(재판관할)**
> ① 취소소송의 제1심관할법원은 피고의 소재지를 관할하는 행정법원으로 한다.
> ② 제1항에도 불구하고 다음 각 호의 어느 하나에 해당하는 피고에 대하여 취소소송을 제기하는 경우에는 **대**

> 법원소재지를 관할하는 행정법원에 제기할 수 있다.
> 1. 중앙행정기관, 중앙행정기관의 부속기관과 합의제행정기관 또는 그 장
> 2. **국가의 사무를 위임 또는 위탁받은 공공단체 또는 그 장**

④ (O)

> **행정소송법 제7조(사건의 이송)** 민사소송법 제34조 제1항의 규정은 원고의 고의 또는 중대한 과실없이 행정소송이 심급을 달리하는 법원에 잘못 제기된 경우에도 적용한다.
>
> **민사소송법 제34조(관할위반 또는 재량에 따른 이송)** ① 법원은 소송의 전부 또는 일부에 대하여 관할권이 없다고 인정하는 경우에는 결정으로 이를 관할법원에 이송한다.

23 ①

① (×) 행정규칙에 의한 '불문경고조치'가 비록 **법률상의 징계처분은 아니지만** 위 처분을 받지 아니하였다면 차후 다른 징계처분이나 경고를 받게 될 경우 징계감경사유로 사용될 수 있었던 표창공적의 사용가능성을 소멸시키는 효과와 1년 동안 인사기록카드에 등재됨으로써 그 동안은 장관표창이나 도지사표창 대상자에서 제외시키는 효과 등이 있다는 이유로 항고소송의 대상이 되는 행정처분에 해당한다(대판 2002.7.26. 2001두3532).

② (O) 병역법상 신체등위판정은 행정청이라고 볼 수 없는 군의관이 하도록 되어 있으며, 그 자체만으로 바로 병역법상의 권리의무가 정하여지는 것이 아니라 그에 따라 **지방병무청장이 병역처분을 함으로써 비로소 병역의무의 종류가 정하여지는 것**이므로 항고소송의 대상이 되는 행정처분이라 보기 어렵다(대판 1993.8.27. 93누3356).

③ (O)

> **행정소송법 제2조(정의)** ② 이 법을 적용함에 있어서 행정청에는 **법령에 의하여 행정권한의 위임 또는 위탁을 받은 행정기관, 공공단체 및 그 기관 또는 사인**이 포함된다.

④ (O) 입법이 법정립행위인 것과 달리 처분은 법집행행위로서 판결과 유사하다. 여기서 '법집행'이란 국민의 권리·의무에 직접적 변동을 일으키는 행위로서 ㉠ 직접적·대외적 효력성과 ㉡ 법적 규율성을 그 개념적 징표로 한다(통설, 판례). 따라서 사실상의 결과실현만을 위한 비권력적 사실행위나 행정청 내부행위는 처분성이 부정된다.

24 ④

④ (×) 부당해고 구제신청에 관한 중앙노동위원회의 명령 또는 결정의 취소를 구하는 소송에서 그 명령 또는 결정이 적법한지는 **그 명령 또는 결정이 이루어진 시점을 기준으로 판단**하여야 하고, 그 명령 또는 결정 후에 생긴 사유를 들어 적법 여부를 판단할 수는 없으나, 그 명령 또는 결정의 기초가 된 사실이 동일하다면 노동위원회에서 주장하지 아니한 사유도 행정소송에서 주장할 수 있다(대판 2021.7.29. 2016두64876).

① (O) **행정처분에 대한 행정심판의 재결에 이유모순의 위법이 있다는 사유는 재결처분 자체에 고유한 하자**로서 재결처분의 취소를 구하는 소송에서는 그 위법사유로서 주장할 수 있으나, 원처분의 취소를 구하는 소송에서는 그 취소를 구할 위법사유로서 주장할 수 없다(대판 1996.2.13. 95누8027).

② (O) 이른바 복효적 행정행위, 특히 **제3자효를 수반하는 행정행위**에 대한 행정심판청구에 있어서 그 청구를

인용하는 내용의 재결로 인하여 비로소 권리이익을 침해받게 되는 자는 그 인용재결에 대하여 다툴 필요가 있고, 그 **인용재결은 원처분과 내용을 달리하는 것이므로 그 인용재결의 취소를 구하는 것은 원처분에는 없는 재결에 고유한 하자를 주장하는 셈**이어서 당연히 항고소송의 대상이 된다(대판 1997.12.23. 96누10911).

③ (O) 행정소송법 제19조에 의하면 행정심판에 대한 재결에 대하여도 그 재결 자체에 고유한 위법이 있음을 이유로 하는 경우에는 항고소송을 제기하여 그 취소를 구할 수 있고, 여기에서 말하는 '재결 자체에 고유한 위법'이란 그 재결자체에 주체, 절차, 형식 또는 내용상의 위법이 있는 경우를 의미하는데, **행정심판청구가 부적법하지 않음에도 각하한 재결은 심판청구인의 실체심리를 받을 권리를 박탈한 것으로서 원처분에 없는 고유한 하자가 있는 경우에 해당**하고, 따라서 위 재결은 취소소송의 대상이 된다(대판 2001.7.27. 99두2970).

25 ①

① (×)

> 행정소송법 제34조(거부처분취소판결의 간접강제) ① 행정청이 제30조 제2항의 규정에 의한 처분을 하지 아니하는 때에는 제1심 수소법원은 당사자의 신청에 의하여 결정으로써 상당한 기간을 정하고 행정청이 그 기간내에 이행하지 아니하는 때에는 그 지연기간에 따라 일정한 배상을 할 것을 명하거나 즉시 손해배상을 할 것을 명할 수 있다. ☞ 행정소송법 제38조는 제34조의 간접강제 규정을 <u>부작위위법확인소송의 경우에 준용</u>한다. 그러나 <u>무효등확인소송에는 준용되고 있지 않다</u>.

② (O) 당초의 개별공시지가 결정처분을 취소하고 그것을 하향조정하라는 취지의 재결이 있은 후에도 처분청이 다시 당초 처분과 동일한 액수로 개별공시지가를 결정한 처분은 재결청의 재결에 위배되는 것으로서 위법하다(대판 1997.3.14. 95누18482).

③ (O) 기간을 정하여 임용된 국·공립대학의 교원은 특별한 사정이 없는 한 그 임용기간의 만료로 교원으로서의 신분관계가 종료되는 것이고, **임용기간이 만료된 교원의 재임용이 거부되었다가 그 재임용거부처분이 법원의 판결에 의하여 취소되었다고 하더라도 임용권자는 다시 재임용 심의를 하여 재임용 여부를 결정할 의무를 부담할 뿐, 위와 같은 취소 판결로 인하여 당연히 그 교원이 재임용거부처분 당시로 소급하여 신분관계를 회복한다고 볼 수는 없다**. 그러므로 재임용거부처분 취소판결을 거쳐 재임용된 교원이라 하더라도 임용기간 만료로 교원으로서의 신분을 상실한 후 재임용되기 전까지의 기간은 공무원연금법 제23조 제1항에 정한 재직기간에 산입할 수 없다(대판 2009.3.26. 2009두416).

④ (O) 취소 확정판결의 기속력의 범위에 관한 법리 및 도시관리계획의 입안·결정에 관하여 행정청에 부여된 재량을 고려하면, 주민 등의 도시관리계획 입안 제안을 거부한 처분을 이익형량에 하자가 있어 위법하다고 판단하여 취소하는 판결이 확정되었더라도 행정청에 그 입안 제안을 그대로 수용하는 내용의 도시관리계획을 수립할 의무가 있다고는 볼 수 없고, **행정청이 다시 새로운 이익형량을 하여 적극적으로 도시관리계획을 수립하였다면 취소판결의 기속력에 따른 재처분의무를 이행한 것**이라고 보아야 한다. 다만 취소판결의 기속력 위배 여부와 계획재량의 한계 일탈 여부는 별개의 문제이므로, 행정청이 적극적으로 수립한 도시관리계획의 내용이 취소판결의 기속력에 위배되지는 않는다고 하더라도 계획재량의 한계를 일탈한 것인지의 여부는 별도로 심리·판단하여야 한다(대판 2020.6.25. 2019두56135).

소방승진 행정법 최종모의고사 정답 및 해설

01	02	03	04	05	06	07	08	09	10
②	③	②	①	①	④	②	②	④	③
11	12	13	14	15	16	17	18	19	20
①	③	①	③	②	③	②	①	③	④
21	22	23	24	25					
②	④	④	②	②					

01 ②

① (✕) 국가가 사인과 계약을 체결할 때에는 국가계약법령에 따른 계약서를 따로 작성하는 등 요건과 절차를 이행하여야 할 것이고, 설령 국가와 사인 사이에 계약이 체결되었더라도 이러한 **법령상 요건과 절차를 거치지 아니한 계약은 효력이 없다**(대판 2015.1.15. 2013다215133). 법령에 특별한 규정이 있는 경우를 제외하고는 사법의 규정 내지 법원리가 그대로 적용된다는 부분은 타당.

② (○) 법률우위란 '국가의 행정은 합헌적 절차에 따라 제정된 법률에 위반되어서는 아니된다는 것'을 의미한다. 여기서의 법률에는 헌법, 국회제정의 형식적 법률, 법률의 위임에 따른 법규명령, 행정법의 일반원칙 등 모든 법규범을 포함한다.

③ (✕) 법률유보란 일정한 행정권의 발동에는 법률의 근거가 필요하다는 것을 의미하는데, 여기서의 법률에 불문법원(관습법)은 포함되지 않는다.

④ (✕) 행정권의 발동에 있어서 작용규범의 근거가 필요하다는 것을 의미한다.

02 ③

③ (✕) 행정청의 공적 견해표명이 있었는지의 여부를 판단함에 있어서는, **반드시 행정조직상의 형식적인 권한 분장에 구애될 것은 아니고**, 담당자의 조직상의 지위와 임무, 당해 언동을 하게 된 구체적인 경위 및 그에 대한 상대방의 신뢰가능성에 비추어 실질에 의하여 판단하여야 한다(대판 2008.10.9. 2008두6127).

① (○) 조세법률관계에서 과세관청의 행위에 대하여 구 국세기본법 제15조, 제18조 제3항의 규정이 정하는 신의칙 내지 비과세의 관행이 성립되었다고 하려면 **장기간에 걸쳐 어떤 사항에 대하여 과세하지 아니하였다는 객관적 사실이 존재할 뿐만 아니라 과세관청 자신이 그 사항에 대하여 과세할 수 있음을 알면서도 어떤 특별한 사정에 의하여 과세하지 않는다는 의사가 있고 이와 같은 의사가 대외적으로 명시적 또는 묵시적으로 표시될 것**임을 요한다고 해석되며, 같은 법 제18조 제3항 규정에서의 '일반적으로 납세자에게 받아들여진 세법의 해석 또는 국세행정의 관행'이란 비록 잘못된 해석 또는 관행이라도 특정납세자가 아닌 불특정한 일반납세자에게 정당한 것으로 이의 없이 받아들여져 납세자가 그와 같은 해석 또는 관행을 신뢰하는 것이 무리가 아니라고 인정될 정도에 이른 것을 말한다(대판 2010.4.15. 2007두19294).

② (○) 개발이익환수에 관한 법률에 정한 개발사업을 시행하기 전에, 행정청이 토지 지상에 예식장 등을 건축하는 것이 관계 법령상 가능한지 여부를 질의하는 **민원예비심사에 대하여 관련부서 의견으로 개발이익환수에 관한 법률에 '저촉사항 없음'이라고 기재**하였다고 하더라도, 이후의 개발부담금부과처분에 관하여 신뢰보호의 원칙을 적용하기 위한 요건인, **개인에 대하여 신뢰의 대상이 되는 공적인 견해표명을 한 것이라고는 보기 어렵다**(대판 2006.6.9. 2004두46).

④ (○) 실권 또는 실효의 법리는 법의 일반원리인 **신의성실의 원칙에 바탕을 둔 파생원칙인 것이므로 공법관계 가운데 관리관계는 물론이고 권력관계에도 적용**되어야 함을 배제할 수는 없다 하겠으나 그것은 본래 권리행

사의 기회가 있음에도 불구하고 권리자가 장기간에 걸쳐 그의 권리를 행사하지 아니하였기 때문에 의무자인 상대방은 이미 그의 권리를 행사하지 아니할 것으로 믿을 만한 정당한 사유가 있게 되거나 행사하지 아니할 것으로 추인케 할 경우에 새삼스럽게 그 권리를 행사하는 것이 신의성실의 원칙에 반하는 결과가 될 때 그 권리행사를 허용하지 않는 것을 의미한다(대판 1988.4.27. 87누915).

03 ②

① (×) 주민등록에 따라 공법관계상의 여러 가지 법률상 효과가 나타나게 되는 것으로서, 주민등록의 신고는 행정청에 도달하기만 하면 신고로서의 효력이 발생하는 것이 아니라 **행정청이 수리한 경우에 비로소 신고의 효력이 발생**한다(대판 2009.1.30. 2006다17850).

② (○) **정보통신매체를 이용하여 학습비를 받지 아니하고 원격평생교육을 실시하고자 하는 경우에는 누구든지 아무런 신고 없이 자유롭게 이를 할 수 있고**,…(중략)…'학습비' 수수 외에 교육 대상이나 방법 등 다른 요건을 달리 규정하고 있지 않을 뿐 아니라 학습비 금액이나 수령 등에 관하여 아무런 제한을 하고 있지 않은 점에 비추어 볼 때, 행정청으로서는 신고서 기재사항에 흠결이 없고 정해진 서류가 구비된 때에는 이를 수리하여야 한다(대판 2011.7.28. 2005두11784).

③ (×) **인·허가의제 효과를 수반하는 건축신고**는 일반적인 건축신고와는 달리, 특별한 사정이 없는 한 행정청이 그 실체적 요건에 관한 심사를 한 후 수리하여야 하는 이른바 '**수리를 요하는 신고**'로 보는 것이 옳다(대판 2011.1.20. 2010두14954).

④ (×) 행정청이 구 관광진흥법 또는 구 체육시설법의 규정에 의하여 유원시설업자 또는 체육시설업자 지위승계신고를 수리하는 처분은 **종전 유원시설업자 또는 체육시설업자의 권익을 제한하는 처분**이다(대판 2012.12.13. 2011두29144).

04 ①

① (×) 법규명령의 적법요건에 흠이 있으면 위법한 것이 되는데, 행정행위와 달리 **위법한 법규명령은 취소가 아니라 당연무효**이다. 한편, 이는 하자 있는 법규명령에 따른 '행정행위'의 하자 문제와 구별을 요하는바, 근거된 법규명령의 하자가 외관상 명백하면 무효가 되고, 외관상 명백하지 않다면 취소할 수 있는 행위가 된다.

② (○) **법규명령의 위임근거가 되는 법률에 대하여 위헌결정이 선고되면 그 위임에 근거하여 제정된 법규명령도 원칙적으로 효력을 상실**한다(대판 2001.6.12. 2000다18547).

③ (○) 국회입법에 의한 수권이 입법기관이 아닌 행정기관에게 법률 등으로 구체적인 범위를 정하여 위임한 사항에 관하여는 당해 행정기관에게 법정립의 권한을 갖게 되고, 입법자가 규율의 형식도 선택할 수 있다 할 것이므로, **헌법이 인정하고 있는 위임입법의 형식은 예시적인 것**으로 보아야 할 것이고, 그것은 법률이 행정규칙에 위임하더라도 그 행정규칙은 위임된 사항만을 규율할 수 있으므로, 국회입법의 원칙과 상치되지도 않는다(헌재 2006.12.28. 2005헌바59).

④ (○) 어떠한 고시가 일반적·추상적 성격을 가질 때에는 법규명령 또는 행정규칙에 해당할 것이지만, **다른 집행행위의 매개 없이 그 자체로서 직접 국민의 구체적인 권리의무나 법률관계를 규율하는 성격을 가질 때에는 행정처분**에 해당한다.

05 ①

① (○) **행정규칙인 부령이나 고시가 법령의 수권에 의하여 법령을 보충하는 사항을 정하는 경우에는 그 근거 법령규정과 결합하여 대외적으로 구속력이 있는 법규명령으로서의 성질과 효력을 가진다** 할 것인데, 보충규범인 행정규칙의 내용에 해당되는 행위가 공소사실이나 범죄사실로 기재되어 있고, 법률의 적용란에 근거 법령규정이 명시되어 있다면 보충규범이 법률의 적용란에 따로 명시되어 있지 않다고 하더라도 이를 들어 판결에 영향을 미친 위법이 있다고는 할 수 없다(대판 2007.5.10. 2005도591).

② (×) **재량준칙은 일반적으로 행정조직 내부에서만 효력을 가질 뿐 대외적인 구속력을 갖는 것은 아니므로 행

정처분이 이를 위반하였다고 하여 그러한 사정만으로 곧바로 위법하게 되는 것은 아니고, 다만 그 재량준칙이 정한 바에 따라 되풀이 시행되어 행정관행이 이루어지게 되면 평등의 원칙이나 신뢰보호의 원칙에 따라 행정기관은 상대방에 대한 관계에서 그 규칙에 따라야 할 자기구속을 받게 되므로, 이러한 경우에는 특별한 사정이 없는 한 그에 반하는 처분은 평등의 원칙이나 신뢰보호의 원칙에 어긋나 재량권을 일탈·남용한 위법한 처분이 된다(대판 2013.11.14. 2011두28783).
③ (×) 특정 고시가 비록 법령에 근거를 둔 것이더라도 규정 내용이 **법령의 위임 범위를 벗어난 것일 경우에는 법규명령으로서의 대외적 구속력을 인정할 여지는 없다**(대판 2016.8.17. 2015두51132).
④ (×) 구 지방공무원보수업무 등 처리지침은 **상위법령과 결합하여 대외적인 구속력이 있는 법규명령으로서의 효력**을 갖게 된다(대판 2016.1.28. 2015두53121).

06 ④

① (×) 공유수면매립면허는 강학상 특허의 성질을 갖는다.
② (×) 허가는 명령적 행정행위로서 적법요건이지 효력발생요건이 아니므로 행정상 제재의 대상이 되지만 사법상 효력은 있다.
③ (×) 관계법령을 해석하여 공권의 성립요건인 강행규범성과 사익보호성이 충족되면 예외적으로 법률상 이익이 될 수도 있다.
④ (○) 토지의 형질변경허가는 그 금지요건이 불확정개념으로 규정되어 있어 그 금지요건에 해당하는지 여부를 판단함에 있어서 행정청에게 재량권이 부여되어 있다고 할 것이므로, 같은 법에 의하여 **지정된 도시지역 안에서 토지의 형질변경행위를 수반하는 건축허가는 결국 재량행위에 속한다**(대판 2005.7.14. 2004두6181).

07 ②

ㄱ. (인가) 민법 제45조와 제46조에서 말하는 재단법인의 정관변경 '허가'는 법률상의 표현이 허가로 되어 있기는 하나, 그 성질에 있어 **법률행위의 효력을 보충해 주는 것**이지 일반적 금지를 해제하는 것이 아니므로, 그 법적 성격은 인가라고 보아야 한다(대판 1996.5.16. 95누4810).
ㄴ. (특허) 행정청이 도시정비법 등 관련 법령에 근거하여 행하는 조합설립 인가처분은 단순히 사인들의 조합설립행위에 대한 보충행위로서의 성질을 갖는 것에 그치는 것이 아니라, **재건축조합에 대하여 도시정비법상 주택재건축사업을 시행할 수 있는 권한을 갖는 행정주체(공법인)로서의 지위를 부여하는 일종의 설권적 처분**의 성격을 갖는다(대판 2010.2.25. 2007다73598).
ㄷ. (특허) 국적은 국민의 자격을 결정짓는 것이고, 이를 취득한 사람은 국가의 주권자가 되는 동시에 국가의 속인적 통치권의 대상이 되므로, 귀화허가는 외국인에게 대한민국 국적을 부여함으로써 **국민으로서의 법적 지위를 포괄적으로 설정하는 행위**에 해당한다(대판 2010.7.15. 2009두19069).
ㄹ. (인가) 재건축정비사업조합이 이러한 행정주체의 지위에서 위 법에 기초하여 수립한 사업시행계획은 **인가·고시를 통해 확정되면 이해관계인에 대한 구속적 행정계획으로서 독립된 행정처분에 해당**하고, 이와 같은 사업시행계획안에 대한 조합 총회결의는 그 행정처분에 이르는 절차적 요건 중 하나에 불과한 것이다(대판 2009.11.2. 2009마596).
ㅁ. (특허) 개인택시운송사업면허는 **특정인에게 권리나 이익을 부여하는 행정행위**로서 법령에 특별한 규정이 없는 한 재량행위이고, 그 면허에 필요한 기준을 정하는 것 역시 행정청의 재량에 속하는 것이므로 그 기준이 객관적으로 보아 합리적이 아니라든가 타당하지 아니하여 재량권을 남용한 것이라고 인정되지 아니하는 이상 행정청의 의사는 가능한 한 존중되어야 한다(대판 2005.4.28. 2004두8910).

08 ②

② (×) 면허관청이 운전면허정지처분을 하면서 별지 52호 서식의 **통지서에 의하여 면허정지사실을 통지하지 아니하거나 처분집행예정일 7일 전까지 이를 발송하지 아니한 경우에는 특별한 사정이 없는 한 위 관계 법령**

이 요구하는 절차·형식을 갖추지 아니한 조치로서 그 효력이 없고, 이와 같은 법리는 면허관청이 임의로 출석한 상대방의 편의를 위하여 구두로 면허정지사실을 알렸다고 하더라도 마찬가지이다(대판 1996.6.14., 95누17823).

① (O) 서훈의 일신전속적 성격은 서훈취소의 경우에도 마찬가지이므로, 망인에게 수여된 서훈의 취소에서도 유족은 그 처분의 상대방이 되는 것이 아니다. 이와 같이 **망인에 대한 서훈취소는 유족에 대한 것이 아니므로 유족에 대한 통지에 의해서만 성립하여 효력이 발생한다고 볼 수 없고, 그 결정이 처분권자의 의사에 따라 상당한 방법으로 대외적으로 표시됨으로써 행정행위로서 성립하여 효력이 발생한다**고 봄이 타당하다(대판 2014.9.26. 2013두2518).

③ (O)

> **행정절차법 제24조(처분의 방식)**
> ① 행정청이 처분을 할 때에는 다른 법령등에 특별한 규정이 있는 경우를 제외하고는 **문서**로 하여야 하며, 다음 각 호의 어느 하나에 해당하는 경우에는 **전자문서**로 할 수 있다.
>   1. **당사자등의 동의**가 있는 경우
>   2. 당사자가 전자문서로 처분을 신청한 경우
> ② 제1항에도 불구하고 공공의 안전 또는 복리를 위하여 **긴급히 처분을 할 필요가 있거나 사안이 경미한 경우에는 말, 전화, 휴대전화를 이용한 문자 전송, 팩스 또는 전자우편 등 문서가 아닌 방법**으로 처분을 할 수 있다. 이 경우 당사자가 요청하면 지체 없이 처분에 관한 문서를 주어야 한다.

④ (O) 납세고지서의 교부송달 및 우편송달에 있어서는 반드시 납세의무자 또는 그와 일정한 관계에 있는 사람의 현실적인 수령행위를 전제로 하고 있다고 보아야 하며, **납세자가 과세처분의 내용을 이미 알고 있는 경우에도 납세고지서의 송달이 불필요하다고 할 수는 없다**(대판 2004.4.9. 2003두13908).

09 ④

① (×) 행정행위에 불가변력이 발생한 경우 행정청은 당해 행정행위를 직권으로 취소할 수 없고 철회할 수도 없다.
② (×) 공정력은 행정행위의 효력이므로 비권력적 행위, 사실행위, 사법행위에는 인정되지 않는 것이 원칙이다.
③ (×) 구속력이란 행정행위가 적법요건을 구비하면 법률행위적 행정행위의 경우 행정청이 표시한 의사의 내용에 따라, 준법률행위적 행정행위의 경우 법령이 정하는 바에 의해 일정한 법적 효과가 발생하여 당사자를 구속하는 실체법상 효력이다.
④ (O) 본건 계고처분 행정처분이 위법임을 이유로 배상을 청구하는 취의로 인정될 수 있는 본건에 있어 미리 그 **행정처분의 취소판결이 있어야만 그 행정처분의 위법임을 이유로 피고에게 배상을 청구할 수 있는 것은 아니라**고 해석함이 상당하다(대판 1972.4.28. 72다337).

10 ③

③ (×) 절차상 또는 형식상 하자로 인하여 무효인 행정처분이 있은 후 행정청이 관계 법령에서 정한 절차 또는 형식을 갖추어 다시 동일한 행정처분을 하였다면 당해 행정처분은 **종전의 무효인 행정처분과 관계없이 새로운 행정처분**이라고 보아야 한다(대판 2014.3.13. 2012두1006).
① (O) 행정청이 식품위생법상의 청문절차를 이행함에 있어 소정의 청문서 도달기간을 지키지 아니하였다면 이는 청문의 절차적 요건을 준수하지 아니한 것이므로 이를 바탕으로 한 행정처분은 일단 위법하다고 보아야 할 것이지만 이러한 청문제도의 취지는 처분으로 말미암아 받게 될 영업자에게 미리 변명과 유리한 자료를 제출할 기회를 부여함으로써 부당한 권리침해를 예방하려는 데에 있는 것임을 고려하여 볼 때, 가령 **행정청이 청문서 도달기간을 다소 어겼다하더라도 영업자가 이에 대하여 이의하지 아니한 채 스스로 청문일에**

출석하여 그 의견을 진술하고 변명하는 등 방어의 기회를 충분히 가졌다면 청문서 도달기간을 준수하지 아니한 하자는 치유되었다고 봄이 상당하다(대판 1992.10.23. 92누2844).
② (O) 세관출장소장에게 관세부과처분에 관한 권한이 위임되었다고 볼만한 법령상의 근거가 없는데도 피고가 이 사건 처분을 한 것은 결국, 적법한 위임 없이 권한 없는 자가 행한 처분으로서 그 하자가 중대하다고 할 것이나, …(중략)…세관출장소는 1949. 6. 27. 대통령령 제137호 '세관관서직제'에 의거하여 설립되어 현재까지 13개 세관출장소장 명의로 관세부과처분 및 증액경정처분이 이루어져 왔는데, 그동안 세관출장소장에게 관세부과처분에 관한 권한이 있는지 여부에 관하여 아무런 이의제기가 없었던 점 등에 비추어 보면, **세관출장소장에게 관세부과처분을 할 권한이 있다고 객관적으로 오인할 여지가 다분하다고 인정되므로 결국 적법한 권한 위임 없이 행해진 이 사건 처분은 그 하자가 중대하기는 하지만 객관적으로 명백하다고 할 수는 없어 당연무효는 아니라고 보아야 할 것**이다(대판 2004.11.26. 2003두2403).
④ (O) 체납처분으로서 압류의 요건을 규정하는 국세징수법 제24조 각 항의 규정을 보면, 어느 경우에나 압류의 대상을 납세자의 재산에 국한하고 있으므로, **납세자가 아닌 제3자의 재산을 대상으로 한 압류처분은 그 처분의 내용이 법률상 실현될 수 없는 것이어서 당연무효이다**(대판 2001.2.23. 2000다68924).

11 ①

① (✕) 산림법령에는 채석허가처분을 한 처분청이 산림을 복구한 자에 대하여 복구설계서승인 및 복구준공통보를 한 경우 그 취소신청과 관련하여 아무런 규정을 두고 있지 않고, 원래 행정처분을 한 처분청은 그 처분에 하자가 있는 경우에는 원칙적으로 별도의 법적 근거가 없더라도 스스로 이를 직권으로 취소할 수 있지만, 그와 같이 **직권취소를 할 수 있다는 사정만으로 이해관계인에게 처분청에 대하여 그 취소를 요구할 신청권이 부여된 것으로 볼 수는 없으므로**, 처분청이 위와 같이 법규상 또는 조리상의 신청권이 없이 한 이해관계인의 복구준공통보 등의 취소신청을 거부하더라도, 그 거부행위는 항고소송의 대상이 되는 처분에 해당하지 않는다(대판 2006.6.30. 2004두701).
② (O) 소멸시효는 객관적으로 권리가 발생하여 그 권리를 행사할 수 있는 때로부터 진행하고 그 권리를 행사할 수 없는 동안만은 진행하지 아니하는데, 여기서 권리를 행사할 수 없는 경우라 함은 그 권리행사에 법률상의 장애사유가 있는 경우를 말하는데, **변상금 부과처분에 대한 취소소송이 진행중이라도 그 부과권자로서는 위법한 처분을 스스로 취소하고 그 하자를 보완하여 다시 적법한 부과처분을 할 수도 있는 것**이어서 그 권리행사에 법률상의 장애사유가 있는 경우에 해당한다고 할 수 없으므로, 그 처분에 대한 취소소송이 진행되는 동안에도 그 부과권의 소멸시효가 진행된다(대판 2006.2.10. 2003두5686).
③ (O) 행정행위를 한 처분청은 비록 그 처분 당시에 별다른 하자가 없었고, 또 그 처분 후에 이를 철회할 별도의 법적 근거가 없다 하더라도 원래의 처분을 존속시킬 필요가 없게 된 사정변경이 생겼거나 또는 중대한 공익상의 필요가 발생한 경우에는 그 효력을 상실케 하는 별개의 행정행위로 이를 철회할 수 있다고 할 것이나, 수익적 행정처분을 취소 또는 철회하는 경우에는 이미 부여된 그 국민의 기득권을 침해하는 것이 되므로, 비록 취소 등의 사유가 있다고 하더라도 그 **취소권 등의 행사는 기득권의 침해를 정당화할 만한 중대한 공익상의 필요 또는 제3자의 이익보호의 필요가 있는 때에 한하여 상대방이 받는 불이익과 비교·교량하여 결정**하여야 하고, 그 처분으로 인하여 공익상의 필요보다 상대방이 받게 되는 불이익 등이 막대한 경우에는 재량권의 한계를 일탈한 것으로서 그 자체가 위법하다(대판 2004.11.26. 2003두10251).
④ (O) 한 사람이 **여러 종류의 자동차운전면허**를 취득하는 경우뿐 아니라 이를 취소 또는 정지하는 경우에 있어서도 서로 **별개의 것으로 취급**하는 것이 원칙이다(대판 1997.2.28. 96누17578).

12 ③

② (O), ③ (✕), ④ (O)

> **행정절차법 제23조(처분의 이유 제시)**
> ① 행정청은 처분을 할 때에는 **다음 각 호의 어느 하나에 해당하는 경우를 제외**하고는 당사자에게 그 근거와 이유를 제시하여야 한다.
>   1. **신청 내용을 모두 그대로 인정하는 처분인 경우**
>   2. **단순·반복적인 처분 또는 경미한 처분으로서 당사자가 그 이유를 명백히 알 수 있는 경우**
>   3. 긴급히 처분을 할 필요가 있는 경우
> ② 행정청은 **제1항 제2호 및 제3호의 경우에 처분 후 당사자가 요청하는 경우에는 그 근거와 이유를 제시**하여야 한다.

① (○) 행정청이 문서에 의하여 처분을 한 경우 원칙적으로 그 처분서의 문언에 따라 어떤 처분을 하였는지 확정하여야 하나, 그 처분서의 문언만으로는 행정청이 어떤 처분을 하였는지 불분명하다는 등 특별한 사정이 있는 때에는 처분 경위나 처분 이후의 상대방의 태도 등 다른 사정을 고려하여 처분서의 문언과 달리 그 처분의 내용을 해석할 수도 있다(대판 2010.2.11. 2009두18035).

13 ①

① (×)

> **공공기관의 정보공개에 관한 법률 제22조(정보공개위원회의 설치)** 다음 각 호의 사항을 심의·조정하기 위하여 **행정안전부장관 소속**으로 정보공개위원회를 둔다.
>   1. **정보공개에 관한 정책 수립 및 제도 개선에 관한 사항**
>   2. 정보공개에 관한 기준 수립에 관한 사항
>   3. 제12조에 따른 심의회 심의결과의 조사·분석 및 심의기준 개선 관련 의견제시에 관한 사항
>   4. 제24조 제2항 및 제3항에 따른 공공기관의 정보공개 운영실태 평가 및 그 결과 처리에 관한 사항
>   5. 정보공개와 관련된 불합리한 제도·법령 및 그 운영에 대한 조사 및 개선권고에 관한 사항
>   6. 그 밖에 정보공개에 관하여 대통령령으로 정하는 사항

② (○)

> **공공기관의 정보공개에 관한 법률 제11조(정보공개 여부의 결정)** ⑤ 공공기관은 정보공개 청구가 다음 각 호의 어느 하나에 해당하는 경우로서 「**민원 처리에 관한 법률**」에 따른 민원으로 처리할 수 있는 경우에는 **민원으로 처리할 수 있다.**
>   1. 공개 청구된 정보가 **공공기관이 보유·관리하지 아니하는 정보인 경우**
>   2. 공개 청구의 내용이 진정·질의 등으로 이 법에 따른 정보공개 청구로 보기 어려운 경우

③ (○) 실제로는 해당 정보를 취득 또는 활용할 의사가 전혀 없이 정보공개 제도를 이용하여 사회통념상 용인될 수 없는 부당한 이득을 얻으려 하거나, **오로지 공공기관의 담당공무원을 괴롭힐 목적으로 정보공개청구를 하는 경우처럼 권리의 남용**에 해당하는 것이 명백한 경우에는 정보공개청구권의 행사를 허용하지 아니하는 것이 옳다(대판 2014.12.24. 2014두9349).

④ (○)

> **공공기관의 정보공개에 관한 법률 제17조(비용 부담)** ① 정보의 공개 및 우송 등에 드는 비용은 실비(實費)의 범위에서 청구인이 부담한다.

14 ③

① (×)

> **질서위반행위규제법 제25조(관할 법원)** 과태료 사건은 다른 법령에 특별한 규정이 있는 경우를 제외하고는 **당사자**의 주소지의 지방법원 또는 그 지원의 관할로 한다.

② (×) **행정벌**은 과거의 의무위반에 대한 제재이나, **이행강제금**은 장래의 의무이행을 확보하기 위한 수단이라는 점에서 양자는 다르다.
③ (○) '종업원' 관련 부분은 법인이 고용한 종업원 등의 범죄행위에 관하여 비난할 근거가 되는 법인의 의사결정 및 행위구조, 즉 종업원 등이 저지른 행위의 결과에 대한 법인의 독자적인 책임에 관하여 전혀 규정하지 않은 채, 단순히 법인이 고용한 종업원 등이 업무에 관하여 범죄행위를 하였다는 이유만으로 법인에 대하여 형사처벌을 과하고 있는바, 이는 **다른 사람의 범죄에 대하여 그 책임 유무를 묻지 않고 형벌을 부과함으로써 법치국가의 원리 및 죄형법정주의로부터 도출되는 책임주의원칙에 반한다**(헌재 2010.7.29. 2009헌가25등).
④ (×) 통고처분에 대하여 이의가 있으면 통고 내용을 이행하지 않음으로써 고발되어 형사재판절차에서 통고처분의 위법·부당함을 다툴 수 있다(헌재 1998.5.28. 96헌바4). ☞ **항고소송의 대상이 되는 행정처분이 아니다.**

15 ②

② (×)

> **행정기본법 제31조(이행강제금의 부과)** ① 이행강제금 부과의 근거가 되는 법률에는 이행강제금에 관한 다음 각 호의 사항을 명확하게 규정하여야 한다. 다만, **제4호 또는 제5호**를 규정할 경우 입법목적이나 입법 취지를 훼손할 우려가 크다고 인정되는 경우로서 대통령령으로 정하는 경우는 제외한다.
> 1. 부과·징수 주체
> 2. 부과 요건
> 3. 부과 금액
> 4. **부과 금액 산정기준**
> 5. **연간 부과 횟수나 횟수의 상한**

① (○) 대집행시 그 구체적 내용과 그에 대한 실행을 수인할 의무가 확정된다. 따라서 대집행영장에 의한 통지는 처분성이 있으며 항고소송의 대상이 된다.
③ (○) 주택공급계약이 구 주택건설촉진법 제32조, 구 주택공급에 관한 규칙 제27조 제4항, 제3항에 위반하였다고 하더라도 그 사법적 효력까지 부인된다고 할 수는 없다(대판 2007.8.23. 2005다59475등).
④ (○) 행정청은 이행강제금을 부과받은 자가 납부기한까지 이행강제금을 내지 아니하면 국세강제징수의 예 또는 「지방행정제재·부과금의 징수 등에 관한 법률」에 따라 징수한다(행정기본법 제31조 제6항).

16 ③

① (×) 확정판결의 기속력은 주로 판결의 실효성 확보를 위하여 인정되는 효력으로서 **판결의 주문뿐만 아니라 그 전제가 되는 처분 등의 구체적 위법사유에 관한 이유 중의 판단에 대하여도 인정**된다(대판 2001.3.23. 99두5238).
② (×) 그 행정처분에 이해관계를 갖는 자가 고시 또는 공고가 있었다는 사실을 현실적으로 알았는지 여부에 관계없이 **고시가 효력을 발생하는 날** 행정처분이 있음을 알았다고 보아야 한다(대판 2007.6.14. 2004두619).
③ (○) 구 금융산업의 구조개선에 관한 법률 제16조 제1항 및 구 상호저축은행법 제24조의13에 의하여 금융감독

위원회는 부실금융기관에 대하여 파산을 신청할 수 있는 권한을 보유하고 있는바, 위 파산신청은 그 성격이 법원에 대한 재판상 청구로서 그 자체가 국민의 권리·의무에 어떤 영향을 미치는 것이 아닐 뿐만 아니라, 위 파산신청으로 인하여 당해 부실금융기관이 파산절차 내에서 여러 가지 법률상 불이익을 입는다 할지라도 **파산법원이 관할하는 파산절차 내에서 그 신청의 적법 여부 등을 다투어야 할 것**이므로, 위와 같은 금융감독위원회의 파산신청은 행정소송법상 취소소송의 대상이 되는 행정처분이라 할 수 없다(대판 2006.7.28. 2004두13219).

④ (×) **지방경찰청장이 횡단보도를 설치하여 보행자 통행방법 등을 규제하는 것**은 행정청이 특정사항에 대하여 부담을 명하는 행위이고, 이는 **국민의 권리의무에 직접 관계가 있는 행위**로서 행정처분이다(대판 2000.10.27. 98두8964).

17 ②

② (×) 부동산 실권리자명의 등기에 관한 법률 제3조 제1항, 제5조 제1항, 같은 법 시행령 제3조 제1항의 규정을 종합하면, **명의신탁자에 대하여 과징금을 부과할 것인지 여부는 기속행위에 해당**한다(대판 2007.7.12. 2005두17287).

① (○) 구「독점규제 및 공정거래에 관한 법률」 제24조의2에 의한 부당내부거래에 대한 과징금은 그 취지와 기능, 부과의 주체와 절차 등을 종합할 때 부당내부거래 억지라는 행정목적을 실현하기 위하여 그 위반행위에 대하여 제재를 가하는 행정상의 제재금으로서의 기본적 성격에 부당이득환수적 요소도 부가되어 있는 것이라 할 것이고, 이를 두고 헌법 제13조 제1항에서 금지하는 국가형벌권 행사로서의 '처벌'에 해당한다고는 할 수 없으므로, 공정거래법에서 **형사처벌과 아울러 과징금의 병과를 예정하고 있더라도 이중처벌금지원칙에 위반된다고 볼 수 없다**(헌재 2003.7.24. 2001헌가25).

③ (○) 과징금은 원칙적으로 행정법상의 의무를 위반한 자에 대하여 당해 위반행위로 얻게 된 경제적 이익을 박탈하기 위한 목적으로 부과하는 금전적인 제재이므로, 법이 규정한 범위 내에서 그 부과처분 당시까지 부과관청이 확인한 사실을 기초로 일의적으로 확정되어야 할 것이지, **추후에 부과금 산정기준이 되는 새로운 자료가 나왔다고 하여 새로운 부과처분을 할 수 있는 것은 아니다**(대판 2002.5.28. 2000두6121).

④ (○) 자동차운수사업면허조건 등을 위반한 사업자에 대하여 행정청이 행정제재수단으로 **사업 정지를 명할 것인지, 과징금을 부과할 것인지, 과징금을 부과키로 한다면 그 금액은 얼마로 할 것인지에 관하여 재량권이 부여되었다** 할 것이다(대판 1998.4.10. 98두2270).

18 ①

① (×) 그러한 경우 **소멸시효 완성 주장이 권리남용에 해당하게 된 원인행위와 관련하여 공무원이 원인이 되는 행위를 적극적으로 주도하였다는 등의 특별한 사정이 없는 한, 국가가 공무원에게 구상권을 행사하는 것은 신의칙상 허용되지 않는다**(대판 2016.6.10. 2015다217843).

② (○) 하천의 관리청이 관계 규정에 따라 설정한 계획홍수위를 변경시켜야 할 사정이 생기는 등 특별한 사정이 없는 한, **이미 존재하는 하천의 제방이 계획홍수위를 넘고 있다면 그 하천은 용도에 따라 통상 갖추어야 할 안전성을 갖추고 있다고 보아야 하고**, 그와 같은 하천이 그 후 새로운 하천시설을 설치할 때 기준으로 삼기 위하여 제정한 '하천시설기준'이 정한 여유고를 확보하지 못하고 있다는 사정만으로 바로 안전성이 결여된 하자가 있다고 볼 수는 없다(대판 2003.10.23. 2001다48057).

③ (○) 어떠한 **행정처분이 후에 항고소송에서 취소되었다고 할지라도 그 기판력에 의하여 당해 행정처분이 곧 바로 공무원의 고의 또는 과실로 인한 것으로서 불법행위를 구성한다고 단정할 수는 없는 것**이고, 그 행정처분의 담당공무원이 보통 일반의 공무원을 표준으로 하여 볼 때 객관적 주의의무를 결하여 그 행정처분이 객관적 정당성을 상실하였다고 인정될 정도에 이른 경우에 국가배상법 제2조 소정의 국가배상책임의 요건을 충족하였다고 봄이 상당할 것이다(대판 2000.5.12. 99다70600).

④ (○) 행정청이 관계 법령의 해석이 확립되기 전에 어느 한 설을 취하여 업무를 처리한 것이 결과적으로 위법하게 되어 그 법령의 부당집행이라는 결과를 빚었다고 하더라도 **처분 당시 그와 같은 처리 방법 이상의 것을 성**

실한 평균적 공무원에게 기대하기 어려웠던 경우라면 특별한 사정이 없는 한 이를 두고 공무원의 과실로 인한 것이라고는 할 수 없기 때문에, 그 행정처분이 후에 항고소송에서 취소되었다고 할지라도 당해 행정처분이 곧바로 공무원의 고의 또는 과실로 인한 불법행위를 구성한다고 단정할 수는 없다(대판 1997.7.11. 97다7608).

19 ③

③ (×) 일반 공중의 이용에 제공되는 공공용물에 대하여 특허 또는 허가를 받지 않고 하는 일반사용은 다른 개인의 자유이용과 국가 또는 지방자치단체 등의 공공목적을 위한 개발 또는 관리·보존행위를 방해하지 않는 범위 내에서만 허용된다 할 것이므로, 공공용물에 관하여 **적법한 개발행위 등이 이루어짐으로 말미암아 이에 대한 일정범위의 사람들의 일반사용이 종전에 비하여 제한받게 되었다 하더라도 특별한 사정이 없는 한 그로 인한 불이익은 손실보상의 대상이 되는 특별한 손실에 해당한다고 할 수 없다**(대판 2002.2.26. 99다35300).

① (○)

> 공익사업을 위한 토지 등의 취득 및 보상에 관한 법률 제30조(재결 신청의 청구)
> ① 사업인정고시가 된 후 협의가 성립되지 아니하였을 때에는 **토지소유자와 관계인**은 대통령령으로 정하는 바에 따라 서면으로 **사업시행자에게 재결을 신청할 것을 청구**할 수 있다.
> ② **사업시행자**는 제1항에 따른 청구를 받았을 때에는 그 청구를 받은 날부터 **60일 이내**에 대통령령으로 정하는 바에 따라 관할 토지수용위원회에 재결을 신청하여야 한다.

② (○) **공익사업을 위한 토지 등의 취득 및 보상에 관한 법률 의한 보상합의는 공공기관이 사경제주체로서 행하는 사법상 계약의 실질을 가지는 것**으로서, 당사자 간의 합의로 같은 법 소정의 손실보상의 기준에 의하지 아니한 손실보상금을 정할 수 있으며, 이와 같이 같은 법이 정하는 기준에 따르지 아니하고 손실보상액에 관한 합의를 하였다고 하더라도 그 합의가 착오 등을 이유로 적법하게 취소되지 않는 한 유효하다. 따라서 공익사업법에 의한 보상을 하면서 손실보상금에 관한 당사자 간의 합의가 성립하면 그 합의 내용대로 구속력이 있고, 손실보상금에 관한 합의 내용이 공익사업법에서 정하는 손실보상 기준에 맞지 않는다고 하더라도 합의가 적법하게 취소되는 등의 특별한 사정이 없는 한 추가로 공익사업법상 기준에 따른 손실보상금 청구를 할 수는 없다(대판 2013.8.22. 2012다3517).

④ (○)

> 공익사업을 위한 토지 등의 취득 및 보상에 관한 법률 제78조(이주대책의 수립 등) ⑧ 사업시행자는 해당 공익사업이 시행되는 지역에 거주하고 있는 「**국민기초생활 보장법**」 제2조 제1호·제11호에 따른 수급권자 및 **차상위계층**이 취업을 희망하는 경우에는 그 **공익사업과 관련된 업무에 우선적으로 고용할 수 있으며, 이들의 취업 알선을 위하여 노력**하여야 한다.

20 ④

④ (×)

> 행정심판법 제31조(임시처분) ① 위원회는 처분 또는 부작위가 위법·부당하다고 상당히 의심되는 경우로서 처분 또는 부작위 때문에 **당사자가 받을 우려가 있는 중대한 불이익이나 당사자에게 생길 급박한 위험을 막기 위하여** 임시지위를 정하여야 할 필요가 있는 경우에는 직권으로 또는 당사자의 신청에 의하여 임시처분을 결정할 수 있다.

① (○), ② (○), ③ (○)

> **행정심판법 제30조(집행정지)**
> ② 위원회는 처분, 처분의 집행 또는 절차의 속행 때문에 중대한 손해가 생기는 것을 예방할 필요성이 긴급하다고 인정할 때에는 직권으로 또는 당사자의 신청에 의하여 처분의 효력, 처분의 집행 또는 절차의 속행의 전부 또는 일부의 정지(이하 "집행정지"라 한다)를 결정할 수 있다. 다만, 처분의 효력정지는 처분의 집행 또는 절차의 속행을 정지함으로써 그 목적을 달성할 수 있을 때에는 허용되지 아니한다.
> ③ 집행정지는 공공복리에 중대한 영향을 미칠 우려가 있을 때에는 허용되지 아니한다.
> ④ 위원회는 집행정지를 결정한 후에 집행정지가 공공복리에 중대한 영향을 미치거나 그 정지사유가 없어진 경우에는 직권으로 또는 당사자의 신청에 의하여 집행정지 결정을 취소할 수 있다.

21 ②

① (×) 사증발급의 법적 성질, 출입국관리법의 입법 목적, 사증발급 신청인의 대한민국과의 실질적 관련성, 상호주의원칙 등을 고려하면, 우리 출입국관리법의 해석상 **외국인에게는 사증발급 거부처분의 취소를 구할 법률상 이익이 인정되지 않는다**(대판 2018.5.15. 2014두42506).

② (O) 원자력법 제12조 제3호(발전용 원자로 및 관계시설의 건설이 국민의 건강·환경상의 위해방지에 지장이 없을 것)의 취지와 원자력법 제11조의 규정에 의한 원자로 및 관계 시설의 건설사업을 환경영향평가대상사업으로 규정하고 있는 구 환경영향평가법 제4조, 구 환경영향평가법시행령 제2조 제2항 [별표 1]의 다의 (4) 규정 및 환경영향평가서의 작성, 주민의 의견 수렴, 평가서 작성에 관한 관계 기관과의 협의, 협의내용을 사업계획에 반영한 여부에 대한 확인·통보 등을 규정하고 있는 위 법 제8조, 제9조 제1항, 제16조 제1항, 제19조 제1항 규정의 내용을 종합하여 보면, 위 환경영향평가법 제7조에 정한 환경영향평가대상지역 안의 주민들이 방사성물질 이외의 원인에 의한 환경침해를 받지 아니하고 생활할 수 있는 이익도 직접적·구체적 이익으로서 그 보호대상으로 삼고 있다고 보이므로, 위 **환경영향평가대상지역 안의 주민에게는 방사성물질 이외에 원전 냉각수 순환시 발생되는 온배수로 인한 환경침해를 이유로 부지사전승인처분의 취소를 구할 원고적격도 있다**(대판 1998.9.4. 97누19588).

③ (×) 이 사건 토지는 이 사건 도시관리계획변경결정 전후를 통하여 개발제한구역으로 지정된 상태에 있으므로 이 사건 도시관리계획변경결정으로 인하여 그 소유자인 원고가 위 토지를 사용·수익·처분하는 데 새로운 공법상의 제한을 받거나 종전과 비교하여 더 불이익한 지위에 있게 되는 것은 아니다. 또한, 원고의 청구취지와 같이 이 사건 도시관리계획변경결정 중 **중리취락 부분이 취소된다 하더라도 그 결과 이 사건 도시관리계획변경결정으로 개발제한구역에서 해제된 제3자 소유의 토지들이 종전과 같이 개발제한구역으로 남게 되는 결과가 될 뿐, 원고 소유의 이 사건 토지가 개발제한구역에서 해제되는 것도 아니다.** 따라서 원고에게 제3자 소유의 토지에 관한 이 사건 도시관리계획변경결정의 취소를 구할 직접적이고 구체적인 이익이 있다고 할 수 없다(대판 2008.7.10. 2007두10242).

④ (×) 구내소매인과 일반소매인 사이에서는 구내소매인의 영업소와 일반소매인의 영업소 간에 거리제한을 두지 아니할 뿐 아니라 건축물 또는 시설물의 구조·상주인원 및 이용인원 등을 고려하여 동일 시설물 내 2개소 이상의 장소에 구내소매인을 지정할 수 있으며, 이 경우 일반소매인이 지정된 장소가 구내소매인 지정대상이 된 때에는 동일 건축물 또는 시설물 안에 지정된 일반소매인은 구내소매인으로 보고, 구내소매인이 지정된 건축물 등에는 일반소매인을 지정할 수 없으며, 구내소매인은 담배진열장 및 담배소매점 표시판을 건물 또는 시설물의 외부에 설치하여서는 아니 된다고 규정하는 등 **일반소매인의 입장에서 구내소매인과의 과당경쟁으로 인한 경영의 불합리를 방지하는 것을 그 목적으로 할 수 있다고 보기 어려우므로, 일반소매인으로 지정되어 영업을 하고 있는 기존업자의 신규 구내소매인에 대한 이익은 법률상 보호되는 이익이 아니라 단순한 사실상의 반사적 이익**이라고 해석함이 상당하므로, 기존 일반소매인은 신규 구내소매인 지정처분의 취소를 구할 원고적격이 없다(대판 2008.4.10. 2008두402).

22 ④

① (×) 입주자나 입주예정자들은 사용검사처분의 무효확인을 받거나 그 처분을 취소하지 않고도 민사소송 등을 통하여 분양계약에 따른 법률관계 및 하자 등을 주장·증명함으로써 사업주체 등으로부터 하자의 제거·보완 등에 관한 권리구제를 받을 수 있으므로, 사용검사처분의 무효확인 또는 취소 여부에 의하여 그 법률적인 지위가 달라진다고 할 수 없으며, 구 주택공급에 관한 규칙에서 주택공급계약에 관하여 사용검사와 관련된 규정을 두고 있다고 하더라도 달리 볼 것은 아니다.…(중략)…입주자나 입주예정자는 사용검사처분의 무효확인 또는 취소를 구할 법률상 이익이 없다고 할 것이다(대판 2015.1.29. 2013두24976).

② (×) 소음·진동배출시설에 대한 설치허가가 취소된 후 그 배출시설이 어떠한 경우로든 **철거되어 다시 복구 등을 통하여 배출시설을 가동할 수 없는 상태라면 이는 배출시설 설치허가의 대상이 되지 아니하므로** 외형상 설치허가취소행위가 잔존하고 있다고 하여도 특단의 사정이 없는 한 이제 와서 굳이 위 처분의 취소를 구할 법률상의 이익이 없다(대판 2002.1.11. 2000두2457).

③ (×) 비록 취임승인이 취소된 학교법인의 정식이사들에 대하여 원래 정해져 있던 임기가 만료되고 구 사립학교법제22조 제2호 소정의 임원결격사유기간마저 경과하였다 하더라도, **그 임원취임승인취소처분이 위법하다고 판명되고 나아가 임시이사들의 지위가 부정되어 직무권한이 상실되면, 그 정식이사들은 후임이사 선임시까지 민법 제691조의 유추적용에 의하여 직무수행에 관한 긴급처리권을 가지게 되고 이에 터잡아 후임 정식이사들을 선임할 수 있게 되는바**, 이는 감사의 경우에도 마찬가지이다(대판 2007.7.19. 2006두19297).

④ (O) 조합설립추진위원회(이하 '추진위원회'라고 한다) 구성승인처분은 조합의 설립을 위한 주체인 추진위원회의 구성행위를 보충하여 그 효력을 부여하는 처분으로서 조합설립이라는 종국적 목적을 달성하기 위한 중간단계의 처분에 해당하지만, 그 법률요건이나 효과가 조합설립인가처분의 그것과는 다른 독립적인 처분이기 때문에, **추진위원회 구성승인처분에 대한 취소 또는 무효확인 판결의 확정만으로는 이미 조합설립인가를 받은 조합에 의한 정비사업의 진행을 저지할 수 없다.** 따라서 추진위원회 구성승인처분을 다투는 소송 계속 중에 조합설립인가처분이 이루어진 경우에는, 추진위원회 구성승인처분에 위법이 존재하여 조합설립인가 신청행위가 무효라는 점 등을 들어 직접 조합설립인가처분을 다툼으로써 정비사업의 진행을 저지하여야 하고, 이와는 별도로 추진위원회 구성승인처분에 대하여 취소 또는 무효확인을 구할 법률상의 이익은 없다(대판 2013. 1. 31. 2011두11112).

23 ④

④ (×) 부작위에 대해서도 행정심판으로서 의무이행심판을 제기할 수 있으므로 이러한 경우에는 **행정심판의 재결서의 정본을 송달받은 날로부터 90일 이내**에 소송을 제기하여야 한다.

① (O)

> 행정소송법 제20조(제소기간) ① 취소소송은 **처분등이 있음을 안 날부터 90일 이내**에 제기하여야 한다. 다만, 제18조 제1항 단서에 규정한 경우(註: 다른 법률에 당해 처분에 대한 행정심판의 재결을 거치지 아니하면 취소소송을 제기할 수 없다는 규정이 있는 때)와 그 밖에 행정심판청구를 할 수 있는 경우 또는 **행정청이 행정심판청구를 할 수 있다고 잘못 알린 경우**에 행정심판청구가 있은 때의 기간은 **재결서의 정본을 송달받은 날부터 기산**한다.

② (O) 행정처분의 당연무효를 선언하는 의미에서 그 취소를 구하는 행정소송을 제기한 경우에도 제소기간의 준수 등 취소소송의 제소요건을 갖추어야 한다(대판 1993.3.12. 92누11039).

③ (O) 행정청이 식품위생법령에 따라 영업자에게 행정제재처분을 한 후 그 처분을 영업자에게 유리하게 변경하는 처분을 한 경우, **변경처분에 의하여 당초 처분은 소멸하는 것이 아니고 당초부터 유리하게 변경된 내용의 처분으로 존재**하는 것이므로, 변경처분에 의하여 유리하게 변경된 내용의 행정제재가 위법하다 하여 그 취소를 구하는 경우 그 **취소소송의 대상은 변경된 내용의 당초 처분이지 변경처분은 아니고, 제소기간의 준**

수 여부도 변경처분이 아닌 변경된 내용의 당초 처분을 기준으로 판단하여야 한다(대판 2007.4.27. 2004두9302).

24 ②

② (×) 세무서장이나 경찰서장은 **특별지방행정기관**이다. 특별지방행정기관은 특정한 중앙행정기관에 소속되어 그의 소관사무의 일부를 관장하는 지방행정기관을 말한다.

① (○)

> 정부조직법 제7조(행정기관의 장의 직무권한)
> ① **각 행정기관의 장**은 소관사무를 통할하고 소속공무원을 지휘·감독한다.
> ③ **각 행정기관의 보조기관**은 그 기관의 장, 차관 또는 차장을 보좌하여 소관사무를 처리하고 소속공무원을 지휘·감독한다.

③ (○) 지방자치법 제115조는 시·도와 시·군 및 자치구에서 시행하는 국가사무는 시·도지사와 시장·군수 및 자치구의 구청장에게 위임하여 수행하는 것을 원칙으로 하고 있다. 그 한도 내에서 지방자치단체의 장은 국가의 보통지방행정기관의 지위에도 있게 된다.

④ (○)

> 정부조직법 제5조(합의제행정기관의 설치) 행정기관에는 그 소관사무의 일부를 독립하여 수행할 필요가 있는 때에는 법률로 정하는 바에 따라 행정위원회 등 합의제행정기관을 둘 수 있다.

25 ②

① (×) **직위해제는 징벌적 제재인 징계와는 그 성질을 달리하는 것**이어서 어느 사유로 인하여 징계를 받았다 하더라도 그것이 직위해제사유로 평가될 수 있다면 이를 이유로 새로이 직위해제를 할 수도 있는 것이고, 이는 일사부재리나 이중처벌금지의 원칙에 저촉되는 것이 아니다(대판 1992.7.28. 91다30729).

② (○) 지방공무원법 제8조, 제38조 제1항, 지방공무원임용령 제38조의3의 각 규정을 종합하면, 2급 내지 4급 공무원의 승진임용은 임용권자가 행정실적·능력·경력·전공분야·인품 및 적성 등을 고려하여 하되 인사위원회의 사전심의를 거치도록 하고 있는바, 4급 공무원이 당해 지방자치단체 인사위원회의 심의를 거쳐 3급 승진대상자로 결정되고 임용권자가 그 사실을 대내외에 공표까지 하였다면, 그 공무원은 **승진임용에 관한 법률상 이익을 가진 자로서 임용권자에 대하여 3급 승진임용 신청을 할 조리상의 권리**가 있다(대판 2008.4.10. 2007두18611).

③ (×) 지방공무원법상의 정년은 지방공무원의 정년퇴직시 구비서류로 요구되는 **가족관계기록사항에 관한 증명서 중 기본증명서에 기재된 실제의 생년월일을 기준**으로 산정해야 한다(대판 2009.3.26. 2008두21300).

④ (×) 국가공무원법상 직위해제처분은 구 행정절차법 제3조 제2항 제9호, 구 행정절차법 시행령 제2조 제3호에 의하여 당해 행정작용의 성질상 행정절차를 거치기 곤란하거나 불필요하다고 인정되는 사항 또는 행정절차에 준하는 절차를 거친 사항에 해당하므로, **처분의 사전통지 및 의견청취 등에 관한 행정절차법의 규정이 별도로 적용되지 않는다**(대판 2014.5.16. 2012두26180).

소방승진 행정법 최종모의고사 정답 및 해설

01	02	03	04	05	06	07	08	09	10
②	③	③	④	④	①	③	②	②	③
11	12	13	14	15	16	17	18	19	20
③	②	②	②	④	①	②	④	②	③
21	22	23	24	25					
④	④	①	①	②					

01 ②

① (✕) 여기서의 '선행조치'에는 법률행위는 물론이고 행정지도와 같은 사실행위도 포함된다. 그리고 법령도 선행조치에 포함된다(대판 2007.10.29. 2005두4649).

② (○) 국가의 그 결정에 기초하여 피해자나 그 유족이 상당한 기간 내에 권리를 행사할 경우에, **국가가 적어도 소멸시효의 완성을 들어 권리소멸을 주장하지 않을 것이라는 데 대한 신뢰를 가질 만한 특별한 사정이 있다**고 봄이 타당하고, 이에 불구하고 국가가 피해자 등에 대하여 소멸시효의 완성을 주장하는 것은 신의성실 원칙에 반하는 권리남용에 해당하여 허용될 수 없다(대판 2013.7.25. 2013다16602).

③ (✕) 개인의 **귀책사유의 유무는 상대방과 그로부터 신청행위를 위임받은 수임인 등 관계자 모두를 기준으로 판단**하여야 한다(대판 2008.1.17. 2006두10931).

④ (✕) 허가관청이 **취소사유를 알고서도 그렇게 장기간 취소권을 행사하지 않은 것이 아니고 3년 여 전에 비로소 취소사유를 알았을 뿐만 아니라 상대방에게 취소권을 행사하지 않을 것이란 신뢰를 심어준 것으로 여겨지지도 않으므로** 위 허가취소처분은 실권의 법리에 저촉된 것이라고 볼 수 없다(대판 1988.4.27. 87누915).

02 ③

③ (✕) 구 군인연금법령상 급여를 받으려고 하는 사람이 관계 법령에 따라 **국방부장관 등에게 급여지급을 청구하였으나 국방부장관 등이 이를 거부하거나 일부 금액만 인정하는 급여지급결정**을 하는 경우, 그 **결정을 대상으로 항고소송을 제기하는 등으로 구체적 권리를 인정받지 않은 상태에서 곧바로 국가를 상대로 한 당사자소송으로 급여의 지급을 소구할 수 없다**(대판 2021.12.16. 2019두45944).

① (○) 구 공익사업을 위한 토지 등의 취득 및 보상에 관한 법률 제91조에 규정된 환매권은 상대방에 대한 의사표시를 요하는 형성권의 일종으로서 재판상이든 재판 외이든 위 규정에 따른 기간 내에 행사하면 매매의 효력이 생기는 바, 이러한 **환매권의 존부에 관한 확인을 구하는 소송 및 구 공익사업법 제91조 제4항에 따라 환매금액의 증감을 구하는 소송 역시 민사소송에 해당**한다(대판 2013.2.28. 2010두22368).

② (○) 법무사가 사무원 채용에 관하여 법무사법이나 법무사규칙을 위반하는 경우에는 소관 지방법원장으로부터 징계를 받을 수 있으므로, 법무사에 대하여 지방법무사회로부터 채용승인을 얻어 사무원을 채용할 의무는 **법무사법에 의하여 강제되는 공법적 의무**이다(대판 2020.4.9. 2015다34444).

④ (○) 甲 주식회사 소유의 유조선에서 원유가 유출되는 사고가 발생하자 乙 주식회사가 피해 방지를 위해 해양경찰의 직접적인 지휘를 받아 방제작업을 보조한 사안에서, 乙 회사는 **사무관리에 근거하여 국가에 방제비용을 청구**할 수 있다(대판 2014.12.11. 2012다15602).

03 ③

③ (✕) 경찰공무원임용령 제46조 제1항('경찰공무원의 채용시험 또는 경찰간부후보생공개경쟁선발시험에서 부정행위를 한 응시자에 대하여는 당해 시험을 정지 또는 무효로 하고, 그로부터 5년간 이 영에 의한 시험에 응시할 수 없다')의 수권형식과 내용에 비추어 이는 행정청 내부의 사무처리기준을 규정한 재량준칙이 아니라 **일반 국민이나 법원을 구속하는 법규명령에 해당하고 따라서 위 규정에 의한 처분은 재량행위가 아닌 기속행위**이다(대판 2008.5.29. 2007두18321).

① (O) 상위법령을 시행하기 위하여 하위법령을 제정하거나 필요한 조치를 함에 있어서는 상당한 기간을 필요로 하며 합리적인 기간내의 지체를 위헌적인 부작위로 볼 수 없으나, 이 사건의 경우 **현행 규정이 제정된 때 (1976. 4. 15)로부터 이미 20년 이상이 경과되었음에도 아직 치과전문의제도의 실시를 위한 구체적 조치를 취하고 있지 아니하고 있으므로 합리적 기간내의 지체라고 볼 수 없고**, 법률의 시행에 반대하는 여론의 압력이나 이익단체의 반대와 같은 사유는 지체를 정당화하는 사유가 될 수 없다(헌재 1998.7.16. 96헌마246).

② (O) 구 청소년보호법 제49조 제1항, 제2항에 따른 같은법시행령 제40조 [별표 6]의 위반행위의종별에따른과 징금처분기준은 법규명령이기는 하나 모법의 위임규정의 내용과 취지 및 헌법상의 과잉금지의 원칙과 평등의 원칙 등에 비추어 같은 유형의 위반행위라 하더라도 그 규모나 기간·사회적 비난 정도·위반행위로 인하여 다른 법률에 의하여 처벌받은 다른 사정·행위자의 개인적 사정 및 위반행위로 얻은 불법이익의 규모 등 여러 요소를 종합적으로 고려하여 사안에 따라 적정한 과징금의 액수를 정하여야 할 것이므로 그 수액은 **정액이 아니라 최고한도액**이다(대판 2001.3.9. 99두5207).

④ (O) 감사원규칙의 법적 성질에 관하여는 법규명령으로 보는 견해와 행정규칙으로 보는 견해로 대립되어 있다. 헌법이 일정한 법형식의 행정입법을 인정하는바 이를 예시적 규정으로 볼 때 감사원규칙을 법규명령으로 이해할 수 있다.

04 ④

① (✕) 행정행위를 기속행위와 재량행위로 구분하는 경우 양자에 대한 사법심사는, **기속행위의 경우 그 법규에 대한 원칙적인 기속성으로 인하여 법원이 사실인정과 관련 법규의 해석·적용을 통하여 일정한 결론을 도출한 후 그 결론에 비추어 행정청이 한 판단의 적법 여부를 독자의 입장에서 판정하는 방식**에 의하게 되나, 재량행위의 경우 행정청의 재량에 기한 공익판단의 여지를 감안하여 법원은 독자의 결론을 도출함이 없이 당해 행위에 재량권의 일탈·남용이 있는지 여부만을 심사하게 되고 이러한 재량권의 일탈·남용 여부에 대한 심사는 사실오인, 비례·평등의 원칙 위배 등을 그 판단 대상으로 한다(대판 2007.5.31. 2005두1329).

② (✕) 효과재량설은 수익적 처분을 재량행위로 본다.

③ (✕) 그 면허를 위하여 필요한 기준을 정하는 것 역시 법령에 규정이 없는 한 행정청의 재량에 속한다(대판 2007.2.8. 2006두13886).

④ (O) 학생에 대한 징계권의 발동이나 징계의 양정이 징계권자의 교육적 재량에 맡겨져 있다 할지라도 법원이 심리한 결과 그 징계처분에 위법사유가 있다고 판단되는 경우에는 이를 취소할 수 있는 것이고, **징계처분이 교육적 재량행위라는 이유만으로 사법심사의 대상에서 당연히 제외되는 것은 아니다**(대판 1991.11.22. 91누2144).

05 ④

④ (✕) 친일반민족행위자 재산의 국가귀속에 관한 특별법 제3조 제1항 본문, 제9조 규정들의 취지와 내용에 비추어 보면, 같은 법 제2조 제2호에 정한 친일재산은 친일반민족행위자재산조사위원회가 국가귀속결정을 하여야 비로소 국가의 소유로 되는 것이 아니라 특별법의 시행에 따라 그 취득·증여 등 원인행위시에 소급하여 당연히 국가의 소유로 되고, 위 **위원회의 국가귀속결정은 당해 재산이 친일재산에 해당한다는 사실을 확인하는 이른바 준법률행위적 행정행위의 성격**을 가진다(대판 2008.11.13. 2008두13491).

① (O) 구 상표법 제29조 제1항, 제3항, 제31조 제1항, 제2항, 구 상표등록령 제6조, 제7조, 제10조, 구 특허등록령 제34조 1항의 규정내용을 종합하면, 상표사용권설정등록신청서가 제출된 경우 **특허청장은 신청서와 그

첨부서류만을 자료로 형식적으로 심사하여 그 등록신청을 수리 할 것인지의 여부를 결정하여야 되는 것으로서, 특허청장의 상표사용권설정등록행위는 **사인간의 법률관계의 존부를 공적으로 증명**하는 준법률행위적행정행위임이 분명하다(대판 1991.8.13. 90누9414).

② (O) 건설업면허증 및 건설업면허수첩의 재교부는 그 면허증 등의 분실, 헐어 못쓰게 된 때, 건설업의 면허이전 등 면허증 및 면허수첩 그 자체의 관리상의 문제로 인하여 종전의 면허증 및 면허수첩과 동일한 내용의 면허증 및 면허수첩을 새로이 또는 교체하여 발급하여 주는 것으로서, 이는 **건설업의 면허를 받았다고 하는 특정사실에 대하여 형식적으로 그것을 증명하고 공적인 증거력을 부여하는 행정행위(강학상의 공증행위)**이므로, 그로 인하여 면허의 내용 등에는 아무런 영향이 없이 종전의 면허의 효력이 그대로 지속하고, 면허증 및 면허수첩의 재교부에 의하여 재교부 전의 면허는 실효되고 새로운 면허가 부여된 것이라고 볼 수 없다(대판 1994.10.25. 93누212310).

③ (O) 의료법 부칙 제7조, 제59조, 동법시행규칙 제59조 및 1973.11.9자 보건사회부 공고 58호에 의거한 서울특별시장 또는 도지사의 의료유사업자 자격증 갱신발급행위는 **유사의료업자의 자격을 부여 내지 확인하는 것이 아니라 특정한 사실 또는 법률관계의 존부를 공적으로 증명하는 소위 공증행위에 속하는 행정행위**라 할 것이다(대판 1977.5.24. 76누295).

06 ①

① (✗) 종전의 허가가 기한의 도래로 실효한 이상 원고가 종전 허가의 유효기간이 지나서 신청한 이 사건 기간연장신청은 그에 대한 종전의 허가처분을 전제로 하여 단순히 그 유효기간을 연장하여 주는 행정처분을 구하는 것이라기 보다는 **종전의 허가처분과는 별도의 새로운 허가를 내용으로 하는 행정처분을 구하는 것이라고** 보아야 할 것이어서, 이러한 경우 허가권자는 이를 **새로운 허가신청으로 보아 법의 관계 규정에 의하여 허가요건의 적합 여부를 새로이 판단하여 그 허가 여부를 결정**하여야 할 것이다(대판 1995.11.10. 94누11866).

② (O) 철회권 유보의 경우에도 철회는 철회를 요하는 공익상의 필요와 상대방의 권익보호, 법적 안정성 등의 여러 이익을 비교형량하여 철회 여부를 결정하여야 한다.

③ (O) 판례는 부관 아닌 부관만의 독립쟁송을 인정하지 않는다.

④ (O) 농수산물유통및가격안정에관한법률에 의한 도매시장의 지정도매인지정처분은 도매시장 개설자인 피고의 **재량행위에 속하는 행정처분이라 할 것이므로 법규에 특별한 규정이 없더라도 그 처분에 조건, 기한, 부담, 철회권유보 등의 부관을 붙일 수 있다**(대판 1990.10.16. 90누2253).

07 ③

③ (✗) 도로점용허가는 도로의 일부에 대한 특정사용을 허가하는 것으로서 도로의 일반사용을 저해할 가능성이 있으므로 그 범위는 점용목적 달성에 필요한 한도로 제한되어야 한다. 도로관리청이 도로점용허가를 하면서 **특별사용의 필요가 없는 부분을 점용장소 및 점용면적에 포함하는 것은 그 재량권 행사의 기초가 되는 사실인정에 잘못이 있는 경우에 해당하므로 그 도로점용허가 중 특별사용의 필요가 없는 부분은 위법**하다(대판 2019.1.17. 2016두56721등).

① (O) 국민의 권리와 이익을 옹호하고 법적안정을 도모하기 위하여 특정한 행위에 대하여는 행정청이라 하여도 이것을 자유로이 취소, 변경 및 철회할 수 없다는 행정행위의 불가변력은 당해 행정행위에 대하여서만 인정되는 것이고, **동종의 행정행위라 하더라도 그 대상을 달리할 때에는 이를 인정할 수 없다**(대판 1974.12.10. 73누129).

② (O) 과세처분에 관한 불복절차과정에서 **불복사유가 옳다고 인정하고 이에 따라 필요한 처분을 하였을 경우**에는 불복제도와 이에 따른 시정방법을 인정하고 있는 법 취지에 비추어 동일 사항에 관하여 **특별한 사유 없이 이를 번복하고 다시 종전의 처분을 되풀이할 수는 없다**(대판 2014.7.24. 2011두14227).

④ (O) 위법한 행정대집행이 완료되면 그 처분의 무효확인 또는 취소를 구할 소의 이익은 없다 하더라도, 미리 그 **행정처분의 취소판결이 있어야만, 그 행정처분의 위법임을 이유로 한 손해배상 청구를 할 수 있는 것은 아니다**(대판 1972.4.28. 72다337).

08 ②

② (✗) 피고가 본건 광업권자가 1년내에 사업에 착수하지 못한 이유가 광구소재지 출입허가를 얻지못한 때문이라는 점. 또는 위 정리요강에 의한 사전서면 통고를 하지 아니하였다는 점을 참작하여 피고가 광업권취소처분을 하지 아니하였다던가, 또는 일단취소처분을 한 후에 새로운 이해관계인이 생기기 전에 취소처분을 취소하여 그 광업권의 회복을 시켰다면 모르되 피고가 본건취소처분을 한 후에 원고가 1966.1.19에 본건 광구에 대하여 선출원을 적법히 함으로써 이해관계인이 생긴 이 사건에 있어서, 피고가 1966.8.24자로 1965.12.30자의 취소처분을 취소하여, 소외인 명의의 광업권을 복구시키는 조처는, **원고의 선출원 권리를 침해하는 위법한 처분**이라고 하지 않을 수 없다(대판 1967.10.23, 67누126).

① (O) 행정권한의 위임 및 위탁에 관한 규정 제6조(지휘·감독) 위임 및 위탁기관은 수임 및 수탁기관의 수임 및 수탁사무 처리에 대하여 지휘·감독하고, 그 **처리가 위법하거나 부당하다고 인정될 때에는 이를 취소하거나 정지시킬 수 있다.**

③ (O) 소멸시효는 객관적으로 권리가 발생하여 그 권리를 행사할 수 있는 때로부터 진행하고 그 권리를 행사할 수 없는 동안만은 진행하지 아니하는데, 여기서 권리를 행사할 수 없는 경우라 함은 그 권리행사에 법률상의 장애사유가 있는 경우를 말하는데, **변상금 부과처분에 대한 취소소송이 진행중이라도 그 부과권자로서는 위법한 처분을 스스로 취소하고 그 하자를 보완하여 다시 적법한 부과처분을 할 수도 있는 것**이어서 그 권리행사에 법률상의 장애사유가 있는 경우에 해당한다고 할 수 없으므로, 그 처분에 대한 취소소송이 진행되는 동안에도 그 부과권의 소멸시효가 진행된다(대판 2006.2.10. 2003두5686).

④ (O) 행정처분이 취소되면 그 소급효에 의하여 처음부터 그 처분이 없었던 것과 같은 효과를 발생하게 되는 바, 행정청이 **의료법인의 이사에 대한 이사취임승인취소처분(제1처분)을 직권으로 취소(제2처분)한 경우에는 그로 인하여 이사가 소급하여 이사로서의 지위를 회복**하게 되고, 그 결과 위 제1처분과 제2처분 사이에 법원에 의하여 선임결정된 임시이사들의 지위는 법원의 해임결정이 없더라도 당연히 소멸된다(대판 1997.1.21. 96누3401).

09 ②

② (✗) 계약직공무원 채용계약해지의 의사표시는 일반공무원에 대한 징계처분과는 달라서 항고소송의 대상이 되는 처분 등의 성격을 가진 것으로 인정되지 아니하고, **국가 또는 지방자치단체가 채용계약 관계의 한쪽 당사자로서 대등한 지위에서 행하는 의사표시**로 취급되는 것으로 이해된다(대판 2002.11.26. 2002두5948).

① (O) 행정청이 아니라 행정주체가 공법상 계약의 주체이다. 그리고 공법상 계약을 체결하고자 하는 행정주체는 규율대상에 대해 정당한 관할권을 가져야 한다.

③ (O), ④ (O)

> **행정기본법 제27조(공법상 계약의 체결)**
> ① 행정청은 **법령등을 위반하지 아니하는 범위**에서 행정목적을 달성하기 위하여 필요한 경우에는 공법상 법률관계에 관한 계약(이하 "공법상 계약"이라 한다)을 체결할 수 있다. 이 경우 계약의 목적 및 내용을 명확하게 적은 계약서를 작성하여야 한다.
> ② 행정청은 공법상 계약의 상대방을 선정하고 계약 내용을 정할 때 **공법상 계약의 공공성과 제3자의 이해관계를 고려**하여야 한다.

10 ③

③ (✗) 구 국토의 계획 및 이용에 관한 법률 제6조, 제36조 제1항에서 규정한 세부용도지역에 따라 사전환경성검토협의 대상이 되는 사업계획면적이 달리 규정되어 있는바, 소외 회사가 피고에게 제출한 개발사업시행승인신청서에는 이 사건 개발사업 부지가 6,418㎡로 기재되어 있어 이 사건 개발사업 부지의 세부용도지역 지

정에 따라 사전환경성검토협의 대상 여부가 달라질 수 있었음에도, 이 사건 처분 당시 이 사건 개발사업 부지에 대하여 세부용도지역이 지정되지 않은 상태였고, 이러한 경우 피고로서는 이 사건 개발사업 부지의 이용실태 및 특성, 장래의 토지이용방향 등에 대한 구체적 조사 및 이에 기초한 평가 작업을 거쳐 이 사건 개발사업 부지가 어떠한 세부용도지역의 개념 정의에 부합하는지 여부를 가린 다음 이를 토대로 사전환경성검토협의 여부를 결정하여야 한다는 법리는 이 사건 처분이 있은 후에 비로소 이 사건 대법원판결에 의하여 선언되는 것이므로, 설령 피고가 법의 해석을 잘못한 나머지 이 사건 개발사업이 **사전환경성검토협의 대상이 아니라고 보고 그 절차를 생략한 채 이 사건 처분을 하였다고 하더라도, 그 하자가 외형상 객관적으로 명백하다고 할 수는 없다**(대판 2009.9.24. 2009두2825).

① (O)

> **행정절차법 제46조(행정예고)**
> ③ 행정예고기간은 예고 내용의 성격 등을 고려하여 정하되, **20일 이상**으로 한다.
> ④ 제3항에도 불구하고 행정목적을 달성하기 위하여 긴급한 필요가 있는 경우에는 행정예고기간을 단축할 수 있다. 이 경우 **단축된 행정예고기간은 10일 이상**으로 한다.

② (O) 행정절차법 제23조 제1항은 행정청은 처분을 하는 때에는 당사자에게 그 근거와 이유를 제시하여야 한다고 규정하고 있는바, 일반적으로 당사자가 근거규정 등을 명시하여 신청하는 인·허가 등을 거부하는 처분을 함에 있어 **당사자가 그 근거를 알 수 있을 정도로 상당한 이유를 제시한 경우에는 당해 처분의 근거 및 이유를 구체적 조항 및 내용까지 명시하지 않았더라도 그로 말미암아 그 처분이 위법한 것이 된다고 할 수 없다**(대판 2002.5.17. 2000두8912).

④ (O) 행정절차법 제2조 제4호가 행정절차법의 당사자를 행정청의 처분에 대하여 직접 그 상대가 되는 당사자로 규정하고, 도로법 제25조 제3항이 도로구역을 결정하거나 변경할 경우 이를 고시에 의하도록 하면서, 그 도면을 일반인이 열람할 수 있도록 한 점 등을 종합하여 보면, **도로구역을 변경한 이 사건 처분은 행정절차법 제21조 제1항의 사전통지나 제22조 제3항의 의견청취의 대상이 되는 처분은 아니라고 할 것이다**(대판 2008.6.12. 2007두1767).

11 ③

③ (×) 공공기관의 정보공개에 관한 법률은 국민을 정보공개청구권자로, 지방자치단체를 국민에 대응하는 정보공개의무자로 상정하고 있다고 할 것이므로, **지방자치단체는 공공기관의 정보공개에 관한 법률 제5조에서 정한 정보공개청구권자인 '국민'에 해당되지 아니한다**(서울행법 2005.10.12. 2005구합10484).

① (O) 정보공개를 청구하는 자가 공공기관에 대해 정보의 사본 또는 출력물의 교부의 방법으로 공개방법을 선택하여 정보공개청구를 한 경우에 공개청구를 받은 공공기관으로서는 같은 법 **제8조 제2항에서 규정한 정보의 사본 또는 복제물의 교부를 제한할 수 있는 사유에 해당하지 않는 한 정보공개청구자가 선택한 공개방법에 따라 정보를 공개하여야 하므로 그 공개방법을 선택할 재량권이 없다**고 해석함이 상당하다(대판 2003.12.12. 2003두8050).

② (O) 공공기관의정보공개에관한법률 제7조 제1항 제6호 단서 (다)목 소정의 '공개하는 것이 공익을 위하여 필요하다고 인정되는 정보'에 해당하는지 여부는 비공개에 의하여 보호되는 개인의 사생활 보호 등의 이익과 공개에 의하여 보호되는 국정운영의 투명성 확보 등의 공익을 비교·교량하여 구체적 사안에 따라 신중히 판단하여야 한다. – **지방자치단체의 업무추진비 세부항목별 집행내역 및 그에 관한 증빙서류에 포함된 개인에 관한 정보는 '공개하는 것이 공익을 위하여 필요하다고 인정되는 정보'에 해당하지 않는다**고 한 사례(대판 2003.3.11. 2001두6425).

④ (O) 방송법이라는 특별법에 의하여 설립 운영되는 **한국방송공사(KBS)는 공공기관의 정보공개에 관한 법률 시행령 제2조 제4호의 '특별법에 의하여 설립된 특수법인'으로서 정보공개의무가 있는 공공기관의 정보공개에 관한 법률 제2조 제3호의 '공공기관'에 해당**한다(대판 2010.12.23. 2008두13101).

12 ②

① (✗) 세무공무원이 국세의 징수를 위해 납세자의 재산을 **압류하는 경우 그 재산의 가액이 징수할 국세액을 초과한다 하여 위 압류가 당연무효의 처분이라고는 할 수 없다**(대판 1986.11.11. 86누479).

② (○) 지방세법 및 지방세기본법, 지방세징수법의 개정 연혁에 따르면, 구 지방세기본법은 물론 현행 지방세징수법하에서도, **지방세의 결손처분은 국세의 결손처분과 마찬가지로 더 이상 납세의무가 소멸하는 사유가 아니라 체납처분을 종료하는 의미만을 가지게 되었고, 결손처분의 취소 역시 국민의 권리와 의무에 영향을 미치는 행정처분이 아니라 과거에 종료되었던 체납처분 절차를 다시 시작한다는 행정절차**로서의 의미만을 가지게 되었다고 할 것이다(대판 2019.8.9. 2018다272407).

③ (✗) **이행강제금 납부의무는 상속인 기타의 사람에게 승계될 수 없는 일신전속적인 성질**의 것이므로 이미 사망한 사람에게 이행강제금을 부과하는 내용의 처분이나 결정은 당연무효이다(대결 2006.12.8. 2006마470).

④ (✗) **행정대집행의 절차가 인정되는 경우에는 따로 민사소송의 방법으로 공작물의 철거, 수거 등을 구할 수는 없다**(대판 2000.5.12. 99다18909).

13 ②

② (✗) 과세관청이 체납처분으로서 행하는 공매는 우월한 공권력의 행사로서 행정소송의 대상이 되는 공법상의 행정처분이며 **공매에 의하여 재산을 매수한 자는 그 공매처분이 취소된 경우에 그 취소처분의 위법을 주장하여 행정소송을 제기할 법률상 이익이 있다**(대판 1984.9.25. 84누201).

① (○) 청소년 성매수자의 일반적 인격권과 사생활의 비밀의 자유가 제한되는 정도를 살펴보면, 법 제20조 제2항은 '성명, 연령, 직업 등의 신상과 범죄사실의 요지'를 공개하도록 규정하고 있는바, 이는 이미 공개된 형사재판에서 유죄가 확정된 형사판결이라는 공적 기록의 내용 중 일부를 국가가 공익 목적으로 공개하는 것으로 공개된 형사재판에서 밝혀진 범죄인들의 신상과 전과를 일반인이 알게 된다고 하여 그들의 인격권 내지 사생활의 비밀을 침해하는 것이라고 단정하기는 어렵다.…(중략)…그렇다면 **청소년 성매수자의 일반적 인격권과 사생활의 비밀의 자유가 제한되는 정도가 청소년 성보호라는 공익적 요청에 비해 크다고 할 수 없으므로** 결국 법 제20조 제2항 제1호의 신상공개는 해당 범죄인들의 일반적 인격권, 사생활의 비밀의 자유를 과잉금지의 원칙에 위배하여 침해한 것이라 할 수 없다(헌재 2003.6.26. 2002헌가14).

③ (○) 구 국세징수법 제68조는 세무서장이 압류된 재산의 공매를 공고한 때에는 즉시 그 내용을 체납자 등에게 통지하도록 정하고 있다. 이러한 체납자 등에 대한 공매통지는 국가의 강제력에 의하여 진행되는 공매절차에서 체납자 등의 권리 내지 재산상 이익을 보호하기 위하여 법률로 규정한 **절차적 요건에 해당하지만, 그 통지를 하지 아니한 채 공매처분을 하였다 하여도 그 공매처분이 당연무효로 되는 것은 아니다**(대판 2012.7.26. 2010다50625).

④ (○) 식품위생법과 건축법은 그 입법 목적, 규정사항, 적용범위 등을 서로 달리하고 있어 식품접객업에 관하여 식품위생법이 건축법에 우선하여 배타적으로 적용되는 관계에 있다고는 해석되지 않는다. 그러므로 식품위생법에 따른 식품접객업(일반음식점영업)의 영업신고의 요건을 갖춘 자라고 하더라도, 그 **영업신고를 한 당해 건축물이 건축법 소정의 허가를 받지 아니한 무허가 건물이라면 적법한 신고를 할 수 없다**(대판 2009.4.23. 2008도6829).

14 ②

② (✗) 국가배상법 제2조 제1항에서 말하는 "직무를 행함에 당하여"라는 취지는 공무원의 행위의 **외관을 객관적으로 관찰하여 공무원의 직무행위로 보여질 때에는 비록 그것이 실질적으로 직무행위이거나 아니거나 또는 행위자의 주관적 의사에 관계없이 그 행위는 공무원의 직무집행행위**로 볼 것이요 이러한 행위가 실질적으로 공무집행행위가 아니라는 사정을 피해자가 알았다 하더라도 그것을 "직무를 행함에 당하여"라고 단정하는데 아무런 영향을 미치는 것이 아니다(대판 1966.6.28. 66다781).

① (○) 국가배상법 제5조 소정의 공공의 영조물이란 공유나 사유임을 불문하고 행정주체에 의하여 특정공공의

목적에 공여된 유체물 또는 물적 설비를 의미하므로 사실상 군민의 통행에 제공되고 있던 도로 옆의 암벽으로부터 떨어진 낙석에 맞아 소외인이 사망하는 사고가 발생하였다고 하여도 동 사고지점 도로가 피고 군에 의하여 **노선인정 기타 공용개시가 없었으면 이를 영조물이라 할 수 없다**(대판 1981.7.7. 80다2478).

③ (O) 국가배상법이 정한 손해배상청구의 요건인 '공무원의 직무'에는 국가나 지방자치단체의 권력적 작용뿐만 아니라 비권력적 작용도 포함되지만 **단순한 사경제의 주체로서 하는 작용은 포함되지 아니한다**(대판 1999.11.26. 98다47245).

④ (O) 일반적으로 공무원이 직무를 집행함에 있어서 관계법규를 알지 못하거나 필요한 지식을 갖추지 못하여 법규의 해석을 그르쳐 잘못된 행정처분을 하였다면 그가 법률전문가가 아닌 행정직 공무원이라고 하여 과실이 없다고 할 수 없으나, **법령에 대한 해석이 그 문언 자체만으로는 명백하지 아니하여 여러 견해**가 있을 수 있는 데다가 이에 대한 **선례나 학설, 판례 등도 귀일된 바 없어** 의의가 없을 수 없는 경우에 관계 공무원이 그 나름대로 신중을 다하여 합리적인 근거를 찾아 그 중 어느 한 견해를 따라 내린 해석이 후에 대법원이 내린 입장과 같지 않아 결과적으로 잘못된 해석에 돌아가고, 이에 따른 처리가 역시 결과적으로 위법하게 되어 그 법령의 부당집행이라는 결과를 가져오게 되었다고 하더라도 그와 같은 처리방법 이상의 것을 성실한 **평균적 공무원**에게 기대하기는 어려운 일이고, 따라서 이러한 경우에까지 국가배상법상 공무원의 과실을 인정할 수는 없다(대판 1995.10.13. 95다32747).

15 ④

④ (×)

> **행정심판법 제48조(재결의 송달과 효력 발생)**
> ① 위원회는 지체 없이 **당사자에게 재결서의 정본을 송달**하여야 한다. 이 경우 중앙행정심판위원회는 재결 결과를 소관 중앙행정기관의 장에게도 알려야 한다.
> ③ 위원회는 재결서의 **등본을 지체 없이 참가인에게 송달**하여야 한다.
> ④ 처분의 상대방이 아닌 제3자가 심판청구를 한 경우 위원회는 **재결서의 등본을 지체 없이 피청구인을 거쳐 처분의 상대방에게 송달**하여야 한다.

① (O)

> **행정심판법 제25조(피청구인의 직권취소등)**
> ① 제23조 제1항·제2항 또는 제26조 제1항에 따라 심판청구서를 받은 피청구인은 그 심판청구가 이유 있다고 인정하면 심판청구의 취지에 따라 **직권으로 처분을 취소·변경하거나 확인을 하거나 신청에 따른 처분** (이하 이 조에서 "직권취소등"이라 한다)을 할 수 있다. 이 경우 **서면으로 청구인에게 알려야** 한다.
> ② 피청구인은 제1항에 따라 직권취소등을 하였을 때에는 청구인이 심판청구를 취하한 경우가 아니면 제24조 제1항 본문에 따라 심판청구서·답변서를 보내거나 같은 조 제3항에 따라 답변서를 보낼 때 **직권취소 등의 사실을 증명하는 서류를 위원회에 함께 제출**하여야 한다.

② (O)

> **행정심판법 제15조(선정대표자)** ③ 선정대표자는 다른 청구인들을 위하여 그 사건에 관한 모든 행위를 할 수 있다. 다만, **심판청구를 취하하려면 다른 청구인들의 동의를 받아야** 하며, 이 경우 동의받은 사실을 서면으로 소명하여야 한다.

③ (O) 사정재결 규정은 무효등확인심판에는 적용하지 아니한다(동법 제44조 제3항).

16 ①

① (✗) 행정청이 식품위생법령에 따라 영업자에게 행정제재처분을 한 후 그 처분을 영업자에게 유리하게 변경하는 처분을 한 경우, 변경처분에 의하여 당초 처분은 소멸하는 것이 아니고 당초부터 유리하게 변경된 내용의 처분으로 존재하는 것이므로, 변경처분에 의하여 유리하게 변경된 내용의 행정제재가 위법하다 하여 그 취소를 구하는 경우 그 취소소송의 대상은 **변경된 내용의 당초 처분**이지 변경처분은 아니고, 제소기간의 준수 여부도 변경처분이 아닌 변경된 내용의 당초 처분을 기준으로 판단하여야 한다(대판 2007.4.27. 2004두9302).

② (○) 구 체육시설의 설치·이용에 관한 법률 제16조, 제34조, 같은법 시행령 제16조의 규정을 종합하여 볼 때, 등록체육시설업에 대한 사업계획의 승인을 얻은 자는 규정된 기한 내에 사업시설의 착공계획서를 제출하고 그 수리 여부에 상관없이 설치공사에 착수하면 되는 것이지, 착공계획서가 수리되어야만 비로소 공사에 착수할 수 있다거나 그 밖에 착공계획서 제출 및 수리로 인하여 사업계획의 승인을 얻은 자에게 어떠한 권리를 설정하거나 의무를 부담케 하는 법률효과가 발생하는 것이 아니므로 **행정청이 사업계획의 승인을 얻은 자의 착공계획서를 수리하고 이를 통보한 행위는 그 착공계획서 제출사실을 확인하는 행정행위에 불과하고 그를 항고소송이나 행정심판의 대상이 되는 행정처분으로 볼 수 없다**(대판 2001.5.29. 99두10292).

③ (○) 부당한 공동행위 자진신고자 등에 대한 시정조치 또는 과징금 감면 신청인이 고시 제11조 제1항에 따라 자진신고자 등 지위확인을 받는 경우에는 시정조치 및 과징금 감경 또는 면제, 형사고발 면제 등의 법률상 이익을 누리게 되지만, 그 지위확인을 받지 못하고 고시 제14조 제1항에 따라 감면불인정 통지를 받는 경우에는 위와 같은 법률상 이익을 누릴 수 없게 되므로, 감면불인정 통지가 이루어진 단계에서 신청인에게 그 적법성을 다투어 법적 불안을 해소한 다음 조사협조행위에 나아가도록 함으로써 장차 있을지도 모르는 위험에서 벗어날 수 있도록 하는 것이 법치행정의 원리에도 부합한다. 따라서 **부당한 공동행위 자진신고자 등의 시정조치 또는 과징금 감면신청에 대한 감면불인정 통지는 항고소송의 대상이 되는 행정처분**에 해당한다고 보아야 한다(대판 2012.9.27. 2010두3541).

④ (○) 행정청이 공무원에 대하여 새로운 직위해제사유에 기한 직위해제처분을 한 경우 그 이전에 한 직위해제처분은 이를 묵시적으로 철회하였다고 봄이 상당하므로, 그 **이전 처분의 취소를 구하는 부분은 존재하지 않는 행정처분을 대상으로 한 것**으로서 그 소의 이익이 없어 부적법하다(대판 2003.10.10. 2003두5945).

17 ②

① (✗), ② (○)

> **행정소송법 제21조(소의 변경)** ① 법원은 취소소송을 당해 처분등에 관계되는 사무가 귀속하는 국가 또는 공공단체에 대한 당사자소송 또는 취소소송외의 항고소송으로 변경하는 것이 상당하다고 인정할 때에는 청구의 기초에 변경이 없는 한 **사실심의 변론종결시**까지 **원고의 신청**에 의하여 결정으로써 소의 변경을 허가할 수 있다.

③ (✗) 행정소송법 제42조(소의 변경) 제21조의 규정은 **당사자소송을 항고소송으로 변경하는 경우에 준용**한다.

④ (✗) 행정소송법 제8조 제2항은 행정소송에 관하여 민사소송법을 준용하도록 하고 있으므로, 행정소송의 성질에 비추어 적절하지 않다고 인정되는 경우가 아닌 이상 공법상 **당사자소송의 경우도 민사소송법 제262조에 따라 청구의 기초가 바뀌지 아니하는 한도 안에서 변론을 종결할 때까지 청구의 취지를 변경할 수 있다**. (대판 2023.6.29. 2022두44262).

18 ④

① (✗) 과세처분취소소송의 소송물은 그 **취소원인이 되는 위법성일반**이다(대판 1989.4.11. 87누647).

② (✗) **기판력은 판결주문에 나타난 판단에만 미치고** 판결이유에서 제시된 그 전제가 되는 법률관계에는 미치

지 아니한다(대판 2000.2.25. 99다55472).
③ (×) 환지계획변경처분으로 원고명의의 소유권이전등기가 경료되었으나 그후 위 변경처분으로 인하여 불이익을 입게 된 소외인이 동 처분의 취소를 구하는 행정소송을 제기하여 승소판결을 받아 이를 근거로 원고명의의 소유권이전등기의 말소청구소송을 제기하여 동 소외인 승소판결이 확정됨에 따라 원고가 그 소유권상실의 손해를 입게 된 경우, **원고명의의 소유권이전등기는 위 취소판결 자체의 효력에 의하여 당연히 말소되는 것이 아니라 소외인이 위 취소판결의 존재를 법률요건으로 주장하여 원고에게 그 말소를 구하는 소송을 제기하여 승소의 확정판결을 얻어야 비로소 말소될 수 있는 것**이며, 위 말소청구소송에서의 승패 또한 위 취소판결의 존재가 주장되었다는 한가지 사실만으로 바로 판가름나는 것이라 할 수 없고 당사자의 주장 입증내용에 따라 달라질 여지가 있는 것이라 할 것이므로 원고는 위 말소청구의 소장부본을 송달받은 때가 아니라 위 말소청구의 소에서 원고패소가 확정됨으로써 비로소 그 손해를 알게 되었다(大判 86. 8. 19. 83다카2022).
④ (○) 피고는 처분청이므로 취소소송에 있어서의 **기판력은 처분이 귀속하는 국가 또는 공공단체에 미친다**(대판 1998.7.24. 98다10854).

19 ②

1. 무효등확인소송의 적용법규
무효등확인소송은 집행정지 규정을 비롯해 취소소송에 관한 행정소송법상의 규정을 거의 대부분 준용하나, **예외적 행정심판전치주의(제18조), 제소기간(제20조), 사정판결(제28조)**에 관한 규정은 준용되지 않는다. 그러나 취소소송을 통하여 무효인 처분을 다투어 무효선언을 구하는 경우에는 행정심판전치주의나 제소기간의 제한규정이 적용된다.

2. 부작위위법확인소송의 적용법규
취소소송에 관한 대부분의 규정이 준용되나, 부작위위법확인소송은 적극적인 처분이 없기 때문에 **제소기간제한(제20조 제2항), 처분변경으로 인한 소의 변경(제22조), 집행정지결정(제23조·제24조), 사정판결(제28조)** 등은 준용되지 않는다.

20 ③

③ (×) 납세의무자에 대한 국가의 **부가가치세 환급세액 지급의무**는 그 납세의무자로부터 세액 상당을 국가가 실제로 납부받았는지와 관계없이 부가가치세법령의 규정에 의하여 직접 발생하는 것으로서, 그 법적 성질은 **부당이득 반환의무가 아니라 부가가치세법령에 의하여 그 존부나 범위가 구체적으로 확정되고 조세 정책적 관점에서 특별히 인정되는 공법상 의무**라고 봄이 타당하다. 그렇다면 국가에 대한 납세의무자의 부가가치세 환급세액 지급청구는 민사소송이 아니라 행정소송법 제3조 제2호에 규정된 **당사자소송의 절차**에 따라야 한다(대판 2013.3.21. 2011다95564).
① (○) 조세부과처분이 당연무효임을 전제로 하여 이미 납부한 세금의 반환을 청구하는 것은 민사상의 부당이**득반환청구**로서 민사소송절차에 따라야 한다(대판 1995.4.28. 94다55019).
② (○) 지방자치단체가 보조금 지급결정을 하면서 일정 기한 내에 보조금을 반환하도록 하는 교부조건을 부가한 사안에서, 보조사업자의 지방자치단체에 대한 보조금 반환의무는 행정처분인 위 보조금 지급결정에 부가된 부관상 의무이고, 이러한 부관상 의무는 **보조사업자가 지방자치단체에 부담하는 공법상 의무**이므로, 보조사업자에 대한 지방자치단체의 보조금반환청구는 공법상 권리관계의 일방 당사자를 상대로 하여 공법상 의무이행을 구하는 청구로서 행정소송법 제3조 제2호에 규정한 **당사자소송의 대상**이라고 한 사례(대판 2011.6.9. 2011다2951).
④ (○) 당사자소송에 대하여는 행정소송법 제23조 제2항의 집행정지에 관한 규정이 준용되지 아니하므로(행정소송법 제44조 제1항 참조), 이를 본안으로 하는 가처분에 대하여는 행정소송법 제8조 제2항에 따라 **민사집행법상 가처분에 관한 규정이 준용**되어야 한다(대결 2015.8.21. 2015무26).

21 ④

④ (×)

> **지방자치법 제117조(사무의 위임 등)** ① 지방자치단체의 장은 조례나 규칙으로 정하는 바에 따라 그 권한에 속하는 사무의 **일부**를 보조기관, 소속 행정기관 또는 하부행정기관에 위임할 수 있다.

① (○)

> **행정권한의 위임 및 위탁에 관한 규정 제8조(책임의 소재 및 명의 표시)** ② 수임 및 수탁사무에 관한 권한을 행사할 때에는 **수임 및 수탁기관의 명의**로 하여야 한다.

② (○)

> **행정권한의 위임 및 위탁에 관한 규정 제4조(재위임)** 특별시장·광역시장·특별자치시장·도지사 또는 특별자치도지사(특별시·광역시·특별자치시·도 또는 특별자치도의 교육감을 포함한다)나 시장·군수 또는 구청장(자치구의 구청장을 말한다)은 행정의 능률향상과 주민의 편의를 위하여 필요하다고 인정될 때에는 **수임사무의 일부를 그 위임기관의 장의 승인을 받아 규칙으로 정하는 바에 따라 시장·군수·구청장(교육장을 포함한다) 또는 읍·면·동장, 그 밖의 소속기관의 장에게 다시 위임**할 수 있다.

③ (○)

> **행정권한의 위임 및 위탁에 관한 규정 제13조(계약의 체결 등)** ② 행정기관은 민간수탁기관과 위탁에 관한 계약을 체결할 때에는 계약 내용에 **민간위탁의 목적, 위탁 수수료 또는 비용, 위탁기간, 민간수탁기관의 의무, 계약 위반 시의 책임과 그 밖에 필요한 사항**을 포함하여야 한다.

22 ④

④ (×)

> **행정규제기본법 제26조의2(회의록의 작성·공개)**
> ① 위원회는 회의 일시, 장소, 참석자, 안건, 토의 내용 및 의결 사항 등을 기록한 회의록을 작성·보존하여야 한다.
> ② **회의록은 공개한다**. 다만, 위원장이 공익보호나 그 밖의 사유로 필요하다고 인정하는 때에는 위원회의 의결로 공개하지 아니할 수 있다.

① (○)

> **행정규제기본법 제2조(정의)** ① 이 법에서 사용하는 용어의 뜻은 다음과 같다.
> 1. "행정규제"란 **국가나 지방자치단체가 특정한 행정 목적을 실현하기 위하여 국민(국내법을 적용받는 외국인을 포함한다)의 권리를 제한하거나 의무를 부과하는 것으로서 법령등이나 조례·규칙에 규정되는 사항**을 말한다.

② (○)

> **행정규제기본법 제4조(규제 법정주의)** ② 규제는 법률에 직접 규정하되, 규제의 세부적인 내용은 법률 또는 상위법령(上位法令)에서 구체적으로 범위를 정하여 위임한 바에 따라 대통령령·총리령·부령 또는 조례·규

칙으로 정할 수 있다. 다만, **법령에서 전문적·기술적 사항이나 경미한 사항으로서 업무의 성질상 위임이 불가피한 사항에 관하여 구체적으로 범위를 정하여 위임한 경우에는 고시 등으로 정할 수 있다**.

③ (O)

행정규제기본 제8조(규제의 존속기한 및 재검토기한 명시) ① 중앙행정기관의 장은 규제를 신설하거나 강화하려는 경우에 존속시켜야 할 명백한 사유가 없는 규제는 **존속기한 또는 재검토기한을 설정하여 그 법령 등에 규정**하여야 한다.

23 ①

① (O)

지방공무원법 제62조(직권면직)
① 임용권자는 공무원이 다음 각 호의 어느 하나에 해당할 때에는 직권으로 면직시킬 수 있다.
  1. 다음 각 목의 어느 하나에 해당하는 경우로서 **직위가 없어지거나 과원이 된 때**
    가. 지방자치단체를 폐지하거나 설치하거나 나누거나 합친 경우
    나. 직제와 정원이 개정되거나 폐지된 경우
    다. 예산이 감소된 경우 (이하 생략)
③ 임용권자는 제1항 제1호에 따라 소속 공무원을 면직시킬 때에는 **임용형태, 업무실적, 직무수행능력, 징계처분 사실 등을 고려**하여 면직 기준을 정하여야 한다.
④ 제3항의 면직 기준을 정하거나 제1항 제1호에 따라 면직 대상자를 결정할 때에는 미리 해당 **인사위원회의 의결**을 거쳐야 한다.

② (×) 공무원임용결격사유가 있는지의 여부는 채용후보자 명부에 등록한 때가 아닌 **임용당시에 시행되던 법률을 기준**으로 하여 판단하여야 한다(대판 1987.4.14. 86누459).
③ (×) 직위해제처분은…당해 **행정작용의 성질상 행정절차를 거치기 곤란하거나 불필요하다고 인정되는 사항 또는 행정절차에 준하는 절차를 거친 사항에 해당**하므로, 처분의 사전통지 및 의견청취 등에 관한 행정절차법의 규정이 별도로 적용되지 아니한다고 봄이 상당하다(대판 2014.5.16. 2012두26180).
④ (×) 당해 공무원의 동의 없는 지방공무원법 제29조의3의 규정에 의한 전출명령은 위법하여 **취소**되어야 한다(대판 2001.12.11. 99두1823).

24 ①

① (×)

경찰관직무집행법 제4조(보호조치 등)
① 경찰관은 수상한 행동이나 그 밖의 주위 사정을 합리적으로 판단해 볼 때 다음 각 호의 어느 하나에 해당하는 것이 명백하고 응급구호가 필요하다고 믿을 만한 상당한 이유가 있는 사람(이하 "구호대상자"라 한다)을 발견하였을 때에는 보건의료기관이나 공공구호기관에 긴급구호를 요청하거나 경찰관서에 보호하는 등 적절한 조치를 할 수 있다.(각 호 생략)
② 제1항에 따라 **긴급구호를 요청받은 보건의료기관이나 공공구호기관은 정당한 이유 없이 긴급구호를 거절**

할 수 없다.
⑦ 제1항에 따라 **구호대상자를 경찰관서에서 보호하는 기간은 24시간을 초과할 수 없고**, 제3항에 따라 물건을 경찰관서에 임시로 영치하는 기간은 10일을 초과할 수 없다.

② (O) 경찰관직무집행법 제6조 제1항 중 경찰관의 제지에 관한 부분은 **범죄의 예방을 위한 경찰 행정상 즉시강제**에 관한 근거 조항이다. 행정상 즉시강제는 그 본질상 행정 목적 달성을 위하여 불가피한 한도 내에서 예외적으로 허용되는 것이므로, 위 조항에 의한 경찰관의 제지 조치 역시 그러한 조치가 불가피한 최소한도 내에서만 행사되도록 그 발동·행사 요건을 신중하고 엄격하게 해석하여야 한다(대판 2008.11.13. 2007도9794).

③ (O) 경찰관직무집행법 제4조 제1항 제1호(이하 '이 사건 조항'이라 한다)에서 규정하는 **술에 취한 상태로 인하여 자기 또는 타인의 생명·신체와 재산에 위해를 미칠 우려가 있는 피구호자에 대한 보호조치는 경찰 행정상 즉시강제에 해당하므로, 그 조치가 불가피한 최소한도 내에서만 행사되도록 발동·행사 요건을 신중하고 엄격하게 해석**하여야 한다. 따라서 이 사건 조항의 '술에 취한 상태'란 피구호자가 술에 만취하여 정상적인 판단능력이나 의사능력을 상실할 정도에 이른 것을 말하고, 이 사건 조항에 따른 보호조치를 필요로 하는 피구호자에 해당하는지는 구체적인 상황을 고려하여 경찰관 평균인을 기준으로 판단하되, 그 판단은 보호조치의 취지와 목적에 비추어 현저하게 불합리하여서는 아니 되며, 피구호자의 가족 등에게 피구호자를 인계할 수 있다면 특별한 사정이 없는 한 경찰서에서 피구호자를 보호하는 것은 허용되지 않는다(대판 2012.12.13. 2012도11620).

④ (O) 경찰관이 법 제3조 제1항에 규정된 대상자(이하 '불심검문 대상자'라 한다) 해당 여부를 판단할 때에는 불심검문 당시의 구체적 상황은 물론 사전에 얻은 정보나 전문적 지식 등에 기초하여 불심검문 대상자인지를 객관적·합리적인 기준에 따라 판단하여야 하나, **반드시 불심검문 대상자에게 형사소송법상 체포나 구속에 이를 정도의 혐의가 있을 것을 요한다고 할 수는 없다**. 그리고 경찰관은 불심검문 대상자에게 질문을 하기 위하여 범행의 경중, 범행과의 관련성, 상황의 긴박성, 혐의의 정도, 질문의 필요성 등에 비추어 목적 달성에 필요한 최소한의 범위 내에서 사회통념상 용인될 수 있는 상당한 방법으로 대상자를 정지시킬 수 있고 질문에 수반하여 흉기의 소지 여부도 조사할 수 있다(대판 2014.2.27. 2011도13999).

25 ②

② (X) 일반적으로 도로는 국가나 지방자치단체가 직접 공중의 통행에 제공하는 것으로서 일반국민은 이를 자유로이 이용할 수 있는 것이기는 하나, 그렇다고 하여 그 이용관계로부터 당연히 그 도로에 관하여 특정한 권리나 법령에 의하여 보호되는 이익이 개인에게 부여되는 것이라고까지는 말할 수 없으므로, **일반적인 시민생활에 있어 도로를 이용만 하는 사람은 그 용도폐지를 다툴 법률상의 이익이 있다고 말할 수 없다**(대판 1992.9.22. 91누13212).

① (O) 도로법 제40조 제1항에 의한 도로점용은 일반공중의 교통에 사용되는 도로에 대하여 이러한 **일반사용과는 별도로 도로의 특정부분을 유형적·고정적으로 특정한 목적을 위하여 사용하는 이른바 특별사용**을 뜻하는 것이고, 이러한 도로점용의 허가는 특정인에게 일정한 내용의 공물사용권을 설정하는 설권행위로서, **공물관리자가 신청인의 적격성, 사용목적 및 공익상의 영향 등을 참작하여 허가를 할 것인지의 여부를 결정하는 재량행위**이다(대판 2002.10.25. 2002두5795).

③ (O) 도로부지 위에 **점용허가를 받음이 없이 무허가건물을 축조, 점유**하여 온 원고가 행정청이 제3자에 대하여 한 같은 도로부지의 점용허가처분으로 인하여 어떠한 불이익을 입게 되었다고 하더라도 **처분의 직접상대방이 아닌 제3자인 원고로서는 위 처분의 취소에 관하여 법률상으로 보호받아야 할 직접적이고 구체적인 이해관계가 있다고 할 수 없어** 위 처분의 취소를 구할 원고적격이 없다(대판 1991.11.26. 91누1219).

④ (O) 비관리청은 항만법에 의하여 총사업비의 범위 안에서 당해 항만시설에 대하여 무상사용권을 취득할 수 있으므로, 이에 따라 비관리청이 당해 항만시설을 무상사용하는 것은 **일반인에게 허용되지 아니하는 특별한 사용으로서, 이른바 공물의 특허사용**에 해당한다(대판 2001.8.24. 2001두2485).

편저자 박이준

〈약력〉
- 서울대학교 사회학과, 서울대학교 행정대학원 졸업
- 행정고시 합격

[현] 이패스소방사관 소방승진 행정법 강사
    이패스 소방승진 소방공무원법 강사
[전] 행정사무관(규제개혁, 對의회, 문화관광, 국무총리실 감사반 등)
    강남박문각 행정고시학원
    노량진 박문각고시학원
    종로공무원·경찰학원
    김재규 경찰학원
    로앤피로스쿨학원
    종로육서당 고시학원
    슈페리어법학원
    메가고시
    인천시공무원교육원
    인천대학교, 제주대학교 강사

〈주요저서〉
- 소방승진 행정법 기본서, 문제집(이패스코리아)
- 소방승진 소방공무원법(이패스코리아)
- 소방공무원 소방관계법규 기본서, 문제집(이패스코리아)
- 행정쟁송법 기본서, 사례집(이패스코리아)
- 행정절차론 기본서, 사례집(이패스코리아)
- 경찰행정법, 경찰행정학(경찰공제회)
- 공무원행정법 기출문제집(이패스코리아)
- 사무관승진 헌법 기본서, 1500제(교컴)
- 7급 헌법 기출문제집(예응)
- 공기업 법학(이패스코리아)
- 국가정보원 NIAT, 직업기초능력 NCS(이패스코리아)
- 경비지도사 법학개론(이패스코리아) 등 다수

2025 합격완성 소방승진 행정법 최종모의고사

인 쇄	2025년 3월 26일
발 행	2025년 4월 2일
지 은 이	박이준
발 행 인	이재남
발 행 처	(주)이패스코리아
	[본사] 서울특별시 영등포구 경인로 775 에이스하이테크시티 2동 10층
전 화	02-511-4212
팩 스	02-6345-6701
홈페이지	www.kfs119.co.kr
이 메 일	newsguy78@epasskorea.com
등록번호	제318-2003-000119호(2003년 10월 15일)

* 편저자와 협의하여 인지는 생략했습니다.
* 이 책을 무단으로 전재 또는 복제하면 [저작권법] 제136조에 의해 5년 이하의 징역 또는 5천만원 이하의 벌금에 처해지거나 병과될 수 있습니다.
* 파본은 구입처에서 교환해 드립니다.